Noces d'encre

Du même auteur

Aux Éditions Flammarion
Le Détail révélateur, roman, 1974, rééd. 2007
Le Paravent des Enfers, roman, 1976
L'Arbre de Jessé, roman, 1979
Ailleurs et autrement, nouvelles, 1980
Duplicités, nouvelles, 1982 (avec *La Volière*, « Folio » Gallimard, 1995)
Le Ressouvenir, récit autobiographique, 1985 (prix Marcel Proust)
(« Folio » Gallimard, 1988)
Edith Wharton, biographie, 2000 (prix France-Amérique)

Aux Éditions Balland
La Volière, récit, 1979

Aux Éditions Gallimard
La Femme en pierre, essai autobiographique, 1989
L'Empereur Ming vous attend, roman, 1990
Dans la spirale, essai, 1996 (prix Jacques Chardonne
et prix du Pen Club français)

Aux Éditions Christian Pirot
Marcel Proust, essai, 1992
Autour de Gustave Moreau, essai, 1998

Aux Éditions Albin Michel
Le Jardin secret de Marcel Proust, album, 1994
Bestiaire insolite du Japon, album, 1997
Aurore et Georges, essai, 2004 (prix Médicis de l'essai)

Aux Éditions Mercure de France
Maintenant, essai autobiographique, 2001
L'Étranglée, roman, 2005

Aux Éditions Pauvert
Isola, retour des Galapagos, essai autobiographique, 2003

Diane de Margerie

Noces d'encre

essais

Philippe Rey

© 2007, Éditions Philippe Rey
15, rue de la Banque - 75002 Paris

www.philippe-rey.fr

Pour André Bay, qui m'a encouragée dès mes débuts littéraires, avec ma fidèle affection

À la mémoire de François Xavier Jaujard

Et en gratitude à Christiane Besse sans qui ce livre n'aurait pas vu le jour.

Avant-propos

« *Ce qui est mort, vit* »
John Cowper Powys
(exergue de *Givre et Sang*)

Pourquoi réunir ces textes si ce n'est parce qu'ils sont aussi des éclats autobiographiques, des fragments de vie et qu'ils ont opéré, grâce à la lecture, d'intenses transferts permettant de vivre ? Car, bien sûr, cette fascination de l'œuvre des autres rejoint notre vie secrète et personnelle. La lecture est essentiellement une rencontre avec ce que l'on connaît pour l'avoir deviné sans l'avoir exprimé – une re-connaissance dans tous les sens du terme.

Notre mémoire est une exploratrice qui voyage dans des pays inconnus dont notre imaginaire s'est emparé. Revêtant sa tenue noire de plongeuse, elle sonde les zones obscures avec ceux qui les ont déjà visitées. Tout critique n'est-il pas une sorte de voyeur ? C'est pourquoi j'aime tant le film de Hitchcock *Fenêtre sur cour*, où le témoin immobilisé observe intensément les bonheurs, les crimes et les amours des autres – une amusante variation sur le thème de l'esprit critique – selon moi. Car souvent ces textes reflètent les étapes d'une enquête presque policière : chaque article, chaque préface, je les ai conçus comme une recherche des mobiles et des thèmes obsédants de l'œuvre. De plus, le lecteur cesse d'être responsable de ce que l'écriture ventriloque lui suggère dans une communion fantasmatique – cette terreur des couples enfermés dans des lieux clos, si bien captée par Thomas Bernhard ; cette marque indélébile que laisse la cruauté subie pendant l'enfance, comme celle dépeinte par Barbey d'Aurevilly ; cette hantise du double que l'on aurait pu devenir, si féconde chez Henry James – ce sont ces moments de lecture qui, à travers les langues, les pays, les sexes, nous forgent une identité capable de résister. Mais qui écrit le mot résiste sous-entend : révolte. Immanquablement le mot révolte s'allie au temps des agressions subies à l'époque où l'identité encore molle se forgeait une carapace ; c'est pourquoi je remonte si souvent dans ces textes vers la constellation familiale et les premières années : les sœurs Brontë, Virginia Woolf, Edith Wharton, Charlotte Gilman – pour ne citer que quelques-unes des femmes dont l'œuvre m'a tellement marquée – ne sauraient se comprendre sans ce retour en arrière.

Le tri qu'opère notre mémoire dans nos souvenirs et dans nos lectures dépasse tout raisonnement. Mais il existe. Il suppose que se tisse « derrière notre dos », selon la formule de Hofmannsthal, une vie enrichie de celle des autres formant une mosaïque à laquelle s'accrocher loin du vide. Mes trois premières années, je les ai vécues dans une ville où le lieu de l'enfance fut détruit par les bombes (Berlin) et mon adolescence dans un pays – la Chine – où les villes sont aujourd'hui à peine reconnaissables. Aussi me suis-je tournée vers le seul monde intemporel où je pouvais me réfugier : la littérature, et c'est pourquoi je fais précéder chacun de ces essais d'une petite méditation actuelle pour me relier aux œuvres approchées.

Les livres sont pour moi des lieux, des hommes, des femmes, des voix qui ne détruisent jamais le silence car je les intériorise ; les livres : je les dévore, je les maltraite, je les manduque jusqu'à ce qu'ils fassent partie de moi. Malgré cette multiplicité envoûtante et toutes ces facettes, je reste à l'affût de l'unique et de l'unicité. Ces contradictions, cette ambivalence président au choix de mes auteurs favoris, et c'est à travers eux que j'ai atteint une certaine liberté intérieure. Oui, ma liberté je l'ai trouvée à travers ces « noces d'encre » avec ces écrivains déjà morts, mais plus que jamais vivants pour moi puisque c'est d'eux que je suis faite, en dehors du temps*.

---

* Les textes réunis dans ce volume ont été repris et entièrement remaniés en vue de cette édition. Je réserve pour d'autres publications mes essais sur les auteurs japonais et sur Marcel Proust.

Jules Barbey d'Aurevilly

Arracher à sa fille son intime secret, non pour le partager, mais pour la laisser seule, devenue sous la torture maternelle et morale une traîtresse démunie, tel est le but de Madame de Ferjol. Rarement l'amour prédateur a été cerné de façon si intensément concentrée. Rarement révolte filiale a été aussi loin car Lasthénie, mystérieusement enceinte, refuse de livrer ce premier épisode de sa sexualité. S'emparer du secret de l'autre pour ensuite le piétiner, tuer ce que le secret enfante comme prolongements – bref, tuer l'identité de l'être ainsi doublement violé (une fois par l'homme pendant le sommeil, de nouveau par la mère à travers le harcèlement des questions) –, c'est le crime qu'ajoute Madame de Ferjol à celui déjà commis.

Élevée dans un couvent où il fallait se confesser à genoux à la mère supérieure, j'en ai conclu qu'un des aspects meurtriers d'une religion étroite fondée sur l'humiliation est l'obsession de la confession ; tout dire pour ne plus exister, pour ne plus rien posséder qui demeure à soi, remettre sa vie dans les mains d'un autre, dans la hantise du « péché » d'être son propre maître, de rester seul avec soi-même : quelle indignité que cet abaissement, cet abandon de son intime liberté, devant un être humain qui ose prendre la place de Dieu ! J'ai toujours eu, enfant, une certaine attirance pour le Mauvais Ange expulsé du paradis, déchu, jeté dans les flammes – loin d'être triomphant comme le Mal, il me paraissait vaincu malgré son cri « Non serviam », que j'inscrivais au couvent dans un coin de mes cahiers en hiéroglyphes minuscules –, vaincu, certes, mais néanmoins admirable dans la somptueuse description qu'en a faite Milton dans son Paradise Lost. *Mais ici, Lasthénie, placée entre le représentant de Dieu qui l'a violée, et le Satan femelle qu'est sa mère, ne peut que renoncer à la vie. Cette nouvelle a toujours ressuscité en moi le dégoût profond de toute domination.*

Le syndrome de Lasthénie[1]

Nul texte plus révolté – aux résonances plus personnelles peut-être – dans l'œuvre de Barbey d'Aurevilly qu'*Une histoire sans nom*[2], terrible histoire d'une jeune fille somnambule violée par un prêtre. L'auteur a soixante-treize ans. Ses nouvelles et l'ensemble de ses romans sont derrière lui, mais c'est l'essentiel qui resurgit dans ce récit concentré : Dieu, la culpabilité, le manque d'amour, le sexe. Il est difficile de trouver une analyse plus aiguë de la haine amoureuse éprouvée par une mère pour sa fille – Barbey, pense-t-on tout d'abord à cause de certains détails, va trop loin – pour trouver, une fois le livre refermé, dans le silence de la réflexion, qu'il n'y a là rien d'exagéré[3]. La complexité de la situation, le choix révélateur des termes ajoutent à la crédibilité. Les adjectifs qui décrivent l'héroïne (car c'est la mère, Madame de Ferjol, qui occupe la place centrale) contredisent parfaitement les quelques mots jetés çà et là par le narrateur, comme par devoir : si Madame de Ferjol est une âme forte, « résolue », « altière », et « calme », n'empêche qu'à travers un tête-à-tête destructeur, injuste et vengeur, elle asphyxie sa fille Lasthénie dans un paysage en harmonie avec son meurtre moral : tout n'est ici que « citerne », « caverne », « gouffre », « entonnoir », depuis la malle-poste jusqu'au cirque des montagnes.

Madame de Ferjol est une femme frustrée, brûlée par sa passion pour son mari défunt, trop tôt disparu. Cet homme, elle l'a aimé à la folie (précisément comme elle voudrait que sa fille n'aimât jamais), jusqu'à se laisser enlever par lui. Ainsi cette mère si pieuse a-t-elle été, en son temps, une femme séduite. Elle a perdu la tête pour un bel officier blond habillé de blanc, mais du moins a-t-elle pu l'épouser devant Dieu et les hommes. L'ironie de la situation apparaît : le hasard veut que soit innocenté chez la mère ce qui restera scandale chez la fille. Les détails de sa propre séduction, Madame de Ferjol ne les livrera à sa fille que dans le but sournois de la faire parler, de lui faire avouer le nom inconnu de celui qui a abusé d'elle. Tout ce que Lasthénie a subi dans l'inconscience, raptée dans son sommeil, fécondée malgré elle, sa mère l'a accompli avant elle, consentante. Lasthénie est le fruit de cette faute. Elle porte en elle les séquelles du « péché » inscrit dans sa chair et cause de sa naissance. Aussi le récit est-il une terrible attaque, à travers la répétition, de l'hypocrisie d'une femme qui se venge sur sa fille d'une culpabilité secrète ravivée par le deuil. Madame de Ferjol est folle de jalousie en découvrant que sa fille est enceinte malgré le vide dont elle l'a entourée, folle de colère à l'idée que sa fille lui taise volontairement, jusqu'à sa mort, le nom du coupable. Récit qui a donc doublement pour moteur la vengeance d'un manque.

Dès *Le Cachet d'onyx*[4] (1831), la vengeance s'impose comme le thème essentiel de l'œuvre, bien plus secrète dans ce récit d'être dissimulé sous la façade de la symbiose mère-fille : la mère se venge du refus de sa fille, et la fille se venge par le silence du manque de confiance de sa mère. Le silence de Lasthénie n'est pas ici seulement ignorance ; il est aussi sa seule manière d'exister, de répondre au refus d'amour maternel. Les deux femmes se dressent l'une contre l'autre dans le halo concentrique d'un lieu toujours désert : le secret contre le manque, le mutisme contre la cruauté. Les biographes de Barbey s'accordent tous à dire que sa propre mère était « plus épouse que mère », formule employée à plusieurs reprises pour qualifier Madame de Ferjol et, de fait, contre tout bonheur possible, la veuve ne cesse de dresser l'écran de son deuil, avec ses souvenirs lancinants : « Elle brûlait et fumait encore d'une passion inextinguible pour un homme. » Noces qui ont dévoré sa vie contre toute possibilité de renaissance à travers Lasthénie qu'elle entraîne toujours en arrière, la réduisant au rôle de témoin d'une passion pour un père à peine connu – un père disparu, sans visage et sans corps.

De cette apparence de vertu, Barbey analyse les ressorts sournois. Il stigmatise Madame de Ferjol avec violence : elle est « spectrale », « effrayante », elle personnifie l'« épouvante » aux yeux de sa fille ; elle est, dit le narrateur, une « dure mère » qui n'est plus une mère, mais « un juge prêt à devenir un bourreau » – elle est « despotique », « sans miséricorde », exerce un « ascendant terrifiant », « désire humilier » ; elle ignore la pitié, et ainsi de suite. Tout le récit peut se lire comme une analyse de la torture mentale. Les questions sans cesse répétées de la mère sont symboliques de la « question » appliquée à une jeune victime séquestrée, ignorante de ce qui se trame à l'intérieur de son corps. Ce qu'elle veut, Madame de Ferjol, ce n'est pas que sa fille évite de mourir en couches (ce qui entraînerait l'heureuse disparition de la faute), encore moins que le nouveau-né ait la vie sauve : quand, providentiellement, il mourra, elle égalisera en la piétinant la terre de sa petite tombe, annulant ainsi une deuxième fois son existence. Ce qu'elle exige de savoir, c'est le nom de l'homme qui a ravi sa fille à sa surveillance. C'est pourquoi sans doute ce récit s'intitule *Une histoire sans nom* : pour accentuer le défi de Lasthénie qui ne *peut* pas livrer ce nom, mais ne le veut pas non plus. Ce nom est un *non* qui concentre tout ce qui lui reste, son corps étant occupé et son âme investie par la tyrannie.

Madame de Ferjol devine que sa fille est enceinte rien qu'à la regarder : elle porte le « masque » pâle et tiré des femmes gravides. Étonnant comme le dandy, amant des apparences et des fanfreluches, se trahit ici, avec cet état de « difforme transformé » (pour reprendre une expression de ses *Memoranda*) en décrivant un antimasque qui révèle la douleur physique et la vie cachée dans l'utérus. À peine Madame de Ferjol (en vrai dandy qui méprise la trahison du masque par la vérité) aperçoit-elle ce signe de vie sexuelle qu'elle se comporte en meurtrière. Elle camoufle sa fille sous un voile épais pour la mener à l'église. Elle l'étrangle presque, et l'enfant du même coup, en laçant trop étroitement son corset. Madame de Ferjol est une meurtrière en puissance, non seulement, comme on l'a vu, en se mettant au centre du récit afin de battre sa fille sur le terrain de la sexualité, mais dans le réel de l'intrigue, en utilisant ses propres mains pour ôter la vie, et ses pieds pour la réduire à néant.

L'horreur, et le défi de Barbey, veulent que celui qui se dresse contre la mère et féconde la vierge soit un représentant de Dieu. Aussi Barbey attaque-t-il sur tous les fronts – celui de la mauvaise mère cantonnée dans ses souvenirs érotiques, celui du mauvais prêtre (un voleur d'âmes qui vole aussi les pucelages) – et libère-t-il en sourdine sa révolte contre la famille et l'Église, du moins contre la famille puritaine, l'Église janséniste et, surtout, l'hypocrite pureté qui enrage de ne pouvoir être impure. Révolte aussi du dandy contre la maladie, la faiblesse des victimes, le corps qui se laisse aller à la laideur des larmes, contre la douleur qui déforme la beauté et incite à la pitié. Révolte contre l'esprit qui manque de vigilance et se laisse surprendre pendant le sommeil complice du viol. L'on songe à l'horreur éprouvée par Barbey en voyant sa propre mère vaincue par la paralysie. Ou encore à voir le Chevalier des Touches en 1856, interné à l'asile, devenu un imbécile tremblant dépourvu de mémoire. Barbey avait lu beaucoup de livres médicaux et n'avait jamais cessé d'être obnubilé par l'« absorption fixe du fou ». « Elle allait tomber dans le vide fixe de l'idiot », écrit-il de la malheureuse Lasthénie. Ce que Madame de Ferjol hait en sa fille : une image humiliée d'elle-même. Sa fille défigurée et déformée donne une image de la femme passive, victimisée – l'image d'une femme vaincue –, l'image même qu'elle refuse, mais qu'elle aurait été obligée d'incarner si son séducteur ne l'avait pas épousée. Tout ne tient qu'à un fil. Ou à une bague. Cette bague-symbole, comme tant d'objets fétiches chez Barbey.

Au fur et à mesure que Lasthénie attend l'enfant du viol, l'univers se creuse en un immense trou détesté où souffle la haine (« une haine involontaire commençait à filtrer venimeusement entre mère et fille ») ; le paysage, après avoir été celui du vertige, devient celui d'un cachot. La maison n'est plus que le « cercueil d'une maison ». Romancier de la vengeance, Barbey se fait ici le chantre du duel entre victime et bourreau, situation vécue par lui dans le domaine sentimental comme au cours du duel amoureux qui l'opposa à la belle Armance du Vallon. De cette relation, la comtesse Dash écrira : « Elle voulait le réduire, le forcer à aimer comme elle prétendait l'être, sans la moindre intention de le récompenser jamais de ses sacrifices. Lui, désirant vivement l'attendrir, mais très décidé à ne jamais courber la tête. » N'est-ce pas exactement la situation entre Madame de Ferjol et Lasthénie ? Dès *Le Cachet d'onyx*, l'amant inflige à la victime une marque afin qu'elle n'ait jamais d'autre existence que celle liée à son nom. Dans *Léa* (1832), sa seconde nouvelle, l'héroïne meurt dans un baiser sanglant : l'homme qui l'a embrassée la tue du même coup. Dans ces trois récits que séparent quarante ans, la boucle est bouclée, l'adolescence rejoint la vieillesse et l'on remarque que le nom de la femme ne doit pas changer ; la femme se doit de garder celui qu'elle porte déjà. L'amour n'a pas le temps d'être vécu qu'il est réduit au néant. Les êtres restent pour ainsi dire pétrifiés, fixés dans une virginité morale ou physique, tout comme Barbey n'a jamais uni son nom à celui d'une femme, se contentant de prolonger le sien en *d'Aurevilly*. Mais il n'existe pas de nom pour le vide laissé par l'absence d'amour, pour le manque d'identité dû au fait de n'avoir pas été reconnu sexuellement. Et si Barbey imagine le cœur de Lasthénie planté d'épingles, c'est moins par goût d'une image baroque que pour faire ressentir l'absence de communion et de regard. Madame de Ferjol ne *voit* pas le cœur de sa fille, les épingles, le sang ; jamais elle ne la touche ni ne l'étreint.

Une histoire sans nom est également une histoire satanique. Celui qui agit, c'est le prêtre déchu, l'ange tombé. Madame de Ferjol est une *possédée* du souvenir érotique ; la servante Agathe, superstitieuse, visionnaire, est envoûtée par d'inquiétantes fables. La possession par la haine est admirablement décrite : apprenant à la fin du récit que sa fille est innocente, le ressentiment de la mère se déplace – s'il n'y a pas eu consentement et jouissance chez la fille, il y en a eu, de toute évidence, chez l'homme. D'où sa haine absolue qui éclate à présent pour le prêtre. Si Dieu lui a pardonné, elle, elle ne pardonnera pas : « Sa haine devint une possession. Elle fut la possédée de sa haine. » « La haine est comme l'amour, écrit encore Barbey, elle veut *voir* » – voir derrière le masque, débusquer la jouissance là où elle se trouve. Admirable récit que celui-ci dans sa description de la perversion du deuil : un deuil devenu désir de propager la mort.

En qui donc Barbey s'incarne-t-il au cours de ce récit si l'on songe qu'un écrivain met toujours une parcelle de lui-même dans chacun de ses personnages ? Il y a trois femmes : la bourrelle, la victime, Agathe la superstitieuse. Sans doute est-il toutes les trois. Un seul personnage masculin, hanté par Dieu et par le sexe, impur et destructeur, qui frôle ce qui lui est interdit sous le sermon et la soutane : sans doute est-il aussi un peu celui-là. On sait que l'écrivain qui a le plus fasciné Barbey est Byron, ce qui ne l'empêchera pas d'écrire dans un article de 1864 qu'il le pense « humilié », « enragé » d'être boiteux, surtout parce que cette difformité lui venait du hasard, lui créant ainsi un destin contre lequel « toutes ses énergies ramassées dans son âme ne pouvaient absolument rien. Eh bien, c'est cet esprit de contradiction avec lequel je me ferais bien fort d'expliquer toute la vie de Lord Byron […] Comprimé par la règle anglaise, ce Grec, dilaté par la vie libre de la Grèce, se donna l'affreuse courbature de se faire fanfaron de vices, pour justifier et exaspérer les cris de paon de la puritaine Angleterre… »

« L'affreuse courbature » : cette expression n'exprime-t-elle pas l'épuisante gymnastique du dandy lacé, ganté, corseté que fut Barbey lui-même, frisé, poudré, cachant sous jabots et dentelles un être douloureux, solitaire, adonné à de violentes brouilles avec ses amis (ainsi de Trébutien), à des amours interdites par les siens (ainsi de sa cousine Louise du Méril) ? Ce Barbey que Goncourt jugeait un romantique arriéré, qui se surnommait lui-même *Lord Anxious*, teignait ses moustaches, ne cessait de rompre et de renouer avec sa famille, hanté par la grandeur et la chute, par les extrêmes qui se touchent, par Satan et par Dieu. Cette violente dualité est également illustrée par le contraste entre le sadisme de Madame de Ferjol et les attitudes victimales de Lasthénie. *Une histoire sans nom* complète admirablement l'essai *Du dandysme* où l'écrivain affirme : « ce qui fait le dandy, c'est l'indépendance », solitude et retrait qui cultivent le mystère. Si le prêtre violeur se replie à la Trappe, c'est qu'elle est « le refuge des criminels qui ne sont pas punis par les hommes ». Il échappe ainsi aux autres pour ne se trouver que devant Dieu. Même dans son cercueil, il arbore toujours sur le visage une expression ambiguë due à « sa bouche audacieuse » – « Dieu lui-même avait écrit, de sa main, qu'il fallait se défier de cette bouche terrible » –, bouche de dandy satanique qui, de son vivant, s'est complu à décrire à ses ouailles subjuguées non point les délices du paradis mais les tourments de l'enfer. Barbey n'a-t-il pas affirmé que « le plus beau des étonnements était l'épouvante » ?

Rien n'est plus révélateur que la lecture des *Memoranda* pour saisir quelques-unes des identifications possibles de Barbey aux personnages d'*Une histoire sans nom*. Ainsi, très tôt, en 1836, se fait jour une déception intense lorsque son jeune frère Léon choisit de devenir prêtre et de le laisser seul dans le « monde ». Barbey aurait voulu le revoir avant ce pas définitif, mais, écrivit-il : « Je suis resté seul et inentendu comme Roland à Roncevaux. Ô fragiles amitiés de la terre ! Nous avons tous un Roncevaux dans notre vie tôt ou tard. Nous appelons les absents, nous sonnons de notre cor d'ivoire mais en vain ! Le cor qu'ils connaissaient et qui avait pour eux, disaient-ils, de si poignants appels, cette voix amie qu'ils proclamaient irrésistible et qui les eût ramenés du bout du monde, ils l'entendent qui demande, qui crie, qui meurt d'appeler, et ils ne viennent pas ! Nous teignons l'ivoire de notre cor inutile de la pourpre du sang de notre cœur déchiré. Ce sang dont nous comptons les gouttes, ils ignorent que ce sont eux qui le font couler[5]. » L'abandon du frère ne ressuscite-t-il pas, en le masquant, celui de la mère ? Et Barbey n'a-t-il pas senti une sorte de jalousie en voyant Léon répondre à la Voix ? N'a-t-il pas été jaloux de Dieu ? Dans cette jalousie, on pourrait voir un des éléments à l'origine de la hantise de la prêtrise dans l'œuvre. Comme il est étrange que, dans ce *Premier mémorandum* de 1836, se trouvent déjà les mêmes images que celles choisies pour décrire la relation entre mère et fille dans le récit de 1880 ! La tentation est grande de relire ce texte en remplaçant le mot *cor* par celui de *corps*. Nous y retrouvons toutes les métaphores d'*Une histoire sans nom*, car Lasthénie est silencieuse, *inentendue* ; elle « meurt d'appeler ». L'ivoire de son corps demeure inutile, « son cœur est déchiré » par « la pourpre du sang » et la triste conclusion de sa vie abandonnée par le prêtre est la même que celle exprimée dans les notes autobiographiques : ce sang, les proches « ignorent que ce sont eux qui le font couler ».

La nécessité d'être un dandy n'est-elle pas déjà dans ce retournement qui clôt ce paragraphe sur la « désertion » du frère : « Comme Roland, la rage d'être abandonnés ne nous fait pas fendre les rocs de nos épées, mais nous devenons rocs nous-mêmes en attendant que la mort nous ait broyés [...] » Le roc, le masque et, en dessous, la chair mise à nu. Byron n'aimait pas sa mère qui ne l'aimait pas. La mère de Barbey, dit-on, éprouvait un certain mépris pour l'allure de son fils. Blessures initiales à l'origine sans doute du ton écarlate, sanguinaire du monde aurevillien. Plaies qui donneront naissance aux paysages berceurs, infinis comme les landes magiques, ou la mer de Carteret dans *L'Ensorcelée* : « C'était ma mer, que je pourrais orthographier ma mère, car elle m'a reçu, lavé et bercé tout petit. » Dès le début d'*Une histoire sans nom*, il y a glissement de l'amour impossible pour la mère vers un lieu : « La Providence a voulu que, pour les raisons les plus hautes, l'homme aimât la terre où il est né, comme il aime sa mère, fût-elle indigne de son amour. » Est-ce la raison pour laquelle, ici, cet amour de transfert est vécu à travers des visions angoissantes : cône renversé, abîme, verre demeuré vide ?

Né un 2 novembre, le jour de la fête des Morts, Barbey projette également en Agathe, la servante superstitieuse, sa passion du légendaire et du fantomatique. Mais il est aussi Lasthénie qui ne laisse rien deviner de l'enfant qu'elle porte sous sa robe ni du cœur qu'elle a transpercé sous son corsage « comme ces stoïciens qui boivent dans leur masque leur sang qui coule ». Barbey, c'est Lasthénie saignante et transpercée et l'on peut voir, dans la récurrence du flux sanguin au cours de toute l'œuvre, une nostalgie de la femme, et plus encore, d'*être* la femme – nostalgie qui se concentre dans sa conception même du dandysme : « Paraître, c'est être, pour les dandys comme pour les femmes. » Ce qui se cache sous le froc du dandy : un cilice. Et sous le froc du prêtre : un homme. Et sous la robe de la femme : un cœur qui saigne.

Un exemple tout à fait étrange de cette hantise du sang dont le rouge brûle sans cesse dans *Les Diaboliques*[6], se trouve dans le *Premier mémorandum*. Barbey y décrit une peinture d'un saint Sébastien percé de flèches et s'étonne de voir ce corps demeurer vierge de sang. Aucune blessure ne saigne ici, insiste Barbey. Mais dans la description du tableau faite par l'écrivain, la couleur du sang, néanmoins présente, est transférée sur une draperie rouge qui tombe d'une colonne. Ainsi, si le corps androgyne du saint aux « genoux qui partent en dedans comme les genoux d'une femme » demeure immaculé, l'allusion au sang se retrouve grâce au pilier qui fait ressortir la pâleur du corps meurtri. Au regret de ne pas voir ici saigner les plaies, répond le tissu écarlate si souvent présent dans les nouvelles[7].

Quant à Madame de Ferjol, démon femelle hanté par le paraître de l'« honneur », tyran jonglant avec le corps et le cœur de sa fille comme avec le fantasme de l'Homme de Dieu maudit, n'incarne-t-elle pas le dandy devenu monstre ? Ne rejoint-elle pas ce duc de Lauzun, dont Barbey a fait l'un de ses dandys préférés, jouant avec les sentiments de la Grande Mademoiselle : « Même après la rupture, écrit-il, la malheureuse ne fut jamais au bout des cruautés inouïes avec lesquelles Lauzun s'attachait, comme avec des clous, ce cœur envoûté par lui[8]. »

Si Lasthénie se plante des aiguilles dans le cœur, c'est moins par dégoût d'un acte auquel elle n'a jamais participé, que par désespoir de ne pas être aimée par celle dont elle est née.

Aphra Behn

J'ai toujours été attirée par les êtres hors du commun, ceux qu'on appelle des « artistes », des « marginaux » ; par l'« exotisme » et la différence. Comme disait Rachilde du « juste milieu », la normalité « m'ennuie comme une mouche ». Ce qui ne m'empêche pas de l'admirer chez les autres, au contraire.

Lorsque j'étais adolescente, de tous les peintres, c'était Gauguin mon préféré (ce n'est plus le cas ; je suis moins fascinée par ce qui est explicite), à cause de ses femmes dont le corps d'ébène traçait un superbe contraste avec les fleurs et les tissus. Changeant de registre, je n'ai pourtant guère changé car, même si je vivais en Beauce, je me suis plongée à corps perdu dans le monde japonais : romans, théâtre, estampes. Là aussi, tout n'est que contraste (mais très subtil) entre la blancheur des masques et la splendeur des kimonos. En littérature, au Japon, ce n'est que le désir de vaincre son corps, nostalgie de l'impossible, petites ou grandes perversions, visions fantomatiques comme autant de portes que l'on ouvre les unes après les autres pour avoir accès à l'ailleurs. Murasaki Shikibu (Xe siècle) et Aphra Behn

(1640-1689) : deux femmes qui furent les premières romancières de leur pays. Autrement dit : deux esprits qui ont su briser le tabou du silence, franchir les limites de la condition féminine, que ce soit par l'analyse des servitudes à la cour impériale ou par la dénonciation de l'esclavage des Noirs.

Ailleurs : sa différence ! Enfant, au « marché des voleurs » de Shanghai, n'avais-je pas acheté en cachette un étrange volume sur les jumeaux siamois et les hermaphrodites, comme si les « monstres » (d'où ma future passion pour le film Freaks *de Tod Browning) excitaient plus mon intérêt que les êtres que je côtoyais tous les jours ? Et même parmi les acrobates que j'admirais tant dans mon école du cirque, j'étais plus fascinée par les contorsionnistes que par les trapézistes volants ; il me semblait qu'ils dominaient encore plus leur corps pour en faire naître l'étrangeté. Oui, si j'admirais les contorsionnistes, c'était pour cette science qu'ils avaient de manier leurs corps alors que, en plein âge ingrat, je détestais le mien de rester englué dans la dépendance d'une disgracieuse puberté. Et c'est aussi ce qui me bouleversait dans la description que fait Aphra Behn d'Oronouko qui, malgré la perfidie des Blancs, l'esclavage, les supplices, conserve une telle idée de l'honneur qu'il préfère la mort au fouet, défi que l'on retrouve dans les émouvantes eaux-fortes représentant les esclaves noirs pendus au Surinam, de William Blake*[1]*.*

L'esclave noir[2]

Orpheline très tôt après avoir suivi son père au Surinam, obligée de se marier très vite à son retour, mais veuve tout aussitôt, intelligente et jolie d'après le portrait de Peter Lely qui nous reste, analyste impitoyable des hypocrisies, espionne en faveur du parti de Charles II, mise en prison pour dettes, puis, enfin, pour gagner sa vie, devenue un écrivain prolifique, la première des romancières anglaises, Aphra Behn (1640-1689), ne pouvait que susciter des réactions de jalousie violente avant d'être annulée par l'oubli pendant près de trois siècles. Mais, comme tout tempérament indomptable, elle a eu raison du temps.

Critiques et biographes la ressuscitent, notamment la romancière anglaise Maureen Duffy, qui lui a consacré une passionnante biographie[3] où le lecteur découvre avec stupéfaction les drames et les péripéties de cette vie insolite, si différente de celle vécue par les femmes de l'époque. Aphra Behn fut la première à élever la voix contre l'esclavage et les cruautés imposées aux Noirs. La première à défier l'horreur de cette loi, et cela vingt ans après son expérience personnelle en des terres lointaines. À croire – ce qu'on ne manqua pas de faire – qu'elle avait tout inventé ; qu'elle était une imposture, comme cette ineffable princesse Caraboo dont parle Edith Sitwell[4], soi-disant originaire de Sumatra, victime des pirates et qui, munie d'un sabre et d'un arc, couverte de plumes, suscitait l'admiration des dames victoriennes. Hélas, la princesse Caraboo était en fait une modeste servante née dans le Devonshire et devenue mythomane.

Rien de tel avec Aphra Behn dont Maureen Duffy a longuement consulté les notes et la correspondance pour en finir avec sa légende. Ainsi la longue et admirable chaîne des romancières anglaises commence-t-elle avec cette « aventurière » extraordinairement douée, avec cette voix qui s'élève déjà contre tout ce que les autres écrivains féminins devaient également dénoncer : le mariage forcé ; la chair traitée comme objet de plaisir ; la loi écrite par les hommes, remplie d'interdits et de tabous concernant l'éducation des filles. Rien d'étonnant si Virginia Woolf écrit que « toutes les femmes ne seraient pas de trop pour fleurir la tombe d'Aphra Behn car c'est elle qui, la première, œuvra pour qu'elles puissent s'exprimer ».

Ces trois nouvelles d'Aphra Behn clament chacune la révolte et le défi. Dans *Oronouko* se lit sa connaissance d'un monde différent, sensuel, instinctif mais humilié par l'atroce cruauté du racisme ; *Histoire de la nonne* montre une petite fille promise à Dieu qui refusera de faire taire sa sensualité, mais sera cruellement punie de ses transgressions ; enfin dans *La Belle Infidèle*[5], l'écrivain nous montre combien une femme qui prétendait vivre selon son bon plaisir – c'est-à-dire comme un homme – en arrive à incarner le Mal absolu.

Quoi de plus fascinant que cette sensibilité ouverte, dès le XVIIe siècle, à l'exotisme. Son texte chatoyant, superbe, est vibrant d'empathie pour l'esclave princier et tout d'abord pour l'architecture superbe de son corps – d'autant plus éclatante qu'elle sera suppliciée – comme dans la troublante gravure que fit William Blake en 1772 d'un *Nègre pendu par les côtes*[6]. De façon visuelle, presque visionnaire, Aphra Behn entre par effraction dans un univers sexuel inconnu du monde de la Restauration, là où règnent des odeurs, des peaux, des textures différentes que son instinct la pousse à aimer. Son analyse des forces accrues d'Oronouko lorsqu'il est réuni à l'objet de son amour, la belle Imoinda – au point que ne lui suffisent plus la chasse au tigre ni la mise à mort des serpents vénéneux –, trahit combien l'auteur se plaît à imaginer la volupté comblée du prince captif, s'incarne dans cet esclave qui désire se libérer de ses liens à travers l'amour et le pouvoir, qui de droit, lui reviennent. Ce sont ces « noces d'encre » d'un écrivain avec ses personnages qu'il est passionnant de débusquer : nul doute qu'Aphra Behn cherche, grâce à l'exotisme, à vivre une autre sexualité que celle qui lui est proposée avec le mariage. Elle fut marquée par son séjour à Surinam (colonie anglaise alors) autant qu'Olive Schreiner le sera au XIXe siècle par l'Afrique du Sud, Segalen par la Chine, ou Gauguin par les Îles.

Il y a tout un réseau de connotations – entre la couleur de la peau, la qualité du lisse, la compacte allusion aux ténèbres de l'obsidienne – qui tisse la trame d'un mystère, d'une sacralisation. Même dans les chaînes, dépouillé de ses vêtements étincelants et royaux, même martyrisé, Oronouko dégage une aura surhumaine, presque christique, qui fascinera d'ailleurs Heinrich Füssli, illustrateur d'*Oronouko* en 1760[7]. Les vierges noires seraient-elles d'autant plus sacrées qu'elles semblent à peine dégagées de la gangue des premiers cultes ? Devant une jeune femme maorie, Gauguin ressentira aussi ce frisson, se croyant « devant une idole[8] ». « Quelle est donc la vraie couleur d'un centaure, d'un minotaure, ou d'une chimère… », devait se demander Gauguin dans un texte écrit au cours de son séjour en Océanie, car la couleur, quel mystère ! Elle est une vibration de l'inconnu ; énigmatique, elle donne des sensations presque musicales ; elle nous ramène, cette couleur sombre de la peau, « à je ne sais quelle horreur sacrée que je devine vers l'immémorial », écrira le peintre deux siècles après ce récit saisissant d'Aphra Behn où elle se montre un précurseur de la curiosité et de la sensibilité modernes. Or, elle en convient elle-même : si elle a choisi « la carrière de poète, c'est la partie masculine de son être » qui en a fait le choix.

Auteur de dix-sept pièces de théâtre et de treize romans, contemporaine de Dryden, fascinée par la politique, Aphra Behn devait connaître la nécessité d'avoir, pour écrire, un lieu à soi. Dans ses trois récits, tout se passe en effet dans des lieux fermés (cachots, confessionnal, navire, harem, cellule de couvent, béguinage) – choix qui traduit à la fois l'importance accordée à la réclusion où se trament les tragédies et l'obsession d'une liberté qui veut que l'esclave parvienne à s'échapper, que la nonne puisse rompre ses vœux, que la future victime arrive à traverser ses murs. Ambivalence, ici encore, non plus seulement de l'identification d'une femme blanche à un héros noir, mais du défi lancé à Dieu, aux obstacles à vaincre pour être soi, défi repris par l'écriture, par l'espace intérieur ménagé en soi pour écrire, même si, à l'époque, le créateur œuvrait dans le bruit et le désordre chaotique qui, le plus souvent, l'entourait.

Ambiguïté qui se retrouve, sur un autre plan, dans *Histoire de la nonne,* car la jeune recluse – enfermée au couvent par son père demeuré veuf afin de célébrer un deuil qu'il veut sans doute sadiquement voir partagé par sa fille – découvre l'amour à travers une femme. Le seul homme capable de troubler le cœur adamantin de la belle Isabella ne ressemble-t-il pas comme un jumeau à sa compagne de cellule Katteriena ? Rien d'étonnant à cela, puisque Henault est le propre frère de la parfaite amie. Dieu, dans ce couvent, n'a pas grand-chose à voir avec la vocation des nonnes qui semblent surtout douées pour apprécier le trouble que leur inspirent les visites « à la grille ». La grille : voilà le lieu, l'entre-deux, où tout se prépare, la paroi transparente à la double nature puisqu'elle fait communiquer le dehors et le dedans, sépare et rapproche, permet à l'homme de venir chuchoter dans l'oreille de la femme des propos qu'elle ne devrait tenir que de Dieu.

Dès l'abord, dans ce récit envoûtant, Aphra Behn, sans en avoir l'air, s'attaque au destin des femmes voulu tel par la loi et le père, mais aussi elle met toutes les amours sur le même plan : l'amitié amoureuse et le désir sexuel, l'amour pour le garçon et l'amour pour la jeune femme, même si Isabella ignore la violence de son penchant pour sa compagne. Les amours illicites de la nonne et du jeune Henault seront régentées par l'entremise de Katteriena, pôle indispensable à cette relation triangulaire. Nous ne dévoilerons pas ici les détails de la fuite et du mariage secret d'Isabella, toutes péripéties qui font que, dans la deuxième partie du récit, Henault, obligé de quitter sa femme pour aller guerroyer, retrouve justement un ancien amoureux d'Isabella. (Ces événements sont aussi plausibles que ceux imaginés par un Thomas Hardy qui excellera pareillement à faire triompher l'atrocité des coïncidences malheureuses.) La solidarité change maintenant de camp. Elle lie entre eux deux hommes jusqu'à l'impitoyable fin comme le découvrira le lecteur : il nous suffit ici de remarquer la passivité coupable des hommes que la passion efféminé, et l'ingéniosité criminelle des femmes qui jouent un rôle masculin. On voit un page à longue chevelure de jeune fille, un mari ensorcelé mené vers les gouffres, un moine séduit jeté dans les fers si bien que la séduction active n'est plus la prérogative du sexe fort. Ce ne sont plus les hommes qui violent, choisissent, dominent, mais une femme qui, comme lady Macbeth, concentre en elle une force virile et assassine. Dans *La Belle Infidèle*, Miranda sera dévoilée, punie, mais jusqu'à un certain point : elle aura la vie sauve. Il lui faudra seulement s'expatrier, vivre ailleurs, là où ses crimes sont inconnus, comme si Aphra Behn n'avait pu se résigner à la châtier tout à fait.

Cependant, si la conteuse semble s'attarder avec complaisance dans sa description des machinations atroces d'une ancienne béguine, c'est aux hommes bafoués que va son empathie, aux êtres séduits, tombés dans le piège. Toute l'œuvre ne tourne-t-elle pas autour de ce thème : comment ne pas tomber dans le piège de la crédulité inspiré par l'illusion de l'amour ? Amour d'une femme pour un homme, ou amour d'un homme pour une femme, ou d'un Noir pour un capitaine blanc félon et menteur – mais amour, chaque fois, dans toutes ses nuances mises sur le même plan, ce qui prouve l'extrême audace et liberté de la romancière. Nous sommes sans cesse plongés dans les ténèbres, semble-t-elle nous dire : ainsi la nature secrète de chacun, l'événement crucial dont la suite dépend, se révèlent toujours dans une perte de conscience. C'est frappé d'étonnement que le moine est accusé de viol dans *La Belle Infidèle* ; c'est hors d'elle que la fiancée d'Oronouko trahit son amour en tombant évanouie devant le roi ; c'est dans le coma que le mari de Miranda échappe à la pendaison ; c'est endormi que le premier mari meurt étouffé. Oui, nous sommes plongés dans un monde de ténèbres et cette répétition des situations n'est pas le fruit du hasard. Aphra Behn n'ignore pas, on l'a vu, l'ambivalence au cœur de la nature humaine. Le flou de l'identité, elle ne cesse de l'affirmer. C'est par la stupéfaction, par la surprise, que l'être sera sans cesse terrassé : l'étonnement immense et inutile de voir combien le Mal habite l'humanité.

Car cette romancière qui opère un fulgurant trait d'union entre les Élisabéthains sanguinaires et nos romanciers modernes, est celle de l'*avertissement* tragiquement donné trop tard. Dans ce dessein elle est servie par une phrase longue, mais impitoyable et précise dans sa progression vers l'horreur, une phrase au rythme haletant à travers les fastes du baroque, où (comme si souvent chez De Quincey) fusionnent l'espace et le temps. N'empêche : il est trop tard. La flèche a rejoint la cible, elle est entrée dans la chair où l'auteur et le lecteur la regardent infuser son venin. Dans ce monde qui a dépassé tous les clichés, où le masochisme dit féminin et le sadisme dit viril se trouvent aussi projetés dans le camp de l'autre, le vrai sujet est la nature humaine, tourmentée par les deux sexes qui ne cessent de se combattre en elle : noces entre le ciel et l'enfer, alliance du satanique avec une meurtrière recherche de la perfection.

Thomas Bernhard

Malgré mon admiration pour Thomas Bernhard, je n'ose pas le lire ou le relire. Nous l'avions choisi (François Wagener, Hector Bianciotti, Pierre Kyria et moi, entre autres) comme premier lauréat du prix Séguier. À l'époque, je supportais mieux sa dramatique description des couples haineux enfermés en vase clos et ses cris de rage contre le monde entier. À présent, le monde me paraît avoir empiré au point qu'il me faudrait préserver quelque part une lueur d'espoir dont je vois, cependant, l'inanité.

Je ne peux supporter que sa répulsion s'adresse même à l'écriture. Il se peut que quelques pas accomplis en direction du détachement (que je ne confonds pas avec la résignation) m'aient rendue plus sensible aux œuvres nées de la compassion qu'à celles fondées sur la haine. Ou que cette haine demeure encore un peu vivace, toute prête à relever la tête comme un serpent, pour défier ma toute fraîche (et légère) indifférence.

Alors, de peur d'être contaminée…

Noces tragiques[1]

On serait tenté de mettre en exergue à l'œuvre de Thomas Bernhard[2] les mots de Dante : « Vous qui entrez ici, laissez toute espérance. » Après Strindberg et Beckett, peu d'œuvres en effet affrontent le désespoir avec une lucidité aussi obsédante. Que les âmes sensibles s'abstiennent. Ce n'est pas là une littérature d'évasion où l'écrivain prend ses distances pour oublier ou dépasser le mal, mais une littérature de plongée, comme si l'auteur jugeait que la seule façon d'envisager toutes les formes que sait prendre la mort est de les vivre à l'avance. Vivre en tête à tête avec la mort, le seul sujet essentiel, la seule vérité inéluctable, tel semble être le châtiment de ce Prométhée. Trois de ses romans, *Gel*[3], *Perturbation*[4] et *La Plâtrière*[5] ne sont qu'une longue variation, une fugue tragique sur ce thème du désespoir. Certains détails cruels et réalistes rappellent l'univers du film *Scènes de chasse en Bavière* de Peter Fleischmann, mais le sombre lyrisme et le côté parfois onirique du récit dévoilent un poète hanté, comme le furent d'autres écrivains autrichiens, par la décomposition ou la pétrification de l'être.

À la base du récit, il y a presque toujours un meurtre. Il s'agit de savoir qui a tué, comment fut perpétré le crime, quelle était la personnalité de la victime. Tout ce que nous saurons nous parviendra à travers les on-dit, la reconstitution de l'enquête, les propos des familiers, le rapport dressé par le narrateur qui, étrangement, et de façon très ambiguë, prend un soin méticuleux à relater les moindres détails, à noter les moindres propos contradictoires en voyeur passionné. La relation du crime se fait alors en quelque sorte complice du crime (comme dans certains textes de James) et l'on devine une région sous-jacente où la pensée de Bernhard se terre sous l'apparente simplicité du récit.

La Plâtrière relate ainsi les rapports amour-haine d'un couple qui se déchire dans un lieu désert et clos. Elle, paralysée, absente, demi-sourde, presque réduite à l'imbécillité, tricotant sans fin des moufles qu'elle défait et refait, invalide impuissante qui ressasse les délices d'une enfance choyée et qu'un mari exaspéré a dû promener à travers toutes les villes d'Europe pendant vingt ans. Lui, le mari, névrosé, sadique, écrivain hanté par l'œuvre à faire – un traité sur l'ouïe –, désireux de silence, exclu dès son enfance comme premier-né supplanté par les autres enfants (« Les parents éprouvent le besoin de toujours repousser le premier-né, de le déprimer, de le laisser s'étioler, dépérir, de le détruire enfin »), aurait voulu être médecin, profession qu'il exècre par ailleurs car il estime qu'il n'y a pas de maladies organiques, seulement des maladies psychiques.

Deux mondes se dessinent ici, qui rappellent, de façon plus impitoyable parce que plus froidement méthodique, l'antagonisme des couples strindbergiens. *Elle* veut lire Ofterdingen, *lui* Kropotkine. *Elle* songe à sa maison natale, *lui* à *la Plâtrière*, lieu qui évoque les chambres, les pensions, les asiles, les écluses, le château déjà présents dans *Gel* et *Perturbation*. Lieux choisis par ces êtres torturés pour la solitude qu'ils semblent promettre dans une nature désertée, mais lieux-pièges car « le calme extérieur ne correspond en rien au calme intérieur ». Bien sûr, *la Plâtrière* est un endroit désaffecté, maudit, « qui ne prend jamais fin ». Le silence, comme ce clapotis inquiétant qui cerne les îles d'Ingmar Bergman, porte à faire éclater toutes les voix intérieures destructrices, celles de la folie, de l'attirance du suicide, ou du meurtre. *La Plâtrière* est un lieu idéal pour tuer : « En cas de crime il serait inutile de crier, personne ne vous entendrait. » C'est là une des pensées favorites de Konrad, le mari, transcrite dans un jeu de miroirs par le narrateur qui nous la chuchote comme le ferait un conspirateur. D'où l'ironie de vouloir y écrire un traité sur l'ouïe – ironie révélatrice car le meurtrier ne s'isole que pour mieux entendre la marée de ses instincts criminels.

En fait, tout un chacun porte un intérêt pervers au crime. La femme est trouvée assassinée, assise dans son fauteuil de malade. Konrad, présumé coupable dès l'abord, accusé de meurtre, est découvert plus tard dans la fosse à purin desséchée et gelée. Indéfiniment, le lecteur est appelé à s'interroger. Konrad a-t-il acheté des armes pour se défendre, pour que sa femme puisse repousser toute agression, ou au contraire pour tuer ? Selon les villages où l'on commente avec passion ce crime, le nombre des balles qui ont tué la femme varie. Le narrateur s'interroge avec une précision maniaque, cherchant à reconstituer la scène comme Poe dans *Le Mystère de Mary Roget*. De même, dans *Gel*, l'enquêteur cherche à préciser la personnalité du héros et finit par éprouver pour l'objet de son analyse un intérêt tel que son identification avec lui est totale. L'absence de jugement, l'impossibilité d'y voir clair se profilent comme une menace. Bernhard aime à démontrer la suprématie de la curiosité sur l'amour à travers son obsession de l'enquête et le dépouillement progressif de toutes les possibilités. Le criminel devient une sorte de bouc émissaire grâce auquel les autres évitent le crime en le recomposant, le frôlant à leur manière. La voix multiple des rumeurs affaiblit la vérité (elle ne peut être unique) mais la renforce (il doit y en avoir une ? la saura-t-on jamais ?). Le meurtre n'est qu'un truchement dont se sert Bernhard pour une quête plus profondément métaphysique. « La folie intellectuelle a ceci de particulier qu'on y accroche sa vie. » Ce qui fascine Bernhard, c'est ce thème obsessionnel « qui un jour, à partir de quarante ans, absorbe tout entier les penseurs ». Écrire un traité sur l'ouïe équivaut à un acte monstrueux car il s'accompagne d'un crime contre l'ensemble de l'humanité, rétréci à la personne d'un seul être qui est une femme.

Ainsi le sujet de *La Plâtrière*, loin d'être la vie d'un couple, s'élargit dans un désir de cerner le mal métaphysique ; le récit dépasse alors le fait divers pour plonger dans l'inconscient où ce mal est embusqué. Car si le meurtre semble ici inspiré par la misogynie, le crime comme dénouement nous paraît exprimer chez Bernhard une hantise bien plus complexe. Dans cet univers où les idées « sont enfouies à peine conçues », où la vérité est vécue de biais et donc dénaturée, où la mémoire même est « un piège perpétuel où l'on tombe pour se perdre sans espoir », où les mots, dès qu'on les utilise, font surgir le spectre de leur négation ou de leur fausseté « dans un monde terrible, terrifiant et risible », la mort demeure la seule réalité tangible, encore que l'incertitude renaît devant le cadavre, avec ses énigmes non résolues. Le style, faisant toujours retour à la phrase précédente sur un mode répétitif, sur un ton dubitatif, permet ce monologue si particulier qui dénonce la stérilité de l'analyse en même temps qu'il affirme sa douloureuse nécessité.

Pas de délivrance ni de catharsis par l'écriture : celle-ci devient une sorte d'autodestruction à laquelle l'écrivain doit se livrer stoïquement, les yeux grands ouverts. On se dit alors que la femme, victime tour à tour sadique et consentante, n'est qu'une allégorie de l'écriture qui tue de n'être pas tuée. Sa passivité est celle de la page blanche et de la pâte molle des mots. Sa cruauté est celle de l'être invulnérable qui divulgue à tous l'impuissance de l'écrivain : jamais Konrad n'écrira son traité sur l'ouïe. Achever correspondrait à tuer. L'œuvre, comme la femme, n'appartient à l'auteur qu'une fois achevée, assassinée. Peu d'écrivains ont osé plonger avec tant d'insistance leur regard dans le cachot où se débat l'inspiration. Mais c'est l'autopsie qui requiert l'attention de Bernhard – l'autopsie de l'esprit et non celle du corps. Konrad l'avoue dans *La Plâtrière* : « Je suis pour les murs nus, pour ce qui est utile, pour ce qui peut me blesser, pour une étude de ce qui commande les catastrophes de l'intelligence. »

Karen Blixen

À relire ce texte, je me suis brusquement revue, écrivant sur Isak Dinesen, baronne Blixen, dans un petit café de Chartres, n'ayant pas encore découvert la sérénité de la solitude. Alors, celle, si profonde, qui a rongé toute la vie de cet écrivain remarquable m'a touchée au point que je fus submergée. J'éprouvai, comme elle, la nostalgie des grands espaces, là-bas, en Afrique, en complet contraste avec sa maison austère de Copenhague si loin des fauves. Et ce soir-là à Chartres, je m'éloignai totalement du présent vers un soir lointain où j'étais arrivée avec un ami (mort maintenant) dans un petit port au fond de la Calabre, à l'heure où les pêcheurs disposaient des poulpes sur des pierres plates. Des méduses gisaient sur le sable, irisées, miroitantes comme des morceaux de lune tombés. Aujourd'hui encore, en cet été 2006, je suis sur une plage qu'une myriade de méduses ont envahie, mais elles n'ont plus de reflets magiques ; elles sont sournoises, atrophiées, d'un rose sale : on dirait les pattes coupées d'un poulet. Mais, grâce à Karen Blixen, à sa faculté de faire revivre le passé, c'est le petit port de Calabre que je revois à nouveau dont le nom tout à coup resurgit dans ma mémoire – Peschici – avec l'ombre de l'ami disparu. Alors j'entends la voix si frêle de la baronne déclarer à Frederic Prokosch : « Je vois les âmes des morts circuler autour de moi. Il s'agit des animaux et des gens pris au piège, comme des poissons aux filets de l'histoire. Je vois ces âmes solitaires aller et venir furtivement, en silence[1]... »

Malgré tout[2]

Les faits essentiels de la vie de Karen Blixen, conteuse et « sorcière » comme elle aimait à s'appeler, danoise et « africaine », « fantôme » et « phare », parlent par eux-mêmes. Ils constituent le germe de ses récits, tellement exceptionnels et insolites que transposer devait lui être instinctif. Ce sont ces faits douloureux qu'il faut rappeler afin que son image ne soit pas effacée par celle, trop facile, de femme amoureuse et conquérante vivant au Kenya. On oublie souvent que son père (lui-même auteur de livres sur la chasse devenus classiques) se pendit en 1895, à cinquante ans, en pleine dépression, dans une pension de Copenhague, peut-être parce qu'une ancienne syphilis jamais guérie détruisait sa santé et son cerveau. Karen avait dix ans. Plus tard, en 1899, éclata le drame de la ferme familiale incendiée et calcinée : à quatorze ans, Karen Dinesen dut partir en Suisse avec sa mère et ses deux sœurs. Après une initiation sérieuse à l'art du dessin et quelques essais non couronnés de succès dans l'art du récit, Karen tombe amoureuse en 1909, mais sans espoir de retour, de son cousin le baron Hans Blixen pour se résoudre finalement à épouser son jumeau, Bror Blixen.

En 1913, le couple s'élance pour l'Afrique dans l'espoir d'une nouvelle vie. Mais c'est pour très vite apprendre que Karen Blixen a contracté la syphilis au contact de son mari. Ce sont alors plusieurs années partagées entre les soins au Danemark et l'adaptation en Afrique. Puis elle rencontre celui qu'elle devait tant aimer, Denys Finch Hatton – toutes ces dernières sombres années n'ayant été éclairées que par la compagnie de son frère bien-aimé, Thomas Dinesen. Lorsque Karen Blixen rencontre Denys, on ne saurait oublier combien elle était malade (en 1919, par exemple, elle dut se faire soigner cinq mois sur douze) et combien souvent Denys Finch Hatton était absent. Malgré la passion qu'elle met à vivre sa liaison, elle reste très blessée par le divorce d'avec son mari, Bror, incapable de gérer les affaires de la Karen Coffee Co créée au Kenya par la famille de sa femme. Non seulement toute une période de sa vie se clôt sur ce drame, mais, plus définitive que tout, éclate la tragédie de la mort de Denys dont l'avion s'écrase au Tanganyika. La fin de cette liaison tissée de joies insolites, de paysages immenses quasi vierges, d'univers peuplés de félins sauvages, de départs et de retours, de solitude et de jalousie, laisse Karen Blixen dépossédée.

Même ses débuts littéraires furent plutôt difficiles jusqu'au succès des *Contes gothiques*[3] (1934) et de *La Ferme africaine*[4] (1937) qui vont désormais l'imposer. Puis elle subira de nouvelles épreuves : la mort de sa mère et l'isolation du Danemark pendant la guerre. Karen Blixen apprend à vivre avec le malheur du monde. Avec sa maladie. Elle devient diaphane, transparente, presque un esprit, un souffle. Frederic Prokosch et Marcel Schneider qui vont la rencontrer plus tard, lorsqu'elle sera très âgée, seront frappés par cette immatérialité lumineuse, qui commence dès maintenant à la consumer, et par sa lucidité décapante.

C'est avec tout ce passé que Karen Dinesen Blixen écrit ses *Contes d'hiver, Nouveaux contes d'hiver, Le Dîner de Babette et autres contes*[5]. Le thème de la perte en est la clef essentielle – mais pas celui de la malédiction : l'Afrique a effacé en elle tout puritanisme. Hélas, subsiste le sentiment de l'étranglement du futur, avec son développement impossible. Dès le début, il y avait le conte, dit un personnage. Oui, mais dès le début, il y avait la maladie et le suicide du père. La syphilis du père puis celle du mari, sa propre contamination, deux fausses couches. Puis la mort de l'amant comme arrêt de toutes choses. Les contes s'emboîtent les uns dans les autres comme se succédaient les départs et les retours entre deux continents ; ils s'enroulent comme des essais de séduction pour retenir le voyageur toujours en partance. N'était-ce pas ce que Karen Blixen rêvait de faire : conjurer le sort par son talent, comme le fit Schéhérazade ; le défier en donnant pour titre à un de ses derniers volumes *Anecdotes of Destiny* ?

« J'ai la grande chance, écrit Karen Blixen dans *Echoes from the Hills*, de rêver lorsque je dors, et mes rêves sont toujours beaux. [...] La première caractéristique de mes rêves est celle-ci : je me meus dans un monde profondément doux et familier auquel j'appartiens davantage qu'à la vraie vie. Mais je ne rencontre jamais dans ces rêves un être ou une chose que je connaisse ou que j'aie connus en dehors du rêve. » Ces rêves, explique Karen Blixen, sont vastes comme l'infini de l'espace – sans limites, avec des bleus et des violets sombres, « des bruns d'une transparence mystique » où elle flotte, vole et plonge dans un monde dépourvu de toute pesanteur.

Tel est aussi le monde du conte, avec ses histoires au sein des histoires, ses frontières mobiles, sa texture labile, un conte renfermant plusieurs autres qui se déroulent à partir du premier, à partir d'un moment crucial où tout s'est arrêté. D'où viennent les rêves et les contes ? Leur origine n'est pas plus déterminée que ne l'est celle de l'identité. Toujours partagée entre plusieurs vies, Karen Blixen a connu le vertige de cette perte d'elle-même, à la fois à travers l'exotisme (non le fantasme d'un autre pays, mais la connaissance de sa différence acceptée) et l'inspiration. Rêves et contes sont « un échange entre l'être et des forces sans nom », écrit-elle, toujours dans *Echoes from the Hills* (1960) : « Un navire a fait alliance avec le vent et les courants ; maintenant ses voiles se gonflent et il poursuit sa course, fièrement, sur des vagues complices. Son allure rapide est-elle due à ses propres efforts et mérites, ou bien est-elle née de forces extérieures ? Nous ne saurions le dire... »

Ces forces de l'instinct que Karen Blixen a si bien vues à l'œuvre chez les animaux sauvages, dans la mystérieuse Afrique comme dans les songes, elle sait qu'elle les vit à des profondeurs pour lesquelles il n'y a pas de nom dans notre vocabulaire. Aussi fut-elle déconcertée lorsque des visages reconnaissables, appartenant à des être vivants, firent irruption dans ses rêves au moment de la coupure de la guerre. Comme si la réalité de la perte, à la source de son œuvre, exigeait de s'incarner. Ces visages prenaient la forme d'éléphants ou de chauves-souris, de léopards ou de chacals mais *reconnaissables* comme si, dans le rêve ainsi que dans le conte, la transposition se faisait d'elle-même. Les cauchemars de la perte s'intensifient alors. On se souvient que la Pellegrina des *Contes gothiques* perdait sa voix et, du même coup, le sentiment de son identité. Karen Blixen l'a confié à une amie : la perte de cette voix chez Pellegrina n'était que le symbole de la perte, pour elle, de l'Afrique. « Ce fut comme un cri, un rugissement de lion » qui la laissa pantelante, aphone. Mais devenue écrivain.

Le côté visionnaire de l'œuvre donne à ces récits émaillés de détails réalistes une sorte de limpidité fantastique. Songes lumineux où se mêlent l'éden et le monde des conteurs persans avec la nostalgie de l'androgyne dans une totalité sensuelle et culturelle. Ce ne sont pas ici des contes chrétiens où le chevalier cherche le graal, mais des contes païens où les péripéties ne supposent pas forcément un élément salvateur. Ainsi Softa, dans *Le Plongeur*, qui aime les ailes et les anges, emmène son amie dans son atelier : « Il s'aperçut alors que les rats avaient dévoré les plumes qui soutenaient le vol des aigles ; les cadres de ses ailes étaient brisés et leurs débris éparpillés sur le sol. » Ou encore : « Celui qui est ennemi des anges est ennemi de Dieu ; toute espérance lui est ôtée. Je n'ai plus d'espoir ; sans espoir, il est impossible de voler. C'est ce qui me prive de tout repos », avoue Softa. Il se lie alors avec des pêcheurs. Il découvre le monde sous-marin des poissons et des perles. « Si vous suivez la carrière d'une seule perle, vous y trouverez la matière d'une centaine de contes. Et les perles sont semblables aux héroïnes des poètes : la maladie se transforme chez elles en beauté. Elles sont à la fois transparentes et opaques. » Karen Blixen, tel un poète des fonds sous-marins, fait parler les poissons : « Les plus grands d'entre nous ont atteint les régions de la parfaite obscurité. Et nous déchiffrons sans peine le plan du monde parce qu'il nous apparaît vu d'en bas. » C'est la supériorité du poisson, ce compagnon des profondeurs (qui, aux yeux des humains, ne paraît qu'un oiseau mutilé), d'être tout de suite en contact avec l'obscur qui ne se voit pas à la surface des eaux. Le poisson ne peut pas tomber : il n'a donc jamais déçu le Seigneur. Cette métaphore, sur laquelle insiste Karen Blixen, n'exprime-t-elle pas combien l'être vivant sans ambition personnelle, sans désir d'intervenir dans le déroulement du monde, doué du savoir intime et lucide de ce qui se trame, est celui qui, à l'abri de la mer, survit le mieux ? Le langage de ces êtres secrets est d'un réalisme stoïque : « L'expérience nous a prouvé, disent les poissons, comme la vôtre vous le prouvera un jour, que l'on peut très bien flotter sans espoir, et même que l'on flotte mieux. De sorte que notre profession de foi déclare que nous avons abandonné toute espérance. »

Telle est la loi du monde profondément solitaire, original, de ces derniers contes où les personnages, dénués de ce mouvement d'ascension et de brisure qui est celui du héros cherchant à s'imposer à travers des épreuves, évoluent à partir d'une chute qui a déjà eu lieu. D'une chute inscrite dans leur nature même. Le conte devient alors l'étrange aventure cristalline de la survie.

On s'aperçoit, à la lecture de ces textes, que tout s'y passe à rebours des contes de fées, comme si la vie avait enseigné à Karen Blixen (ainsi qu'elle l'a confié à Frederic Prokosch[6]) une lucidité dont le noyau n'est pas le mal, mais l'inévitable horreur inhérente à la vie. La cruauté du monde tue les possibilités de bonheur liées au merveilleux. Cette mort a lieu sans l'ironie dévastatrice d'un Thomas Hardy ; elle éclaire d'une lumière fantastique et livide le moment où la réalité se confond avec la vision. La pitié (connue en Afrique et après l'Afrique) a tué la quête. Le héros ne cherche plus le trésor, le bijou, l'amour. Il renonce à tout sauf au souvenir. Il n'y a pas de réparation possible. Tout est déjà prévu depuis les origines et l'on songe à la première phrase de certains contes japonais : « C'est maintenant du passé. »

Ainsi les jeunes amoureuses cachent-elles toutes un secret érotique, secret souvent lié à la compassion ou à la mort, et les événements se développent comme autant de variations contenues en une image-mère maléfique. Dans le récit, court mais exemplaire, intitulé *L'Anneau*, une belle épouse semblait promise au miracle d'une union idyllique. Mais d'avoir été surprise et menacée par un jeune bandit traqué, elle porte les stigmates de la culpabilité et de la peur, ce qui annule pour elle le bonheur. Tout comme la fiancée de *Tempêtes* ne peut oublier le visage d'un marin noyé qui hante son esprit. Comme Melville ou John Cowper Powys, ces visages douloureux hantent l'imaginaire, grignotent la joie pour y substituer la solitude de l'âme. Karen Blixen excelle à décrire des adolescentes encore innocentes mais ayant eu le temps de surprendre les drames des autres. Dorénavant tout est mêlé : les autres et soi-même. Lorsqu'un des personnages féminins fait allusion à un infanticide, l'héroïne avoue : « Dieu seul connaît tout. Qui donc peut dire de soi-même : "Je n'aurais jamais pu me rendre coupable d'un acte pareil" ? » Ainsi sommes-nous tous coupables – pas tellement à travers un sentiment religieux lié au péché originel mais à cause d'une conception intense de la solidarité humaine.

Le récit intitulé *Alcmène*, douloureux et limpide, insiste sur l'importance d'un secret qui précède le conte. Amie du narrateur dont elle est la complice secrète et sauvage, enfant trouvée, Alcmène ressemble à une biche, un poisson, une danseuse. Diaphane, elle transcende les limites de la sexualité. Fugueuse, elle se sent attirée par des romanichels à cause de leur différence nomade et reste une énigme pour ses parents adoptifs. Si elle se montre coquette, c'est avec une robe couleur du passé appartenant à la mère du narrateur, une robe pareille à un tilleul en fleur. Comment ne pas songer à ce que dut être l'écrivain jeune fille, à celle dont Marcel Schneider écrit dans *L'Éternité fragile* qu'elle incarne à ses yeux « la sultane Schéhérazade, une aurore boréale, un fabuleux oiseau descendu d'un blason nordique » ? Alcmène aime à faire avec Vilhelm ces promenades merveilleuses que Karen Dinesen, toute petite, faisait avec son père qui l'avait élue son enfant préférée avant de l'« abandonner » en se suicidant. « Nous arrivâmes dans les champs à l'instant où le soleil allait disparaître au-dessous de l'horizon, il y avait, à la sortie du bois, une colline très élevée ; du sommet on jouissait d'une vue très étendue sur l'immense pays plat ; la lande dorée éclatait de splendeur. » Vilhelm, plus âgé que sa très jeune compagne, sait qu'ils s'appartiennent sans retour même si l'« obscurité de la naissance » de l'enfant la sépare d'un mariage socialement réussi et reconnu. Pourtant, quand Alcmène part pour Copenhague avec Vilhelm à la manière d'un couple heureux qui décide de faire un voyage, c'est dans l'obsession terrible de regarder décapiter un assassin.

Le père d'Alcmène lui avait autrefois fait le récit d'une exécution tragique, celle d'une jeune femme infanticide qui se résigne à la mort en disant : « À présent, sur toutes les têtes tremble la hache qui tremble au-dessus de la mienne. » En fait, il n'y a plus de bonheur possible pour la ravissante Alcmène. Y en avait-il pour Karen Dinesen Blixen ? Tout n'était-il pas, dès le début, inscrit dans l'antérieur ?

Le Dîner de Babette illustre ce thème : il peut se lire comme la description minutieuse d'une cérémonie sacrificielle, d'un banquet presque christique où Babette se donne en pâture. Comme un conte qui ne cesse de se référer à un passé révolu, mais latent, qui sous-tend le récit. Babette est une Française qui a fui Paris et les horreurs de la guerre civile. Elle surgit ici en Norvège dans un monde totalement différent du sien. Elle est, comme d'autres héroïnes, opaque et secrète ; on ne la connaît que par ses gestes. Les deux filles du pasteur qui acceptent de la prendre chez elles ont, elles aussi, un passé tronqué : Philippa, musicienne, a dû renoncer au chant et le silence a recouvert sa voix et son amour ; Martine a inspiré une passion impossible à un jeune officier. Sans dévoiler toute l'histoire, on constate qu'une fois de plus le passé triomphe du présent. Babette arrive après un laps de temps mystérieux. Le récit débute douze ans plus tard et l'on retrouve ces périodes de temps occultées comme si la vie était faite d'immenses trouées de vide.

Babette survit donc. Elle flotte, elle est parfaite ; elle est ailleurs. Tout à coup, elle gagne une énorme somme d'argent à la loterie (elle y joue depuis des années). Va-t-elle quitter la Norvège pour recommencer sa vie ? Mais non. Elle dépensera tout lors d'un banquet fastueux, offrant à ses invités ces oiseaux et ces poissons que Karen Blixen aimait tant, même si elle leur préférait les grâces sauvages des lions. Elle se donnera en quelque sorte elle-même (comme l'écrivain se donne à manger à travers la création dans une autodévoration consentie) sous les espèces d'un bouillon de tortue et de cailles « en sarcophage ». Mais elle est heureuse : ce banquet délivre les âmes, délie les langues. Austères et sévères, les convives éprouvent soudain les uns pour les autres de l'amour et deviennent « innocents comme des agneaux qui gambadent sur la neige ». C'est que Babette a opéré un miracle parce qu'elle avait un secret depuis toujours : son génie culinaire. Ce qui la console dans sa solitude, c'est de savoir qu'elle était une « grande artiste ». Une grande artiste n'est jamais pauvre. Elle pense : « Il nous a été accordé un trésor dont les autres gens ne savent rien. » Ce qui compte pour Babette, c'est la dimension d'un infini presque mystique : c'est elle-même se surpassant. Et c'est la cuisine (de l'écriture) qui a permis le miracle. Babette est devenue Schéhérazade.

Ainsi résonne enfin une note d'espoir dans le monde de Karen Blixen. Ceux qui ont connu la faculté de créer, même s'ils ont été blessés par la perte, s'ils ont dû tout quitter – comme Babette à cause de la guerre, ou comme Pellegrina qui a perdu sa voix, ou comme l'écrivain elle-même qui a perdu sa santé, son amant, sa ferme et l'Afrique – ceux qui s'adonnent à la création seront consolés par la pure joie de goûter à la perfection de l'art.

Emily et Charlotte Brontë

Ah ! Les sœurs Brontë ; Heathcliff et Rochester, les amants « diaboliques » de leurs romans, happés par les souffrances de l'âme ! Elles ont signé, ces sœurs admirables, dès mon adolescence, l'entrée dans le domaine des passions. (Attention : danger des lectures ! Cependant, pour rien au monde, je ne changerais ma vie pour une autre : c'est une des leçons qu'elles m'ont apprises.)

Du domaine brontéen, il n'y a pas d'échappatoire. On y entre, on y reste, on se cogne à ses murs, on regarde s'envoler l'âme du corps resté à terre comme une défroque : c'est peut-être là l'unique porte de sortie vers la transparence.

Ce que je n'oublie pas un seul instant, c'est le cri de Catherine Earnshaw : « Je suis Heathcliff ! » Joë Bousquet, écrivain admirable insuffisamment connu, écrivait dans une lettre que « l'homme veut pénétrer le rêve que fait la femme d'être lui ». Que la femme veuille pénétrer le rêve que fait l'homme d'être elle est tout aussi vrai. « Je suis Heathcliff » signifiait cela pour moi. J'ai pensé très tôt que le véritable amour, ce n'était pas, comme le veut le cliché, la rencontre des contraires ni l'ambition de remplacer, de dominer, de triompher, de prendre la place de, mais plutôt d'accéder à la possibilité de dépasser, grâce à l'imaginaire amoureux, le sexe qui vous est physiologiquement dévolu. Défier et défaire, grâce au voyage de l'esprit, ce que le hasard et l'hérédité ont fait de nous – ou plutôt de ce que nous paraissons être.

Emily Brontë
Le défi de l'amour[1]

Comme tout roman, *Wuthering Heights* (*Hurlevent des Monts*)[2] prend racine dans la vérité singulière de l'auteur. Avec la même matière, la romancière aurait pu choisir une autre trame : ce qu'elle a privilégié, c'est la solitude absolue de Heathcliff. Il est à part. Il n'appartient à rien, ni à personne. Seul au monde, il vient du néant et retourne au néant malgré un départ et un retour qui auraient pu se transformer en renaissance. Condamné à la solitude, il assouvit son mal intérieur par une violence retournée sur lui-même. La création de Heathcliff remonte comme un noyé de la profondeur des souvenirs d'Emily Brontë. Qui donc m'a donné ce corps-là ? demande chaque ligne angoissée du roman, comme si Emily vivait, à travers l'écriture, cette interrogation qui apparaît de manière si véhémente dans ses poèmes. Qui donc a fait de moi un enfer n'ayant pas besoin des Enfers de la religion, une geôle de contradictions, un germe de solitude absolue, une matière en quelque sorte indifférente à tout, à tous ces détails que sont la faim, la soif, la souffrance physique ?

C'est surtout de la vie de son frère Branwell qu'Emily va vivre pendant son existence stoïque au presbytère ou au pensionnat. Et de la vie de l'écriture partagée dès l'enfance avec frère et sœurs pour multiplier l'imaginaire à travers des personnages, des guerriers, des rois, des reines, des châteaux, des îles, des pays exotiques, tout un monde foisonnant dissimulé aux regards indiscrets des adultes par sa minutie, par des mots microscopiques. Texte secret des *Juvenilia*[3] qui s'apparente à la nature de la lande et de la tombe, où l'invisible est vécu secrètement à travers le visible. Tant de choses se cachent derrière ces hiéroglyphes ! Depuis les remarquables études de Raymond Bellour qui montrent avec éclat combien l'œuvre dite de l'enfance – les *Juvenilia* – est en fait le creuset de tout ce qui devait venir, « véritable texte à quatre voix » dont les fragments s'imbriquent « dans un jeu grave et collectif qui est le centre de la vie des enfants Brontë », il n'est désormais plus possible d'éluder « la réalité d'un mythe collectif auquel chacun des enfants donne son profil singulier ».

Une seule substance soude ensemble ce groupe d'êtres que l'écriture a pour toujours liés à travers les noces secrètes de l'enfance. D'autant plus fort que la mère et deux sœurs aînées – Maria et Elizabeth – sont mortes. Ils sont quatre maintenant – Charlotte, Branwell, Emily, Anne – à survivre à travers des signes tracés en marge là où leur seule vraie vie s'est réfugiée.

René Crevel avait déjà saisi cette singularité multiple dans son essai *Les Sœurs Brontë, filles du vent*[4] : « Le quatuor échappe au mensonge qui poursuit l'humanité vulgaire jusque dans les plus secrets replis de ses intempérances extasiées, de ses amours et de son inconscient. » Crevel ne songe pas à dissocier les sœurs tant il pressent que leurs destins sont liés. Il fait d'elles une entité unique et rebelle : « Filles d'un homme d'Église, vous n'avez point perdu cette innocence païenne dont le masochisme judéen fit le péché originel. Les habits noirs, le pensionnat cruel, le culte dans le temple trop bien ciré, le froid carrelage en guise de plancher, et toutes les méchancetés d'une religion menaçante qui se débitent en sermons dans votre maison même, rien n'a triomphé de vos cœurs libres. Et voilà bien le miracle.

« [...] Les Brontë, tonnerre et vent, respectent la flore et la faune tourbillonnantes que leurs songes nourrissent.

« Elles ne cueillent nulle fleur, n'arrachent nulle plume, pour leur parure.

« Elles savent ce qu'il y aurait de sacrilège dans d'aussi mesquines coquetteries.

« Elles ne sont point des modistes. »

En effet, Emily a beau être la fille d'un clergyman, elle est faite pour scruter l'infernal. Son imaginaire l'a précipitée dans une demeure où règne un bourreau. Comme pour amadouer le lecteur, sa sœur Charlotte, signant Currer Bell, précisait dans sa préface à *Wuthering Heights* : « L'écrivain qui a un don créateur possède quelque chose dont il n'est pas tout à fait maître – une force qui, parfois, a une étrange volonté et activité propre. » Charlotte tente presque d'excuser sa sœur d'avoir été, telle la Sibylle, en proie à un dieu-bouc. Elle sait combien Emily est faite pour côtoyer les gouffres. Qui lui avait donné ce goût, si ce n'est Branwell à travers ses échecs successifs, dans le travail ou l'amour ? Branwell dont Emily s'est faite la sœur vigilante, réceptive, maternelle, mais blessée de la plus terrible des blessures : la pitié.

Depuis 1844, le presbytère de Haworth est plongé dans le drame. Or c'est en 1845 qu'Emily compose *Wuthering Heights*. Branwell, le seul homme parmi les enfants Brontë, l'espoir de son père, chéri par ses sœurs, déjà si vulnérable d'avoir par trois fois subi l'expérience du deuil, Branwell tombe amoureux d'une femme mariée chez qui il est précepteur. Scandale. Il a trahi la confiance du mari, séduit la mère de ses élèves. Chassé, il se réfugie dans la boisson et l'opium. Veuve, Mrs Robinson lui demeure interdite, figée dans son rôle de mère et sa maturité. Hébété, Branwell manque de mettre le feu, se détruit de gin et de whisky. Emily avait déjà été témoin des ravages de la passion quand son père était demeuré seul, veuf inconsolable ou tout au moins inconsolé. Nul doute que l'aura maléfique attachée aux réalités du mariage et de la passion ne soit due à ces expériences personnelles dramatiques. Personnelles, car tout ce qui s'insinue entre ces êtres est ressenti par les autres. Et même, reflet du drame, le presbytère de Haworth dut terriblement changer. La magie de Hurlevent connaîtra également une affreuse dégradation : une fois Heathcliff devenu le maître, chacun s'enferme dans ses craintes, dans des chambres devenues des geôles dominées par la tyrannie dévastatrice d'un homme seul et frustré. Emily avait de ses yeux vu par deux fois semblable solitude et déréliction. Elle aussi est seule auprès de son frère, à Haworth, en ces dernières années où il n'a tenu aucune de ses promesses ni les ambitions que l'on avait nourries pour lui (devenir peintre, enseigner la peinture). Il avait pourtant écrit de beaux textes avant de s'adonner à la boisson et à l'opium. Le pasteur et Branwell durent s'affronter durement au cours de cette désagrégation d'un fils tellement doué, si valorisé par les siens. Après la rupture avec Mrs Robinson, après un dérèglement total de son être, Branwell est emporté hors de la vie au terme d'une agonie d'un seul jour tout comme, dans le roman, Heathcliff meurt de sa passion refusée.

La dalle de la tombe de Branwell sera posée à côté de celles de ses petites sœurs, comme la tombe de Heathcliff voisine avec celle de Catherine et de Linton. C'est l'automne. Emily tousse sans cesse depuis l'enterrement. Elle s'enferme à Haworth, le seul lieu qui lui convienne, grâce aux dimensions infinies d'une lande baignée par l'au-delà du ciel. De sa sœur, Charlotte écrira qu'elle avait un tempérament magnanime, mais brusque et emporté comme celui du frère. Indomptable, comme celui du père. Secrète, violente, impassible, Emily ressemble plus aux hommes de la famille qu'aux femmes. Elle n'est pas exempte d'une certaine forme de cruauté à en croire les anecdotes qu'on rapporte : il lui arriva de profiter de la vue basse de Charlotte pour l'amener dans un enclos où il y avait des vaches et de s'amuser alors de ses terreurs. Catherine et Heathcliff évoquent puissamment le couple Emily-Branwell, et d'ailleurs Emily ne survivra à son frère, et à son livre, que pendant la dérisoire durée d'un an. Il semble que, tout comme Heathcliff, Branwell ait été abattu par une souffrance destructrice de son identité. C'était un faible qui n'a pu dominer son masochisme et sans doute a-t-il obscurément souhaité contaminer les autres, car le mal tente toujours de se reproduire

Ce mal de vivre, Emily l'a miraculeusement transformé en pitié, en amour. Cette destruction qu'elle a sous les yeux, elle en fait l'intime trame du roman qui prend naissance en elle. Ses derniers mois de vie furent silencieux et farouches. Tel Heathcliff, elle vivait l'intuition de sa mort. Les biographes, les témoignages de sa sœur aînée, nous font douloureusement participer à ces ultimes semaines où elle refusa tout médecin, tout médicament, comme si elle devait atteindre à la transparence fatale qui altère Heathcliff tout en le délivrant. « Il est inutile de la questionner ; on n'obtient pas de réponse », écrivait Charlotte à Ellen Nussey, et encore : « Elle est sans pitié pour elle-même ; l'esprit est inexorable envers la chair. » Sans pitié envers elle-même peut-être parce qu'elle en a trop éprouvé pour Branwell. Maintenant le frère est mort. Le roman où il vit est achevé.

Le salut existe dans l'imaginaire : Heathcliff et la première Catherine se retrouvent sur la lande comme Hareton et la nouvelle Catherine peuvent vivre leurs noces au coin du feu. L'écriture dénoue les contradictions de la vie. Ayant permis aux jeunes cousins de s'aimer près de l'âtre, Emily peut s'adonner à la description d'une liberté plus insolite, celle qui survit après la mort. À travers la volatilisation de leurs corps, l'amour de Cathy et de Heathcliff brûle d'une ardeur plus haute. Il est devenu une passion désincarnée, absolue, exempte de toute faiblesse humaine. Indestructible. C'est donc maintenant, une fois sereinement célébré l'amour-échange sur le plan romanesque, qu'Emily peut se tourner vers ce qui est d'une semblable nature, d'une même étoffe, qu'elle peut redevenir Heathcliff, et son écriture fusionner avec l'inceste dont son roman est né. C'est maintenant que l'amour entre Cathy et Heathcliff peut enfin déployer ses sombres ailes qui vont battre de concert – âmes riches d'une vie spectrale, délivrées des interdits, libérées de cette gangue de la vie si pénible à supporter :

> *Oh, torturant est le rappel, oh, lancinante est l'agonie*
> *Quand l'oreille commence à entendre, quand la prunelle commence à voir*
> *Quand le pouls se reprend à battre et le cerveau à concevoir*
> *Quand l'âme à nouveau sent la chair, quand la chair retrouve ses fers*[5]...

Ce poème cité par Arthur Symons en 1918 dans son bel article sur Emily Brontë[6] exprime le soulagement éprouvé par la créatrice et sa créature placées dans la même situation : une paroi opaque qui cède ; une transparence due à la jouissance de pouvoir vaincre le tombeau dans des retrouvailles incestueuses et voraces où Cathy et Heathcliff, Emily et son frère à peine disparu, pourront se rejoindre maintenant et toujours, puisqu'ils sont morts et que, comme l'écrivait John Donne, « la mort une fois morte, il n'est plus besoin de mourir ».

Wuthering Heights repose sur le thème de la fixation fraternelle, sur le conflit entre les liens légitimes et les passions illégitimes. Le petit garçon trouvé, surnommé Heathcliff, amené au sein de la famille Earnshaw par le père, n'est pas accepté par le fils, Hindley. Dès l'abord, s'impose une scission de l'image fraternelle. D'un côté, un enfant trouvé, fascinant, sauvage, rebelle ; de l'autre, un frère mesquin, usurpé, jaloux. Si Heathcliff est refusé par Hindley, il est, en revanche, passionnément adopté par la fille, Catherine Earnshaw, qui voit en lui bien plus qu'un frère selon le sang : une âme jumelle selon l'esprit. Cette rivalité pleine d'animosité entre deux « frères » qui encadrent Catherine, fille passionnée et pure, est l'humus qui va nourrir les sentiments viciés des principaux personnages, donnant au roman son intime fureur.

Ce qu'Emily Brontë suggère si puissamment, c'est combien l'exigence d'une vengeance engendre, sur le plan romanesque comme sur celui de la vie, un retour destructeur des mêmes situations. Heathcliff se construit en quelque sorte un cachot où mieux se livrer à l'autodestruction. Quand Catherine épousera son riche voisin (Edgar Linton, maître du joli domaine du manoir de la Grive), Heathcliff repartira mystérieusement, comme il était apparu. Est-ce pour tenter de vivre ailleurs ? Mais non : il reviendra, riche mais appauvri par son ressentiment. Par pure perversité, il épousera sa belle-sœur Isabelle Linton, se rapprochant ainsi du foyer qui lui a brûlé les ailes. De cette union naîtra un fils mou et veule auquel il donnera comme prénom le nom haï du rival qui l'a spolié : Linton. Il l'élèvera dans la violence d'un sadisme vengeur. Quant à Hindley, le frère de Catherine, il laissera grandir son fils Hareton dans l'incurie. Mais n'avait-il pas, enfant, ressenti ce sentiment d'abandon quand son père l'avait obligé d'accepter Heathcliff, l'enfant trouvé ?

Ainsi tout ce qui a été infligé le sera, implacablement, à son tour. Loi du talion qui oblige la symétrie à continuer ses ravages presque jusqu'au bout. Son amour bafoué transformé en rancœur ambitieuse, Heathcliff ne rêve plus qu'à réunir les domaines antagoniques du manoir de la Grive et de Hurlevent, et à transformer l'univers en une seule terre sur laquelle régner comme un tyran. Pour arriver à ses fins, il imagine de marier son fils à la fille de la femme autrefois aimée, à cette deuxième Catherine dont la naissance a causé la mort de sa mère. Mariage odieux, pourri dans l'œuf, qui se terminera par la mort de l'enfant-mari. On voit comment les hommes sont restés des fils sans mère. Heathcliff, orphelin rivé à son amour impossible ; Linton, son fils, rejeton terrifié, incapable de devenir un homme ; Hareton, arrêté dans son développement intellectuel et affectif, abandonné aux forces débridées de son bourreau et de la nature. Tous, ils tournent dans le cachot circulaire d'une haine qui sévit comme une maladie donnée avec la vie.

La circularité est inhérente à la construction même du récit : le voyageur Lockwood se fait raconter les événements par la vieille gouvernante qui en fut autrefois le témoin. Cette circularité culmine dans les relations amoureuses, la première Catherine étant partagée entre ses deux frères, le vrai et l'adoptif, et sa fille, la deuxième Catherine, épousant, l'un après l'autre, ses deux cousins. De plus, comme si le mal initial avait des conséquences sans fin, l'histoire ne cesse de recommencer, cette affreuse histoire des Linton et des Earnshaw. Mais si Emily Brontë s'était contentée d'écrire un sombre drame romantique, elle aurait célébré l'apothéose du rejet de Heathcliff et la deuxième Catherine n'eût pas été capable de métamorphoser le jeune Hareton.

Or l'une des puissantes originalités du roman, qui finit par exorciser et justifier Heathcliff à travers sa mort, est qu'il ne peut abimer Hareton, tant l'enfant lui résiste jusqu'à travers leurs affinités. Ils ont la même sauvagerie. La même passion des espaces illimités. Le même amour pour les deux Catherine. Et d'ailleurs la description comparée des deux cousins (Hareton et la petite Catherine) est sans cesse à l'avantage du garçon. Les lamentables moqueries auxquelles participe la jeune fille avec une cruauté insipide et coquette reproduisent exactement, comme le veut l'hérédité, l'attitude de Cathy trahissant l'aimé pour les fanfreluches et le confort des Linton. Le roman prend son sens véritable avec l'initiation de la petite Catherine à une nouvelle innocence perçue à travers les Enfers. La roue a tourné. C'est une autre génération qui vit et au cours de cette révolution, tout devient possible. Aucun désespoir ne vient durablement figer le flux de la vie. Une deuxième Ève est née, qui initie Hareton aux secrets des livres. La connaissance devient le symbole du Bien, et la métaphore biblique se trouve inversée.

Si Bataille a raison d'insister sur la prodigieuse « intuition du mal[7] » que possédait Emily Brontë (intuition dont on a vu combien elle s'est développée au contact du réel), la romancière ne cesse cependant d'y opposer sa volonté d'un amour qui défie l'impossible. Il a fallu la parodie du mariage avec Linton pour que Catherine apprenne à aimer, et l'étonnant est que, pas un instant, on ne se dit qu'elle a vieilli, mûri, mais bien au contraire qu'elle est transfigurée et rajeunie une fois rejeté le mensonge d'un mariage forcé. De même Emily Brontë permettra aux personnages de cette première génération, Cathy et Heathcliff, d'échapper au cercle de la damnation une fois qu'ils auront accepté d'abandonner le règne de la chair pour ne plus vivre que celui de l'esprit.

Malgré l'amour entre la petite Catherine et Hareton de nouveau livrés à la lande, la nature est loin d'être dans ce roman une déesse enveloppante et bénéfique, un éden consolateur. Elle est un univers décentré, ouvert, balayé d'orages; un paradis plein d'une sensualité intense, non définie, auquel le corps participe mais qui dépasse infiniment ses limites. Un paradis mental totalement amoral, où seules comptent une force, une résistance et une vitalité qui ont la dimension de l'espace. Il est donc naturel que tout ce qui s'y trouve soit empli de violence, loin des pièces douillettes où l'âme fuit la confrontation avec Dieu ou avec la Mort.

Trois lieux vont incarner cette violence : la lande, la tombe et Heathcliff lui-même. La lande – lieu symbolique, extrême, exemplaire, un repère nu où le corps est livré au souffle du vent. La lande, lieu où exister, où faire vivre son désir, caché, lové, exposé cependant aux cieux, à Dieu, comme le corps enfoui en terre est livrée au sol et au créateur. Même la tombe où la dépouille de Catherine sera enfermée devient, comme la lande, un lieu où le corps refuse d'être emprisonné puisque les âmes jumelles de Heathcliff et de sa bien-aimée trouveront à se rejoindre à travers ses parois. Pas d'espace plus clos, plus réservé que celui de la tombe, écrivait le poète Andrew Marvell. Et pourtant ! Ici, pas d'espace plus proche, plus complice, où les êtres communiquent à travers leurs voix, par l'essence comme par les sens. Le corps de Catherine, Heathcliff l'a vérifié en le déterrant, n'est pas corrompu. Il n'est pas réduit en poussière. Une chair intacte a su l'attendre sous terre comme elle n'a pas su l'attendre dans la vie, et la mort est ici réunion charnelle de deux corps faits l'un pour l'autre. Ainsi la tombe close vient-elle rejoindre la lande et toutes deux expriment le défi jeté par l'homme à tout ce qui le piège.

La lande, la tombe. Heathcliff enfin : enveloppe ambiguë qui dissimule les contradictions, les refus, la violence intime de celle qui sut l'imaginer. Plus encore que les deux Catherine, Heathcliff incarne les tourments d'Emily, justement parce que ce personnage reflète la double sexualité mentale de la romancière, son admirable ténacité devant la souffrance, son ascétisme, sa volonté farouche, comme il incarne la part vierge, indomptée, qu'elle a su mêler à la nature maladive et névrotique de son frère Branwell. John Cowper Powys a bien discerné cette fureur de la romancière : « En lisant l'histoire de. Heathcliff, on ne peut s'empêcher d'imaginer combien Emily Brontë dut lacérer son âme pour créer cette terrifiante figure. Heathcliff, qui n'a pas de père, ni de mère, ni même de prénom, devient à nos yeux l'incarnation de la fureur qu'Emily Brontë devait refouler dans son cœur. La circonspection, la réserve hypocrite de ce monde feutré, habité par des êtres bienveillants, pusillanimes et prêts à tous les compromis, exaspèrent cette terrible jeune fille ; tandis qu'elle arrache et déchire tous les masques qui dissimulent nos haines et nos amours, elle semble pousser des cris farouches et se précipiter, telle une louve, dans le bêlant troupeau des moutons humains[8]. »

La nature insoumise d'Emily Brontë a créé des êtres au sexe inversé : Linton est joli, raffiné, féminin ; en face de lui, Catherine incarne une puissance presque mâle. Mais la maturité naissante de celle-ci va faire taire cette force qu'elle avait préservée intacte jusqu'alors. Si Catherine se laisse séduire par le monde de Linton, c'est qu'elle n'est pas dans son état normal, elle a été mordue par des chiens, elle est vulnérable, elle a momentanément besoin de ces voisins fortunés et de leur réconfort, comme si Emily Brontë voulait nous dire l'infériorité passagère dans laquelle le corps se trouve au moment, peut-être, des métamorphoses de la puberté. Le corps de Catherine a perdu l'insolente innocence de l'asexué. Il adopte les fioritures, les boucles et les escarpins. Devenir femme condamne Catherine à un monde étriqué où l'instinct s'étiole. Elle va mourir d'être venue se réfugier dans ce monde-là qui est celui des adultes. Mourir d'un acte responsable qui est de donner la vie comme du désir qu'elle a inspiré à celui qu'elle a rejeté. Telles sont les conséquences tragiques de la grande trahison incarnée par le passage de l'état d'enfance à l'état d'adulte. Voilà le Mal, bien plus que le sadisme de Heathcliff qui n'en est que la conséquence. C'est un mal dont Emily Brontë montre qu'il est universel, car chacun éprouve la nostalgie du moment où ses forces étaient encore vierges avant d'être édulcorées par la passive acceptation d'un moule – ici, le bal, les visites, le mariage, l'accouchement –, événements dont la banalité contraste avec la solitude enfantine partagée sur une terre sauvage.

Le personnage de Heathcliff est le lieu d'un mariage secret avec Catherine, son alter ego. La formidable originalité de cette figure, dont l'aura domine la littérature anglaise de l'époque, tient à cet emmêlement brûlant de chasteté et d'inceste. La célèbre déclaration d'amour de Catherine – « Je suis Heathcliff » – va bien au-delà d'une confidence amoureuse : elle célèbre le refoulé, l'impossible réunion avec le frère, si ce n'est à travers l'écriture. À vrai dire, dans ce roman, c'est moins d'amour qu'il s'agit que d'identification. À qui, à quoi dois-je m'identifier ? Telle est la question qui envahit Emily et son personnage Catherine.

Peu importe si je m'appelle Emily, aurait pu dire la romancière, elle qui, sous le pseudonyme masculin d'Ellis Bell, a dissimulé une nature qu'elle n'a jamais livrée à personne, sauf à la fin, tout effort devenu inutile, une fois la mort survenue. Et si l'on pousse jusqu'au bout la pensée sous-jacente au cri « Je suis Heathcliff », ne signifierait-il pas, venant de Catherine dont le désir fut né : je fais encore semblant de vivre à la surface de la terre, mon véritable moi est mort puisque Heathcliff m'a quittée, mais nous avons d'autres domaines où communiquer qui ne sont pas de la vie ? Ce cri de Cathy : « Je suis Heathcliff », ne veut pas dire : Je désire apporter à Heathcliff ce que je suis, contribuer à son bonheur, participer à son développement (toutes choses dont deviendra capable, dans la deuxième moitié du roman, la seconde Catherine, comme si elle avait su interpréter l'expérience de sa mère) – non, « Je suis Heathcliff » affirme : je me reconnais en lui, je suis de la même étoffe, notre substance est celle d'un passé indivisible. En d'autres mots : les apparences, les nouvelles situations ne sont rien. Peu importe si j'épouse Linton, si je vis au manoir de la Grive, si je me dissimule sous des vêtements et des châles. Ce qui compte c'est ce que l'on ne voit pas de moi. Mon moi caché, sombre, irréductible, hanté par mon rêve de Heathcliff.

Tuer la mort, telle est la volonté – non pas tant romantique que métaphysique, proche de tout un courant de poésie mystique anglaise – d'un Heathcliff qui est moins un monstre infernal qu'un mauvais ange hanté par un dieu. D'ailleurs, si Emily Brontë a voulu le triomphe des forces libres et sauvages à travers Hareton, n'est-ce pas qu'elle a tenu à dépouiller Heathcliff de la stérilité de son obsession : la vengeance ? De cette funeste passion, Heathcliff était le prisonnier. Cependant, quoiqu'il soit devenu un calculateur tourmenté par le patrimoine et les terres, il n'arrivera pas à détruire l'enfance revenue dans le corps de la seconde Catherine. Elle commence bien par épouser Linton, le fils de Heathcliff, mais ce n'est là qu'un court trajet infernal, un mariage-épreuve, une traversée de la douleur qui reproduit l'enfer de sa propre conception. Après la mort de l'enfant-mari, un dernier mouvement surprenant s'amorce dans un roman que l'on aurait pu croire entièrement voué aux puissances destructrices. Heathcliff devient le témoin de l'amour entre Catherine et Hareton – de cet amour limpide qu'il n'a pas pu vivre. Telle est sa punition, son martyre, mais aussi son pardon. Hareton n'est-il pas un autre lui-même plus jeune, tout simplement aimé ? Ce que l'hérédité, le hasard, le destin avaient vicié renaît, d'une pureté radieuse, entre les deux cousins. Cousins, ou plutôt frère et sœur, enfin libres de s'aimer.

Étrangement, devant cet amour, Heathcliff s'apaise peu à peu. Sa liberté prend corps en même temps que sa fin. Il peut à présent se donner à un autre univers, où la femme aimée, fantomatique mais survivante, l'appelle du tombeau. Ainsi ce qu'Emily Brontë tenait tant à nous dire nous est doublement dit, d'abord avec Heathcliff qui, contre toute attente, se laisse envahir par une transparence quasi mystique, puis avec Hareton et la jeune Catherine qui ont traversé les Enfers. Les deux mondes interdits l'un à l'autre, Hurlevent et le manoir de la Grive, vont enfin s'interpénétrer, et les domaines n'en faire qu'un comme fusionnent deux êtres. Les promenades, jadis interdites, auront lieu de nouveau sur cette lande où errent les âmes jumelles. La transgression s'est transformée en amour licite et lumineux, pur de tout sadisme. C'est un paradis païen qu'Emily Brontë nous donne à voir, sans lois, sans interdits, sans pères, sans propriétaire épiant ses sujets tels des marionnettes manipulées au bout d'un fil, un paradis non pollué de fautes autrefois commises par autrui – un paradis d'où personne ne sera jamais chassé, car Satan et Dieu sont morts ensemble.

Charlotte Brontë
L'amour du défi[1]

Haworth : peu de lieux existent où le contraste entre l'impuissance du corps et la grandeur de la nature soit aussi flagrant. Il suffit de comparer ce qui subsiste : les vestiges et les vêtements de Charlotte Brontë – ses minuscules mitaines, ses brodequins évanescents où l'on a peine à croire que des os aient pu se loger, sa robe qui confirme le fait qu'elle était presque naine, sa couronne de mariée lilliputienne – avec l'immensité pourpre et verte de la lande pour comprendre qu'un paysage d'une telle infinitude ne saurait inspirer qu'un désir sans limites au corps féminin emprisonné entre la maison et les tombes. Quel sentiment, qu'il soit « rouge comme la rose de l'amour, ou sombre comme le houx de l'amitié » (pour citer un vers d'Emily Brontë), pourrait égaler celui de pureté solitaire qui se dégage de cet espace étendu à perte de vue, coupé de temps à autre par des arbres maigres et tordus qui se regroupent pour défier le vent ? Qui n'a pas vu le cimetière de Haworth, sa proximité avec le presbytère et les chambres où les Brontë, enfants, créaient leurs mondes imaginaires et complices, les décrivant d'une écriture lilliputienne elle aussi, presque illisible, comme s'il leur fallait rejoindre l'invisible pour préserver le mystère – qui n'a pas vu la table autour de laquelle, le soir, Charlotte et Emily marchaient deux heures de suite, tournant en rond dans le cercle clos de leurs hantises, qui n'a pas respiré cette senteur indéfinissable du cimetière, sous la pluie fine de la nuit, odeur faite de brouillard et de décomposition, odeur obscure comme l'ardoise ou le charbon, mais poignante comme tout ce qui pourrit dans une brume glaciale, peut difficilement imaginer à quel point la présence de la mort rôdait autour de la maison où vécut Charlotte Brontë, l'enserrant de ses miasmes.

Aller à Haworth : seul ce voyage, peut-être, permet de comprendre sa vie. Les tombes sont étrangement diverses, les unes plates, enfoncées dans la terre comme des dalles, descendant vers le flanc d'un pub. Les autres moussues, verdies, horizontales comme de grandes tables où s'attabler au banquet du souvenir. Les dernières se dressent, proches de l'église, armée en marche, pierres macabres et vivantes de ceux qui veulent défier le sommeil imposé à leur corps. Deviennent alors douloureusement présentes cette fixité tragique de la mort, où tous ces êtres de génie furent engloutis si jeunes, comme aussi la solitude de la lande, qui ne peut aboutir qu'au gouffre, au tête-à-tête meurtrier avec le vent, au face-à-face écrasant avec Dieu.

Que peut l'être humain devant ces deux immensités ? Sans parler d'une troisième puissance, tout aussi dramatique, qui rôdait à cette époque : celle de la misère, de la phtisie, du froid, de la mortalité infantile, des odeurs stagnantes car il n'existait alors que des fosses. Il n'y avait ni eau qui lave, ni lieu qui emporte les déjections, ni savoir médical pour lutter contre la consomption, la toux et le sang coulant du corps. Il n'y avait, pour tout réconfort, que le monde braillard des pubs, de l'alcool, ou la solitude de l'opium cher à Branwell, le frère désespéré – univers défendus aux femmes.

Dans un tel contexte, l'amour doit être démesuré. L'amour ne peut être qu'un défi contre la mort, les dalles dressées, sinon il ne peut naître. Il doit être fort comme la mort, la tempête, la lande – plus fort que la mort même. Que de fantômes devront l'habiter, cet amour ! Ceux des deux petites sœurs mortes en bas âge, de la mère disparue si tôt que les enfants ne l'ont guère connue (Charlotte n'avait que cinq ans et avoue à Mrs Gaskell avoir peu de souvenirs d'elle). Que d'ombres, dont celle de la folie qui a terrassé le frère bien-aimé, Branwell. Rien d'étonnant qu'il y ait de profondes correspondances entre Charlotte, la sœur aînée, et Emily, entre *Wuthering Heights* et son héroïne Catherine Earnshaw (défendus par Charlotte contre un public plongé dans le malaise), et *Jane Eyre*[2] qui remporta un succès immédiat : Haworth a laissé son empreinte sur ces œuvres qui, chacune, sacralisent ce lieu. Les murs, faits de pierres tassées, surmontés d'une petite haie de pierres verticales, ont beau diviser l'unité de la terre sauvage, ils trahissent l'importance qu'il y a de franchir leur barrière pour réunir la terre à la terre, l'agrandir, l'harmoniser sous la voûte des cieux. Réunir ce qui est séparé (la terre et les terres, les hommes et les femmes, les cieux et la lande, les morts et les vivants) tel est le désir impossible engendré par ce paysage et qui brûle, comme un leitmotiv lancinant, dans ces deux romans demeurés parmi les plus insolites de leur siècle.

De souterraines affinités relient en effet ces deux chefs-d'œuvre. Séparées par deux années seulement, Charlotte et Emily furent des petites filles affolées et tristes avant de devenir des femmes qui, sous les pseudonymes masculins de Currer (Charlotte) et d'Ellis (Emily) Bell, firent trembler la respectabilité victorienne en dénonçant l'injustice sociale. Leur tante, après la mort de leur mère, essaya de les élever avec leur père bouleversé par ces rappels vivants de la femme qu'il avait aimée, mais ils n'acceptèrent pas ces enfants avec une réelle tendresse. Le père : image ambivalente s'il en est. Neurasthénique et coléreux, il exigea de soigner seul sa femme qui mourut d'épuisement après six grossesses, avant la quarantaine. Il haïssait ce qui réconforte le corps ou le met en valeur. Stoïque, ennemi de tout ce qui tente les sens, dînant seul tous les soirs dans son bureau après la mort de l'épouse, privilégiant, dès l'enfance, son fils unique qui devait tant le décevoir, déchirant, dit-on, les robes trop jolies de ses filles, brûlant des meubles dans ses accès de rage mais refusant tout rideau par peur des incendies (ce seront pourtant des draperies qui s'embraseront dans *Jane Eyre*), il ne cessa d'instiller par ses sermons la peur du feu qui ne s'éteint jamais : celui de l'enfer. Les deux romans reflètent cette image paternelle dramatiquement forte, elle-même scindée par le malheur : d'une part, l'homme sensuel devenu veuf, de l'autre, le puritain vengeur, avant même que ne s'impose une deuxième figure masculine pernicieuse – celle de Branwell, le frère alcoolique et déchu.

Catherine et Jane doivent se livrer à deux hommes qui prennent possession de leur âme à travers une identification passionnée : si Catherine affirme qu'elle *est* Heathcliff – Jane Eyre se sent communier avec Rochester à travers des affinités cachées au tréfonds de leur nature. Même si la poésie lyrique et ce que Swinburne appelle l'« utilisation tragique du paysage » étaient sans doute plus fortes chez Emily, c'est le même but que les romancières cherchent à atteindre à travers la fusion de leurs héros, capables de sadisme, avec la sauvagerie païenne et cruelle de la nature. Sur le plan de la fiction, on pourrait ajouter que ces deux récits incarnent le roman familial d'un enfant mal accepté, mal aimé (Heathcliff, Jane Eyre) autour duquel toute l'action romanesque se déroule. En effet, voici deux enfants exclus, spoliés par les adultes, battus, brimés, humiliés dans leur corps en sorte qu'aimer serait un défi d'une audace presque insupportable. Heathcliff, Jane Eyre : un petit gitan à la peau obscure, une petite fille qui n'a pas grandi – deux parias, deux orphelins privés de l'amour qui aide à dépasser la honte, le narcissisme blessé et la prison de l'adolescence. Deux enfants qui souffriront de l'injustice mais dont l'un seulement (Jane Eyre) trouvera à compenser le manque initial à travers un triomphe vital alors que l'autre (Heathcliff) devra se contenter de connaître l'amour dans l'au-delà de la mort.

Consciente de l'appel de ses disparus présents dans le cimetière qui l'entoure, de ses amies mortes à l'école à cause de terribles privations, Charlotte Brontë est aussi sensible au spectral que sa sœur Emily. Il n'empêche que l'originalité de *Jane Eyre* tient à ce que, du limon de la mort où gisaient tant des siens, s'élève un amour humain qui réussit à vivre même s'il était aussi menacé, aussi improbable, que celui de Heathcliff pour Catherine. Tout le roman n'est qu'une lutte pour cette survie qui ne peut éviter d'être entachée de culpabilité, comme le montrent ces peintures décrites par la narratrice, en des passages visionnaires aux images dignes d'un Füssli ou d'un Odilon Redon. Aussi l'univers pictural du roman (Charlotte elle-même peignait tout comme son frère Branwell) est-il consacré à l'ambivalence. Une des peintures de Jane montre un cormoran qui, de son œil prédateur, surveille un cadavre tandis que son bec tient un bracelet d'or incrusté de pierres précieuses arraché à une noyée. La culpabilité à l'égard de la mort des êtres chers s'illustre ici dans le choix d'un oiseau semblable au vautour habitué à se nourrir de la mort comme de la vie et l'ambivalence brille également dans les feux scintillants des bijoux volés.

Les bijoux : Jane Eyre n'en voudra jamais, refusant les perles de Rochester, détestant les apparences et les artifices de la vie. Une autre peinture représente un front blême où brille l'orbite d'un œil mort (Rochester sera privé de ses yeux par l'incendie) – front orné d'un diadème couronnant « une forme sans forme » (« *the shape which shape had none* ») comme la décrit Charlotte Brontë, reprenant les termes de Milton. Dualité encore dans ce tableau : la couronne de flammes brûle mais ne consume pas. L'œil existe mais ne voit rien. Ces visions sont de la même nature que les scènes romanesques : la rencontre de Rochester et de Jane a lieu dans une atmosphère fantomatique voisine de celle qui préside aux réunions de Heathcliff et de Cathy dans la bruyère. Les deux romans regorgent de fantasmes (même si une grande partie de *Jane Eyre* décrit avec réalisme les tortures infligées à l'école) tant les deux sœurs éprouvèrent le même désir de créer des forcenés en qui cristalliser leur peur de la séduction et de la pitié, leur sens du sacré et leur obsession de la mort.

    Rochester et Heathcliff, frères jumeaux, parlent à travers les éléments, règnent sur les femmes par leur beauté sauvage qui a quelque chose de bestial. Ils font pâlir les automates qui s'agitent dans les châteaux et les manoirs, qu'il s'agisse des Ingram chez Charlotte, ou des Linton chez Emily, dans leur propriété de la Grive. C'est un monde où la nature est pareillement ravagée : au nom de Hurlevent correspond celui de Champ de ronces (Thornfield). La nature humaine, celle des hommes surtout, est faite d'agressivité prédatrice ; ce que Heathcliff devient très vite par douleur et jalousie, les personnages virils de *Jane Eyre* le sont d'emblée. Ainsi l'atroce garçon Reed, jeune monstre qui, malgré ses quatorze ans, est doté d'un teint bilieux, d'un corps épais, d'une férocité naturelle tout comme le sera le professeur Brocklehurst aux traits marqués, au visage semblable à celui d'un masque d'où sortent des dents carnassières – Brocklehurst, ce double effarant du directeur de l'école où moururent les deux filles aînées des Brontë.

    Pour incarner le monde intérieur douloureux de Charlotte, Rochester devait se présenter comme un antagoniste. L'antagoniste parfait : le séducteur déjà marié à une femme folle et prisonnière, le don Juan qui tourne la tête des jeunes filles frivoles mais les rejette, de même que le satanique Heathcliff sera l'antagoniste suprême pour Catherine Earnshaw. Et, curieusement, le jeune mari de Catherine, jaloux et craintif tout comme St-John – le jeune pasteur qui veut épouser Jane Eyre pour se consacrer avec elle à une vie dévote –, sont plus dangereusement vampiriques que ne le sont Rochester et Heathcliff. C'est qu'ils prétendent s'emparer d'un être sans lui inspirer de désir, sans faire naître l'amour. Ils se targuent de l'amour conjugal et de la loi pour vouloir tuer l'instinct et la sexualité féminine. Si Emily règne dans le domaine de l'irréel et Charlotte dans celui de la révolte quotidienne, leur mépris est le même pour ceux qui causent – ou veulent causer – une déperdition des forces de l'âme et des sens. Face à la lande, corps et âme se confondent. Rien ne devrait les amoindrir : plutôt périr, ou risquer de périr, plutôt rester à l'écoute de la voix des morts. Ce qui sauvera Jane Eyre d'un mariage trompeur, c'est la voix de Rochester qui lui parvient mystérieusement tout comme celle de Catherine qui assurait Heathcliff de sa fidélité en planant tel un oiseau sauvage. Aussi bien, pour les deux sœurs, l'amour ne peut s'incarner que grâce à la transgression.

Trois étapes intenses jalonnent la relation de Jane Eyre avec Rochester : étrangement ce sont trois moments où le héros est projeté hors de son identité. La première se place sous le signe du spectral : au clair de lune, le maître de Thornfield est jeté à bas de son cheval. La jeune gouvernante le voit ainsi, pour la première fois, ange sombre de la chute. Elle se souvient alors des contes qui l'effrayaient enfant : « Le cheval qui s'approchait, que j'allais voir paraître dans la brume, me rappelait un des contes de Bessy où figurait une sorte de loup-garou du Nord, le "gytrash" qui, sous la forme d'un cheval, d'une mule ou d'un gros chien, hantait les routes solitaires… » Et, de fait, voici qu'un gros chien noir et blanc surgit, un animal énorme, « à carrure de lion, à la tête puissante, aux poils hérissés », suivi par l'homme et son cheval qui trébuchent sur une couche de glace. Alors Jane Eyre a tout le loisir d'observer Rochester, figure « aux traits rigides, aux épais sourcils », aux narines frémissantes. Tout se passe comme si l'image du héros venait rejoindre celle inscrite depuis l'enfance chez le frère et la sœur, chez Branwell et Charlotte, quand ils créaient, à deux, le monde torturé de leur terre imaginaire d'Angria[3]. Ainsi Charlotte précisait-elle, sur une feuille de cahier à l'école de Roe Head, en 1835, alors qu'avait déjà pris naissance le personnage du monarque qui deviendra fou, Zamorna : « Jamais je n'oublierai, moi, Charlotte Brontë, la sauvage et plaintive musique qui me pénétra jusqu'à l'âme et presque jusque dans mon corps, ni la netteté avec laquelle je vis, tandis que j'étais assise dans la salle de classe de Roe Head, le duc de Zamorna, appuyé contre cet obélisque, la muette victoire de marbre au-dessus de lui et les ondoyantes fougères à ses pieds, son noir destrier, les rênes flottantes, paissant parmi la bruyère… je m'étais envolée. J'avais tout à fait oublié la mélancolie et la solitude de mon état. » L'image de Rochester à cheval reprend celle de Zamorna au noir destrier, image forte et sadique qui rejoint celle de Heathcliff comme, avant toute autre image virile, elle rejoint celle du père, le pasteur Brontë demeuré veuf. De Zamorna, roi d'Angria, on peut dire aussi qu'il concentre la relation doublement renforcée par l'amour et par la création de Charlotte avec son frère Branwell.

Autre rencontre placée sous le signe de l'étrange : la curieuse scène où le diabolique Rochester, déguisé en bohémienne, essaie de faire parler Jane Eyre afin qu'elle avoue l'amour secret qu'elle éprouve pour lui. Tout se passe comme dans un rêve. Quand la vieille femme ôte son déguisement pour redevenir Rochester, Jane est satisfaite de ne pas s'être trahie. Mais ce tour de prestidigitateur malhonnête l'a tout de même fascinée. La vérité se fait jour à travers le jeu : Rochester apprend que Mason, frère de Bertha, son épouse séquestrée, est arrivé à Thornfield ; Jane apprend que Rochester désire épouser Blanche Ingram. L'irréalité et la vérité progressent ensemble comme si, malgré tout, le monde de Charlotte Brontë était toujours aussi un peu de l'autre côté de la vie vécue.

Enfin, la rencontre finale de Rochester et de Jane bouleverse le lecteur non seulement parce que le don Juan se trouve défiguré, aveugle depuis l'incendie de Thornfield, ne pouvant plus reconnaître Jane qu'à travers le toucher et le son de sa voix, mais parce que cette épreuve lui était nécessaire pour se libérer. Se libérer des tendances sadiques qu'il avait en lui. Se délivrer surtout de la femme folle et enfermée par lui, ce qui l'obligeait à l'imposture d'un mariage illicite. Quant à Jane Eyre, elle n'a plus à craindre le regard posé sur l'insignifiance de sa taille et de ses traits ingrats. Tout le roman est sous-tendu par le farouche combat qu'elle a dû mener contre son aspect misérable, tout comme l'existence entière de Charlotte Brontë fut minée par la conscience de son manque d'éclat. Bien plus que le banal désir de dominer le maître de Thornfield parce qu'il est diminué, il faut voir, dans ce triomphe de l'amour, l'égalité retrouvée entre deux êtres qu'un destin injuste séparait, ayant tout donné à l'un et tout nié à l'autre.

La figure démoniaque a perdu son pouvoir de rejet inséparable du jeu séducteur : Rochester est purifié comme Heathcliff s'était laissé transformer, à la fin de *Wuthering Heights,* par la vue de l'amour entre les deux enfants, Hareton et Catherine, qui vivent la tendresse qui lui fut déniée. Si Heathcliff était amoureux d'une image sororale, Rochester l'est d'une figure filiale : à présent, au côté du titan terrassé, Jane sera plus que jamais sa fille, son guide, sa consolatrice, sa compagne. Et si les deux sœurs réunissent les deux pays imaginaires où elles ont vécu – Angria et Gondal – à travers les lieux de Wuthering Heights et de Thornfield, elles laissent surtout deviner combien leurs monstres sacrés ont une même origine incestueuse, liée aux images viriles de l'enfance.

La vie de Charlotte Brontë connut une succession d'échecs (ainsi son projet d'ouvrir une école à Haworth), et de frustrations amoureuses. Non seulement elle fut envoûtée par son jeune professeur de Bruxelles, Constantin Heger, mais elle devait voir tous les jours son épouse plus âgée, dans l'éclat d'une beauté mûrissante, enceinte et heureuse, portant des pantoufles pour mieux épier ses jeunes élèves. Tout était interdit, même certaines allées des jardins. Elle fut tentée de se confesser, une fois, dans une église de Bruxelles – elle, la protestante : tentation née du désert affectif. Appel derrière une grille. Elle, qui avait connu la faim, apprenait la soif de la passion, les douleurs de la jalousie. Tout concourait à la jeter progressivement, de façon implacable, vers le désespoir. Très tôt, elle dut se rendre compte de son amour impossible. Son corps y réagit à sa façon par l'apathie ; son esprit par la nostalgie de l'univers fictif qu'elle avait créé avec son frère. De Bruxelles, elle écrivait à Branwell : « Toujours, le soir, lorsque je suis dans le grand dortoir, seule, à part les lits et les rideaux blancs, je me reporte aussi fanatiquement que par le passé aux vieilles obsessions... aux scènes passées du monde d'en bas. » L'unique réalité restait celle de la symbiose fraternelle où rien ne lui avait été refusé. Où tous deux avaient aimé en secret donner naissance à Zamorna, l'Enchanteur terrible. Plus tard, elle sera comme brisée par l'effort de volonté qu'elle fit pour renoncer à Heger.

De retour à Haworth, Charlotte, toujours séparée d'un être qu'elle aime – de sa mère morte, de son père révéré, de Branwell et Emily, de Constantin Heger – sombre dans la dépression. Sa vue baisse. Écrire la rend aveugle alors qu'elle rêve au roman qu'elle voudrait composer tout empreint « des feux qu'elle désirait ». Ses lettres à Heger n'obtiennent pas de réponse. Alors elle insiste. Elle fait semblant de se résigner. « Assez : après tout, faites comme vous l'entendez, monsieur. S'il devait m'arriver de recevoir une lettre dont je devais penser qu'elle est écrite par *pitié*, j'en serais profondément blessée[4]. » Cette pitié, Jane Eyre la refuse dans le roman où Charlotte Brontë renverse totalement la situation : c'est Jane qui finira par éprouver de la compassion pour Rochester. Charlotte Brontë n'aura que trop vécu les situations d'abandon, si bien que sa passion, mûrie en révolte contre la froideur de Constantin Heger, éclate dans la bouleversante lettre de 1845 où elle se met à nu : « On souffre en silence autant qu'on le peut, puis, lorsque la force vous est ôtée, on parle sans mesurer ses paroles. » M. Heger, épouvanté, jetait les lettres de Charlotte au panier, d'où Madame, par une prudence calculatrice, les extrayait pour les recomposer. Époque affreuse, vécue entre l'incendie de l'amour naissant et la surveillance de la femme légitime. Alors Charlotte écrit certains poèmes brûlants dont on pense qu'ils furent inspirés par l'espoir d'une liaison avec son professeur. Indéfiniment, M. Heger, sa pension, Bruxelles, se trouveront ressuscités par sa plume comme resurgira la situation du tiers qui prétend s'entremettre : Mme Pelet-Reuter dans *Le Professeur* essaie de séparer Crimsworth et Frances ; Mme Beck essaie, dans *Villette,* de séparer Emmanuel et Lucy Snowe ; Bertha la folle tente d'empêcher Rochester de reprendre femme. S'il se remarie, donnant à Jane Eyre le voile de l'épouse, c'est au cours d'une cérémonie vite interrompue : le symbole de ce mariage simulacre – ce voile qui sépare – sera lui-même brûlé.

Dans sa dernière lettre à M. Heger, Charlotte Brontë écrit : « Je me suis nié totalement le plaisir de parler de vous à qui que ce soit – même à Emily, mais j'ai été incapable de dominer ma nostalgie et mon impatience – voilà qui est vraiment humiliant : de ne pas être capable de contrôler ses propres pensées, d'être l'esclave d'un regret, d'un souvenir, l'esclave d'une idée fixe lancinante qui maîtrise l'esprit. » Tous les mots clefs de *Jane Eyre* sont déjà dans cette lettre, comme les situations et les formules : être esclave d'un visage, d'une obsession. Être en proie à l'idée fixe. Être la victime d'une humiliation qui engendre le défi de la domination de soi-même jusqu'au renoncement à l'amour. Mots qui expliquent parfaitement la fuite de Jane Eyre après la révélation du premier mariage de Rochester et l'épreuve du refus qu'elle lui inflige en retour. Épreuves, séparations – mais Charlotte n'a-t-elle pas dû traverser le désert lorsqu'elle écrivait à M. Heger : « Nuit et jour, je ne trouve ni paix ni repos. S'il m'arrive de dormir je me débats dans des cauchemars où je vous vois, toujours sombre, sévère, en colère contre moi… S'il arrivait à mon maître de me priver de son amitié je serais dépossédée de tout espoir – si vous m'en donnez un peu, un tout petit peu, j'en serai satisfaite ; j'y trouverais une raison de vivre, de travailler » – petite lettre pathétique, où, mieux que par de longs discours savants, se lit en transparence le lien affectif et sensuel qui unit la création littéraire et le bonheur de l'échange.

Parallèlement au refus opposé par le très marié M. Heger (qui ne permettait à Charlotte que deux lettres par an) se déroulait à Haworth le lent processus de la déchéance de Branwell, renvoyé par ses employeurs, accusé d'adultère avec la trop tendre Mrs Robinson. Comme Charlotte dut vivre ce rejet de son frère, éprouver doublement la brûlure de la honte à l'idée de l'adultère ! Il importe peu de savoir si Branwell n'a pas exagéré sa liaison avec Mrs Robinson ; ce qui compte, c'est la colère du mari, l'irruption du tiers, l'humiliation partagée avec Charlotte, la répétition lancinante des situations où l'amour se voit refusé, sali. Aussi les lettres que Charlotte Brontë envoyait à son maître irascible et lointain portent-elles, dans leur style obstiné et plaintif, le cri de *Jane Eyre*. Ce roman d'une longue révolte larvée où perce une satire iconoclaste du clergé et du pouvoir mâle reflète le triste statut de la femme dans les années 1860 : réalité sociale et sexuelle dont sa sœur Emily n'a cure car, très tôt, elle a quitté le monde tangible pour ses noces avec l'imaginaire. Mais Charlotte, elle, appartient à cette terre. Elle est d'ici-bas. Encore et encore, elle exigera d'affronter le réel, jusqu'à en mourir, enceinte de lui sous la forme d'un enfant qui ne naquit jamais.

On dirait que *Jane Eyre* épouse le mouvement même de la vie tragique de Charlotte Brontë : à chaque douleur doit correspondre une lente mais sûre victoire. Le terrible épisode final de l'incendie de Thornfield où la démente, sortie de sa cellule, se tient sur le toit embrasé, ses longs cheveux noirs répandus, cet instant ne rappelle-t-il pas la scène qui ouvre le livre quand Jane enfant, après avoir tenté de s'opposer au pouvoir de son jeune bourreau, est enfermée dans une pièce rouge où elle sent monter la haine comme une tentation de folie ? M. Reed est « un Néron, un Caligula... un tyran, un assassin », pense-t-elle tout en se sentant ligotée, transformée malgré elle en « forcenée ». Si elle avait dû rester là, dans cette chambre rouge, plus d'une nuit, ne serait-elle pas devenue folle, elle aussi ? Jane Eyre est-elle si éloignée, après tout, de Bertha Mason, la première femme de Rochester ? Ce qui terrifie la petite fille dans la chambre rouge, c'est que Mr Reed, le maître de la maison, y est mort, voici neuf ans. C'est l'au-delà, le fantomatique qui l'épouvantent et qui reviennent sous la forme de la peur et de la culpabilité. Le thème central d'une femme perdant la raison à cause de l'intangible ouvre et ferme le roman. La boucle est bouclée entre ces deux scènes de révolte. Mais la scène finale, qui seule ménage l'issue, suppose une mort, une mort féminine pour que Jane puisse enfin remplacer, en devenant l'égale du maître de Thornfield, l'épouse légitime.

Remplacer Bertha. Oui, mais à quelles conditions ?

D'abord, l'homme-père dominateur, auquel elle aura enfin *droit*, qu'elle aura enfin le *droit* d'aimer, aura perdu la sombre puissance diabolique qui faisait sa séduction. Rochester, comme le Zamorna de l'enfance, sera défait, démythifié. « On le retira de dessous les ruines, vivant, mais terriblement blessé... il avait un œil arraché et une main si écrasée que Mr Cartel, le chirurgien, dut l'amputer sur-le-champ. L'autre œil s'enflamma, et il perdit complètement la vue. Il est maintenant bien frappé et bien dépendant : aveugle et manchot. » Tel est le sort de Rochester que l'on révèle à Jane, lorsqu'elle quitte St-John qui veut l'épouser. Étrange scène d'un sadisme à peine voilé à laquelle on peut indéfiniment rêver : n'a-t-elle pas son origine, déjà, dans les textes du passé enfantin rassemblés dans les *Juvenilia*, avec leurs descriptions sanguinaires chères à Branwell et à Charlotte ? On l'a vu, Rochester rappelle Zamorna et dans un conte, *Le Sortilège*, écrit dès 1834, nous pouvons lire les supplices imaginés pour punir le tyran capturé : « Alors, nous voilà debout et ça y est, on passe à l'attaque, la barre de fer s'enfonce, d'abord dans un œil, puis dans l'autre, et ça chuinte et grille jusqu'à la cervelle... »

Tout au long du roman Jane prend sur Rochester de petites revanches : « Non, Monsieur, vous n'êtes pas beau », « Oui, vous êtes hideux », tel est souvent le sens du discours qu'elle lui tient pour se protéger. Mais la beauté humaine n'est pas au cœur du monde brontéen. Elle est bien plutôt tournée en ridicule pour ses qualités de mollesse et de vanité. C'est la personnalité, brutale et incandescente, qui triomphe ici. Le monde totalement irrationnel des affinités érotiques bien au-delà de la possession ou de l'apparence physique ; l'appel irrésistible des sens incarné par les voix de l'invisible. L'attraction qu'exerce Rochester tient à ce pouvoir tellement ravageur qu'il dépasse de mille lieues les artifices d'une beauté reconnue, indifféremment tournée en dérision chez les femmes comme chez les hommes, chez Blanche Ingram, ou St-John. Celui-ci est (inconsciemment ?) utilisé par Jane Eyre pour rendre Rochester jaloux, à moins que Charlotte Brontë ait voulu montrer à quel point le jaloux aime, tout en le haïssant, à se fixer sur l'image d'un rival qui enrichit et justifie sa passion ?

Seule la cruauté du destin de Rochester rend possible l'amour impossible, car tout ce qui était en lui lié à l'adultère cesse d'exister à travers les flammes. Dans la beauté sacrifiée de Rochester (chez qui se concentre le souvenir mêlé de Constantin Heger et de Branwell), peut enfin s'épanouir l'absence de culpabilité et de remords. Jane Eyre se trouve libérée, elle aussi, pardonnée d'avoir éprouvé de l'attrait pour un homme dangereusement interdit, et qui le savait. Il est terrible qu'il ait fallu cet embrasement final, la destruction de Thornfield, le suicide de Bertha dans le feu. Terrible que Rochester ait dû perdre le regard, et la main, si liés au scandale dans le monde de la rétribution biblique. Mais seulement alors les murs pouvaient tomber, et Jane Eyre, à l'époque où se place cette cruelle histoire, s'arroger le droit de jouir, en toute impunité, des délices de la séduction, permettant ainsi à Charlotte Brontë de vivre enfin ses secrètes amours.

Astolphe de Custine

Custine : la modernité même. L'acuité de l'analyse. À le relire, je suis frappée d'y trouver tout ce que l'on ne cesse encore aujourd'hui de fustiger : la mauvaise foi, les faux-semblants, le poids du regard des autres, les étiquettes collées sur les êtres. Les remèdes : la fuite, le voyage, le scandale. Ce qui me frappe à présent, c'est moins l'histoire romanesque du mariage arrangé puis manqué, que le mélange d'inconscience et d'auto-analyse implacable de la part d'un homme précoce et maintenu dans la sujétion filiale. Et puis cette façon de vivre en avance pour nier la vie dite normale, de courir vers les gouffres pour en finir : Aloys est frappé par « la méchanceté des hommes avant de les connaître » ; il constate que « tout est prison pour les âmes malades ». Sa maladie : sa différence travestie en désir de perfection. Sa différence qu'il lui faut justifier : « Je suis naturellement hors nature », écrivait-il. Un roman magistral et intemporel sur les goûts précoces, l'absence d'un père et les relations triangulaires.

Custine vu par Custine[1]

La genèse d'*Aloys* s'est faite à travers la souffrance et l'ombre tragique du souvenir : six morts président à la naissance de ce premier roman, chef-œuvre d'ambiguïté, publié anonymement, écrit par un homme qui vient à peine d'atteindre la quarantaine. Le grand-père et le père d'Astolphe de Custine, condamnés par le tribunal révolutionnaire, furent guillotinés ; son frère mourut tout enfant ; sa femme, brusquement emportée par la maladie, disparut peu après son mariage ; son fils unique est terrassé par une méningite à l'âge de trois ans. Delphine de Sabran, la mère bien-aimée d'Astolphe, bouleversée par tant de deuils, meurt en 1826. Tout un monde s'écroule, toute une adolescence angoissée, partagée, où Delphine n'a cessé de jouer le rôle principal, adorant son fils, mais ne lui sacrifiant jamais aucun homme, mêlant ses amours charnelles à son amour maternel puisqu'elle est aimée du précepteur d'Astolphe, qu'elle idolâtre Chateaubriand qui ne la ménage guère, qu'elle n'a cessé d'avoir des aventures, qu'elle se promène en Suisse ou en Italie avec son fils, toujours accompagnée d'un amant. Dans toutes ces liaisons, le jeune Astolphe joue forcément le rôle d'un tiers. Il hait les uns, épie les autres. Se sent écrasé par le génie de François-René ; palpite avec sa mère, vit ses déceptions et son attente ; se révolte, parfois, contre ses choix.

De tempérament exigeant et inquiet, attiré par la pureté, mais tôt habitué au spectacle des passions, nul doute que l'état de témoin n'ait développé en lui en même temps le désir d'aimer et la paralysie d'une jalousie obsessionnelle. Pas de père – pire : un père dont on a coupé la tête – et tant d'amants auprès de la belle Delphine ! Comment son caractère pouvait-il se développer autrement que dans les ambiguïtés ? Lui qui a vécu jusqu'au vertige la vie de sa mère, comment aurait-il évité de traverser les troubles liés à la quête d'une identité ?

Dans tous les mariages fomentés pour lui par Delphine, pressée de voir son fils convoler en justes noces avec une riche héritière, on retrouve une situation du genre de celles qui fascineront Henry James – celle d'un trio où deux êtres se liguent pour dévorer une proie. Il faut rappeler ici les termes dans lesquels Custine raconte la rupture de ses fiançailles avec la fille de la duchesse de Duras, dans une lettre à Rachel Varnhagen, amie-confidente contemporaine de sa mère, correspondante idéale, très aimée, tiers féminin envers qui il se laisse aller sans fard :
« Je me suis laissé persuader, par une femme que j'aime beaucoup, que j'aimais encore plus sa fille et que je voulais l'épouser. Je me suis laissé pousser à la demander au père, quoique ce mariage affligeât ma mère parce qu'il ne présentait que des espérances de fortune fort éloignées, et même incertaines, qu'il ne satisfaisait que la vanité aristocratique, si nulle en notre siècle, et surtout parce qu'il me forçait à quitter Fervaques et ma mère pour entrer dans une nouvelle famille et m'attacher à Paris et à la Cour. Pendant les quatre mois de cet hiver je me suis distrait de tous les avantages de ce parti, d'abord par faiblesse, pour profiter des prévenances de la mère et des agréments de société que me procuraient ses projets sur moi ; ensuite par une autre forme de faiblesse qui me représentait la démarche à faire pour me dégager comme impossible après m'être engagé comme je l'avais fait. Les angoisses que j'ai éprouvées dans cet état ne sauraient se peindre. Je n'ai été sauvé que par la prière. Saint-Martin, la Bible, et une neuvaine au tombeau de sainte Geneviève m'ont empêché de commettre la plus détestable action de ma vie, celle de me mentir

à moi-même en décidant de mon sort et de celui d'une autre. J'ai écrit subitement à la mère de la jeune personne que ma vie, pendant les quatre mois qui venaient de s'écouler, n'avait été qu'un rêve [...] Il faudrait connaître le caractère violent, dominateur et passionné de cette femme pour concevoir l'effet de cette lettre [...] Elle nourrissait ce projet depuis quatre ans, tout avait été mis en œuvre pour faire réussir cette affaire dont elle avait fait, je ne sais par quel sentiment passionné qu'elle applique à tout ce qu'elle veut, l'affaire de sa vie[2]. »

Le récit du mariage manqué entre la fille de la duchesse de Duras et Custine épouse très exactement les mouvements qui sous-tendent l'action dans *Aloys* : l'importance de l'emprise maternelle, la peur d'une autre mère, l'issue grâce à la religion (dans le roman, Aloys ira jusqu'à devenir moine). On y observe un glissement de la responsabilité personnelle : Astolphe a eu tort de s'engager, certes, mais tout a été manigancé en dehors de lui par les femmes. Petit orvet lové dans des feuilles, se glisse cette confidence capitale : Astolphe n'a aucun désir de trouver une nouvelle « famille », sa mère lui suffit. À vrai dire, Delphine permet de vivre les situations triangulaires, les amitiés masculines exaltées qu'un mariage risquerait de mettre en jeu. L'homosexualité évidente d'Aloys-Custine se déguise sous la trouvaille romanesque de l'amour violent, soudain découvert, d'Aloys pour Madame de M. qui rend impossible d'épouser sa fille. Bien sûr, Custine n'éprouve aucunement le besoin de « corser » cette situation inexistante, purement symbolique, dont il sait que le lecteur comprendra la teneur profonde. Voilà un écrivain qui ne prend pas son lecteur pour un hypocrite.

Roman et lettre se répondent comme le modèle et son reflet dans le miroir. La dérobade devant le mariage, les machinations extérieures donnent à Custine la matière d'une trame exemplaire où décrire la femme-piège (celle qui manigance, mais aussi la vierge qui attend) et son témoin, car ici l'exclu devient celui qui, volontairement, se dérobe : Custine l'écrivain. Ce mariage qu'il a toujours refusé, Custine le vivra de biais, à travers ses noces avec l'écriture, tandis que la vie lui tient en réserve les amitiés masculines qui ne mettent pas en jeu la toute-puissance maternelle – amitié pour un jeune Allemand, puis pour Édouard de La Grange, enfin pour Edward de Sainte-Barbe, ramené d'Angleterre et qui deviendra le compagnon de sa vie. Le roman permet à Custine non seulement de se justifier auprès d'un public, mais de se libérer d'une ambivalence inévitable éprouvée à l'égard de la mère. La marâtre (Madame de M.) est un masque. Son vrai visage est le désir qu'Astolphe éprouve pour les hommes.

Comme Wilde sera hanté par l'exemple de sa mère Lady Wilde, poétesse connue, Custine le fut par les amants célèbres de sa mère. D'où, peut-être, chez lui, tout à coup, le désir d'affirmer nettement ses goûts et la vie tapageuse qui suivit un scandale notoire : on trouve Custine en 1824, dépouillé, roué de coups, à Saint-Denis, pour avoir voulu séduire un jeune soldat de la garde. Custine obtint alors ce qu'il avait provoqué. Les mères adorées, comtesses et duchesses, lui tournèrent le dos, ce qui lui permit d'éprouver plusieurs satisfactions : celle de justifier sa misogynie en les traitant d'ingrates, de bégueules, d'hypocrites amies ; celle de pouvoir placer la femme sur un trône de justicière, détentrice d'une Loi punitive, idole gonflée de reproches sanglants, devant laquelle ressentir l'extase de l'âme prostrée. Et puis, dans un sursaut vital, cette solitude sociale où il se trouve, il va démontrer qu'elle est inexistante ; que la morale n'a rien à faire avec la popularité ou le faste. Le marquis de Custine a bien assez d'argent pour que ses salons regorgent de fleurs, de visites, de toilettes et de noms illustres. Comme une somptueuse fourrure, l'extravagance couvrira de son éclat une faiblesse douloureusement acceptée.

Cinq romans « d'introspection » paraissent à l'époque. Tout d'abord l'*Adolphe* de Benjamin Constant, dont la gestation date des années 1806 mais qui ne fut publié, avec une Préface « auto-justificative » qu'en 1816. *Olivier ou le secret* de Madame de Duras, composé en 1822, lu dans des salons comme le confirme Stendhal, demeuré cependant très longtemps inédit. L'*Olivier* d'Henri de Latouche (1826) qui profita de ce que le roman de Madame de Duras n'était pas imprimé pour faire passer le sien comme étant de la duchesse. *Armance* de Stendhal, publié en 1827, dont le thème est, une fois de plus, l'impuissance d'aimer. Enfin, avec *Aloys* (1829), cette impuissance se trahit plus franchement à travers un « secret » que Balzac sera le premier à percer avec sa magistrale création de Vautrin. *Adolphe*, *Olivier*, l'*Olivier* de Latouche, *Armance*, *Aloys* ont tous comme thème l'horreur de l'homme à l'idée de tomber dans des liens destinés à le ligoter, et l'on en revient aux récits mythiques dans lesquels l'homme se trouve châtré devant les Érynnies, les Pythies, les Parques, les Judith et les Pandore – femmes sanguinaires porteuses de mort dès le lien ombilical.

Inutile de se leurrer. *Aloys* est un livre féroce. Le monde se divise en brebis prêtes pour le sacrifice et en démones qui décident sans ciller du destin des autres. Astolphe de Custine a un nom, de l'argent, il est cultivé, beau et brillant, mais ce qu'il rêve entre quatre murs, ce qu'il est dans l'intimité, ses goûts, ses fantaisies, ses désirs, Delphine et la duchesse de Duras, liguées dans la vie sociale, n'en ont cure. Aussi bien, leur double, Madame de M., sait ce qu'Aloys est pour elle, et elle pour Aloys. Madame de M. se soucie aussi peu des relations entre son futur gendre et sa propre fille qu'Aloys n'a d'idées précises sur une vie conjugale possible. Tous deux se retrouvent dans le secret du non-dit, du non-vécu, ce lieu où rien ne se précise ni ne se déroule. Cette ambiguïté, où les âmes se frôlent sans que le sexuel soit mis en question, sied aussi bien à cette femme mûre qu'au jeune homme demeuré vierge à l'égard de l'autre sexe.

    Ce qui intéresse Aloys ce n'est guère de donner la vie, mais de la trouver déjà incarnée en une femme, partenaire d'un couple occulte. (L'amant, Monsieur de T., est toujours absent.) En fin de compte, mademoiselle de M. n'est qu'un symbole totalement vide pour Aloys comme pour Astolphe, et la jeune fille, métaphore du néant, fait ressortir la force virile de Madame de M. L'homosexualité du héros est à peine voilée derrière tant de projets inaboutis ne concernant que des jeunes filles au nom rendu célèbre par leur mère. De plus, toute cette l'histoire sera racontée devant un inconnu qui, précisément, la connaît déjà pour avoir lui-même épousé la jeune fille dédaignée par Aloys. Qu'il n'y ait pas eu mariage heureux non plus entre ce jeune couple à cause de l'ombre projetée par la défection d'Aloys, que cette ombre ait été si forte qu'elle ait mystérieusement tué la jeune femme, de sorte que le personnage de l'épousée est cruellement, définitivement escamoté, nié en sa féminité, redouble en quelque sorte le destin réservé aux femmes. La jeune mariée, reléguée dans la mort, permet à l'« amant » demeuré chaste et au mari malheureux de se retrouver dans la brûlure de la confidence.

    Il ne faut pas oublier un autre « doublet » : celui de la « belle-mère » et de la mère : Claire de Duras et Delphine de Custine ont eu le même amant : Chateaubriand. Le grand homme les a fait également souffrir. L'Enchanteur avait traité Delphine avec une frivolité confinant à l'insolence. Le style de ses billets amoureux en fait foi : « Tâchez donc de faire niveler le billard, d'arracher l'herbe pour qu'on voie les brochets, d'engraisser les veaux. Quand tout cela sera fait, vous m'avertirez et je verrai s'il est possible de me rendre à Fervaques. » Mais il n'avait pas davantage ménagé la duchesse de Duras qu'il avait cantonnée dans un rôle purement sororal : « Ma sœur, lui écrivait-il, n'a-t-elle pas une place tout à part où elle règne sans trouble et sans rivale ? » Le personnage de Madame de M. doit beaucoup à ces deux modèles féminins dans un retour jumelé au passé qui permet à Custine de revivre sa situation de témoin.

Madame de M. attire Aloys à travers les rets du narcissisme ; elle a entendu parler de lui, elle le comprend ; lui, de son côté, n'a cessé d'entendre vanter ses qualités. Célèbre, elle l'a distingué : telle est la forme d'érotisme dont Aloys est alors capable. Sa maison est un « centre de la société la plus distinguée ». Madame de M. est un foyer, un soleil, même si son mari ne l'aime pas, qui est aussi absent qu'un mort. Mais ce n'est pas la réputation de Madame de M., pourtant, qui fera naître l'amour dans le cœur d'Aloys, c'est entendre parler de lui-même qui le séduit. Or, si Madame de M. sait tout d'Aloys, c'est grâce à une lettre qu'il a écrite au comte de T. : on voit que, dans cette trilogie, ce qui se passe entre homme et femme n'est que le reflet d'une complicité entre hommes.

Le monastère est un autre lieu où l'univers masculin n'est troublé par aucune incursion du féminin. Aloys meurt au monde, c'est-à-dire à l'attente des autres, plus personne n'est en droit d'exiger quoi que ce soit de lui puisqu'il appartient à Dieu. D'homme impuissant, garrotté, piégé, il est devenu hors d'atteinte, sacré. Mademoiselle de La Vallière entre au couvent par déception, pour trouver en Dieu ce qu'un roi n'a su lui donner – Aloys entre au monastère afin de ne pas décevoir et ne pas s'engager.

Mais cette quête d'un absolu, si frappante chez Custine, ne peut pas se confondre avec le trajet de l'âme vers la foi. Elle trahit surtout la nécessité d'être ébloui, épousé par Dieu. Une fois la proie de Dieu, il devient inutile de posséder à son tour. « Dieu seul, écrivait Custine, peut saisir ce qui pèse sur mon âme, mais ce que je sais, c'est que si j'aime la vie, c'est comme une femme battue par son mari. » Étrange aveu d'un masochisme dans lequel Custine a refusé de stagner, pour trouver une issue dans l'ailleurs, dans son goût lucide et intelligent du voyage qui fait de lui le spectateur de son temps à travers ses récits et ses lettres, un témoin qui, grâce à son écriture, se transforme en créateur. Le voyage – « la vraie vocation de cet être de culture et de fuite[3] » – c'est d'abord pour lui une sensualité comblée. « Changer de lieu, c'est rajeunir », écrivait-il. Mais c'est aussi un regard perspicace et prophétique comme le montrera son chef-d'œuvre, *La Russie en 1839*, modèle du reportage, où se rencontre aussi un modèle d'interview : celle du tsar. Aloys, comme Astolphe, accomplit un voyage ; mais c'est celui qui va du dehors au dedans, jusque dans les profondeurs intimes des mobiles ; celui qui, inspiré par le terrible prurit du passé, accompagne la recherche d'un moi vacillant.

La modernité de Custine, précurseur de Proust[4], tient à un jeu de facettes ; nous savons à quel point cette autobiographie à peine déguisée est la vie de Custine *revue* par Custine ; la naissance d'un homme nouveau qui rompt les amarres avec son passé tout en le racontant. Bien plus qu'un conte romantique où plane l'ombre de René, *Aloys* nous donne à voir les mutilations réelles infligées par autrui – mutilations déjouées par l'écriture même. Pas un instant l'écrivain n'est dupe de sa propre démarche. C'est par une analyse graphologique d'Aloys – épisode romanesque inventé par Astolphe –, c'est à travers ce subterfuge de romancier que la vérité d'un caractère se fait jour. Et elle reflète très exactement cette particularité de Custine : « Il peut tromper par excès de mobilité, non par fausseté ; en un mot, c'est un homme à *imagination*. »

Jean-Henri Fabre

Si j'aime les insectes, c'est parce qu'ils sont infatigables. C'est ici, à Chartres, dans mon jardin de curé, que je les observe souvent, mais c'était déjà ainsi à Hauterive, entre les mites, les termites, les scarabées dans la forêt de Châteauneuf, les petits monstres qui, en août, se glissent sous la peau. Naturellement, il y a de la fascination chez celui qui les guette dans les chemins creux pour surprendre leurs fornications et leurs crimes. C'est un délice pour moi de regarder un bourdon s'introduire dans la corolle d'une fleur. Et puis, malgré les films d'horreur dont on nous abreuve, avec des mouches grosses comme des chiens ou des fourmis rouges géantes, les insectes restent plutôt silencieux et discrets. Leur crissement n'est pas éloigné du craquement sinistre d'un parquet foulé de nuit par un assassin. Mystérieux, minuscules, ce sont ces détails vivants de la nature avec lesquels il faudra compter.

Nos formes explicites et éléphantines sont, sans doute, regardées avec ironie par leurs yeux à facettes. J'aime J. H. Fabre parce qu'il connaissait l'infiniment petit et sa fausse innocence ; il savait comment les insectes peuvent grignoter, manduquer, établir des labyrinthes où laisser leurs œufs. Proust aimait Fabre à cause de son savoir, de ses analogies surtout, et de son style. Proust aussi s'y connaissait en dévorations et se méfiait du bourdon violeur comme de la mante religieuse qui dévore son mâle. Le détail vivant régit le monde. Sans doute finira-t-il par le nettoyer. Malgré tout, j'aime les insectes parce qu'ils semblent savoir où ils vont. Être certains que la vie a un sens. Ils ont toujours un projet. Un avenir. Ce sont des bâtisseurs qui n'ont pas peur de la répétition. Ce sont des bourreaux de travail. Je les soupçonne de sacrifier très peu au sommeil, occupés comme ils le sont à sucer les richesses de la terre.

Insectes, héros de roman[1]

Quelques années avant le poète Mistral, dans le Rouergue, à Saint-Léons, village bruissant de sources entouré d'une terre visitée des grives comme des sangliers, naquit Jean-Henri Fabre, naturaliste. Les parents, petits cultivateurs, envoient leur fils à l'école, lorsqu'il a sept ans. Une école pas comme les autres, où poules et porcelets sont plus nombreux que les élèves. Puis l'enfant va à Rodez où il découvre Virgile. La vie se fait misère. Mythes et poésie sont bientôt mis en échec par la faim et les petits métiers hasardeux le long des routes, en compagnie, dès le début, d'une quantité d'amis dont la pensée ne le quittera jamais, coléoptères et hannetons avec lesquels il explore les environs d'Avignon. À force d'intelligence, à force d'une opiniâtreté inouïe, de facilité pour le savoir et le latin, voici que Fabre devient instituteur à Carpentras dans une école « où la chaise est veuve de sa paille » et où le maître apprend en même temps que les garnements qu'il enseigne.

Les herbes, les insectes, les pierres suffisent à le captiver jusqu'à ce qu'il rencontre en 1844, Marie Villard, institutrice elle aussi, très vite enceinte d'un enfant qui meurt tout aussitôt. Alors, face à la nature toujours si prolifique, au monde des autres, c'est le premier deuil, le premier contact avec la mort dont il fut obligé de constater précocement l'aridité prédatrice.

Enfin, il est sauvé de ce poste misérablement rétribué par une vacance au collège d'Ajaccio et, en 1849, le voici qui découvre la magie des crêtes granitiques, une faune et une flore qui le passionnent. Il découvre aussi sa véritable famille d'élection : les esprits qui explorent le monde végétal et animal, Requien le botaniste, le grand naturaliste Léon Dufour, spécialiste des guêpes Cerceris qui vont tant fasciner Fabre parce qu'elles conservent dans leurs nids des coléoptères statiques et brillants comme des bijoux. Il devait approfondir les travaux de Dufour à ce sujet, tout en s'adonnant également à l'étude émerveillée des orchidées ; bientôt, deux mémoires commencent à le faire connaître et Darwin le sacre « observateur inimitable ».

De retour à Avignon, il fait l'ascension du mont Ventoux avec un âne et des mulets chargés du matériel nécessaire à ses observations. C'est alors qu'il est chargé grâce à Victor Duruy, soucieux de voir les jeunes filles élargir les connaissances qui leur étaient dispensées par les nonnes, de cours du soir où l'on parle de tout, et surtout de sciences naturelles – cours où il dévoile son talent pour la pédagogie, le récit, le détail. De nombreux élèves se pressent pour l'écouter, qui ne sont pas seulement de charmantes pucelles, mais Frédéric Mistral, son ami le philosophe Stuart Mill avec qui il avait herborisé, Stéphane Mallarmé qui enseignait alors à Avignon.

Après cette période d'épanouissement, les tribulations recommencent : de vieilles dévotes ne supportent pas que l'on divulgue le secret de la fécondation chez les plantes ; on l'accuse d'être dangereux, subversif, obscène. Le naturaliste, choqué d'avoir prétendument choqué les autres, se retire à Orange, se recueille et s'intériorise. Il se livre à ce qui devient une passion : la vulgarisation de la beauté et des complexités de la nature, d'où pas moins de quatre-vingts ouvrages destinés à l'enseignement composés entre 1870 et 1879. Des milliers de pages furent écrites sur sa petite table volante qui ne le quitte pas depuis Carpentras. Et, en 1878, il commence à rédiger ses *Souvenirs entomologiques*[2]. Année cruciale. Il perd son fils Jules, son collaborateur préféré. Lui-même, emporté par le chagrin, croit perdre la vie[3]. Du deuil à l'œuvre : comme bien des écrivains, Fabre trouve sa consolation dans l'écriture et dédie à son fils la seconde série de ses souvenirs, fortifié dans son « indomptable foi dans le réveil de l'au-delà ». C'est une œuvre dont on verra à quel point elle concerne les machinations voraces de la nature, dans une immense variation poétique sur la rapidité avec laquelle l'insecte jette ses derniers feux – le temps d'une étincelle.

Depuis longtemps, depuis toujours, il n'aime guère les villes, et les quitte à jamais pour Sérignan, à quelques kilomètres d'Orange. Il s'installe dans une terre « favorable aux chardons et aux hyménoptères » : ce sera l'Harmas, son laboratoire vivant, son paradis malgré le crissement lancinant des cigales. Et là, dans sa solitude, il donne libre cours à sa nature simple mais contrastée : une nature modeste et colérique, orgueilleuse et pleine d'humour, rabelaisienne et rêveuse – une nature de savant-artiste aux yeux de feu noir, de penseur qui s'interroge jusqu'à la fin car il devait même « s'observer mourir ».

Les honneurs viendront tard, bien tard. Il y aura l'hommage d'Edmond Rostand, de Romain Rolland, de Maurice Maeterlinck ; il y aura son jubilé en 1910 et même si son corps, dans son grand âge, devait le trahir, il se faisait encore lire la Genèse et gardait sur son visage d'illuminé la certitude des prophètes. Sur sa tombe, il fit graver : « La mort n'est pas une fin, mais le seuil d'une vie plus haute », et si l'on devait décrire ce grand homme à l'aide d'une formule, on pourrait dire : voici un être qui n'a jamais eu peur. Car il n'a pas eu peur de reprendre et compléter les travaux de ses maîtres admirés (Réaumur, par exemple) ; d'être un précurseur (ainsi dans le domaine de l'écologie et de la lutte biologique à travers les prédateurs naturels). Il n'a pas eu peur de faire peur – car il a déconcerté bien des voisins stupéfaits de voir cette « personnalité » observer, accroupi, les fourrés à la loupe ; ni du temps ni de la vieillesse, car une fois veuf, à soixante-quatre ans, il épousa une jeune femme de vingt ans. Non, même la jeunesse ne lui a pas fait peur : de ces deux mariages, il eut huit enfants et il aimait avoir de très jeunes collaborateurs qu'il envoyait en expédition chercher de la bouse par exemple, cet or riche d'insectes. Mais il avait aussi ses bêtes noires : la bêtise et le bruit, les laboratoires où sévissent des conditions artificielles, l'« odieuse politique » et surtout, surtout, les déclarations hâtives ou imprudentes sur les fins dernières ou la Cause première.

Ce qui frappe dans cette œuvre, c'est le désir d'être présent juste au moment où il se passe quelque chose de vital et de secret, pariade ou ponte – curiosité d'autant plus difficile à assouvir que certains insectes ont des mœurs nocturnes. Fabre parcourt sans cesse l'Harmas, ce paradis terrestre, où il aurait bien voulu planter, parmi les jacinthes et les amaryllis, des plantes moins innocentes – quelques « végétaux chasseurs d'insectes ». On le verra, même très âgé, prendre plaisir à d'autres rites : ensevelir, par exemple, une douzaine de taupes afin que, de leur putréfaction, naissent larves et grouillements d'insectes prédateurs. Ce qu'il veut, ce disciple fervent de Claude Bernard, c'est, après avoir *vu*, se livrer à l'expérimentation, d'où une collection qui représente des années de labeur rangée dans son « pourrissoir ».

Quelques réminiscences, disséminées çà et là dans les dix volumes de souvenirs (j'allais dire : dissimulées) expliquent peut-être cette attention tournée vers les destinées des insectes. Ainsi, comment ne pas voir un lien entre cette scène entrevue par Fabre enfant – un bœuf tué d'un coup à la nuque par le boucher – et l'immobilité paralysée des criquets sous le croc de l'araignée ? « L'homme cherche du doigt, il pique et c'est fait ; le bœuf croule sur ses jarrets. Aujourd'hui je pourrais dire qu'il avait opéré à la façon des hyménoptères, dont le stylet plonge dans les centres nerveux. » Mais, « à tous égards, l'insecte est ici supérieur à l'homme » car Fabre, farouche négateur de l'évolution et des mutations, affirme que « l'insecte est né avec l'instinct parachevé en lui une fois pour toutes. Un insecte de rien transmet à son fils son savoir-faire, et l'homme ne le peut ». Ainsi le choix, les jeux sont faits : « Au Sphex, il faut des Grillons; à tel autre, des Criquets… Hors de ces mets, rien d'acceptable. » écrit-il dans ses pages sur l'Instinct. Oui, mais… Fabre n'est pas de ceux qui idéalisent. On le voit par ces *Fragments sur la psychologie de l'insecte* (deuxième série). Une de ses meilleures études concerne les limites de l'instinct et ses conséquences dramatiques. Qui mieux que lui a décrit la sinistre séparation entre instinct et intelligence dans le chapitre de ses *Souvenirs* intitulé « Retour au nid » ?

Même si Fabre accepte ce qu'il pourrait appeler la « mémoire de l'insecte », il sait qu'elle ne peut s'exercer que lors d'une répétition qu'aucun événement neuf et inconnu ne viendrait perturber. L'instinct ne connaît que la routine. L'intelligence fait face, ou essaye de faire face, à l'irruption des difficultés, des désastres. La « psychologie des bêtes », malgré sa diversité, reste limitée parce qu'elle ne sait pas prévoir. Les bêtes n'ont pas vraiment la mémoire des lieux, elles ne peuvent connaître l'inconnu, une fois artificiellement dépaysées par l'homme. Et pourtant, souvent, elles retrouvent leur chemin : une faculté inconnue de nous les inspire. Fabre l'écrit : « Je vais établir expérimentalement combien cette faculté est subtile, précise dans le cercle étroit de ses attributions, et combien aussi elle est bornée, obtuse, s'il lui faut sortir des habituelles conditions où elle s'exerce. Telle est l'invariable antithèse de l'instinct. »

Prenons le cas du Bembex femelle et de son admirable faculté à toujours dépister, malgré les divers obstacles interposés, l'entrée de son nid fermé par une porte. Cependant, il suffit d'ôter cette porte pour que la mère, qui désire absolument rentrer pour nourrir sa larve, s'obstine à indéfiniment revenir et tournoyer pour retrouver la porte absente. Ce qu'elle ne peut plus franchir se meut en trauma infranchissable. Ainsi n'a-t-elle point l'idée de progresser dans le corridor creusé vers la larve « en angoisse » qui, mise à nu sans la protection de la porte, se tord dans les « âpres ardeurs de l'insolation sur son monceau de diptères mâchés ». Pourtant, cette larve est son fils. Obsédée par l'habitude, forte seulement de sa mémoire imitée, incapable d'affronter l'accidentel, le Bembex femelle cherche toujours la porte à franchir tandis que la larve se meurt « sans recevoir aucun secours de sa mère qui ne le reconnaît plus faute d'avoir trouvé l'habituel passage ». Dans ce faisceau d'événements qui tous doivent concorder, un seul vient à manquer et tout est aboli. Et Fabre qui a donné sa vie aux insectes n'hésite pas à conclure en homme de vérité : « Quel abîme de séparation entre l'intelligence et l'instinct ! À travers les décombres de l'habitation ruinée, la mère guidée par l'intelligence, se précipite et va droit à son fils. Guidée par l'instinct, elle s'arrête obstinément où fut la porte. » Et encore : « Notre logique est illogique pour la bête. L'insecte obéit à une incitation fatale, inconsciente. Il n'a pas le choix de faire ce qu'il doit faire. » Drame de l'inscrit et mystère « devant la falaise de l'inconnu ». Étranges limites de l'instinct qui font songer aux limites de l'intelligence chez les humains : les romanciers ne montrent-ils pas à quel point l'être le plus complexe peut se heurter à la répétition aveugle des schémas amoureux et des mêmes conduites d'échec ?

Mais si le Bembex femelle ne reconnaît pas toujours sa larve et manque de ce que l'on appelle l'instinct maternel, la plupart du temps l'insecte manque aussi d'instinct paternel : « Si tous ont une ardeur frénétique à procréer, presque tous aussi, la passion d'un instant satisfaite, rompent sur-le-champ les relations de ménage et se retirent insoucieux de la nichée qui se tirera d'affaire comme elle le pourra. » Et Fabre, comparant l'insecte à l'hirondelle chez qui existe une collaboration « unisexe », accable le paresseux époux de la piéride : « Le véritable motif de son inaction, c'est l'ineptie. » Mais que d'exceptions dans cet univers amoral – ainsi les bousiers si travailleurs et les géotrupes. Fabre qui fut un si merveilleux enseignant, un père si attentionné, soucieux du développement de ses très jeunes admirateurs transformés par lui en chercheurs précoces, s'attarde volontiers sur le petit Sisyphe le bien nommé qui, sans connaître les amertumes du héros mythologique, ahane, « allègre et insoucieux » sur les rampes escarpées. Et ce faisant, sans doute pense-t-il à sa propre expérience dure et difficile, à son propre amour pour Paul, son jeune fils et collaborateur, à leurs longues premières années de difficultés, eux dont le seul « crime à expier » était la pauvreté !

Son laboratoire sous le ciel de l'Harmas – « on désigne sous ce nom, dans le pays, une étendue inculte, caillouteuse, abandonnée à la végétation du thym », précise l'auteur – ce royaume du chiendent, des centaurées, des chardons, des cirses lancéolées, ce paradis des hyménoptères, Fabre ne l'obtint qu'après quarante ans de travaux, au milieu de la rédaction de ses *Souvenirs* dédiés à son fils, mort si tragiquement et si jeune. C'est une œuvre où alternent la joie que procure l'étonnement devant le beau, et une profonde conscience de la mort partout à l'œuvre à travers les mandibules de la vie. Si Michelet a tendance à faire de l'insecte un ami presque intime (« L'amour lui donne des ailes, des merveilleux iris de couleur et jusqu'à des flammes visibles [...] une seconde vue étonnante de maternité pour continuer sur l'orphelin une protection ingénieuse[4] »), Fabre, précis, douloureux, entomologiste véritable, ne cesse de décrire dans ses *Souvenirs entomologiques* combien la mort est partout chez l'insecte qui tue et meurt de tuer. Sa férocité est sans pareille. Mais la mort est universelle, dans la sécheresse et sous le soleil. Le parasitisme est général : « La vie, dans sa généralité, n'est qu'un immense brigandage. La nature se dévore elle-même ; la matière se maintient animée en passant d'un estomac à l'autre. Au banquet des existences, chacun est tour à tour convive et mets servi ; aujourd'hui mangeur, demain mangé… tout vit de ce qui vit ou a vécu ; tout est parasitisme. »

N'est-ce pas là aussi un thème cher à tous les romanciers et, notamment, à Henry James qui excelle à démêler le vampirisme où l'un se nourrit de la jeunesse de l'autre, quand ce n'est pas de sa beauté, ou de son argent, ou des secrets jalousement gardés ? L'amour n'est-il pas aussi souvent une sorte de parasitisme absolu qui, chez l'insecte, va jusqu'à prendre la vie de l'autre ? « L'homme est le grand parasite, conclut Fabre, l'accapareur effréné de tout ce qui est mangeable. » Vision noire, pessimiste ? Une fois de plus, ce mot n'a aucun sens. Jamais Fabre ne prend l'insecte pour un homme (à la manière d'un La Fontaine ou d'un Grandville), même s'il prend souvent l'homme pour un insecte – ce qu'il fait avec un réalisme totalement dénué d'amertume. Il a depuis toujours vécu au contact de ses compagnons de route : les pesticides, la pauvreté, les éléments déchaînés, la faim et, surtout, le désir effréné de voir, de savoir. De dire, de noter et d'écrire.

Voir et savoir, cela revient à comprendre et à démêler les racines du vivant. En effet, c'est l'origine qui passionne Fabre, avec le dur combat que suppose la survie de la larve « blanche, nue et aveugle. Sa configuration lancéolée rappelle un peu celle des Carabes aux mandibules fortes et noires, excellentes cisailles d'autopsie » précise-t-il, ébloui par cet embryon déjà tout armé, mais encore dépendant, fasciné par cette vie en préparation, par cet état premier qui va devoir passer par une autre étape avant d'accéder à une éphémère maturité, celle de la nymphe : « momie emmaillotée dans des langes, immobile, elle attend la résurrection. Les tendres chairs sont diffluentes ; ses membres, transparents ainsi que du cristal, sont maintenus fixes à leur place, étalés sur les flancs, crainte qu'un mouvement ne trouble l'exquise délicatesse du travail qui s'accomplit[5] ».

C'est cela sans nul doute qui sollicite sa curiosité : ce que l'on voit chez l'insecte est destiné à passer par des formes totalement différentes pour aboutir à un être que rien ne laisse prévoir. Que l'insecte fascine l'écrivain et le romancier, que son règne permette au créateur de mots de trouver, grâce à lui, métaphores et images, rien de plus compréhensible puisqu'il fait songer aux drames humains essentiels : la mort incluse dans la passion de l'amour ; le mystère des métamorphoses. L'insecte a deux vies : une vie larvaire de préparation nocturne, difficile, une enfance et une adolescence prolongées dans l'ombre, puis l'éclatement de l'adulte, l'envol, la vie fugitive, brève comme l'éclair avant l'orage de la mort. Et ces deux vies, ces deux apparences sont intensément contradictoires, comme s'il ne s'agissait pas du même être vivant. Pourtant, entre la momie et la forme, la coupure n'est qu'une question d'apparences comme est illusoire la scission entre l'enfant et l'adulte. « J'ai passé maintes fois de la larve à la chrysalide », écrivait Michelet dans son beau texte *L'Insecte*.

Cette réflexion passionnée sur les origines et leur apogée si rapide a rendu Fabre philosophe, d'autant plus qu'il avoue ne pas trouver la réponse à de multiples questions. Passionné par l'atavisme, il soupire néanmoins : « Quelles ténèbres derrière ce vocable, l'hérédité !... Bornons notre ambition aux faits observables, sans prétendre expliquer les arcanes du plasma. » Le mystère de sa vocation le pousse (enfin) à écrire sur lui-même : il n'a pas connu son aïeul maternel qui était huissier dans le Rouergue, et mal son aïeule qui tuait les chenilles trouvées dans sa salade avec

« un sursaut d'effroi ». Mais il a connu ses aïeux paternels, gens de la terre versés dans « les choses de la vacherie et de la bergerie » qui eussent été scandalisés de voir leur « marmot vouer sa vie à l'insecte ». Le père fut le premier de la lignée à se laisser tenter par la ville : « Mal lui en prit. Il fut harcelé par la malchance. » Aussi, confié à l'aïeule maternelle, Fabre découvre le cliquetis de la sauterelle et la fleur violette de la pomme de terre. À sept ans, il va à l'école et contemple les images sur le mur : ce sont des reproductions du Juif errant et puis (comme chez Marcel Proust), un tableau représentant Geneviève de Brabant et le farouche Golo. Les élèves sont supposés méditer l'alphabet mais, avoue Fabre : « Nos méditations n'aboutissaient guère, à tout instant troublées par la visite aux pommes de terre des chaudrons, la dispute entre camarades pour une bille, l'invasion grognante des porcelets, l'arrivée des poussins. » Le professeur, le « maître », était barbier, il rasait le curé, le maire, le notaire. Il était, de plus, sonneur de cloches et chantre au lutrin : un homme universel, en somme.

D'où vient donc à Fabre sa passion des insectes ? Ni l'atavisme ni le milieu ne l'expliquent. Cependant, il a connu l'école en plein air et c'est déjà expliquer beaucoup. La première image aimée est celle d'un pigeon, puis une reproduction de six liards « où des animaux de toute sorte enseignaient la série des lettres par les initiales de leur nom ». C'en est fait : le règne animal a pris possession du futur entomologiste sans que pour cela (atavisme ? instinct ? mutation ?) le pourquoi du choix des images soit élucidé. Si nous avons en nous, dès l'enfance, une série de visions ou de schémas, il semble bien (tous les écrivains à la recherche de leurs souvenirs en témoignent) qu'une seule vie ne suffit pas à en expliquer la naissance même si elle peut suffire à leur quête rétrospective. Les *Souvenirs* de Fabre en sont la preuve :

à travers la vie des petites bêtes, la réminiscence, elle aussi, surgit comme un coléoptère diapré, de derrière les feuilles et les pierres. Son premier prix est un livre de La Fontaine où « la bête agit, parle ». À dix ans, au collège de Rodez, il est « clergeon » et sert la messe pour payer son externat. Puis c'est la misère, sur laquelle Fabre (déjà épris de Virgile bien avant d'avoir été appelé par la renommée le « Virgile des insectes ») ne s'étend pas, ennemi de la complaisance. Ennemi des jérémiades comme il devait l'être des honneurs. Et toujours, toujours la passion de l'insecte l'accompagne, un amour qui « aurait persisté » sur le radeau de la Méduse.

Passion de l'humble et du concret : car jamais Fabre ne se laisse aller à d'abstraites spéculations – seul compte ce qu'il a vu. Peut-être est-ce la rigueur de son regard qui lui inspire cette modestie consciente inséparable de la lucidité. Comme Henry James, il convient que l'être humain « ne peut savoir le tout de rien ». Devant certaines femelles de papillon qui n'attirent pas auprès d'elles les mâles comme la femelle du grand-paon, Fabre s'interroge. Il reconnaît la force du pourquoi. « Tel est doué, et tel autre ne l'est pas, malgré la parité organique. » L'insecte conserve beaucoup de son mystère ; sans doute est-ce pour cela que Michelet l'appelle le « fils de la nuit ». Le savant rejoint ainsi le poète Valéry déconcerté par la coquille : « Notre connaissance des choses de la vie, écrit-il, est insignifiante auprès de celle que nous avons du monde organique [...] Je ne sais que ce que je sais faire. » Et le poète conclut : « Ce petit corps calcaire, creux et spiral, appelle autour de soi quantité de pensées dont aucune ne s'achève[6]. » Ce sont ces pensées-là qui nous viennent devant ce qui est vivant, devant la carapace dorée de la cétoine, comme devant la volute des coquilles qu'il est si voluptueux de décrire.

Cette acceptation du mystère s'accompagne du souci de la vérité : Fabre s'indigne devant la plaisante fable de La Fontaine *La Cigale et la Fourmi* où une frivole cigale est sacrifiée à une prévoyante et intelligente fourmi[7]. Contre-vérité qu'il s'attache à détruire, car la fourmi « n'est qu'une rapace exploiteuse, accaparant dans ses greniers toute chose comestible ». Le voici qui se fait champion de la généreuse cigale en des pages d'une merveilleuse saveur : « En juillet, aux heures étouffantes de l'après-midi, lorsque la plèbe insecte, exténuée de soif, erre cherchant en vain à se désaltérer sur les fleurs fanées, taries, la Cigale se rit de la disette générale. Avec son rostre, fine vrille, elle met en perce une pièce de sa cave inépuisable. Établie, toujours chantant sur un rameau d'arbuste, elle fore l'écorce ferme et lisse que gonfle une sève mûrie par le soleil. » Mais, ayant bu tout l'été et su faire des provisions de fraîcheur, d'autres insectes essayent de lui voler son miel aspiré dans l'écorce avec l'aiguille de son bec. Bientôt, sa famille à l'abri sous terre, elle meurt : alors surgit la fourmi qui la découpe et la dévore. Après avoir été volée, elle est cannibalisée – voici la triste réalité rétablie par notre entomologiste qui pourtant n'aimait pas plus la stridulation obstinée de la cigale qu'il n'aimait les volutes nocturnes du rossignol. Son regard avait besoin de silence. Par-dessus tout, il a le souci de la prudence et de l'objectivité : « Édifier des théories ne m'a jamais souri, je les tiens toutes en suspicion. Argumenter nébuleusement avec des prémisses douteuses ne me convient pas davantage. J'observe, j'expérimente et je laisse la parole aux faits. » Ainsi conclut-il : « À chacun maintenant de décider si l'instinct est une faculté innée ou bien une habitude acquise. »

Autodidacte et réaliste avant tout, Fabre n'était pas un constructeur de systèmes. Il se compare volontiers à saint Thomas : « Intraitable disciple de saint Thomas, avant de dire oui, je veux voir et toucher, non une fois mais deux, trois, indéfiniment, jusqu'à ce que mon incrédulité ploie sous le faix des témoignages[8]. » L'insecte, il l'avoue, ne cesse d'être leurré. Ainsi la lycose cannibale peut-elle s'abuser : pour remplacer sa besace pleine, Fabre lui lance une autre pilule ; aussitôt elle la happe à la place de la première, et c'est seulement à l'heure de l'éclosion qu'elle constate avoir été bernée. Elle abandonne alors la ponte. Il n'est pas trop difficile non plus de duper la sagace araignée, et Fabre constate que cet « enténèbrement de la lycose le déconcerte », comme s'il se lamentait sur la bêtise d'un choix amoureux. La surface géométrique et ténue, si magistralement tissée par l'araignée épeire, comporte un cordon en son milieu relié à l'araignée. Si une proie tombe sur la toile, le tremblement du voile ne suffit pas ; il faut que la cordelette agisse en « avertisseur » ; si on la coupe, l'araignée demeure dans l'ignorance de la proie qui l'attend. Ainsi, malgré sa confiance en un plan rigoureux, Fabre voit-il les failles, persuadé de ne pas pouvoir élucider tout le mystère : l'entomologiste est lui-même un insecte qui grignote la vérité jusqu'à mettre la mort à nu.

Autre thème qui fascine l'entomologiste (et que nous retrouvons chez bien des romanciers où le renversement des sexes nous met souvent en présence de femmes fortes et d'hommes heureux ou malheureux d'être des proies), c'est la toute-puissance du matriarcat chez les insectes que Fabre analyse si bien dans son chapitre consacré à « La ration suivant le sexe[9] » : « C'est la mère, la mère seule qui, péniblement, creuse sous terre des galeries et des cellules, pétrit le stuc pour enduire les loges, maçonne la demeure de ciment et de graviers, taraude le bois et subdivise le canal en étages, découpe des rondelles de feuilles qui seront assemblées en pots de miel, malaxe la résine cueillie en larmes sur les blessures des pins pour édifier des voûtes dans la rampe vide d'un escargot, chasse la proie, la paralyse et la traîne au logis

[...] Ce rude labeur si impérieux, si actif dans lequel se dépense toute la vie de l'insecte, exige, c'est évident, une puissance corporelle bien inutile au mâle, l'amoureux désœuvré. » Nous voici donc souvent dans un monde où le mâle, comme dans les romans de Colette, est amant fécondateur et la femelle organisatrice du travail et de la survie.

Quant à l'œuvre de Proust (ce grand admirateur des descriptions lucides dans les *Mémoires*), on sait à quel point elle est indissociable de l'étude de la cruauté. Dans le portrait admirable qu'il donne de Françoise à Combray torturant mentalement la fille de cuisine, dans *Du côté de chez Swann*, Fabre est tout de suite cité comme référence : n'est-il pas l'admirable analyste des manœuvres sadiques des insectes ? Et, tout comme cet hyménoptère observé par Fabre, « la guêpe fouisseuse, qui, pour que ses petits après sa mort aient de la viande fraîche à manger, appelle l'anatomie au secours de sa cruauté et, ayant capturé des Charançons et des Araignées, leur perce avec un savoir et une adresse merveilleux le centre nerveux d'où dépend le mouvement des pattes, mais non les autres fonctions de la vie, de façon que l'insecte paralysé près duquel elle dépose ses oeufs, fournisse aux larves, quand elles écloront, un gibier docile, inoffensif[10]... », de même Françoise ne fait préparer si volontiers des asperges que parce que celles-ci paralysent par des crises d'asthme la fille de cuisine chargée de les éplucher.

Ce qui, chez l'insecte, est de l'instinct, devient chez Proust synonyme de ruse intelligente. Ou alors – comme dans la rencontre de Charlus et de Jupien – de l'ordre des choses organisées par la nature comme la fécondation de l'orchidée par le bourdon. Comment oublier la description des nuages du pollen à la fois visibles et mystérieux entre les fleurs, nuages frémissants que le narrateur de la *Recherche* aurait tant voulu voir peints par Elstir ?

Car ce qui fascine l'écrivain – que ce soit Fabre ou Proust ou Michelet – ce qui fascine tout romancier, ce sont les noces cachées dans la nature, les rets qui se trament, les révoltes ourdies, les petits assassinats qui ont lieu dans l'obscurité, les inventions presque transparentes à force d'être peu visibles. Fabre s'intéresse passionnément aux points vulnérables des victimes, aux armes déployées pour les paralyser. Déjà le vocabulaire utilisé pour les décrire est d'une richesse qui comble à la fois l'entomologiste et le voyeur des crimes secrets : tenailles, scies, broches, laminoirs, pinces, dards, aiguillons, crocs venimeux, dagues et crochets permettent l'irruption soudaine du meurtre : « La nuit venue, silence et repos, mais repos parfois troublé. Dans l'épaisse ramée des platanes, bruit de temps à autre comme un soudain cri d'angoisse, strident et court. C'est la désespérée lamentation de la Cigale surprise en sa quiétude par la Sauterelle verte qui lui ouvre et lui fouille le ventre. » Cruauté encore dans sa description du « meurtre » d'une chenille qui évoque Jack l'Éventreur : « Campé sur le dos du monstre, l'Hyménoptère recourbe l'abdomen et, méthodiquement, sans se presser, comme un chirurgien connaissant à fond l'anatomie de son opéré, plonge son bistouri à la face ventrale. »

Ce qui sollicite particulièrement l'attention de Fabre (tout comme les romanciers décrivent les mises à mort psychologiques entre leurs personnages), c'est la paralysie de la proie en vue d'un plan établi qui dépasse bourreau et victime. « Ce qui domine l'histoire entière des Ammophiles, ce qui appelait de préférence toute mon attention, c'est la manière dont l'insecte se rend maître de sa proie et la plonge dans l'état inoffensif réclamé pour la sécurité des larves[11]. » Regarder, débusquer, puis décrire le forfait.

Fabre a superbement analysé l'activité assassine de la mante religieuse, chasseresse dont « les airs patenôtriers cachent des mœurs atroces ». Aussi l'entomologiste se double-t-il souvent d'un moraliste conscient de ce que la vie a d'implacable. L'étude de l'insecte affine le sens du mystère, du fugitif, du nocturne, de tout ce qui renaît dans le cercle immuable de la vie et de la mort. Partagé entre la précision du scalpel et l'interprétation des phénomènes, entre la limite de l'instant et le flou des métamorphoses, l'entomologiste devient le romancier d'un cercle vital à peine visible, le voyant du microscope, le témoin patient d'un carnage toujours renouvelé, l'obsédé du furtif, du leurre, du venin, du crime qui va jusqu'à l'apogée de l'absolue propreté. Car souvent la victime, comme dans un film de Hitchcock, a tout simplement disparu, avalée par l'ogre. Que de mâles gobés ou grignotés lors de leur accouplement, que de mères flétries sous leur progéniture, telle cette Araignée Crabe, qui après avoir couvé comme une colombe, se ride et meurt sous ses petits ! La cruauté inhérente à ce monde animal sans morale lui inspire une magistrale description du sort du carabe. Mis sous cloche, abandonné une nuit, celui-ci porte toujours beau. Mais à le regarder de plus près, alors qu'il se tient debout fièrement comme ces automates poudrés ou cet être qu'un conjoint a subrepticement détruit, l'insecte chatoyant n'est plus qu'une coque vidée. Peu de descriptions sont plus cruelles que celle des amours des cantharides : « Le mâle, de son abdomen qu'il allonge autant que possible, fouette vivement celui de la femelle [...] ce sont des coups de battoir distribués avec une frénétique prestesse [...] il flagelle en furieux la nuque de sa patiente. » L'« enlacée », la « convoitée », pendant ce temps, rentre les épaules (si l'on ose dire) et broute son herbe. Après la copulation, elle traînera derrière elle le mâle épuisé, comme une vieille feuille.

Jacques Lacarrière dans son *Pays sous l'écorce*, où il sait si bien se couler dans le moule du monde animal, est épouvanté par l'œil du criquet, miroir sans tain bruni, où l'image de lui-même se reflète[12]. Tout comme Fabre, il a montré la terrifiante vitalité de ce « cycle de reproductions, de cette ponte inlassable, de cette usine à poupons, cette émission sans fin de bouillie, de gelée, de sperme, de mucus ». Les insectes sont doués, Fabre l'admet, d'une frénésie assassine : la mante dévore les mâles dont le rôle est accompli ; la mère Dectique aime « grignoter le cuissot d'un époux invalide ; et même les grillons, pris d'une colère meurtrière, ont de tragiques querelles de ménage après la ponte. Finis les soins de la nichée, finies les joies de la vie. » Ah, les noces d'encre parviennent au sommet de la cruauté lorsqu'elles relatent celles des insectes !

Un milieu clos, où se développe la passion de surprendre, dans le saisissement du silence, c'est bien là ce qu'il faut au naturaliste comme à l'écrivain : le naturaliste a besoin, comme l'écrit Michelet, d'« être hors du monde, hors du temps » : Fabre fait entourer l'Harmas de murs, Proust fait tapisser sa chambre-cellule de liège – et d'ailleurs l'écrivain de la *Recherche*, grand lecteur de Maeterlinck, avant de créer le personnage de Vinteuil, avait conçu à la place du musicien « un célèbre naturaliste », Vington, qui aurait donné au jeune narrateur une collection de minéraux. Edmund Gosse, aussi, était en proie à la passion de l'attention aux petites choses qui remuent, et cette contemplation, chez Fabre, a la grandeur, la fulgurance d'une extase, d'une révélation. Ce que Jean Rostand appelait la « révélation fabrienne » est une double révélation : pour lui, jeune lecteur, futur biologiste, la découverte des *Souvenirs*, à travers l'étude du scarabée sacré ; pour Fabre, l'instant fabuleux où il put, après tant d'observations, faire le lien entre l'insecte, parachevé, brillant, complexe, et son activité mystérieuse, charnelle, liée à l'excrémentiel : la pilule de bouse qu'il amasse peu à peu à partir des « œuvres » que lui sert le mulet ou le mouton. Ainsi, tout comme un Thomas Hardy mettra en scène dans ses romans les ravages de l'hérédité, et Proust, dans la *Recherche*, le lien cruel entre la sacralisation et la nécessité du blasphème, Fabre se fera, à travers ses admirables pages sur le scarabée sacré, le poète inimitable de ce qui se trame dans les coulisses de la nature où voisinent les contraires sur un espace minuscule que son regard domine.

D'où chez Fabre (comme chez Proust), un amour vraiment sensuel du vocabulaire et des noms utilisés non point en vue d'une stérile classification, mais, tout au contraire, pour célébrer l'originalité de l'individu mâle ou femelle, homme ou animal, végétal ou insecte. Il devait connaître dès l'enfance cette volupté du mot juste, plus sensuelle encore lorsqu'il s'agit de *noms*. Il nous dit, dans ses *Souvenirs d'enfance*, la joie qu'il éprouva à démêler que la vesse-de-loup s'appelle aussi le *lycoperdon*. Comment, dans l'autre sens, du mot savant au mot usuel, il éprouvait un plaisir tout aussi imagé à savoir que le saxicole (l'oiseau des rochers, l'ami des coteaux pierreux) se nommait aussi le *motteux*.

Car philosophe, entomologiste, psychologue à la recherche des origines, Fabre est un prodigieux écrivain. Comme il aime donner ses insectes en pâture aux mots ! Comme Valéry, il sait que le don de vivre a passé dans les fleurs mais, plus que des beaux cimetières, il est le chantre des bêtes mortes, de la taupe éventrée, des déchets de la vie qui attire un grouillement aux reflets chatoyants : le silphe aplati, l'escarbot luisant trotte-menu, la fourmi, cet « ardent flibustier », le dermeste poudré de neige sous le ventre – oui, tous accourent : « quel spectacle, au printemps, sous une taupe morte ! » écrit-il. Son style est aussi coloré, aussi drapé d'images que les carapaces qu'il décrit.

Tout est correspondance chez Fabre : la couleur, le son, la forme et sa phrase qui concentre les sens, faisant sienne l'inépuisable richesse de la nature – phrase souvent longue, baroque et pleine, au milieu de laquelle fait irruption, tout à coup, une formule lapidaire comme celle-ci : « Que de métaphysique pour un lopin de bouse ! » Aussi, même si Fabre se moque un peu de ceux qui confondent les mœurs des hommes et celles des bêtes, il n'empêche qu'il les décrit souvent avec des adjectifs bien « hominiens », utilisant fort peu la dénomination d'« insecte » : ce sont des « épuisés », d'« ardents gloutons », des « disséqueurs de cadavre » ; ce sont, nous l'avons vu, des « enlacées », des « convoitées », des « chirurgiennes », des « amies de l'obscur », d'« agiles gymnastes ». « La souplesse et la vigueur des reins d'un clown ne peuvent supporter la comparaison avec celles de ces chairs naissantes, glaire à peine figée », écrira-t-il des larves du nécrophore. Et que dire de cette description du lampyre : « En somme, le Lampyre est un cul-de-jatte d'un nouveau genre ; il se met au derrière une gentille rose blanche, une sorte de main à douze doigts inarticulés et mobiles en tous sens, doigts tubulaires qui ne saisissent pas, mais engluent. » De ces insectes, il a fait des personnages qui enchantent par la multiplicité romanesque de leurs dévorations, par la richesse de leurs formes, de leurs excroissances, de leurs élytres, de certains de leurs appendices qui ressemblent aux bois des cervidés ; par la beauté nuancée de leur couleur où il semble que le soleil, la nuit, le bronze et l'eau se mêlent en une miroitante surface évoquant la rigueur fastueuse des armures japonaises.

Thomas Hardy

J'ai commencé à lire Thomas Hardy pour la première fois à Pékin lorsque j'avais quinze ans. L'arrivée en Chine avait été un choc (dont j'ai parlé dans Le Ressouvenir*) – un choc qui a présidé à la naissance d'une petite voix destructrice qui m'accompagnera toute ma vie. « Pourquoi, oui, pourquoi, le destin a-t-il décidé que tu sois une jeune fille blanche logée dans un consulat à Shanghai, et non ce coolie-pousse qui meurt d'épuisement dans la rue ? » demandait-elle sans cesse. De là un sentiment de culpabilité devant le bonheur qui ne m'a pas empêchée de le chercher à tout prix. Mais qui reste planté comme un hameçon dans la chair. Car je l'entends encore, cette petite voix de Chine qui s'interroge sur les jeux et les choix des dieux – je l'entends encore chanter sa révolte à l'égard des forces du destin dont Hardy est l'implacable analyste. Je vois toujours le coolie-pousse tomber dans la rue. Et même, en ce moment où je relis ces essais dans une île, à l'hôtel, car ma chambre surplombe celle d'une famille durement frappée avec ses deux petits jumeaux mongoliens qui poussent de légers cris : ils ont du mal à articuler. Me calme un*

NOCES D'ENCRE

peu l'idée qu'ils sont jumeaux, inséparables donc ; bientôt ils iront partout ensemble et je les vois déjà, se tenant par le bras, dans soixante ans, quand je serai morte depuis longtemps.

Les apparences[1]

Né en 1840, contemporain de George Eliot et de Meredith, protégé et influencé par Leslie Stephen (le père de Virginia Woolf), Hardy émerge de son siècle pour appartenir au nôtre par son audace. Audace à vouloir affirmer la liberté du corps. Là où d'autres Victoriens parlent de quête morale, de libération psychologique ou sociale, il nous entretient d'un domaine plus brutal : celui du désir. Il est le premier à dénoncer aussi ouvertement les tabous sexuels, à décrire aussi précisément un monde sans Dieu. On a pu s'y tromper, le croire conservateur et même puritain ; tout au contraire, il expose sans juger. Comment juger en effet de lois internes, immuables, inséparables de la nature humaine : l'hérédité, la fatalité, le hasard, le sang, lois sous lesquelles ploient Tess d'Urberville comme Jude l'Obscur ? Le roman qui porte ce titre, paru en 1895, provoqua le scandale au point d'être appelé *Jude l'Obscène,* d'où le retrait de Hardy qui opte dès lors pour les transpositions de la poésie. Après quatorze romans, trois recueils de nouvelles, il observe vingt ans de silence romanesque, mais en profite pour dicter à sa deuxième femme une autobiographie où il construit son image.

« Les critiques, commente Florence Hardy[2], l'ont traité d'agnostique, d'athée, d'infidèle, d'immoraliste, d'hérétique, de pessimiste ; mais personne n'a songé à l'appeler *churchy,* ce qu'il fut dans la mesure où il décrit un monde d'instincts et d'émotions dominés. » *Dominés* non sans lutte, entre l'instinct frustré et les institutions. Lutte qui forme l'essentiel de cette œuvre où une nature païenne, omniprésente, sensuelle et symbolique, vide de Dieu, incarne les velléités de personnages écrasés, moqués par les puissances dites célestes. Tous les thèmes récurrents : mariages forcés, unions secrètes, enfants bâtards, impossibilité de confesser la faute, poids d'une erreur commise, ambitions sociales déçues, contraste entre les fastes de l'imaginaire et le sordide quotidien, contribuent à brosser un tableau cruel, parfois grotesque et hallucinant, des injustices qui écrasent la personne si, d'emblée, elle n'est pas la plus forte.

Barbara of the House of Grebe (*L'Homme démasqué*)[3] concentre tous ces thèmes chers à l'auteur. Ce récit est tiré d'un recueil de nouvelles (*A Group of Nobles Dames*, 1891). Or l'année où Hardy publie ce recueil est consacrée à la réflexion et au repli. Il avait épousé, vingt ans auparavant, en 1870, Emma Lavinia Gifford qui était alors belle-sœur du recteur de Saint-Juliot, en Cornouailles. Mais cette alliance, au-dessus de sa condition sociale, dégénéra rapidement en amertume, source d'humiliations diverses. Hardy n'est jamais plus percutant, imaginatif et cruel que lorsqu'il décrit ces situations où le social corrode les affections instinctives et amoureuses. La nostalgie de ses origines modestes (Hardy était d'une famille de maçons et de violoneux, et dont plusieurs femmes étaient couturières) se cristallisa précisément en 1890 sur une de ses trois cousines, Tryphena Sparks, morte cette année-là, et, pour laquelle il avait éprouvé une grande affection sans aller jusqu'à l'épouser. Rien d'étonnant que nostalgie et remords ne fassent qu'un à travers l'œuvre de Hardy. Dans *Tess of the d'Urbervilles* (*Tess d'Urberville*)[4], Tess, en un instant d'inattention rêveuse, cause la mort du cheval de son père ; dans *The Return of the Native* (*Le Retour au pays natal*)[5], la mère du héros meurt parce que sa femme Eustacia la laisse errer solitaire sur la lande brumeuse – ce ne sont là que quelques exemples.

Ici, dans *L'Homme démasqué*, triomphe la toute-puissance destructrice des tabous sociaux qui, à cause d'une mésalliance, contraignent un jeune mari à s'éloigner pour « parfaire son éducation » tandis qu'une froideur progressive envahit la jeune femme restée dans une solitude forcée. Ce récit montre aussi l'attachement névrotique de Hardy au passé – attachement, oui, mais incapacité à se saisir de ce qui n'est plus. Cette impuissance s'exprimera sous une forme particulièrement féroce : Barbara ne pourra même plus reconnaître son premier époux défiguré par un incendie. Le souvenir de l'amour se trouve mutilé, inaccessible, irrécupérable. Le visage de l'entente passée sera rongé par le reniement sauvagement instillé chez l'héroïne par un second mari qu'elle a fini par épouser, croyant son premier amour disparu dans le feu. Rarement Hardy aura montré avec une telle cruauté la lancinante survivance d'un passé que les vivants cherchent à piétiner à travers la triple ambiguïté de la curiosité, de la jalousie et de l'impuissance à capter la part inconnue de l'Autre.

La grande cible de Hardy a toujours été les apparences : hypocrisie des atours, des chapeaux et des cabriolets, des mariages arrangés, des masques sociaux ; illusion des richesses, de l'avoir par rapport à l'être ; fausseté lisse d'une aristocratie ou d'une riche bourgeoisie qui, sous une surface trompeusement colmatée, cachent des faiblesses et des cruautés plus facilement visibles chez les déshérités. L'investigation du romancier ne s'arrête pas aux limites évidentes des mœurs. Elle va plus loin, dans le domaine de la psychologie individuelle, et montre comment un être, même doté de sincérité, d'une certaine qualité de franchise et d'un certain courage (tel que la jeune Barbara du récit), se trouve pris au piège s'il ne sait aller jusqu'au bout de lui-même. Ce sont les apparences de la beauté qui ont rapproché Barbara du jeune Willowes, son premier mari ; ce seront les apparences de la difformité, son visage mutilé par les flammes, qui vont l'en détacher, pour lui apprendre trop tard le prix de ce qui ne se voit pas. Comment en irait-il autrement ? Comment cette petite jeune fille superficielle, « romantique » et confinée, élevée dans du coton, aurait-elle pu savoir que l'essentiel réside dans l'invisible ?

Dans son *Journal,* André Gide notait : « J'admire la conscience et la patience de Hardy, la riche étoffe de son lyrisme, son scrupuleux souci d'une parfaite motivation. Dans le récit de ces existences dont le hasard dispose, rien n'est laissé au hasard, et chacun de ses personnages porte en lui sa fatalité[6]. » Ainsi le caractère de Barbara, saisi dans sa frivolité tendre et impressionnable, est-il du même coup figé en sa faiblesse. Le développement de son intelligence et de son corps sera piétiné sans pitié parce qu'elle n'a pas su dominer son destin. La vraie fatalité n'est-elle pas là : que nul ne peut aller contre ce qui est inscrit en soi ? Chez Hardy, le futur n'est jamais qu'un avatar du passé. On l'aura vu dans d'autres récits qui ont avec celui-ci d'intimes affinités – *Une femme imaginative*[7] notamment, l'histoire d'une rêveuse qui, au lieu de forcer les circonstances pour provoquer une rencontre avec l'être aimé, subit son sort, et meurt avant d'avoir connu l'amant dont elle rêvait.

Alliée à cette rêverie concernant ce qui aurait pu être : la peinture de ce qui *est* mais ce qui *est* ne se trouve-t-il pas sans cesse limité par les caprices du hasard, le milieu clos dans lequel chacun est enfermé, les ravages du temps qui dénaturent l'amour ? Par la faiblesse d'une constitution humaine dont les ressources sont incapables de briser le moule où la personnalité est coulée ? On a pu dire qu'il s'agit là d'une vision « pessimiste » – sauf que ce terme ne signifie rien, qu'il faudrait le remplacer par celui de réalisme mental. Franz Hellens a commenté quelque part : « Hardy n'est pas un pessimiste ; ce mot me paraît d'ailleurs dépourvu de sens. Dit-on de Sophocle qu'il est pessimiste, ou de Shakespeare ? La fatalité qu'exprime son œuvre, à ce compte, serait la première en défaut ; ce sont les lois qui nous gouvernent qu'il faudrait donc incriminer ! Hardy est véridique. Jamais il ne se plaint, jamais il ne plaint. »

Quant à *L'Homme démasqué*, la nouvelle atteint son apogée avec la façon dont Barbara, guettée depuis toujours par la cruauté calculatrice et virile de Lord Uplandtowers, devient sienne sans le devenir. Personne n'appartient à personne dans le monde de Hardy. S'instaure alors une situation triangulaire dans la peinture de laquelle Hardy excelle. La jalousie de Lord Uplandtowers pour le jeune Willowes lui tient lieu de l'amour qu'il est incapable d'éprouver. Rien de plus sadique, de plus pervers, que ces scènes où il exige de « posséder » sa femme devant l'image – la statue – de celui qu'elle a autrefois aimé. Hardy nous donne à voir la violence d'une jalousie conjugale qui se déchaîne, faux-semblant, masque de l'amour, car le romancier n'aura cessé de le répéter à travers toute son œuvre, notamment *Tess d'Urberville* et *Jude l'Obscur* : la possession, à travers la loi et la lettre, n'est pas seulement une illusion, mais un meurtre.

En fin de compte, à la fois sexuellement excité et mentalement blessé dans son orgueil par l'existence du premier mari de Barbara, le lord tue en elle ce qui est elle – autrement dit son passé. Ainsi ne deviendra-t-il le maître que d'une créature brisée, aliénée, le maître du Rien, du Néant, d'une cosse vide, d'une apparence réduite à son ombre la plus ténue – celle d'une automate qui se survit et procrée. Car si Barbara se met alors, par une affreuse complicité du destin, à procréer, c'est en tant que morte qu'elle se prolonge, comme si le réel, tué par la cruauté, ne pouvait qu'enfanter la mort. Le thème de la paternité court tel un fil d'Ariane dans plusieurs récits concernant ces *Nobles Dames* du Wessex, tout comme dans *Une femme imaginative* : les enfants ne naissent jamais, ou presque, de celui qui devrait, selon la loi du sang, les engendrer. Ce sont, pour la plupart, des enfants façonnés par l'esprit, tandis que ceux de la chair finissent toujours par renier ou blesser à mort leurs parents charnels.

Peu d'écrivains ont si bien décrit ce mystère féminin : qu'une femme attend son enfant avec toute une vie secrète où l'acte procréateur n'a qu'un rôle secondaire. Mais peu d'écrivains aussi ont su à ce point se couler, comme Euripide, ou Henry James, dans la richesse involuée et inviolée de la violence mentale des femmes. Sans doute Hardy avait-il, comme Michelet, l'« âme féminine ». Et que l'on ne se fie pas au ton modeste, volontairement simple, adopté dans ce récit par le vieux chirurgien pour raconter l'épisode dramatique des mariages de Barbara. Non seulement y règne la triste intuition sous-jacente que les capacités de Dieu à faire le bien sont limitées par les circonstances fomentées par un destin tout-puissant, mais la grisaille mesurée du discours n'est qu'un leurre de plus. Elle restitue le ton de la déception, du gouffre dans lequel l'être est aspiré. Elle démasque la froideur destructrice du second mari, autrement plus épouvantable que le visage rongé par les flammes du premier époux. Elle exprime, cette grisaille terrible des mots, le véritable drame des apparences qui permettent de dissimuler ces petits crimes quotidiens où chacun, en silence, et chaque jour un peu plus, perd son sang et sa vie.

L'« inespoir[8] »

Quel paysage plus propice à la conception du tragique chez Hardy que celui de *The Trumpet-Major* (*Le Trompette-Major*)[9], roman qui culmine dans l'absurde fatalité pesant sur les hommes destinés à la boucherie de la guerre ? Le carnage des batailles, dont le décor ressemble à celui d'une nature déchaînée, est à l'arrière-plan de ce roman qui dévoile l'intérêt que Thomas Hardy portait, dès les années 1880, aux guerres napoléoniennes.

Valéry Larbaud avait été séduit par le bruit et la fureur de cette œuvre dramatique qu'il décrit ainsi dans son essai *Ce vice impuni, la lecture ; domaine anglais* : « Nous voyons les longues armées ramper le long des fleuves, s'engager dans les défilés de montagnes, s'étendre ou se resserrer selon le relief géographique, ou bien ce sont les flottes qui font de petites taches blanches sur une nappe d'eau verte qui est l'Atlantique. Le point de vue s'abaissant, nous assistons à des scènes muettes, plus précises : nous distinguons les couleurs des uniformes, les visages des soldats. Enfin, nous sommes sur la terre, et nous voyons les états-majors, leurs escortes, tous les personnages historiques du temps ; nous les entendons. » C'est ce « point de vue de la terre » (alors que les Anglais s'attendent à un débarquement français), point de vue qui forme le champ de vision du *Trompette-Major,* qui pousse Hardy à se documenter sur ce qu'il appelle « la grande calamité historique du conflit des peuples, arbitrairement provoqué voici quelque cent ans ».

Thomas Hardy s'intéresse à Napoléon parce que l'élévation et la chute, la grandeur et la décadence de l'empereur illustrent de manière exemplaire les caprices du sort. Comme il l'écrivait dans sa préface aux *Dynastes* : « Napoléon est particulièrement propre à servir de personnage dramatique comme marionnette du destin, ce qu'il se considérera, en vérité, souvent lui-même. » L'Empereur devint, à travers une caricature de l'époque, un atroce puzzle dont « le visage était ingénieusement composé avec des squelettes humains, groupés et entrelacés dans tous les sens, de façon à former une physionomie ; une bande ou cordon arrangé de façon à ressembler au canal britannique entourait son cou et semblait l'étouffer ; son épaulette était une main déchirant une toile d'araignée qui représentait le traité de paix avec l'Angleterre, et son oreille était une femme penchée sur un enfant mourant ». Étrange image de Bonaparte, plus proche d'un monstre à la Frankenstein que celle d'un ennemi prestigieux !

C'est que, pour Thomas Hardy, Napoléon n'est, lui aussi, qu'une victime. D'autant plus qu'il a prétendu remplacer les dieux et régenter la planète : « En préparant sa grande tentative, Napoléon comptait singulièrement sur le secours de la Providence. À l'heure même où ses troupes devaient s'embarquer sur les bateaux à fond plat, une grande obscurité devait se répandre sur toute la longueur de la Manche et empêcher les Anglais de voir ce qui se passait sur l'autre rive. » Mais la nature, dont Hardy a toujours dit l'obstination triomphale et le pouvoir aveugle, n'obéit pas aux ordres des humains. La nature est, au sommet de la pyramide, un lieu inébranlable, d'une cécité absolue. Son visage ressemble à la lande d'Egdon Heath, lieu « singulièrement colossal et mystérieux dans sa brune monotonie » et même Napoléon, « ce puissant petit homme », n'est rien face à de telles puissances qui grondent avec les éléments.

Le Trompette-Major – tout comme *À la lumière des étoiles* qui lui succédera – cache, sous ses épisodes romanesques, les angoisses qui sont celles de Hardy en cette année 1880 lorsque, de retour dans son pays natal, il est assailli par le passé et par de tristes souvenirs. En cette époque troublée, il choisit de se plonger dans un passé historique où plane la menace d'un tyran qui, à Sainte-Hélène, se trouve lui-même dominé par les événements et médite devant un esclave, Tobie le Malais, frauduleusement enlevé par un équipage anglais. D'après le récit de Las Cases, Napoléon se serait exclamé : « Ce que c'est pourtant que cette pauvre machine humaine ! Pas une enveloppe qui se ressemble ; pas un intérieur qui ne diffère ! Et c'est pour se refuser à cette vérité qu'on commet tant de fautes ! Faites de Tobie un Brutus, il se serait donné la mort ; un Ésope, il serait peut-être aujourd'hui le conseiller du gouverneur ; un chrétien ardent et zélé, il porterait ses chaînes en vue de Dieu et les bénirait. »

Au moment d'écrire *Le Trompette-Major,* Hardy est sans doute arrivé aux mêmes conclusions que Napoléon devenu philosophe : « On vous dit encore que quand ou connaît le caractère d'un homme, on a la clef de sa conduite ; c'est faux : tel fait une mauvaise action, qui est foncièrement honnête homme ; tel fait une méchanceté sans être méchant. C'est que presque jamais l'homme n'agit par un acte naturel de son caractère, mais par une passion secrète du moment, réfugiée, cachée dans les replis du cœur. » Voilà l'explication, dans *Le Trompette-Major,* des volte-face humaines, du caractère frivole et déplaisant du marin Bob, tombé sottement dans les rets d'une rouée et de ses machinations érotiques, à cause duquel le destin parvient à ses fins et voue certains personnages au malheur. Les rouages sont ainsi, par l'écrivain, mis en place.

Il ne reste plus à Hardy – de même qu'il y a trois femmes dans *La Bien-Aimée* courtisées par le protagoniste, et trois femmes qui se partagent le héros des *Forestiers* – qu'à scinder l'image masculine en trois personnages. D'abord l'odieux et lâche Monsieur Festus, que le sort a placé plus haut dans l'échelle sociale que ses rivaux, symbole – et presque cliché – du mâle voyeur et violeur, misogyne et coureur, cupide et menteur. La scène atroce où Festus ment à ses compagnons d'armes pour feindre le courage en affirmant que les Français viennent de débarquer, tout en maniant le sabre et en les encourageant à trucider un ennemi dont il sait parfaitement qu'il est absent, dénote la vilenie du personnage mais ironise sur la crédulité des patriotes, naïfs et illettrés, prêts à sacrifier leur peau pour un idéal mensonger.

Vient alors la deuxième facette de l'image masculine – celle incarnée par Bob Loveday, don Juan aimant l'aventure et les femmes, inconscient et volage, spoliant inconsciemment le trompette-major de ce qui aurait dû être son salut, avant de se réhabiliter juste à temps, puisque le destin a décidé d'œuvrer *pour* lui, et non *contre* lui. Enfin, en parfait contraste avec Bob, voici John, le troisième personnage dans lequel Hardy a mis le plus de lui-même. On peut rêver sur la géométrie de cette scission d'une image, comme si sa multiplication mathématique (les hommes innombrables lancés dans des guerres) ou sa division (l'homme scindé en trois) ne servait qu'à fouiller toutes les possibilités humaines pour mieux en dire la dérision. Comme si les chiffres étaient autant de rires sarcastiques qui éclatent clans l'ombre. John, le trompette-major, vit dans le « trop tard » jamesien et le reniement de lui-même. Il ne se révolte pas, déclare tardivement son amour, se sacrifie, va jusqu'à dénaturer son naturel franc et sentimental aux yeux de la femme aimée, par solidarité pour son frère Bob qu'il désire justifier en prétendant lui ressembler. Tel est le lien qui domine tous les autres : la complicité affective et sociale des frères Loveday. L'importance des femmes ne peut se comparer, dans la vie de ces hommes, à l'épaisseur affective de leur passé.

Dans une des plus belles scènes du livre, où résonnent déjà les voix de l'au-delà, Bob le marin lie une harpe éolienne à la roue d'un moulin si bien que le vent fait naître une musique mélancolique, évocatrice des messages bouleversants que laissent les morts. « Tous les soirs qui suivirent, pendant les rafales de vent d'automne, l'étrange musique de l'eau, du vent et des cordes venait frapper son oreille, s'enflant et diminuant avec une cadence presque surnaturelle... » Mais lorsqu'on apprendra que cette invention enchanteresse n'est pas davantage due à Bob que les lettres d'amour, dans *Cyrano de Bergerac*, ne sont l'œuvre de Christian – qu'elle est, en fait, une idée de John –, le lecteur devine que cette scène essentielle porte en elle un signe fatal. Il ne sera pas permis au trompette-major d'aimer en ce monde si ce n'est à travers ces musiques intemporelles de l'eau et du vent, les seules qui résistent au temps. Étrange relation que celle qui relie John le soldat et Bob le marin, comme si les hommes destinés à combattre sur terre étaient voués à l'échec et à la mort tandis que ceux qui partent vers l'infini des mers suscitent l'amour des femmes et réussissent dans la vie. Le masochisme certain du trompette-major, sa pudeur, sa timidité, ses hésitations, son retrait forcé qui fait de sa trompette non pas un symbole de la victoire, mais un instrument lié à sa défaite, montre l'ambivalence trompeuse du titre et rejoint l'arrière-plan tragique des cieux traversés de fusées destructrices.

C'est que le personnage du trompette-major touche Hardy de très près. Au premier plan de ses pensées, se place le suicide de son ami de toujours, Horace Moule, en 1873, après une longue crise de dépression aggravée par la culpabilité et l'alcool. Horace Moule se croyait le père d'une enfant bâtarde conçue au moment de sa folle jeunesse avec une fille de milieu modeste. Cette enfant devait plus tard émigrer en Australie et, tragiquement, comme dans un roman de Hardy, y être pendue. Depuis la mort de cet ami intime qui se trancha la gorge alors que son propre frère se trouvait dans la chambre d'à côté, Hardy ne cessait d'être hanté par ceux que le hasard persécute jusqu'à la mort.

Les femmes, elles aussi, incarnent les deux tendances du féminin chez Hardy : Matilda, au passé plus que douteux, menteuse et séductrice, calculatrice et mûre, intervient dans la vie des trois hommes comme une Parque. Anne Garland, personnage tissé de peur virginale, de vertu, mais aussi d'une absolue volonté de ne pas se laisser piétiner, affronte la multiplicité inutile des amours : l'admiration amoureuse, secrète, de John ; l'érotisme bestial du lâche Festus et les désirs du frivole Bob. Étrange personnage que celui d'Anne, presque fantomatique, semblable à la forme fluide d'une anguille cherchant à éviter la vie trop forte et sexuée en échappant à travers les mailles du filet. Ainsi dans cette scène extraordinaire évoquant une vision de Füssli, où elle manque d'être écrasée de baisers contre un mur par le haïssable Festus et qu'elle s'enfuit au galop sur son cheval, presque couchée sur la bête, à demi évanouie, risquant à chaque instant de s'écraser au sol. Fantomatique, elle l'est, cette Anne dont Bob veut serrer la taille alors qu'elle se dissimule dans une demi-obscurité et que ce geste de désir ne doit être perçu de personne, et surtout pas, peut-être, de sa mère. Violente, décidée, elle ne l'est que dans la franche révolte contre un viol possible. Ou bien contre les cadeaux, chantages cruels et compromettants de la supériorité masculine. Anne incarne l'idée victorienne de la femme mais sa rébellion, comme celle de Tess, ne la mène qu'à sa perte. Hardy a sans doute été durablement marqué par les châtiments infligés aux femmes révoltées ou adultères, par les exécutions publiques lorsqu'il était enfant, à une époque où l'amour passionnel ne pouvait, souvent, que déboucher sur le crime.

L'ambivalence propre à chacun des personnages reflète la nature d'un écrivain lui-même divisé, à la fois nostalgique du Dieu de l'enfance auquel il a cessé de croire et conscient d'un pouvoir surhumain. John Cowper Powys, qui admirait Hardy, l'avait bien décelé : « En réalité deux esprits coexistent chez Thomas Hardy : l'un infiniment triste et tendre, l'autre fantasque, espiègle et malfaisant. Dans un austère mouvement de révolte prométhéenne, le premier s'élève contre les décrets de Zeus, avec une délectation âpre et malicieuse ; le second prend délibérément part aux méchants tours par quoi les cruelles puissances de l'air s'amusent à exaspérer les humains[10]. » Cette vision du monde rejoint celle que Valéry Larbaud prêtait à Hardy dans *Les Dynastes* : « Quelle joie de nous faire paraître l'enthousiasme ridicule et le courage, méprisable, et de nous donner à entendre que toute la vie de l'humanité n'est qu'une mauvaise comédie composée par un mauvais auteur ! »

Oui, 1880, année du *Trompette-Major,* est une année cruciale. Bientôt, il apprendra la mort de sa cousine aimée. Bientôt, les liens avec sa femme vont se relâcher : ils se ternissent déjà. La mort de l'amour les ronge avec la nostalgie d'autres vies. Mais il est trop tard. Le trompette-major, quittant le Dorset à la rencontre du destin, se murmurait sans doute ces vers que Hardy composa dans *In Tenebris,* qui ont tant frappé Charles Du Bos qu'il a inventé un mot pour en traduire la pensée : « Noire est la voûte nocturne mais la mort n'épouvantera pas celui qui, ayant épuisé tous les doutes, attend dans l'*inespoir*[11]. »

Le deuil

Même si Hardy a remporté un grand succès avec *Le Trompette-Major,* l'époque où il écrit *Two on a Tower* (*À la lumière des étoiles*)[12] reste troublée : sa femme, Emma, la belle cavalière rencontrée en Cornouailles, s'est alourdie ; elle boite ; elle fait des scènes de jalousie. Hardy est abattu et triste, terrifié par l'« hydre » – la ville de Londres –, insomniaque. Visionnaire, il croit que le parquet de sa chambre d'hôtel est teinté de sang – scène qui lui inspirera sans doute un des moments les plus puissants de *Tess d'Urberville*. Contemplant un Christ en croix, il a l'impression de le voir se tordre de souffrance. (Il ne peut toujours pas oublier le suicide de son ami Horace Moule.) Atteint de la maladie de la pierre, il décide de se reposer, de se faire soigner par un médecin dont la passion est l'astronomie. Tout se conjugue pour la naissance d'un roman permettant d'oublier les misères du corps et de chanter – pour reprendre l'expression de Shelley – « le désir du papillon de nuit pour l'étoile ».

En 1882, Thomas Hardy est à mi-chemin de sa carrière littéraire. Son premier roman *Desperate Remedies* (*Remèdes désespérés*)[13] date d'il y a onze ans. L'écrivain n'ignore plus à quel point tout ce qu'il écrit, ou écrira, choquera l'opinion. Il a déjà montré sa puissance créatrice avec deux de ses chefs-d'œuvre *Far from the Madding Crowd* (*Loin de la foule déchaînée*) et *The Return of the Native* (*Le Retour au pays natal*), mais ses plus grandes œuvres sont encore à venir. Depuis la parution de son premier livre, la même certitude ne cesse de le hanter : la toute-puissance du hasard et l'ironie des événements. C'est pourquoi il notera dans son journal son intention d'écrire l'histoire d'une femme délaissée par son mari et qui, enfin rentrée en grâce, meurt aussitôt de joie. Le germe d'un roman commence ainsi à se développer, d'autant plus qu'en juin 1881 il se passionne pour l'astronomie et observe avec sa femme le passage d'une comète. Ce jeu des astres le captive et ce monde stellaire, auprès duquel les pauvres humains paraissent de misérables fourmis, lui semble un champ romanesque idéal pour développer les thèmes qui le hantent. Il précise alors, dans son journal, la nécessité pour l'artiste de suivre obstinément un même dessin dans le tapis, dessin qui dépend de sa propre vision. Naît la trame de son roman *À la lumière des étoiles* dans lequel, malgré son apparente légèreté (si on compare ce roman à d'autres textes plus évidemment « pessimistes »), on trouve déjà les drames qui tissent ses admirables nouvelles de 1894. Car si tout rapproche du beau Swithin la belle Lady Viviette, la (peut-être) veuve de vingt-neuf ans qui devient la protectrice, la muse et la madone de ce jeune savant, futur astronome, très vite, tout les sépare. La culpabilité et le social d'abord. Le mari de Viviette, Sir Blount, disparu en Afrique depuis des années, est-il vraiment mort ? Le doute plane. Et, avec lui, se déchaînent les jalousies, les curiosités, les langues. L'ombre du mari ne cesse de planer comme celui du premier époux dans *L'Homme démasqué*. Mais ce n'est pas un beau jeune homme qui hante ici l'héroïne, c'est un époux cruel et dominateur, chasseur de lions, donné pour mort. Viviette veut se croire libre ; elle ne le sera que bien plus tard. Et puis, elle est de haute condition ; socialement, c'est déchoir que d'épouser un jeune chercheur de vingt ans que rien n'a rendu célèbre. Même si, loin de ces tracas sordides – à l'ombre, pourtant, de leur menace –, Swithin et Lady Viviette sont seuls comme Adam et Ève projetés dans un monde stellaire tellement plus pur que le nôtre, sous la brûlure intime et chaste des étoiles, même s'ils sont ignorants de l'envie et des intrigues qu'ils suscitent, il y a, plus grave encore, cette inégalité inscrite dans leur corps qui est celle de l'âge. Les dix années qui les séparent n'ont guère d'importance au moment où l'amour les transfigure, donnant à la jeune femme une jeunesse accrue et au jeune homme un rayonnement nouveau. Mais le temps guette, gencives découvertes. Le ver est dans le fruit. À peine se sont-ils mariés en secret que cette conscience des années vécues par Viviette en avance sur Swithin inspire à la jeune femme méfiance d'elle-même et recul devant l'amour.

Quant aux astres, dont l'éclat rend dérisoire nos pauvres lumières terrestres, leur pureté sans cesse observée au télescope par Swithin devrait créer, pour les amants, une contrée magique où l'illusion pourrait, enfin, se confondre avec le réel puisque leur lumineux *ailleurs* devient ici le but même de leur vie. Il n'en est rien. L'étude de la beauté exige l'indépendance financière : il n'est guère possible de capter le mouvement des comètes du fond d'un taudis. Il faut tant de choses à Swithin. Une tour, un télescope, un observatoire privé, un cristal au verre puissant, précis, si bien que l'astronomie (ce merveilleux symbole du détachement où l'âme pourrait voguer) devient, ironiquement, la science qui sépare. Swithin ne pourra continuer ses recherches que grâce à la fortune d'un vieil oncle misogyne qui pose ses conditions : aucun mariage avant l'âge de vingt-cinq ans. Tandis que le jeune homme part à la recherche du savoir, l'absence travaille contre lui et, plus cruellement encore, les années œuvrent contre Viviette. Enceinte et seule, elle est contrainte au remariage avec l'évêque de Melchester. Grandeur ; misère affective qui vont permettre à Hardy de revenir à ses thèmes favoris : l'union légale confrontée au mariage d'amour tenu secret, avec la conception d'un enfant dans le plaisir, dont il faut dissimuler l'origine véritable. Les horreurs de la révélation seront pourtant évitées à l'évêque. Il meurt tout de suite après son mariage, ayant rempli sa fonction de figurant, et le charme de l'enfant ne sera pas abîmé par cette célèbre image paternelle, pompeuse et fugace. On imagine les réactions victoriennes devant cette utilisation iconoclaste d'une haute figure du clergé.

Malgré tant de vicissitudes, d'interdits, de sacrifices, il règne dans ce roman une atmosphère idyllique et diaphane qui a l'éclat lustral du diamant. C'est que, pour une fois, Hardy évite à ses personnages ces lentes agonies progressives dont il est l'impitoyable analyste. L'illusion de l'amour reste intacte du fait d'être frappée en plein cœur. Il vaut mieux pour Viviette « mourir de joie » par amour pour Swithin que mourir de déception et d'usure. Mais cette mort, libératrice d'un futur qui eût été cruel, ne fait que souligner la différence des sorts qui attendent l'homme et la femme. Adonné à sa passion éthérée des étoiles, Swithin est loin d'éprouver les mêmes affres passionnées que sa bien-aimée. Son corps n'a pas dû s'humilier dans cette sorte de prostitution légale exigée par la loi conjugale dont Hardy fut toujours l'ardent détracteur. Le corps de Viviette, en revanche, a été livré par deux fois à deux hommes qu'elle n'a pas aimés : d'abord au violent Sir Blount, ensuite au vieil évêque de Melchester.

De plus, l'âme et les sens de Swithin ne sont pas ravagés de désirs, car l'espace stellaire a épuré chez lui toute hantise charnelle et projeté son humaine nature là où elle peut planer, hors d'atteinte. L'avenir ne l'attend pas au tournant pour lui jouer de sinistres tours : n'a-t-il pas dix ans de moins que Viviette ? S'il est permis à l'évêque plus que mûr d'épouser une jeune femme, il est défendu à cette même femme de prendre un amant de quelques années son cadet. Tout se passe comme si, conscient de l'injustice de ce tabou à la fois banal et meurtrier pour la femme, Hardy avait voulu en éviter les conséquences. Il aime trop le personnage de Viviette pour lui faire subir les injustices d'un code victorien rigide, ses humiliations et ses déchéances : il préfère la tuer d'un coup.

Hardy connaissait bien ce drame des durées différentes. Il lui était arrivé de revoir une femme cultivée, une certaine Mrs Martin qu'il avait adorée pendant l'enfance – de la revoir tout à coup, mûrie, différente, tandis qu'il n'avait cessé de projeter sur elle des pensées érotiques. Mrs Martin, à la fois image maternelle, enveloppante, charnelle, intellectuelle (puisqu'elle fut directrice de l'école où le petit Hardy s'ouvrait au monde), avait suscité chez son jeune élève des sentiments presque amoureux. L'initiatrice lui fit découvrir deux plaisirs : celui d'entendre le sensuel frou-frou de sa robe dont il parlera encore dans sa vieillesse (et l'on pense à Viviette tandis qu'elle monte en longue robe l'escalier de l'observatoire) ; celui de pénétrer dans l'univers des connaissances (et l'on pense à l'espace stellaire auquel, par ses générosités, Viviette permet à Swithin d'avoir accès).

Mais le tragique destin de l'initiatrice n'est-il pas d'être aussi celle par qui l'homme apprend la durée et la mort ? Une des ironies les plus cinglantes du roman est que Swithin, adonné à l'étude des espaces et des temps infinis propres à la vie des astres, reste sensible à ces quelques années du temps humain qui le séparent de Lady Viviette. Swithin : le rêveur, le chercheur, le créateur, pour qui les corps comptent moins que les astres, ce qui engendre précisément son contraire – la dégradation du corps compte plus que la stabilité stellaire. Il y a beaucoup de Hardy l'écrivain dans le jeune astronome Swithin. N'a-t-il pas toujours été plus sensible à l'*image* de la femme qu'a la femme elle-même ? Image à laquelle la mort confère une grandeur indélébile que la vie ne saurait effacer ? Le vécu : tout de suite trop proche, trop connu. Ce qu'il désire doit être hors d'atteinte, cristallisé. On se souvient du poème que Hardy écrivit pour Tryphena Sparks, sa cousine autrefois aimée, lorsqu'elle mourut en 1890 pour se trouver embaumée par le souvenir :

Pensées sur Phena en apprenant sa mort

Je ne possède pas une ligne écrite de sa main
Ni un seul de ses cheveux
Ni aucun signe de la Dame qu'elle est devenue
Qui me permette de l'imaginer dans sa demeure.

En vain je m'efforce à l'aveugle
D'incarner mon trésor perdu...
Ainsi comme relique je ne possède que l'ombre
De celle qui fut autrefois
Mais le meilleur d'elle est engrangé
Dans ma pensée
Et il vaut peut-être mieux
Que je ne possède pas une ligne écrite de sa main
Ni un seul de ses cheveux,

Ni aucun signe de la Dame qu'elle est devenue,
Qui me permette de l'imaginer
Dans sa demeure[14].

Cruelle mais féconde coupure de la mort ! À peine son épouse Emma est-elle morte en 1912 que Hardy, pris de remords devant les failles et les indifférences qui les ont séparés en ces dernières années, part en quête de son Image de jeune épousée là où il l'avait connue pour la première fois. Ce qu'il cherche dans ce voyage posthume avec celle qu'il courtisa autrefois, ce n'est pas Emma, mais l'oubli du deuxième visage – celui, dégradé, de l'amour défunt. La mort effacera cette affreuse superposition. Elle seule permettra l'apparition du visage premier. Et Hardy, tout comme Swithin, est l'homme de tels pèlerinages.

Ainsi tout est inscrit, indélébile, comme dans cette anecdote rapportée par Hardy dans son *Autobiographie* concernant une villageoise du Dorset sur le point de se marier : « Son amoureux précédent lui avait fait cadeau de sa montre – sa propre montre – juste avant que leur mariage n'ait été rendu impossible par sa mort subite. Le matin de son mariage avec son second fiancé, elle entendit la montre se remettre à marcher dans son écrin quoiqu'elle ne l'eût pas remontée depuis des années. » Ce qui compte, c'est ce qui a eu lieu *avant*. Le futur ne peut pas lutter contre l'antérieur : les visages de la mère, de Mrs Martin, de la cousine Tryphena Sparks, la découverte de l'amour avec Emma en Cornouailles. Autant dire qu'il n'y a pas d'avenir. Tout ne peut que se dégrader. On se souvient des titres des chapitres que Hardy donna à cette partie du roman où, dans *The Well-Beloved* (*La Bien-Aimée*)[15], son héros Pierston est pourtant dans la force de l'âge :

I. L'ancienne image reparaît
II. Elle se rapproche et le comble
III. Elle devient un fantôme inaccessible
IV. Elle menace de se réincarner
V. La résurrection
VI. Le passé brille dans le présent
VII. Le présent s'affirme
VIII. Il affronte son âme
IX. Rapprochements
X. Elle risque de disparaître encore
XI. L'image persiste
XII. Un mur les sépare
XIII. Elle se dérobe

Titres qui, de manière tragique, concentrent cette vérité : tout mouvement est un retour. Il n'y a pas de renaissance possible, tout au moins pour la femme réduite au rôle d'Image.

Tel est le destin amèrement clos réservé à la femme. En revanche, la mort de Viviette permet à Swithin d'envisager un long avenir dénué de remords. Qu'elle soit morte de joie arrange tout. Mais un véritable écrivain n'est-il pas guetté par la prémonition : ce qu'il crée n'est-il pas déjà en lui-même ? Et ce qu'il vit n'est-il pas influencé par ce qu'il a créé ? Rêvé en 1881, écrit et publié en 1882, *À la lumière des étoiles* prévoit de manière impressionnante la situation de Hardy en 1912 lorsque sa première femme solitaire, malade, déprimée, prise de coliques néphrétiques, menacée d'une opération qu'elle refusait, décline et meurt. Hardy était alors, depuis longtemps, amoureux de Florence Dugdale qu'il avait sournoisement installée dans sa maison de Dorchester et qui devint sa secrétaire. Ce second mariage débute sous le sceau de la culpabilité. Condition du nouveau bonheur : Florence doit devenir le scribe du passé. L'auteur lui dicte une autobiographie qui concerne surtout sa vie avec la défunte. Il fait le tri dans son « matériel » (carnets, notes écrites dans le passé, notes prises aussi par Emma). Il modifie certains poèmes (ainsi un vers qui décrit Emma montant péniblement l'escalier), ce qui prouve chez le mari la perception lucide de la maladie de sa femme, même s'il avait choisi, la plupart du temps, de l'ignorer. Aussi Florence, la deuxième femme, est-elle comme annulée par le remords de Hardy. Elle qui voulait écrire des contes d'enfant, doit prendre la plume sous la dictée de son époux et faire revivre le souvenir de l'épouse. Processus de punition et d'autopunition qui permettra à la sérénité de s'établir enfin. Aussi la mort de Viviette est-elle plus révélatrice qu'on ne le pense : cette fin romanesque correspond à une sorte d'assassinat destiné à délivrer Swithin des déchirements du repentir.

Dans un de ses derniers poèmes, Hardy écrivait :

> *Love is a terrible thing, sweet for a pace*
> *And then all mourning, mourning...*
> « L'amour est chose terrible, il dure l'espace d'un instant
> Puis c'est le deuil, et encore le deuil... »

Serait-ce pour oublier combien l'amour ne dure qu'un instant que Hardy a choisi comme décor pour les deux amants la pérennité des espaces célestes ? Et pour éviter à son héros l'expérience du deuil qu'*À la lumière des étoiles* masque, sous une idylle, le meurtre d'une femme ?

Hermann Hesse

Lorsque j'ai écrit cet article pour La Quinzaine littéraire – *un des premiers* –, j'étais plus préoccupée par le thème maternel, par celui du paradis perdu et retrouvé, que je ne le suis à présent. Peut-être avais-je encore l'illusion de pouvoir rejoindre le paradis sur terre ? J'étais alors attachée à débusquer l'inceste dans toutes mes lectures, ainsi que l'androgynie victorieuse de la séparation des sexes. Bref, j'étais surtout préoccupée du trajet à parcourir pour forger son identité, par les désordres qu'il faut traverser pour trouver, comme dirait Jean Rostand, sa propre vérité. Au fond, j'étais encore au sein du chaos. Je manquais du recul nécessaire. J'étais sans cesse en marche.

Ma relecture d'aujourd'hui s'est précisée. Ce qui me frappe surtout à présent, c'est l'ambiguïté totale que ce roman révèle. Car c'est un des grands romans de la dualité. Le « signe de Caïn » me paraît moins le signe qui différencie un être des autres que le signe de ceux qui doivent traverser des régions obscures pour devenir, pour être, tout en conservant la nostalgie du paradis perdu. C'est l'inévitable *ambivalence, en fin de compte, que j'ai essayé de traquer dans tous mes livres : l'ambiguïté du deuil ; la duplicité des êtres ; la double interprétation des symboles. Ainsi du symbole de l'arbre de Jessé, de Jessé couché dans le vitrail de Chartres. Je ne savais pas, à mon arrivée dans cette ville-racine, s'il était transpercé par le glaive sanglant du passé ou s'il donnait naissance à l'avenir. Tout comme le signe de Caïn est, pour Hesse, tantôt une image infamante de meurtre, tantôt un signe de distinction, l'étape d'une libération. Le « héros » du livre, Emile Sinclair, est tantôt sollicité par son démon Franz Kromer, qui le force à se dégrader, tantôt par son « daimon », l'image idéale de Demian qui le tire vers le haut. C'est un livre sur la double postulation si bien décrite par Baudelaire. Sur la double vie vécue pour sortir de l'adolescence. « Je fis comme tous. Je menai la double existence de l'enfant qui n'est plus un enfant », dit Sinclair. Et la phrase qui me frappe le plus à présent est celle-ci : « L'oiseau cherche à se dégager de l'œuf. L'œuf est le monde. Celui qui veut naître doit détruire un monde. » Naître signifie détruire ce qui nous mutile. Le roman est aussi une magistrale étude de la peur. Peur d'être déterminé à la naissance, peur d'aimer, peur de commettre l'acte sexuel inquiétant comme le crime, peur du père chez Sinclair, du voyou qui lui révèle son ambiguïté, peur, en somme, de sa propre peur en laquelle réside une lâcheté profonde, viscérale, qu'il faut apprendre à vaincre.*

Le signe de Caïn[1]

C'est à travers le mal que Sinclair – pseudonyme que Hesse adopta pour publier son roman –, le « héros » de *Demian*[2], prend conscience de lui-même, à travers la peur et le vol, dans la savante torture psychologique exercée sur lui par un aîné qui l'initie aux dédales du mensonge. Ici, comme souvent chez Hesse, la connaissance de soi passe par la souffrance : pour le peintre Veraguth dans *Rosshalde*[3], elle n'avait lieu qu'après l'échec de son mariage et la mort de son fils. Pour Sinclair : après la servitude de l'emprise exercée par son tortionnaire Kromer. Quant au narrateur du *Voyage en Orient*[4], l'« Ordre » portera sur lui le verdict suivant : « L'accusé H... n'est plus un enfant et n'est pas encore tout à fait adulte. Il est encore au cœur du désespoir. Il le traversera et accomplira par là son second noviciat. »

Mais tout de suite, dans *Demian* et comme chez Mann, se mêle, chez Sinclair, au sentiment d'être exclu de la communauté, un autre sentiment parallèle qui le transcende et le justifie : celui d'être l'élu. Le fait d'avoir volé de l'argent pour complaire à Kromer le coupe de l'enfance. Coupure ambiguë : le mal est comme une naissance. « J'apportais, raconte Sinclair, des ombres inconnues au foyer paternel [...] C'est alors qu'un sentiment nouveau se fit jour en moi, un sentiment mauvais, un sentiment aigu : je me sentis supérieur à mon père [...] C'était là une première atteinte à la sainteté du père, un premier coup porté au pilier auquel mon enfance s'était appuyée, pilier que tout homme doit détruire s'il veut devenir lui-même. »

Devenir soi-même, tel est le grand sujet de Hesse. Paradoxal car il semble impliquer le meurtre de cette hiérarchie que Hesse ne cesse de décrire. C'est à ce thème de la personnalité enfin trouvée que se rattachent toutes les idées maîtresses de l'œuvre, et même cette fascination de l'Orient qui apparaît moins comme la découverte d'un monde nouveau que comme des retrouvailles (rappelons que la mère de Hesse est née aux Indes-Orientales), et la possibilité de faire en soi ce vide où n'écouter plus que ses propres voix. Devenir soi-même, c'est ce que Hesse demande à cette psychanalyse qu'il entreprend un des premiers en 1916 avec le docteur Lang, disciple de Jung, analyse qui comportera environ soixante-dix séances. Dès cette année Hesse est familier des œuvres de Freud, Jung, Stekel et Bleuler. *Demian* est le fruit de cette expérience. Entre *Rosshalde* (1914) et *Demian* (1919) l'évolution des thèmes et des symboles dévoile la transformation de Hesse lui-même au contact de la science des profondeurs. Alors que *Rosshalde* cernait un monde stagnant, aux vertus purement négatives – la pitié y remplace l'amour, la fidélité y est forcée, l'amitié refoulée, la passion maladivement déviée en jalousie –, *Demian* révèle un univers à la cruauté franche et libératrice, où le mal est actif, où les désirs secrets trouvent à se satisfaire.

Alors que le premier tableau peint par le peintre Veraguth dans *Rosshalde* est voué au gris, presque entièrement dénué « de rouge et de jaune » et montre un pêcheur « sans vie et sans paroles », avec des poissons mourant au fond d'une barque – scène symbolique de l'âme se débattant jusqu'à la mort, prise au piège du hameçon, dans un refus de la couleur qui exprime le renoncement aux passions –, le dessin que trace *Demian* est d'une tout autre nature : « Mon image représentait un oiseau de proie, avec un bec acéré, hardi, d'épervier. Il émergeait à mi-corps d'une sphère terrestre de couleur sombre, semblable à un œuf géant dont il cherchait à se dégager. » Que Hesse ait emprunté sa vision de l'œuf terrestre à Bachofen ou aux Upanishads, il semble évident que l'image exprime ici l'envol de l'être naissant hors de l'utérus et que s'y trouvent l'or et le rouge absents de *Rosshalde*. La tête de l'oiseau est en effet jaune d'or, et l'image comme teintée de sang puisqu'elle s'accompagne tout au long du roman d'un fantasme parallèle : le leitmotiv assassin du « signe de Caïn ». Le poisson mort s'est métamorphosé en oiseau déterminé et cruel, l'enfant voleur en oiseau volant de ses propres ailes.

La cruauté parfois nécessaire des ruptures ne cesse d'éclater dans *Demian* alors qu'elle demeurait étouffée, travestie, dans *Rosshalde* : on se souvient que, si les deux tiers de ce livre décrivent un engluement conjugal, la troisième partie est consacrée à décrire la maladie mortelle du fils bien-aimé avec une telle abondance de détails, une pitié si intense, qu'elles en paraissent suspectes. Le lecteur soupçonne tout aussitôt des vœux de mort cachés chez Veraguth pressé de se libérer. Sans doute a-t-il fallu que Hesse le romancier, par cette description détaillée de la mort d'un être cher, délivre Hesse en tant qu'homme et lui permette d'affronter les décisions qui l'attendaient : le divorce, l'analyse.

De plus, *Demian* abonde en coupures (Sinclair rompt avec son père sous l'emprise de Kromer, avec Kromer grâce à l'ami idéal qu'est Demian, avec le philosophe Pistorius ; enfin il perd, retrouve, reperd Demian). Cet itinéraire spirituel ne cesse d'avancer par bonds et ruptures où se trace sans doute la nécessité douloureuse et répétée de la révolte contre la figure paternelle, qu'il s'agisse du psychanalyste ou du père véritable. Quant à Demian, il est moins un autre que celui que Sinclair voudrait devenir, comme le suggère d'ailleurs la fin du roman où il meurt, englobé, incorporé par Sinclair qui lui survit. « Je n'ai qu'à me pencher sur le sombre miroir et je vois mon image qui, maintenant, te ressemble entièrement, toi, mon ami et mon guide. » Cette coïncidence entre Demian et Sinclair est capitale pour la compréhension du roman. On s'interroge sur le choix des noms choisis par Hesse : Sinclair est bien le nom d'un ami de Hölderlin, mais si

Hesse l'a choisi à la fois comme pseudonyme d'écrivain et pour désigner le héros de son roman, n'est-ce pas qu'il reflète, pour ce lecteur de Freud, le monde manichéen où l'écrivain et son personnage se débattent tous deux, monde scindé en mal (*sin*) et en paradis sans tache (*clair*) ? De même, si Demian permet au destin de Sinclair de s'accomplir enfin, n'est-ce pas que, grâce à lui, il atteint à son propre *daimon* ?

Car une des révélations les plus importantes faites par Demian à Sinclair concerne le crime de Caïn. Du maudit qui tua son frère Abel, Demian dira qu'il avait « un je ne sais quoi d'inquiétant, une nuance en plus d'intelligence et de hardiesse dans le regard à laquelle les autres hommes n'étaient pas habitués. Cet homme possédait la puissance. Devant lui, l'on tremblait. Il avait un "signe". » Alors que pour les êtres dits normaux le signe de Caïn est une malédiction, il est pour Demian celui d'une « distinction ». On se demande si ce symbole des frères ennemis (dont les couples antagonistes sont nombreux chez Hesse) ne dissimule pas, plus profondément, le thème du parricide. Sinclair se sert en effet du signe fratricide pour triompher du père. « Oui, moi qui étais Caïn et qui portais le signe sur mon front, ne m'étais-je pas imaginé [...] que ma perversité et ma misère m'élevaient bien au-dessus de mon père, bien au-dessus des bons et des justes ? » Quant aux rêves si révélateurs de Sinclair (et Hesse n'avait pas attendu la psychanalyse pour reconnaître leur importance), ils mettent en parallèle l'histoire de Caïn et le meurtre du père : « Dans le plus terrible de ces rêves d'où je me réveillais à moitié insensé, je tentai de tuer mon père : Frantz [Kromer] aiguisa un couteau et le mit dans ma main. »

En revanche Demian, le double idéal, n'a pas de père. Bien au contraire, ce garçon superbe et solitaire n'a d'intimité qu'avec sa mère et même « il est soupçonné de vivre avec sa mère comme avec une amante ». Tout le roman qui, en surface, concerne les relations du narrateur avec des hommes, est en fait construit pour permettre la rencontre, ultime et significative, du héros avec Ève, la mère de Demian (et la mère de Caïn). La symétrie interne du livre se dégage : si Kromer permettait le meurtre du père, Demian permet l'accomplissement de l'inceste. Car c'est bien d'inceste qu'il s'agit tout au long. Aux fantasmes du « signe » et de l'« oiseau » s'ajoute celui d'un visage à demi féminin, à demi viril, qui hante Sinclair, étroitement mêlé à celui de sa propre mère dans un mélange d'attirance et de haine qui évoque le poème de Wilde *La Sphinge :* « Cette figure m'attirait à elle dans une profonde et horrible étreinte amoureuse. Volupté et terreur se mêlaient en moi. » Ce qui était impossible et interdit avec la mère véritable deviendra possible avec la mère de l'*alter ego*, car, bien sûr, Sinclair va reconnaître en Ève les traits exacts du visage qui l'obsède. Demian est bien un « roman familial » dans le sens où Freud et Rank l'entendaient, et comme Sinclair le soupçonne lui-même, qui déclare : « Il me semble avoir été en chemin ma vie entière et maintenant être arrivé à la maison. »

Le thème de l'oiseau est d'ailleurs souvent lié à la figure maternelle. Ainsi, dans *Le Jeu des perles de verre*[5] (1943), un des écrits posthumes du personnage Joseph Valet : *Le Faiseur de pluie*, met en scène de façon révélatrice un monde matriarcal de sorcières ou règne une bisaïeule omnisciente « au profil d'aigle desséché et perspicace ». La nostalgie d'une mère à la fois douce et forte est d'une importance primordiale dans l'œuvre de Hesse et ce n'est pas par hasard que le héros de *Peter Camenzind*[6] (1904) rencontre sa bien-aimée sous un tableau de Segantini, ce peintre trop tôt privé de sa mère[7]. Si le Hesse conscient ne cesse d'affirmer la virile nécessité des révoltes, il n'empêche que le Hesse romancier semble éprouver à travers ses personnages la nostalgie intense du paradis perdu de l'enfance et plonger dans une reddition à la mère grâce à des situations romanesques où se dissimule l'inceste, comme le fait John Cowper Powys avec son *Wolf Solent*, Melville avec *Pierre ou les Ambiguïtés*, et Wilde dans l'étrange roman qui lui est attribué, *Teleny*.

    À cette nostalgie de la mère semble se rattacher une quête de l'androgyne : Ève est virile, c'est une grande figure de femme « presque masculine ressemblant à son fils ». Si les femmes ont quelque chose de garçonnier, les hommes ont quelque chose de féminin : ainsi de Demian et, dans *Siddharta* (1922), de l'ami et disciple Giovinda qui apparaît sous les traits d'une femme qui allaite. La figure rêvée est donc bisexuelle. Elle allie la tendresse mâle de l'ami à la force nourricière de la mère. L'image de la femme, si elle veut subsister et non disparaître – à la façon de celle, uniquement sensuelle, de la courtisane Kamala que Hesse a soin de faire agoniser d'une piqûre de serpent comme si elle devait mourir par où elle avait péché –, doit allier en elle l'autorité maternelle et la virilité adolescente comme si cette figure composite comblait un fantasme où, malgré l'interdit, mère et fils fusionnent.

    L'androgynie s'intègre dans un autre rêve de Hesse : celui de l'unité. Ce désir, Hesse ne l'a peut-être jamais mieux exprimé que dans *Siddharta*. Après avoir goûté aux nombreux et vains plaisirs de la puissance et des sens, pris de lassitude, Siddharta est tenté de se jeter dans l'eau du fleuve pour s'apercevoir bientôt que ces eaux sont riches d'un autre enseignement que celui de la mort. Car le fleuve est divers et ininterrompu, d'une sagesse qui est celle de la complexité propre à l'être. Admettre cette complexité, telle est la connaissance ultime, une connaissance qui dépasse le savoir, qui ne peut s'apprendre ni se communiquer. On ne saurait oublier cette admirable page où Giovinda retrouve Siddharta et voit passer sur son visage des milliers d'autres vies dont l'une est celle d'un assassin. Au-dessus de tous ces visages flotte le masque parfait de Siddharta, doué du « sourire de l'unité du flot des figures ». Cette vision permet à Giovinda de réaliser deux des hantises de Hesse : l'abolition du temps, et la coïncidence entre l'Autre et le Moi.

Siddharta apparaît comme une fable exquise, une oasis dans un désert d'angoisse, un *Märchen* où le lien maudit père-fils est heureusement compensé par le lien idéal maître-disciple. Une parenthèse dans l'œuvre de Hesse car *Le Loup des steppes* (1927) va, tout au contraire, ressusciter l'ancien monde manichéen de *Demian* avec sa simpliste et crucifiante scission entre le bien et le mal. Harry Haller étouffe de devoir être homme ou loup, de n'avoir pas su réconcilier ces deux moi dont Hesse parle dans une de ses lettres, le « moi individuel » et celui qui, débordant la personne, permet de participer « à Dieu, à la vie, à l'un, à l'impersonnel et au suprapersonnel[8] ». L'erreur de Harry, qui veut à tout prix faire fusionner le « moi » avec le « ça », n'est-elle pas de croire que l'unité vient de l'un, et non du multiple ? Il souffre ainsi de tous les maux que Siddharta semblait avoir maîtrisés et, dans un retour en arrière, ramène à la surface les hantises d'antan : suicide, meurtre, homosexualité, signe de Caïn, car Haller rêve qu'il est assassin. Comme seule solution au drame de la vie se dessine l'idée que la vie est un jeu, idée qui sera le « message » essentiel de Léo dans *Le Voyage en Orient* (1932) : « Elle est justement cela, la vie, quand elle est belle et heureuse : un jeu. Naturellement, on peut faire d'elle tout autre chose, un devoir ou une lutte, ou une prison, mais elle n'en devient pas plus belle. » On voit alors combien détachement, indifférence, nécessité du jeu sont nés du besoin d'échapper à une agressivité première si forte que, libérée, elle engendre le meurtre, alors que refoulée, ligotée, elle exige l'autodestruction.

Un étrange renversement a eu lieu : en 1919, en pleine possession d'une connaissance de soi libérée, Sinclair « dévorait » l'image de Demian qui survit en lui ; en 1932, le moi se sacrifie au moi idéal qui l'englobe et le dépasse. Cette résorption est devenue un renoncement : « Il fallait », dira le narrateur, que Léo « grandisse et que je diminue ». Toute l'agressivité symbolisée par le signe de Caïn est comme retournée sur le moi, et cet amoindrissement du narrateur semble être une parabole de l'écrivain s'immolant à son œuvre : « Une petite conversation que j'avais eue avec Léo durant les jours de fête de Bremgarten me revint à l'esprit. Nous avions parlé de ce que les créations de poètes étaient généralement plus vivantes et plus réelles que leurs propres créateurs ». Et quoi de plus pathétique que la mort dérisoire du grand Magister dans *Le Jeu des perles de verre*, redevenu, de son propre choix, simple précepteur d'un jeune garçon turbulent et révolté, Tito ?

Tito n'accepte son précepteur que parce que celui-ci n'emploie pas de « grands mots », ne « parle pas de science », de vertu, d'« aristocratie de l'esprit », préoccupations pourtant minutieusement exposées tout au long des 418 pages précédentes du *Jeu* décrivant la hiérarchie sévère de l'enseignement en Castalie. Le rôle que joue le magister Valet auprès de Tito est aussi simple que celui d'une mère. Le père de Tito ne savait pas l'élever, aussi « son fils unique était en péril, lui aussi et impliqué dans les problèmes de son père ». Valet pourtant échoue dans sa mission, et sa fin dérisoire dans les eaux du lac où il s'évertue à suivre les ébats nautiques de son jeune élève a quelque chose du pathétique de *La Mort à Venise*. Le jeune Tito, responsable sans l'être de la mort du maître, est investi à nouveau et malgré lui du signe de Caïn. L'auteur ne s'identifie plus ici à celui qui tue, mais à celui qui est tué. Et l'on peut voir en Hesse un des écrivains qui a le plus subtilement décrit – pour les avoir peut-être violemment subis – le poids du refoulement et le tragique attrait des forces de régression.

Henry James

C'est Constantin Yelenski, un ami de longue date, qui devait devenir celui de Leonor Fini et de Stanislao Lepri, qui, un jour, me fit un des plus grands cadeaux jamais reçus : The Complete Tales of Henry James *dans l'édition de Leon Edel. Même s'il est à présent dans l'Autre Monde, je lui dis ici ma reconnaissance car tout ce qui comptait pour moi se trouvait imbriqué dans ces nouvelles : le goût de l'enquête ; celui du secret ; l'analyse de l'ambivalence et de l'ambiguïté ; une certaine croyance en un Ailleurs où les fantômes se confondent avec les fantasmes.*

Je fus tellement conquise que je traduisis une dizaine de nouvelles (publiées chez Maurice Nadeau) avec François Xavier Jaujard, dont la dernière nouvelle de toutes, Une tournée de visites, *où le thème du double est magistralement traité. Me frappait chez James ce discours intérieur qui serpente dans la longueur de la phrase, imitant le flux ininterrompu de notre pensée lorsque nous sommes enfin seuls, libres de laisser divaguer notre esprit. Une divagation précise d'ailleurs, bien plus construite qu'il n'y paraît. C'est le schéma de notre vie qui se déroule ainsi à travers d'infimes circonstances, mais rien n'est infime et, pour peu que l'on y prête attention, presque tout a des répercussions infinies.*

Henry James et la constellation familiale[1]

La nature de certains écrivains est trop imbriquée à celle de leur famille – ce qui n'empêche nullement leur profonde et totale solitude intime – pour que la compréhension de leur œuvre n'exige pas l'analyse des rapports interfamiliaux. Happé par une constellation où chacun des enfants occupe une place à part (mais indissociable de celle des parents, frères et sœur), Henry James, dès l'enfance, fait preuve d'un caractère marqué par elle de manière indélébile. Non seulement il y a la constitution physique du père, mutilé d'une jambe, la force de la mère, la rivalité avec William son frère aîné, la culpabilité à l'égard de ses jeunes frères promis (sacrifiés) à la vie active, et, enfin, le sentiment de protection jalouse envers la petite Alice, seule fille parmi ces garçons.

Dans l'ordre : William, Henry, Bob, Wilky, Alice forment un tout aussi complexe et orageusement uni que les quatre enfants Brontë, les sept enfants Powys, les deux fils de Jeanne et Adrien Proust. Toute étude du texte passera par celle de ces rets où les écrivains tantôt se réfugient, tantôt se débattent, se définissant par opposition ou par identification, jamais vraiment dans la clarté de l'indépendance morale. C'est pourquoi leurs lettres sont d'une importance capitale et révèlent, mieux que bien des gloses, les mailles dont est tissée la trame de l'œuvre.

De l'immense ensemble de nouvelles, de carnets, de mémoires et de romans jamesiens, désormais presque tout est accessible en français. Nous sont familiers les thèmes les plus connus : la passion du secret, la richesse des facettes d'une même personnalité, le poids du non-dit et de l'allusif, la technique des points de vue.

À ces ingrédients essentiels de la fiction, la lecture de ces lettres inédites en ajoutera d'autres moins connus mais tout aussi révélateurs. Henry James autant que Proust a suscité interprétation sur interprétation au point qu'il est difficile parfois de retrouver l'écrivain lui-même enseveli sous tant de strates où d'autres écrivains, créant ainsi de biais, ont cru débusquer leur idole jusqu'à la rendre transparente. Mais à cela James (comme Proust) résiste. Et rien ne peut remplacer sa propre voix. Rien ne permettra mieux que lettres ou carnets de suivre la trajectoire intime qui s'élabore parallèlement à l'œuvre qui se crée. Quel matériau plus précieux pour connaître Proust, Wilde ou James que leur correspondance ? Leur croyance en la multiplicité de l'identité s'accompagne de variations de ton dans les lettres, de masques, d'auto-accusations, rébellions et justifications.

Les autobiographies de Henry James[2] sont, ne l'oublions pas, une reconstitution de la vie après la vie, une construction du moi recomposé pour le lecteur et soi-même, du point de vue ultime : celui de la postérité et donc de la mort. Ce sont là des rêveries après coup, avec des scènes clefs dégagées par Henry James lui-même. Rien de plus différent des *Lettres à sa famille*[3] qui révèlent le caméléonisme quotidien, l'énervement de la dépendance financière, l'anxiété de plaire pour ne pas être jugé, les chocs subis, les fragilités de la santé, au jour le jour. Nous assistons là à la formation du « maître » avec sa dose de « temps perdu » en rapports sociaux nécessaires pour rassurer des parents désireux de voir leur fils « inséré » dans un contexte connu d'eux, ou connu à travers une célébrité « décente » – mot qui ne cesse de revenir. D'où le pathétique et continuel effort de faire état de connaissances utiles ; les ruses humiliantes pour masquer sa nature solitaire et sarcastique. L'image du « maître » nous a trop longtemps caché celle du jeune homme tâtonnant, assujetti aux servitudes de la filiation, sans argent, sans carrière, mais obstiné et décidé, très tôt, à opter pour l'art. Ces lettres dévoilent deux blocs dans la famille : malades et voyants d'une part – William et Henry ; d'autre part, celui formé dès l'adolescence par les deux frères cadets, ces deux garçons qui firent la guerre, qui durent gagner leur vie dès leur retour, dont la postérité garde si peu la trace, Wilky et Bob. La sœur Alice, elle aussi malade et visionnaire, se place entre ces deux clans, mutilée dans sa force créatrice parce qu'elle est une femme, vampirisée par les frères, sauvée par la sollicitude d'une femme (Katharine Loring) ; personnalité formidable, jugulée, pour laquelle Henry, au sein de la constellation, fut le seul à libérer des trésors de tendresse, peut-être parce qu'elle lui ressemblait. Mais il éprouva aussi des pointes d'angoisse et d'envie à la lecture de son remarquable *Journal*[4] où il ne se reconnaissait que trop. Relation intense, tout ensemble fraternelle et narcissique ; rapport ambivalent entre un écrivain et une créatrice en puissance.

Les lettres révéleront que Henry James fut jaloux de son frère scientifique pour des raisons opposées à celles qui dictèrent à Marcel Proust sa jalousie à l'égard du frère cadet Robert : William était l'aîné. Né avant lui, il en savait plus dès le début ; sa réussite visible fut plus grande : on connaît la célèbre phrase sur les « miettes de la vie » dont Henry sentait devoir se contenter. Mais William était tout aussi jaloux de son frère qui avait choisi la liberté de l'artiste et du célibat, tandis que lui-même demeura longtemps vacillant dans ses choix, contrecarré dans ses goûts (il aurait voulu devenir peintre), fragile de santé, angoissé, hanté par le monde de l'invisible. Elles révéleront ce qui est peut-être chez Henry James une des causes majeures de sa « peur » des femmes : sa dépendance financière à l'égard de sa mère, cet « arc de voûte », qui tenait les cordons de la bourse et désapprouvait un travail non rentable, une gestation non tangible d'une œuvre née de la vie intérieure et de ce que l'on appelait chez lui la « flânerie ». L'argent était un tout circulant dans la « constellation ». Henry et William en disposèrent davantage que leurs deux frères et sœur. D'où le cri étouffé mais continu de Henry : Je suis coupable ! Coupable de ne pas gagner ma vie, de ne pas participer aux frais familiaux, coupable de n'avoir pas participé à la guerre de Sécession, coupable de la mort des autres et de ma propre défaillance, coupable de mon mal au dos (lui-même un effet de sa culpabilité) qui me préserve de la guerre, du mariage, de la procréation, du sang en général.

Coupable donc d'écrire.

De regarder ; de vivre de biais. Coupable d'être moi.

Voilà ce qu'en filigrane laissent deviner les lettres souvent pathétiques où il doit sans cesse « rendre des comptes ». Elles dévoilent une immense gourmandise sensuelle en dehors du sexe (passion pour les musées, l'Italie, les tableaux) – gourmandise liée à tout jamais à la scène capitale vécue avec William, peintre de jeunes modèles masculins. Henry, également peintre à cette époque-là, avait surpris Gus Barker dans l'atelier de son frère, posant dans sa nudité de jeune modèle. Henry comprit-il alors l'ambivalence et l'emmêlement des motifs qui le poussaient vers la peinture ? Comprit-il alors combien il désirait rencontrer son frère sur le même terrain et remplir ses yeux du spectacle de la beauté adolescente masculine ? Toujours est-il que, comme tant de personnages de l'œuvre, il renonça pour triompher ailleurs, dans l'écriture. Comme chez Proust, c'est là une œuvre où règnent les transferts.

Les lettres dévoilent aussi sous leur limpidité le jeu des enfants habitués à devoir manœuvrer, faire étalage de leurs connaissances et relations pour paraître mériter la vie. De longues listes de noms, de réceptions, d'Américains vus en exil ne sont souvent là que pour mieux masquer (toujours comme du côté de chez Proust) la solitude, la révolte, le trajet obstiné et solitaire de la création. On découvrira des côtés badins, enfantins de Henry James avec des récits de prouesses physiques, d'escalades ; on entendra bien des gémissements concernant la digestion ou le dos – tout cela pour rassurer (quand il veut avoir la paix) ou inquiéter (quand il désire ne pas être jugé). Ce sont les manœuvres habituelles des adultes restés sous tutelle, fixés à l'enfance, mais qui rongent leur frein en œuvrant à leur libération.

Peut-être faut-il tenter un portrait rapide des principaux acteurs de cette correspondance où Wilky et Bob, relégués une fois pour toutes dans la vie de l'action, n'apparaissent que peu et sous forme d'une entité collective[5]. On y verra mieux à l'œuvre l'hydre familiale dont les deux jeunes frères se libérèrent en s'enrôlant dans l'armée. À leur manière, néanmoins, ils demeurent blessés : l'un d'eux, toujours de santé fragile, l'autre devenant alcoolique. Les trois autres enfants paraissent soudés par des relations reflétant la grande ombre parentale. Qui décide de l'issue de ce vampirisme ? Tout ensemble le destin, le hasard et l'hérédité qui, par ses dons, permet de combattre le destin ou qui, par sa malignité, affaiblit sa victime.

Tout d'abord, le *père* (1811-1882).

Maternel et visionnaire, sans soucis économiques, rêveur adonné à la philosophie de Swedenborg, à la fois libéral et anxieux, sans schémas précis, il promène ses enfants à travers l'Europe, leur donnant une éducation décousue, dispensée par les précepteurs et les gouvernantes. Toujours « ailleurs » il a transféré sur sa femme l'autorité qui lui fait défaut et se montre d'une inefficacité remarquable. Son image prétendument forte de *pater familias* est minée par sa santé (jambe amputée, crises de dépression), d'où la dialectique de l'ombre et de la lumière, du plus et du moins, du fort et du faible, chère à son fils Henry. Dominé par sa femme, s'évadant dans un monde « spirituel », il est égoïste et optimiste par pur désir de ne rien voir, de ne pas savoir.

La *mère* (1810-1882).

Ce ne fut pas la mère de Henry James que son père courtisa en premier mais sa sœur Catherine à laquelle il finit par renoncer pour épouser Mary Walsh, l'aînée. « Tante Kate », comme on l'appelait (que la postérité juge une célibataire sacrifiée, une « doublure » de la mère, une femme entièrement adonnée à l'éducation de ses neveux), possède pourtant un secret. Elle fut brièvement mariée à un riche propriétaire, qu'elle quitta au bout d'un an à peine pour revenir vivre au sein de la famille James. Il ne fut plus jamais question, nulle part, de cette noce à laquelle, étant donné sa date (1853), la famille dut cependant assister.

À vingt-neuf ans, Henry James Sr épousa donc Mary Walsh, jeune femme de trente ans, plus douce, moins imprévisible que Catherine. Dès le début du mariage commence une existence de déménagements incessants (pas moins de cinq la première année) et d'incertitudes. La préoccupation essentielle de Henry James Sr ne fut pas sa femme mais l'ambivalente figure de Dieu douée de ce que Powys devait appeler « l'ambiguïté maligne de la Cause première ». Pour les enfants, la mère devint le havre, le personnage central de la constellation. D'eux tous, elle préféra Henry. À vingt-six ans, celui-ci lui écrit encore combien son absence lui pèse : « Demain, sans doute, cela ira mieux, la crise sera passée ; mais d'ici là, avant d'aller me coucher, je veux être l'enfant de ma mère chérie. » Passion proustienne mais tenue plus secrète. Agacée par son fils aîné William toujours affligé de maux divers, Mary se tourne vers Henry, surnommé l'« Ange ». De là, chez lui, par triomphe de ce choix et par narcissisme, une idéalisation de la mère dotée, d'après les biographes, d'un caractère solide mais plutôt terne. Entièrement projetée dans ses enfants, privée de vie personnelle, elle incarne à merveille ce que les James attendaient d'une femme : le sacrifice, la réalisation dans le dévouement. Et non pas l'éclat, l'extravagance, l'imagination, la création, comme le démontrera l'épouvante suscitée chez Henry Jr par le *Journal* de sa sœur Alice.

Henry James n'arriva pas à temps le 29 janvier 1882 pour assister aux dernières heures de sa mère. Lorsqu'il parvint à Boston, le 30, « le pire avait déjà eu lieu ». « Il m'est impossible – écrit-il alors de Vernon Street, dans ses *Carnets*, à la date du 9 février 1882 – de commencer à dire tout ce qui, avec elle, est descendu dans la tombe. Elle était notre vie, elle était la maison, la clef de voûte. Elle nous maintenait tous unis ; sans elle, nous sommes des fétus éparpillés. Elle était patience, sagesse, maternité parfaite. » Et encore : « Sa fin m'a donné une foi passionnée en certaines choses transcendantes... Elle est parmi nous, elle est des nôtres ; l'éternel silence n'est qu'une des formes de son amour. »

William (1842-1910).

Resté chez ses parents à Quincy Street jusqu'à l'âge de trente-six ans, il se montre obsédé par sa santé, en proie à toutes sortes de malaises – douleurs dorsales, troubles de la vue, crises de dépression –, très lié à ses parents, hanté par la mutilation du père, d'où ses textes sur les amputés. Plus lent que Henry, ayant davantage besoin de mener une vie insérée dans la réussite, inquiet de voir son frère entrer si rapidement en possession de ses ambitions littéraires et d'une vie consacrée à l'art, il ne se décide que tard à embrasser une carrière scientifique. Ce que l'on attribue si souvent à Henry (pusillanimité, peur de la vie) se trouve déjà dans la nature de William. On verra que son mariage (dont il parle peu à son frère) apparaît comme un refuge où il s'engouffre loin des siens, que sa remarquable carrière est née de mille tâtonnements. Les lettres échangées avec Henry dévoilent l'étroitesse de leur lien nourri de sources contradictoires : admiration, rivalité, inquiétude, envie, menaces. Ainsi à l'automne 1887, lorsque Henry, heureux de se sentir proche de l'indépendance morale grâce à la création libératrice, écrit à son frère combien il se sent fécond, William lui répond en rabat-joie et lui présente une vision catastrophique de son avenir.

Alice (1850-1892)
Elle continua à vivre chez les siens jusqu'à l'âge de trente-quatre ans, et fut la dernière à soigner son père jusqu'à sa mort. Elle grandit, seule femme entre cinq hommes (quatre frères et un père) qui n'ont pas cessé de la brusquer et de la cajoler tour à tour, Wilky et Bob allant jusqu'à lui donner des coups de pied, le père allant jusqu'à lui accorder la permission de se suicider pourvu qu'elle ne dérange pas les autres. Elle note d'ailleurs dans son *Journal* (2 juin 1889) que Renan avait exhorté Sarah Bernhardt à mourir : « Un beau soir, mourez sur la scène subitement, dans un grand cri tragique, car la vieillesse serait trop dure pour vous[6]. » Ce n'est pas la vieillesse qui faisait peur à Alice. Mais la frustration, le manque de liberté, la peur d'écrire et la peur du sexe engendrèrent chez elle des maux divers tels que des nausées, des névralgies, des insomnies et des terreurs trop facilement résumées par les médecins d'alors sous le nom d'« hystérie » ou de « neurasthénie ». Tout était atteint chez elle : le corps, la tête et le cœur demeuré vide si ce n'est pour son frère Henry et sa compagne Katharine Loring, rencontrée en 1873, à vingt-cinq ans, qui l'aida à vivre et mourir. Déstabilisée par ses voyages forcés, ayant vu ses frères cadets partir en guerre, elle étouffa moralement au point d'avoir des fantasmes parricides.

De caractère insatisfait et jaloux, elle exigea de Miss Loring qu'elle se sacrifie complètement à elle, usant de la maladie (comme William et Henry) pour capter l'attention. Elle mourut d'un cancer du sein. Son *Journal* et son périple montrent à quel point elle ne put éviter d'être aspirée par sa famille. Tous ses « schémas » de vie le prouvent. Henry James avait projeté d'écrire une nouvelle où serait décrite une vie de deux êtres liés à jamais par leur « relation avec le passé, les parents, la mère bien-aimée, le père bien-aimé – ceux qui ont souffert avant eux et pour eux, et dont le sang coule dans leurs veines ». Il n'écrira jamais cette nouvelle : le sujet était sans doute trop brûlant. Le *Journal* d'Alice choqua Henry par sa révolte, sa liberté, sa lucidité, son style remarquable très proche du sien ; il en était extrêmement admiratif. N'empêche qu'il voulait le censurer. C'est un miracle qu'il nous soit parvenu : « Si aucune catastrophe n'intervient entre-temps (et même dans ce cas), j'aimerais *en temps et lieu* faire éditer ce volume après avoir quelque peu amputé le texte et dissimulé les noms, le livrer au monde et puis jeter au feu nos quatre copies personnelles », écrivit-il. L'autre Alice James, l'épouse de William, sous-entend que la relation Alice-Katharine était du côté de Sapho, puisque ces deux femmes partagèrent leur vie pendant tant d'années. Alice semble avoir eu un courage de vivre son « homosensualité » supérieur à celui du discret Henry.

On l'aura compris : trois enfants sur cinq se trouvèrent en proie à des maladies que nous appellerions, de nos jours, psycho-pathologiques. La maladie ou du bon usage des maladies pour gagner l'attention et l'affection. Encore un point commun avec Marcel Proust. Mais ici la névrose qui pousse à vouloir être malade, ou à fuir dans les maux, ou à rivaliser à travers eux, a gagné trois créateurs de la famille James. C'est à qui appellera le plus au secours. C'est à qui voudra provoquer le plus d'inquiétude chez la mère pour l'émouvoir, peut-être parce que le père, souvent en proie à une dépression profonde, victime comme on sait d'un accident, avait déjà gagné le tournoi de la sollicitude maternelle. Tout est ici lié, d'où, sans doute, cette phrase si longue de Henry James, si pleine de digressions, comme si l'écrivain vivait sur plusieurs plans à la fois. Il fallait qu'il restitue par l'écriture plusieurs angles de vision à la fois : celui du père hanté par le surnaturel, celui de William, le scientifique désormais célèbre, celui d'Alice et de la féminité, celui des jeunes gens sacrifiés à la guerre et au réel. La légende d'un Henry, seul malade devant un William bien portant, tombe avec tant d'autres clichés.

Les premières lettres de la correspondance se placent avant la mort de la jeune cousine de vingt-quatre ans, Minny Temple, aimée non seulement parce qu'elle incarnait le fantasme de la jeune fille idéale à épouser (pour éviter les tentations dangereuses de la disponibilité), mais parce qu'elle était courtisée par ces jeunes gens qui, tels les frères cadets, étaient destinés au travail et à la guerre. Elle se trouve donc au cœur de rivalités comme l'héroïne de *Daisy Miller*[7]. La célèbre lettre de mars 1870 sur la mort de la jeune Minny avec sa phrase : « Parmi les tristes réflexions que sa mort m'inspire, aucune ne l'est davantage que cette conscience de l'altération progressive et du renversement de nos relations : moi me traînant peu à peu depuis l'inaction, la faiblesse, la souffrance jusqu'à la force, la santé, l'espoir – elle, sombrant loin de l'éclat et de la jeunesse dans le déclin et dans la mort » est précédée par une réflexion dans la nouvelle *De Grey*[8] (1868) où le rôle des personnages se trouve inversé : « Plus elle fleurissait et prospérait, plus il déclinait et languissait. Tandis qu'elle vivait pour lui, il mourait pour elle. » À vrai dire, cette idée des vases communicants est également sous-jacente à bien des récits, comme celui écrit vers la fin de sa vie (*The Sacred Fount*[9]). Elle reflète sans doute la situation familiale qui infiltre les lettres de jeunesse de Henry James : une mère présente, au point d'être pointilleuse et obsédée par le détail des dépenses d'argent symboliques d'amour maternant ; un père absorbé par ses rêveries philosophiques

Dans la suite de sa correspondance, Henry James se détache pour devenir peu à peu lui-même, exilé volontaire loin de l'Amérique et des siens, occupé par la publication de ses premiers livres, atteint dans sa jalousie par le mariage de William – ce faux jumeau en âge mais vrai jumeau en création et liens d'amour/haine. Mais l'exil se termine par la mort des deux parents, ce qui oblige Henry à quitter l'étranger pour leur rendre les derniers hommages ; ses racines sont atteintes ; sa culpabilité ravivée. Le voici orphelin. Mais n'a-t-il pas écrit dans la lettre citée sur Minny : « ce sont les *vivants* qui meurent ; ceux qui écrivent demeurent » ?

Il lui faut encore franchir une douloureuse étape : faire le deuil de la femme qui a le plus compté dans sa vie (sa sœur Alice) ; de son amie la plus dévouée, Miss Woolson, mais tenue à distance, également écrivain, qui se suicide, par solitude, à Venise. D'où toutes ces nouvelles sur le « trop tard », les femmes confidentes, les femmes évincées, les mal-aimées. Ces deux morts violentes ont eu lieu en 1892 et réactivent les morts précédentes car les deuils se donnent toujours la main à travers les années. C'est alors peut-être que Henry prend le plus conscience du poids de la « constellation » et qu'il décrit le plus fortement des liens familiaux devenus asphyxiants. C'est alors aussi qu'il se sent le plus coupable de son refus d'aimer : on se souvient de *La Bête dans la jungle*[10] et de *L'Autel des morts*[11].

Enfin, les dernières lettres révèlent l'éclairage final d'une vie. William et Bob meurent en 1910. Henry James sera le dernier de la constellation. Malgré une grave dépression pendant laquelle il brûla nombre de papiers personnels, malgré les douleurs inévitables de l'âge, malgré le fait que son cerveau ait été atteint, livrant passage à des souvenirs anciens, sa dernière parole, si véritablement jamesienne, prononcée plusieurs jours avant sa mort, est exemplaire : « La voici, enfin, cette chose si distinguée. »

Le rideau de la vie privée

Quand Henry James écrit à Edith Wharton[12] que la mort, en 1910, de son frère William, célèbre et admiré, le blesse « comme une mutilation », non seulement il trahit combien sa propre image reste liée à celle de leur père amputé, mais il suggère aussi que, pour lui, le manque doit donner lieu à une renaissance. Ne devait-il pas, initialement, écrire la vie de William ? Pourtant, c'est la sienne qu'il tente de cerner et de ressusciter sous la forme de ces mémoires qu'il intitule *A Small Boy and Others*, traduit sous le titre *Mémoires d'un jeune garçon*. (Il reprendra son premier projet, fraternel, mais plus tard, dans ses *Notes of a Son and Brother*, son deuxième récit autobiographique, publié en 1914[13].) Ainsi toute l'ambivalence se dévoile : si les termes de garçon, de fils, de frère demeurent, pourtant commence, avec ces *Mémoires*, un rétablissement magistral.

Lorsque cette autobiographie paraît en Angleterre, il a soixante-dix ans. Tant que Henry James était déprimé (1909-1910), son frère allait bien. Quand Henry est guéri, brusquement William meurt. Que de morts désormais autour du maître qui dicte ses réminiscences à sa fidèle secrétaire, marchant en long et en large, l'entier mouvement de la phrase le possédant comme l'envahit le passé. On sait qu'en 1909, James avait détruit lettres et documents au cours de sa maladie : une mort partielle pour ainsi dire. C'est vers lui, maintenant, que la femme de William et ses enfants se tournent. C'est lui, le « chef de famille », le survivant. Et le passé afflue, se presse en lui avec un luxe inouï de détails sous lesquels il étouffe presque. Il accueille tout, il a tout thésaurisé. Il se fait tard dans la vie, il ne veut plus rien perdre et la richesse doit émerger, justement, de ce qu'il a perdu.

William James, qui fut l'un des premiers en Amérique à insister sur la psychopathologie et la psychothérapie, et la première figure forte dans la jeune existence de son frère, tança souvent son cadet, critiqua ses romans et nul doute que le souvenir de son écrasante personnalité – présente ici à travers l'évocation des rites enfantins où il demeure toujours le privilégié, le plus fort dans les jeux, le favori des gouvernantes – fût à l'origine de l'obsession, dans l'œuvre, d'un renversement où le plus faible finit par triompher des puissants. On a parlé à l'infini du « secret » dans l'œuvre jamesienne, le liant, non sans raison, à la discrétion absolue et au « flou » de sa vie sexuelle, au « mal obscur » qui lui évita de s'enrôler lors de la guerre de Sécession, ou encore au mystère à jamais enfoui des êtres aimés disparus – mais ces *Mémoires d'un jeune garçon* dévoilent combien il s'explique par le fait d'avoir été *précédé*. À cette blessure de n'avoir pas été le premier, Henry James va opposer la multitude de ses souvenirs, des trésors accumulés tandis qu'il épie et qu'il guette, qu'il s'ébahit et qu'il flâne, qu'il s'adonne à l'émerveillement et goûte les succulentes « pêches d'antan » avec une sensualité toute proustienne. Au secret de ce qui s'est passé *avant* sa naissance (les choses ne coïncident jamais dans l'œuvre jamesienne : elles viennent ou trop tôt ou trop tard) il va opposer les joies d'un collectionneur qui a plus de souvenirs que s'il avait mille ans.

Pourtant, il se défendra avec âpreté, d'avoir connu la jalousie qu'il qualifie de « vol spirituel ». Peut-être faudrait-il parler plutôt d'une identité floue, tout de suite partagée avec celle, si proche, de son frère, tout de suite ouverte, fluctuante et blessée. Les allées et venues, mentales et contrastées, entre William et Henry sont continuelles. Dans l'enfance, jamais, nous dit l'écrivain, le père ne sortait ses deux petits garçons ensemble. Tout se passe comme s'ils ne pouvaient pas être côte à côte sur la même scène, d'où une première revanche (mot capital chez James) : la photographie prise avec le père, sans William. Les *Mémoires d'un jeune garçon* trahissent à la fois un désir d'unicité (comme pour se dégager d'une ombre jumelle) et une personnalité étonnamment perméable, ouverte sur le monde des pays visités, des pensions, des institutions, des précepteurs et des gouvernantes. Plus tard dans la vie, ce double mouvement de retrait et de fusion se retrouvera lors du mariage de William auquel Henry n'a pu assister : « Puisqu'un destin malheureux nous a "divorcés" en cette circonstance unique, laisse-moi du moins en réparer la blessure par une tendre bénédiction nuptiale », écrit-il le 15 juillet 1878[14].

Ce qui résulte de cette vulnérabilité par l'autre : la perception très jeune que l'identité est sans limite précise. Contre cette menace : le contrôle. Et ce contrôle va s'exercer à travers l'écriture en puisant dans le « vieux sac de souvenirs » toujours « suspendu dans la penderie ». Ainsi la mémoire se développe à l'extrême. Henry James prétend même se ressouvenir de la colonne Vendôme alors que, nourrisson en robe flottante, on le promenait à Paris. Mémoire où abondent les villes – Albany d'abord, puis New York, Paris, Genève, Boulogne –, les noms d'oncles et de tantes, de cousins et de cousines, de familles entrevues à travers des grilles : « Je le revois flâner, béat, ce petit garçon. » Il ressent encore, tandis qu'il écrit, ce qu'il sentait alors : l'odeur de la peinture et le fer froid et poussiéreux d'une grille. Il a thésaurisé ainsi l'éblouissement des flâneries à New York ou à Paris, profitant dès l'enfance d'une éducation désordonnée, d'allées et venues plutôt chaotiques, qui ont développé sa passion de la perspective et des points de vue. « Se tourner vers le passé, c'est en fait rencontrer l'apparition et trouver dans son visage spectral le regard silencieux d'un appel. » Phrase superbe, pleinement justifiée par le moment où James écrit ce livre, où les réminiscences sont comme des apparitions fantomatiques. Et tout se passe comme si Henry débusquait ce qui se cache derrière l'obstacle (grilles, barreaux, disparitions, années écoulées) grâce à une mémoire que l'on ne saurait dire uniquement volontaire puisqu'elle est aussi vision de l'Autre Vie, de l'Autre Côté où vivent les morts.

À ces mystères s'ajoute celui d'un silence : celui gardé sur la mère. De même que J. C. Powys avait pris le parti d'occulter la sienne (et toute femme proche ou aimée) dans son *Autobiographie*, de même, ici, dans les *Mémoires d'un jeune garçon*, il n'y a presque rien sur la mère. Silence ambigu, remarque Leon Edel dans sa biographie définitive de Henry James, citant la réponse de l'écrivain à un de ses neveux qui le questionnait : « Oh ! Mon cher garçon – ce souvenir est trop sacré. » Cette sacralisation de l'essentiel a dû participer à l'élaboration d'une identité complexe, l'écrivain devenant ses personnages comme la mère avait perdu son « moi » au profit du père et des enfants – et ces personnages étant, à leur tour, fractionnés par le dédoublement. La mère disparaît ainsi dans le texte devant la pléthore d'autres images féminines formatrices et maternelles. Les images viriles, elles aussi (sauf celle de William) sont estompées : le père est indulgent, légèrement enfantin ; il y a des oncles fantomatiques, des cousins morts, des orphelins, un « époux spectral, pâle petit gentleman… » : vision insolite des adultes, qui suppose un certain cannibalisme dans les relations, accompagnée de saynètes que l'écrivain nous restitue dans l'aura d'une inquiétante étrangeté.

Celle, par exemple, où une compagne d'enfance, pour se consoler d'un chagrin, se jette dans les bras d'une tante de Henry, laquelle profère ces mots qui devinrent pour lui « ridiculement importants » : « Allons, ma chérie, ne fais pas de scène, j'insiste, ne fais pas de scène ! » Évoquant cette réponse, James se souvient-il du drame de sa sœur Alice malade, demandant à son père la « permission » de se suicider, l'obtenant à condition de disparaître sans faire d'éclat, si bien qu'elle décida aussitôt (bien « jamesienne » en cela !) de rester en vie ? Ne pas faire de scène, tout garder pour soi sur une scène privée.

De là vient sans doute que le mystère absolu, symbolique de tous les autres, s'incarne dans ce théâtre qui devait, sa vie durant, hanter Henry James, marqué, on l'apprend ici, par les premiers spectacles vus avec ses parents, par les beautés bariolées du cirque, par les actrices parisiennes. L'élément où la curiosité se concentre est, bien sûr, le rideau qui s'écarte ou demeure fermé sur ce qui sera représenté. Le jeune garçon y songe avec une « palpitation à peine supportable », se rappelant « cette façon qu'avait le supplice du rideau » de mêler à la fois défi et promesse. L'enfant attend. Il est tout anxiété, rempli d'une tension qui se confond avec la vie même, « la seule question restant de savoir si vous pourriez continuer d'exister jusque-là » – jusqu'à la révélation des secrets de la vie. Le théâtre : façon de jouer ses passions. Et puis l'autobiographie n'est-elle pas justement ce rideau qu'il s'agit de tirer avant la scène finale de la mort ? Le rideau de la vie privée dissimule aussi, sans doute, l'aventure d'une initiation. Parmi les voisins de Henry, un certain Eugène, au regard sombre, hantait son imagination. Les greniers, les combles sont ces lieux secrets où le frère aîné imaginait les comédies que les enfants représentaient, William étant toujours la vedette qui menait le jeu : « Les greniers étaient donc, en un mot, les temples respectifs de nos entreprises dramatiques. » Parfois les enfants s'y dénudaient :

« Nous grelottions, dévêtus et impatients, tant pour nos personnes que pour nos objectifs, attendant tout autant l'inspiration que les culottes. » Ainsi (et surtout ?) le corps, contemplé ou entrevu à la hâte, est-il lié à l'idée de cachette.

Un des seuls préceptes donnés aux enfants James était celui de savoir métamorphoser le quotidien, de le transformer. C'était là une injonction, nous dit l'écrivain, constamment répétée par le père : « Transformez ! Transformez ! Transformez ! » Et dans cette éducation désordonnée, sans image d'un Dieu vengeur, dans « cette splendide économie d'une éducation réelle », s'inscrit la structure de ce renversement du mal en bien qui sous-tend toute l'œuvre. Ce qui nous vaut d'admirables pages sur la fièvre et la maladie : sur son « typhus presque mortel », devenu expérience enrichissante « déterminant la limite de son état de jeune garçon ». Maladie qui lui permet d'écrire qu'il se sent « transformé », ayant acquis une nouvelle dimension : « dimension à laquelle je devais surtout penser en termes d'extension dans l'optique d'un changement fondamental, ou de pénétration active d'une partie de mon être encore peu explorée et rendue dorénavant accessible, comme si j'avais soudain forcé une porte close ». La porte forcée de la puberté menant à des métamorphoses à travers une sorte de perte de conscience.

La maladie : l'écrivain devait la connaître dans une incarnation autrement tragique – sa dépression nerveuse en 1910. Edith Wharton raconte[15], dans une lettre à son ami journaliste, Morton Fullerton, comment elle a trouvé James prostré, « épouvanté comme devant la Méduse », gémissant : « Ne plus se réveiller. Ne plus se réveiller. » Sans doute était-il alors épuisé par l'effort d'avoir réuni ses œuvres complètes et déçu par l'accueil qui leur fut réservé. Et surtout la pensée de la mort l'effleurait, le poussant à brûler les preuves tangibles de sa vie privée qui s'en allèrent en fumée. Le 25 février 1914, juste après la parution des *Mémoires d'un jeune garçon,* James remercie Edith Wharton de lui avoir envoyé *Du côté de chez Swann*. Le biographe de Proust, George Painter, cite le fait que, presque mourant, James lisait Proust : « Je lis quelque chose de long, de lassant, de délicieux, qui ressemble à ce que je fais : Proust. » Merveilleuse rencontre de deux œuvres absolument contemporaines, d'un trajet non pas semblable, mais parallèle, de deux vies données à l'art au détriment de ce qu'on appelle la vie. Proust mourant tout en rédigeant son œuvre, et James très malade, en fin de vie mais expliquant à Henry Adams la nature de son projet autobiographique : « Vous voyez, j'ai toujours des réactions en face de la vie (ou de ce que vous refusez de considérer être la vie), j'en ai le plus possible, et le livre que je vous ai envoyé en est la preuve. La cause en est sans doute que je suis un artiste, cet étrange monstre, cette finalité obstinée, cette sensibilité inextinguible. D'où les réactions – détails visibles, réminiscences, toutes ces choses qui continuent à se projeter avec des conséquences que je note et qu'il me fait plaisir (mot amer) de noter. Tout cela nécessite de créer et je *crée*. Je pense que je recommencerai à créer car cet acte participe encore de la vie[16]. »

Une étrange symétrie

On l'a vu, James appartenait à une famille « hantée ». Son père est un jour « visité » par le mal : il « voit » un être aux traits indécis tapi dans un coin de sa chambre. Au moment de cette vision, à la suite de laquelle le père s'absorbe dans Swedenborg, Henry a trois ans. William, le frère aîné, n'eut jamais de vision proprement dite, mais fut un jour « habité » par l'image d'un jeune épileptique. Pourquoi était-il lui-même et non ce jeune homme condamné ? Voilà une pensée qui ne cessa plus de torturer le philosophe, tout comme son père ne cessa de souffrir à travers sa jambe amputée.

L'angoisse de ne pas dominer sa propre personnalité, de ne pas habiter son propre corps, gagna également Henry dès sa jeunesse. Une « hallucination » selon les termes de James, un rêve inoubliable, symboliseront pour lui cette angoisse d'être terrassé, surpassé, usurpé par autrui, cauchemar dont le théâtre est la longue galerie du Louvre, la galerie d'Apollon[17]. Au terme de cette « hallucination », le jeune rêveur triomphe grâce à un acte d'« énergie salvatrice », car la figure « vaguement dessinée » qui le poursuivait recule soudain, effrayée devant l'assaut que Henry, « appuyant son épaule contre une porte violemment, irrésistiblement poussée de l'autre côté », va livrer triomphalement. En fin de compte, le rêveur enfonce la porte, met son assaillant en fuite. Ainsi, de part et d'autre d'un axe, deux forces égales et antagonistes se mesurent, s'affrontent en un effort symétrique. Si, au début du rêve, l'être indécis poursuit James le long de la galerie, la fin du rêve voit cette poursuite s'engager en sens inverse. C'est Henry qui, maintenant, parcourt victorieusement la longueur du couloir où le « fantôme » n'est plus qu'un point minuscule « au bout d'une perspective immense ».

Ce rêve est essentiel : que de fois reconnaîtra-t-on dans romans et nouvelles son mouvement égal et contraire ? Si, dans l'inconscience du songe, le rêveur triomphe ; si, dans le rêve, la symétrie confirme le rétablissement du héros, il n'en sera pas toujours de même dans l'œuvre élaborée où elle scelle le plus souvent la défaite d'un retour : innombrables seront les voleurs volés, les voyeurs surpris, les poursuivants battus, les convaincants convaincus, comme le Strether des *Ambassadeurs*[18] qui, malgré sa promesse de ramener le jeune Chad en Amérique, est au contraire converti par lui à l'Europe. Ce rêve comporte d'autres facteurs importants pour la compréhension de James : l'analogie entre son expérience et celle du père car le mal, dans les deux « hallucinations », conserve un visage flou. Mais aussi la signification que James donne au monde fantomatique. Ce rêve, où Edel voit le désir de James de vaincre ses aînés et surtout ce frère dont il est obsédé, montre combien l'imprécise figure à dominer n'est que la personnification de hantises intimes – infériorité, jalousie, besoin de rivaliser. Tout comme Stevenson, dont le Dr Jekyll traite Hyde, son double maléfique, de « fantôme infernal », James donne ce nom aux fantasmes cachés qui le torturent. L'univers spectral n'est autre que celui de l'inconscient projeté. Un va-et-vient s'établit entre l'inconscient et le conscient, mondes qui ne doivent à aucun prix empiéter l'un sur l'autre, malgré leur parallélisme, si la personnalité veut éviter de sombrer dans une épuisante scission.

Autre cas de renversement symétrique : celui de Minny, enlevée à vingt-quatre ans par la tuberculose. Minny, écrit James, est maintenant pour toujours « embaumée dans les cœurs ». Elle a cessé de n'être qu'une « flamme vacillante » pour « briller d'un éclat continu »[19]. On se souvient du cri que Gide, avec *Les Cahiers d'André Walter*, met, après la mort d'Emmanuèle, dans la bouche de son héros épouvanté à l'idée des « possessions charnelles » : « Elle meurt, donc il la possède. » James se sert également d'une figure géométrique pour décrire des sentiments en tout point semblables lorsque la tuberculose a tué Minny. En effet, si du vivant de la jeune fille, la peur des rivaux paralysait le timide Henry, inversement, après sa mort l'écrivain se fortifie de son souvenir. Ne l'a-t-il pas possédée à sa manière sur le plan de l'art, du souvenir et du rêve ? De même, après la disparition soudaine de sa mère en 1882, James se déclare consolé d'une « pieuse joie » à la savoir au-delà des souffrances. La mort apparaît comme une solution, le terme tant cherché d'une équation. Aussi les textes qui traitent des fantômes-fantasmes et ceux qui mettent en scène les disparus-revenants sont-ils d'une même facture : si le conscient se nourrit d'imaginations secrètes, le moi vivant s'enrichit au contact des morts.

À la disparition de Mary James, le père s'écroule. Toute sa jeunesse, Henry eut devant les yeux ce couple parental où le rapport des forces était inversé. D'où l'apparition, dès le début de l'œuvre, de certains thèmes. Celui d'une femme dominatrice ; celui d'une peur panique d'un mariage qui briserait la rassurante symétrie des plans équidistants permis par le « surnaturel », la mort et les amitiés. Peur débusquée par Edel jusque dans une suite de noms propres inscrits par James dans ses *Carnets* : *Ledward, Bedward, Deadward* où transparaît une association d'idées, linéaire et rapide comme une flèche (*mené → lit → mort*) révélatrice des tragédies qui éclatent lorsque le parallélisme est rompu[20]. Ces moments de fêlure, que l'on retrouve dans les nouvelles, survinrent dans la vie de James malgré une volonté sans cesse au service de l'équilibre. On a vu quel manque existentiel entamait l'inquiète personnalité de Henry par une continuelle confrontation de son être avec William, mais d'autres moments chocs vont mettre Henry en face d'un équilibre rompu. Ainsi, en 1894, James a passé cinquante ans. Constance Fenimore Woolson, dont il fait sa correspondante, sa confidente, son amie (tout cela en des limites soigneusement maintenues), Constance qu'il voyait régulièrement mais de façon intermittente (une visite annuelle), se jette d'une fenêtre à Venise. Mort dramatique, violente. « Acte tragique impossible à expliquer », écrira James ; suicide différant complètement des morts acceptées jusque-là ; mort où la vie crie sa frustration en une protestation désespérée ; mort qui dérange l'ordre établi des prévisions. De fait, une nouvelle reflétant ce drame, dédiée à l'indispensable harmonie, *L'Autel des morts*, exprimera la recherche d'une symétrie à partir de la culpabilité.

Admirateur de Maupassant (on se souvient du fantomatique *Horla*) ; ami de Stevenson, qui attribuait la création de nombreuses scènes de ses nouvelles à l'inspiration de *brownies*, génies œuvrant dans les cavernes du rêve ; grand lecteur de Hoffmann, James est, comme ces écrivains, hanté par le double. Chaque fraction de l'être ne doit-elle pas rester à distance de l'autre, si elle ne veut entrer avec les autres en une fracassante collision ? James ne se borne pas à constater la dualité bien connue de l'homme. Il ne s'agit pas ici de manichéisme, de puritanisme, de personnalité divisée entre le bien et le mal, etc., mais de vies alternatives et inconciliables qui doivent pourtant exister. Le problème se situe au-delà de l'éthique. Il intéresse l'esthétique et non plus la morale. Comment organiser la coexistence des vies multiples de l'artiste protéiforme, organisation pour laquelle l'enfant montre un talent instinctif ? Peut-être est-ce cette dissociation si naturelle à l'enfant qui a séduit James au point de faire de lui un des analystes les plus percutants de l'enfance. Il n'est que de comparer le calme de la petite Flora dans *Le Tour d'écrou*[21], s'adonnant tranquillement à ses jeux secrets (si évidemment sexuels), avec les frénétiques oscillations de sa gouvernante tiraillée entre le « haut » et le « bas », pour voir combien James est séduit par ce que l'univers infantile possède d'innocemment amoral.

Une même quête rapproche l'écrivain et l'enfant : celle du beau. Si tous les jugements de la petite fille dans *What Maisie Knew* (*Ce que savait Maisie*[22]) sont sensuels et esthétiques, si elle s'écrie pour défendre sa belle-mère : « Elle est merveilleusement belle et je l'aime ; je l'aime et elle est merveilleusement belle ! » ; si le Miles du *Tour d'écrou* susurre des propos suspects aux seuls camarades qui lui plaisent, cette approche du monde où la morale n'a que faire rejoint celle de l'artiste. Veut-on briser l'organisation, mélanger l'inconscient amoral et le conscient entaché de préjugés moraux, que la catastrophe surgit. Symptomatique est la rage de la petite Flora interrompue dans ses jeux par la gouvernante qui prétend la forcer à donner aux fantasmes une réalité objective. Flora réagit par un retrait (« Je ne vois rien, je ne vous aime plus »), suivi d'une perte de contrôle par où elle se trahit. Ses univers compartimentés, mais violés, se heurtent, livrant passage à un langage ordurier. Jusque-là cependant, Flora était une petite fille parfaitement « organisée », travailleuse, concentrée et polie. Ce qu'on appelle « dissimulation » n'est pour James que l'indispensable équilibre nécessaire à notre être ; aussi bien le secret de ses personnages est-il bien gardé : ce ne sont, dans les nouvelles, que coffres fermés, incendies, correspondances détruites, morts subites.

Une autre nouvelle remarquable montre la nécessité d'éviter heurts et rencontres : *Les Amis des amis*[23]. Ici une narratrice a deux amis ayant une expérience parallèle du surnaturel. Elle a « vu le fantôme de son père » ; « *lui*, le cher ami, c'était le fantôme de sa mère qu'il avait vu ». Quoique tout réunisse ces deux amis qui se ressemblent au point d'avoir les mêmes goûts, les mêmes lubies, le même charme, cependant une loi étrange les maintient séparés. Semblables à des personnages de théâtre dont l'un quitte la scène quand l'autre fait son entrée, rappelant la relation contrastée entre les frères James dont l'un profitait de l'absence de l'autre, ces deux amis sont comme « deux seaux d'un puits ». « Lorsque l'un était en haut, l'autre était en bas », ou encore : « Ils étaient en deux mots : alternatifs et incompatibles. » On serait tenté de voir dans ce petit fragment la définition de toute la quête jamesienne, qu'elle soit affective ou romanesque. La fin de la nouvelle précipite la collision. D'abord, la narratrice prétend se fiancer à l'ami : premier déséquilibre. Ensuite, deuxième erreur, il va falloir que le fiancé et l'« amie de l'amie » se rencontrent enfin. Consciente du drame qui approche, la narratrice fait frénétiquement marche arrière afin de décommander la « rencontre ». Mais, bien sûr, c'est trop tard, la machine est diaboliquement mise en marche. Les deux amis qui s'évitaient jusque-là sont à présent irrésistiblement attirés l'un vers l'autre et se rejoindront finalement dans la mort. Étrange résurrection, si on y songe, du couple parental qui avait également, de leur vivant, hanté les « amis ». La fiancée reste seule, comme il se doit d'un tiers. Le plan harmonieux du surnaturel, où les deux moitiés se sont retrouvées, se referme impitoyablement sur elle comme des vagues qui se rejoindraient, indifférentes, au-dessus d'une épave. L'erreur fatale fut l'idée du mariage, avec la « rencontre » projetée qui en découlait. Mais le mariage n'est-il pas précisément pour James la rencontre piège par excellence, exigeant un rassemblement suprême auquel tout héros jamesien a soin de se soustraire ?

Parce que les aspects fragmentaires de l'être doivent cheminer côte à côte (comme ces deux personnages de *L'Autel des morts*, silencieux et secrets, qui se rejoignent dans un culte commun des morts), on ne cesse de relever dans l'œuvre ces rencontres pièges, que ce soient les bouleversants affrontements de la petite Maisie avec ses parents dont chacun désire moralement l'arracher à l'autre, ou, moins dramatiquement, le croisement de certains groupes de personnages comme celui sur lequel s'ouvre *Les Dépouilles de Poynton*[24]. Rencontres révélatrices (d'un côté Mrs Gereth et Fleda ; de l'autre le fils de Mrs Gereth et sa fiancée Mona) où deux univers inconciliables s'entrecroisent : celui de la « niaiserie esthétique du confort » (les fiancés) ; celui des affinités secrètes et des possessions plus subtiles que celles de la chair (l'amour commun de Mrs Gereth et de Fleda pour les œuvres d'art). Si la belle demeure que se contestent ces deux groupes finit par brûler, échappant ainsi au couple qui pensait s'en rendre maître, n'est-ce pas une subtile punition pour ceux qui ont cru pouvoir confondre les plans et qui ont prétendu posséder à la fois sur le plan de la chair (le mariage d'Owen et de Mona) et sur celui de l'esprit (s'approprier la beauté des objets) ? Pour Fleda qui doit renoncer à l'amour d'Owen, ces cendres brûlantes ne sont-elles pas un feu d'artifice, celui d'une vengeance éclatante ? Le beau est consumé, hors d'atteinte. « Poynton n'est plus », mais du moins Poynton ne sera à personne. Ne vaut-il pas mieux voir brûler que voir posséder ? Si certains critiques ont discerné, dans l'incendie, la main possessive d'une mère jalouse de son fils, on peut déplacer le bout de la lorgnette et le braquer sur Fleda. Tout au long du roman, celle-ci est présentée comme un double de l'image maternelle : même passion intellectuelle, même façon de disposer du fils Owen comme d'un terrain d'expérience où affirmer son pouvoir. Le crime, si incendiaire il y a, est perpétré par Fleda dans les profondeurs inavouées de l'inconscient.

L'impitoyable intelligence de James, sans cesse aux aguets, fait songer à une araignée postée au centre de sa toile qui s'amuserait au jeu cruel de la prévoyance. Pourquoi ne pas laisser aux victimes un semblant de liberté avant de mieux les déguster ? Souvent, quand James se plaît à épuiser la gamme des possibles, lorsqu'il retourne une situation en tous sens, lorsqu'il fait suivre un mouvement qui va de l'avant d'un mouvement de recul en sens contraire, cette apparente irruption d'éléments nouveaux, à laquelle tient le plaisir du suspens, cette illusoire liberté concédée aux personnages, se révèle l'instrument du désastre. Car il importe peu que les circonstances se soient faites favorables : le protagoniste est désormais modifié, diminué, prêt à voler au secours de sa propre perte. Tel est notamment le schéma de *Washington*

Square (publié en français dans un premier temps sous le titre *L'Héritière*, puis sous celui de *Washington Square*)[25] dont l'histoire comprend trois phases :

1) Laide et timide, une héritière est convoitée par un ambitieux fort beau. Le père de l'héritière s'oppose à l'union : l'ambitieux est confirmé dans son dessein par cette opposition.

2) L'héritière révèle un courage, un tempérament insoupçonnés : elle lutte contre son père, tient bon, se détache de l'image paternelle tyrannique, s'offre au jeune homme qui, à présent, se dérobe. L'héritière a beau avoir du caractère, son père l'a (pour cela même) déshéritée. Plus elle se compromet, plus son soupirant recule jusqu'à s'éclipser tout à fait.

3) L'héritière est *libre*. Quelle affreuse ironie dans ce mot, essentielle à l'humour noir de James ! Son père est mort, mais une dérision supplémentaire gît en cette équivalence (mort = liberté), car lorsque d'autres prétendants sincèrement épris se présentent, le cœur de l'héritière est aussi mort que son tyran de père. On la voit pétrifiée pour toujours sur sa chaise, son ouvrage à la main. Ses refus ont confirmé son destin : celui d'une vieille fille.

Que de chances bafouées, que de figures soigneusement réglées, telles des chorégraphies, où l'un ne s'avance que si l'autre recule, dont la savante géométrie ne sert qu'à montrer une discordance finale ! Contrairement aux écrivains dont le regard se fixe sur le vide du néant, afin de montrer l'inanité de l'attente, James exploite à fond l'apparente richesse de la vie pour mieux révéler, après des éliminations successives, l'impasse initiale. D'où un sentiment de l'absurde qui lui est propre : tant de gâchis est pire que tout. L'ambiguïté même dont se sert James avec tant d'habileté permet une torture par l'espérance qui rend le désespoir plus grinçant. L'homme traqué par la « Bête » de la jungle aurait-il été sauvé s'il avait compris l'amour qu'il avait inspiré ? (Nous savons, bien sûr, que cet amour rédempteur ne pouvait être accepté.) Ne faut-il pas souhaiter que l'héritière épouse son coureur de dot ? (On imagine aisément les cruautés morales inouïes dont il eût été capable.)

Mais peut-être aucun personnage n'est-il entouré de plus d'alternances pour être finalement rejeté dans la solitude que celui de la petite Maisie. Maisie commence par connaître une série de plans d'existence parallèles entre lesquels elle se trouve tirée à hue et à dia : après le divorce de ses parents par un « arrangement » qui n'est qu'un « déracinement périodique », elle doit passer six mois chez l'un, puis six mois chez l'autre. Il y a donc de chaque côté de l'axe qu'est la conscience centrale de Maisie, deux parents divorcés. Deux périodes de six mois. Deux gouvernantes chargées de son éducation. Maisie elle-même crée un plan parallèle supplémentaire où elle établit un dialogue dans l'imaginaire avec sa poupée, Lisette. Puis, géométriquement les groupes s'augmentent : chaque parent épouse une autre personne. Maisie a maintenant quatre parents au lieu de deux. Le désordre grandit, la mère multiplie ses amants, le père ses aventures. Tant de couples dévoilent une carence affreuse car aucune affection n'entoure l'enfant ; les « vrais » parents l'abandonnent, il ne reste qu'un « faux » ménage de beaux-parents adultères. À travers l'enchevêtrement des situations surgit un couple dès l'abord condamné : celui que forme la pure Maisie, dans toute la fraîcheur d'une passion qui s'ignore, avec son beau-père séducteur et faible. Parfait exemple de cet ironique renversement des valeurs cher à James car où se trouve la vision véritable, l'élargissement de l'être, le véritable « savoir » : dans cette pure passion enfantine pour un être qui n'en est pas digne ? Ou dans le choix imposé à Maisie (choix moral en apparence seulement) d'un havre médiocre en la personne de Mrs Wix, gouvernante frustrée névrotiquement « fixée » sur le beau-père, taupe obscure, pourvue par James de lunettes de myope, qui veut forcer l'enfant à des bassesses qui lui répugnent : haïr et condamner ?

Au terme de cette implacable analyse, quand toutes les espérances ont été bafouées dans un monde adulte inexplicablement renversé, quand le plan du rêve – avec la trompeuse accalmie pendant laquelle Maisie et son beau-père errent dans Folkestone alors que monte la fièvre de leur attraction réciproque (une des scènes les plus admirables que James ait écrites) – et le plan du réel entrent en collision avec cet impossible amour pour le beau-père, alors, brutalement, surgit la fêlure. Peut-être James n'est-il jamais plus bouleversant qu'au moment de révéler la faille qui se creuse, une fois la symétrie rompue.

Après avoir déployé toutes les ressources de l'intelligence pour montrer quel tour de force exige le fragile équilibre de chaque vie, il abandonne brusquement ses personnages, en les confrontant avec une invivable unicité. Si la passion de Maisie est condamnée, il en est de même de celle de l'élève pour un précepteur avec qui naïvement il souhaite être « réuni pour toujours ». Illusoire espoir qui tue de joie le garçon dans *L'Élève*[26]. De même la gouvernante du *Tour d'écrou*, au moment où elle croit disputer Miles au mal, le forçant à choisir entre fantasmes et rédemption, perd tout empire sur celui qu'elle pensait arracher aux griffes du valet pervers. Ce qu'elle tient entre ses bras n'est plus qu'un corps désaffecté. C'est au moment suprême du choix impossible que James nous fait entendre le cri brûlant de ceux qui pénètrent les mondes défendus. Mais alors, du même coup, brutalement, le récit s'interrompt. Le ressort est brisé. Les cœurs ont cessé de battre.

La symétrie jamesienne se prolonge jusqu'au lecteur que nous sommes. Qu'il s'agisse des nombreux récits à suspens dans l'entonnoir desquels nous sommes aspirés, tenaillés par l'intense désir de fouiller secrets, confidences, correspondances, fautes ou vices soigneusement sauvegardés ; qu'il s'agisse d'attiser non plus seulement notre curiosité passive, mais notre complicité secrète pour une création active et personnelle du mal, au-delà de l'axe que représente la page écrite, James nous force à composer un monde symétrique à celui qu'il suggère. Rien n'est jamais avancé dans James que nous ne soyons invités à y ajouter, complétant à notre guise les conversations interrompues, les traits maléfiques restés dans le vague. Que d'horreurs non spécifiées auxquelles nos fantasmes les plus cachés peuvent donner corps ! Les faits et gestes du valet Quint restent à jamais imprécis. Les paroles de séduction prononcées par Miles, les propos ordouriers de la petite Flora, ne sont pas plus répétés que les « secrets » ne sont divulgués. Il nous est loisible, et même recommandé, de les inventer avec James. Ce visage du mal, d'autant plus inquiétant qu'il est flou, à nous d'y mettre la touche finale.

Stevenson procède de la même façon ; dès l'abord, il nous fait accepter l'horrible (Hyde piétine une fillette) mais déjà nous sommes entraînés plus loin. Déjà nous nous attendons à pire. L'indéfinissable difformité physique de Hyde n'est-elle pas la preuve qu'il est capable d'autres horreurs, et cela à l'infini ? « Il suffit de rendre assez intense la vision générale que le lecteur a du mal [...] Faites-lui penser le mal, faites qu'il y pense pour son propre compte et vous voilà débarrassé des vaines spécifications », écrit James au sujet du *Tour d'écrou*. Peut-on exclure que ce souci de laisser rêver le lecteur exprime un désir que James aurait de s'innocenter ou de se justifier grâce au miroir qu'est la participation du lecteur ? Peut-on sérieusement nier qu'il ait été aussi loin qu'il est possible d'aller ?

Avec *La Bête dans la jungle* notamment, au sujet de laquelle J.-B. Pontalis écrit dans une pénétrante étude[27] : « L'alliance, dont parle Genet, du criminel et de la sainte, ici de l'homosexuel et de la vieille fille, ces deux *exclus* condamnés à la solitude, James ne la nomme pas assurément, il nous la montre. » Ne pas nommer ; montrer (sans montrer tout à fait) ; garder intacte la force de l'implicite, en cela réside le « secret » de James. Bien plus que peur ou recul devant le scabreux des turpitudes humaines, cette retenue indique une compréhension profonde de l'art. La création se doit d'être continue, et les noces d'encre se faire entre écrivain et lecteur. James réveille en nous l'écho somnolent ou refoulé de nos propres hantises, suscitant une angoisse correspondante à la sienne. On ne dira jamais combien la gourmandise vivace du latent, la puissance évocatrice des sous-entendus, la richesse multiple de la discrétion l'emportent sur les évidences éventées. Ne pas tout dire : condition essentielle d'une œuvre si on veut qu'elle garde sa puissance de séduction et que, semblable à cette femme de *La Source sacrée*, sa jeunesse s'augmente au contact du lecteur vampirisé[28].

L'attrait du mal

Oui, le mal reste indéfini dans cette œuvre, et donc illimité. Ainsi, *Portrait of a Lady* (*Portrait de femme*)[29], une fois refermé, nous laisse en plein suspens. Qui est vraiment cette Isabel Archer dont nous avons suivi la lente descente aux Enfers à travers un mariage avilissant ? Parce qu'elle est jeune, belle, convoitée par trois prétendants, cousine d'un des personnages clefs du livre (Ralph Touchett, « voyeur » exclu et malade, dans lequel James s'est en partie projeté), Américaine et pure, il ne faudrait pas conclure à sa seule incarnation de Minny, cette jeune cousine de James, morte à vingt-quatre ans. Elle est bien plus inquiétante que cela. Si, dans ses *Carnets*, James avoue avoir laissé son héroïne « en l'air », sans l'avoir « conduite au bout de la situation[30] », cet arrêt correspond bien à sa conception de l'esthétique où il faut ménager le mystère et happer le lecteur. Établir, à travers l'écriture, une relation haletante. Ce rôle du lecteur devient d'autant plus important que le personnage d'Isabel est essentiellement ambigu. « On ne sait le tout de rien » dit James dans la préface qu'il donna, longtemps après, au *Portrait*[31].

Aussi, cette Isabel adulée par ses sœurs américaines, fraîchement débarquée en Europe, aimée du riche Warburton, convoitée par le volontaire Goodwood ; observée, avec encore plus de curiosité que d'amour, par Ralph, son cousin ; dominée par la maléfique Mme Merle ; haïe par Osmond, l'infernal mari qu'elle s'est « choisi » ; admirée par Pensée, sa petite belle-fille, innocente et brisée – n'apparaît-elle à aucun moment comme un lieu fixe, un être total, mais comme un point d'interférences et de rencontres. Elle est le personnage grâce auquel James exprime sa profonde répugnance pour l'idée d'un être existant par lui-même. « Vous ne trouverez jamais un homme ou une femme isolés : chacun de nous est un faisceau de réciprocités. Qu'est-ce que nous appelons notre personnalité ? Où commence-t-elle ? Où finit-elle ? » demande un des personnages du roman, et c'est là une des questions cruciales du livre.

Il y a bien, dans *Portrait de Femme*, un complot ourdi : Mme Merle, quarante ans, autrefois maîtresse d'Osmond, désireuse de voir son ancien amant et la petite Pensée, qu'elle a secrètement eue de lui, jouir de la fortune d'Isabel Archer, manigance ce mariage d'intérêt. Mais cette intrigue importe moins que les points de contact entre les personnages par où ils se ressemblent ou s'opposent. Dans ces intercommunications tragiques, le bonheur a peu de part. Ce que l'on gagne, ce sont des manques : malheur, désillusions, gouffres qui se creusent par où l'être s'approfondit. Ainsi l'argent légué par le père de Ralph Touchett dont Isabel va « profiter », grâce auquel elle épousera Osmond, se révèle-t-il comme un hameçon maudit. Sans cet argent, Mme Merle n'eût pas mis en marche sa machine infernale, où l'argent provenant de Ralph l'exsangue doit parvenir à Osmond le tyran. Sans elle, Isabel n'eût pas fait si mauvais usage de sa « liberté ». On le voit, tout est interférences, intermédiaires. Isabel doit son mariage à Ralph, à qui Osmond doit son argent. Isabel est l'intermédiaire entre Ralph et Osmond, établissant ainsi, entre les deux hommes, une communication par où l'exclu est lié à celui qui agit, celui qui renonce à celui qui possède.

Si la relation Ralph-Osmond est un exemple frappant des courants secrets entre les êtres si chers à James, la relation d'Isabel et de Mme Merle révèle avec une saisissante acuité le poids des influences. Poids vécu à un niveau moral, comme dans le monde de Hawthorne. James n'a pas ménagé Isabel. Il la voit telle qu'elle est, fraîche, ignorante, « impatiente de vivre », « trop peu habituée à souffrir », puérile, prenant autant de plaisir à regarder l'Angleterre qu'une enfant au Guignol. Vaniteuse et soucieuse des apparences comme le prouve cette flèche décochée : « Sa plus grande terreur était de paraître étroite d'esprit ; la seconde, qui ne lui cédait que peu, de l'être réellement. » Car l'état d'ignorance où gît Isabel, son souci de l'apparence, ne sont guère compatibles avec ses prétentions : être libre, conduire sa vie. Isabel apparaît comme une Bovary aux gourmandises intellectuelles, que les ambitions de l'esprit maintiennent loin des égarements de la chair. Tout comme Emma, elle aime les « effets romantiques ». Elle vit calfeutrée dans le romanesque, rêve de fantômes, de palais où l'on assassine. C'est justement à la confrontation entre le romanesque et le réel que James la destine.

Et ce réel prendra corps dans l'insinuante Mme Merle. Blonde, harmonieuse, éclatante de santé, sournoisement discrète ;

celle-ci aveugle Isabel qui se méprend sur elle. Elle reste, devant cette femme qui a vécu, paralysée comme l'oiseau par le serpent. C'est un des aspects les plus intéressants du roman que cette étude d'une fascination, d'une attraction presque charnelle de l'innocente pour l'initiatrice. La première entrevue des deux femmes est admirablement décrite : ce n'est pas le fleuve de la fortune qui coule entre elles, comme entre Ralph et Osmond, mais celui, insidieux, d'une musique douce jouée dans l'obscurité. Et même si Isabel choisit de voyager longuement avec sa nouvelle amie sans découvrir les liens qui l'ont autrefois unie à Osmond, cette ignorance où elle reste a sa logique. Isabel Archer est une chasseresse comme le suggère son nom. Elle aime à jouir de son empire sur les hommes, de là vient qu'elle tombe sous le charme d'une femme experte, secrète et plus âgée, à qui elle s'identifie. L'usure du cœur chez l'une, la naïveté de l'autre – « Je suis cassée, passée, fanée, vous êtes jeune, fraîche et du jour », dit la femme-vampire à la femme-proie – établissent entre elles un de ces impalpables contacts que James excelle à saisir. Surtout, Mme Merle va servir le dessein de James : punir l'inconscience devant le mal. « Malgré tout son amour de la clarté, Isabel avait une répugnance instinctive à soulever les rideaux et à fouiller les coins obscurs. »

Car le seul fait qu'Isabel reste imperméable aux caractères tout d'une pièce, trop évidemment volontaristes, logiques et purs, comme les Américains Goodwood et Henriette Stackpole, pour tomber dans les rets et les voies obliques où règne Mme Merle ; le seul fait qu'elle soit éveillée, attirée, atteinte par le mal et dédaigneuse des chemins fleuris où Warburton eût pu la promener, montre combien elle est destinée, malgré son apparente luminosité, aux noirs royaumes jamesiens. Ce qui est positif l'irrite. Seul le vide à combler l'attire. Il est intéressant de comparer sa vision de Goodwood, « trop d'une pièce » avec sa description d'Osmond, « qui ne possède ni fortune, ni titres, ni honneurs, ni domaines, ni terres, ni position, ni réputation, ni biens d'aucune sorte ». Ainsi le *trop* rebute Isabel et le dénuement d'Osmond, où elle se mire complaisamment, à cause du rôle qu'il lui permettra de jouer, l'attire. Ici encore le personnage d'Isabel rejoint la personne de James, qui n'exprime jamais mieux le plein qu'à travers la négation, l'amour qu'à travers la jalousie, l'innocence qu'à travers la perversité. Ce qui suscite la curiosité de James, ce n'est pas l'évidence, le trop, mais le refus et le manque. Seul le manque suscite la quête métaphysique ou esthétique. Seul le manque permet de créer. De même, ce qui provoque la gourmandise spirituelle d'Isabel, ce n'est pas ce que les autres apportent, mais l'empreinte qu'elle peut laisser grâce à ses propres dons. Peu de peintres de la passion ont aussi bien démonté le mécanisme d'une attraction fondée sur l'influence qu'on espère exercer : mélange de pharisaïsme, d'infériorité secrètement éprouvée et désir de puissance. Masochisme aussi, puisque l'être se réjouit d'être utilisé, mais trouve, dans l'utilisation même que l'autre fait de lui, prétexte sadique à se réserver.

On touche ici, avec la frigidité d'Isabel, son refus de se perdre, sa curiosité mais sa peur du sexe, à des traits de caractère communs à tant de personnages dans lesquels James s'est projeté. On pourrait même rattacher à ce refus de la vie la tardive apparition de l'héroïne sur la scène du roman. Craintive, réfugiée dans une virginale tour d'ivoire d'où elle refuse ses prétendants, elle est, sur le plan romanesque, lente à naître et bouger. Mais surtout le personnage de Goodwood est là pour témoigner de sa peur, comme dans cette dernière scène, superbe et sensuelle, dont la fluidité surprend après l'atmosphère générale du roman (dure et résistante comme le sont les dialogues, les pierres, les objets d'art, les palais dont il est si souvent question) – scène où Isabel est brutalement saisie au poignet par Goodwood qui l'embrasse sur la bouche. Et, habile contraste avec un torrent d'images liquides insolites chez James, cette petite phrase qui en dit long sur la froideur conjugale où elle est restée (où elle a voulu rester ?), malgré trois ans de mariage : « Elle eût dit, pour un peu, que personne ne s'était jamais trouvé si près d'elle. »

On en vient au thème central des romans et nouvelles : l'alliance du mariage et d'un « secret ». Car le lecteur peut s'étonner de ce qu'on lui cache Isabel pendant les premiers temps de son mariage. En fait, on ne la retrouve que trois ans plus tard à Rome, subtilement transformée, enfermée dans le sinistre palazzo Roccanera. Brusquement, on se souvient comment elle rêvait de palais où l'on assassine. Pourquoi ce sombre intervalle après lequel, à travers les autres personnages du roman, nous apprenons qu'elle est malheureuse, et qu'elle a perdu un enfant, si ce n'est pour entourer le mariage et l'acte sexuel d'une zone d'ombre où le lecteur est libre d'imaginer quel cataclysme fut pour cette vierge idéaliste la brutale nudité du voyage de noces ? À l'arrière-plan de toutes les œuvres de James, dissimulé, transposé, le sexuel est sans cesse présent. La révélation impitoyable de l'être que supposent le mariage et son accomplissement reste un de ses thèmes les plus lancinants. On se souvient des phrases de *L'Image dans le tapis*[32] où le narrateur s'interroge sur le mariage de ses amis : « Voilà qui m'intéressait par-dessus tout : avait-elle vu l'Idole dévoilée ? » Ou encore : « L'image dans le tapis ne se laissait-elle voir ou décrire qu'aux époux ? Aux amants unis par le lien suprême ? » Le silence total sur les premiers moments d'Isabel et d'Osmond, le manque complet d'allusions à une transformation heureuse, le palais décrit comme « une forteresse domestique qui sentait la ruine, les actes d'astuce et de violence », les adjectifs appliqués, à la fin du roman, par d'autres personnages, au mystérieux Osmond devenu « infernal », « criminel » ; la mort de l'enfant dont on ne sait rien – « elle en avait plus long à dire sur ce sujet qu'elle n'en pouvait avouer à Ralph » –, la face de la terre qui est devenue « noire » – oui, tout porte à croire que l'acte sexuel a été vécu et refusé par Isabel comme s'il avait été un viol.

James s'entend à taire l'essentiel qui, à être dévoilé, se dilue. C'est pourquoi, parvenu au bord de l'abîme, il s'arrête comme stupéfait (on se souvient des enfants qui meurent dans *Le Tour d'écrou* et *L'Élève*) et, quand Isabel jette à son mari cette phrase brûlante et glacée : « Nous ne vivons pas ensemble de façon convenable », nous soupçonnons qu'au lieu de cacher les indécences de l'érotisme, ces mots dévoilent une froideur réciproque.

Le silence, à l'ombre duquel l'essentiel grandit, se double du clair-obscur dans lequel James laisse un personnage pour ne pas l'amoindrir. On ne sait jamais où en est Isabel de sa progressive découverte d'elle-même. Quel jeu joue-t-elle vis-à-vis de Pensée, sa belle-fille ? Comment interpréter le fin travail de sape qu'elle opère auprès de Pensée pour la séparer d'un jeune homme, si ce n'est qu'obscurément elle espère que Warburton épousera la jeune fille et trouvera, par ce mariage, à se rapprocher d'elle ? Ne jouit-elle pas de son pouvoir avant de s'en effrayer ? Dans l'admirable monologue où elle s'interroge sur son échec, l'ambiguïté subsiste. Mais là où James pourrait être tenté, nous livrant la clef de son héroïne, de la tuer en la possédant par son intelligence, il lui laisse sa liberté, son inconscient, son besoin de se mentir, lui donnant jusqu'au bout, alors même qu'elle « raisonne », son maximum d'épaisseur. Isabel (se dit Isabel) « n'ignorait pas qu'elle avait trop d'idées ; elle en avait plus encore qu'Osmond ne croyait ». Mais elle ignore toujours combien ses idées proviennent d'une vision toute faite, celle d'une Bovary idéaliste qui n'a encore rien « vu ». Ce monologue marque le moment où s'ouvre dans le roman un deuxième volet : mouvement qui s'ébauche quand nous retrouvons Isabel mariée.

Deuxième volet, en effet : si, dans le premier, Isabel était constamment au premier plan, actrice et non spectatrice, une fois devenue la femme d'Osmond, elle n'est plus perçue qu'en retrait, à travers le futur mariage de Pensée. Elle en est réduite maintenant à regarder les autres, comme dans cette scène étonnante où, à surprendre Mme Merle debout aux côtés d'Osmond assis, à cause de leur laisser-aller familier, éclate leur intimité cachée. Ainsi Isabel n'a fait qu'épouser l'amant de Mme Merle. Son « choix » d'Osmond n'était que dérisoire démarche provoquée. À partir de cette vision, Isabel est comme blessée. Un processus de décomposition l'atteint et l'affine. Des mots cruels, jusque-là réservés à Mme Merle, lui sont appliqués : elle a vieilli, elle apparaît « cynique », « indifférente », lassée. Par d'imperceptibles touches, comme il le fera plus tard dans *La Source sacrée*, James suggère que quelque chose de blasé, de corrompu, d'usé a « passé » en Isabel. Peut-être est-ce là une façon nouvelle et hardie de montrer la contagion du mal si chère aux puritains. L'implacable géométrie jamesienne fait toujours succéder au mouvement qui va de l'avant (triomphes d'Isabel, foule des prétendants, luxe des refus), un mouvement de recul (choix ironique de l'amant intéressé, remplacement progressif de l'héroïne par Pensée, triomphe en sourdine de Ralph dont la mort marque l'apogée du désarroi d'Isabel). Va-et-vient dont le mouvement pendulaire justicier met en lumière à quel point la profusion engendre le gâchis. Tel est le but de James : révéler – comme dans *Washington Square* – combien les possibilités de choix se font instruments du désastre. Et si le moment culminant du roman est la mort du cousin, mort par où il entre dans une intimité sans masques avec Isabel, cette vie dans la mort correspond bien à la préoccupation cachée de James dès la naissance de l'œuvre :

célébrer le triomphe de Ralph que le lecteur aura eu le tort de juger exclu.

Ce sont les perdants qui gagnent sur le plan de l'essentiel. Le véritable partenaire d'Isabel, celui qui la révèle à elle-même, ce n'est pas l'homme qu'elle a choisi d'épouser, mais celui qui avait renoncé à elle. Rétablissement où se dévoile la volupté qu'entre toutes James a le mieux décrite : celle des vengeances spirituelles. C'est à travers Osmond qu'Isabel est punie, à travers Osmond que Ralph est vengé. Aussi bien l'univers jamesien n'est-il pas dédié à l'amour, mais à la connaissance. Si Ralph le voyeur est ainsi justifié, c'est que voir, c'est connaître, et connaître, c'est posséder.

Si *Portrait de femme* apparaît comme une chasse impitoyable aux mobiles qui peuvent induire en erreur, il dévoile également la force d'un lien maladif entre victime et bourreau. Avec son acuité habituelle, Leon Edel[33] remarque combien le *Portrait* « est une remarquable étude de deux égotismes différents : celui d'Isabel, limité et nocif seulement pour elle-même ; celui d'Osmond, cruel et destructeur pour autrui ». C'est dans le lien, précisément, entre destruction et autodestruction que réside sans doute la raison du retour d'Isabel à Osmond. Pourquoi Isabel n'a-t-elle pas quitté Osmond pour Goodwood ? Tout un faisceau de motifs concourt à justifier ce retour. D'abord, en face de Goodwood, sa peur de la sensualité et du corps. L'attraction, ensuite, qu'exerce Pensée, jeune proie à sauver ou disputer à Osmond. L'intérêt, aussi, à se voir dédoublée, revivre en Pensée, une Pensée qui n'a pas encore « choisi ». Le désir, enfin, de magnifier par le sacrifice une erreur, un quotidien sordide. Mais à un niveau plus profond, plus que la peur, le narcissisme ou la rationalisation d'un échec, on devine qu'un lien s'est mystérieusement tissé entre Isabel et Osmond pendant ces années silencieuses soustraites au lecteur.

À la fin du roman, Isabel a parcouru la distance qui la séparait de Ralph. Elle a vu le mal, et le mal l'intéresse. Sa vision s'élargit précisément au chevet du mourant, et l'on remarque que c'est au moment de cette mort qu'elle perçoit un « fantôme », un « appel ». Fantôme qu'elle avait cherché vainement du temps de sa curiosité infantile : « Le fantôme n'apparaît jamais à une personne jeune, heureuse, innocente comme vous, avait prédit Ralph. Il faut avoir souffert pour le voir, souffert durement, et s'être fait une triste expérience. »

Isabel a vu le mal. Elle est digne maintenant d'entrer dans la cohorte jamesienne des personnages qui « savent ». On peut s'interroger sur le sens de cette nouvelle connaissance. Rester auprès d'Osmond, subir le mal, n'est-ce pas lui rendre un culte de façon oblique ? Le renoncement d'Isabel au bonheur est-il purification ? On serait plutôt tenté de croire à son trouble plaisir de revoir Osmond pour lui prouver qu'elle « sait ». La voici victime, mais non plus dupe. Isabel entre dans le cercle sans issue d'un antagonisme où la proie se dresse en face du bourreau, contre lui, mais avec lui, dans un dialogue plus corrosif et durable que les éblouissements charnels. Peut-être est-ce à l'insu de James qu'Isabel accepte ce jeu pervers. N'est-elle pas le reflet d'un créateur perpétuellement occupé à célébrer, de façon souterraine, ses noces d'encre avec le diabolique ?

« Canaille d'écrivain ! »

La lecture des nouvelles et des romans de Henry James est rendue d'autant plus passionnante qu'elle sera faite à la lumière des *Carnets*[34]. Un motif reparaît souvent dans ces *Carnets* où

James notait les canevas et les « germes » de son œuvre : celui d'un jeune homme coupable cherchant à confier le tourment qui l'oppresse. En février 1994, James écrit : « Il y a une nuit ou deux m'est venue la pensée d'un jeune homme (jeune sans doute) qui a quelque chose, un chagrin secret, un sujet de trouble, un défaut à confier et ne peut trouver de réceptacle. » En avril reparaît l'obsession : le jeune homme erre « avec son fardeau de plus en plus lourd, cherchant un vase d'élection qui l'accueillera », mais, précise James, « ma petite idée, c'est qu'il ne trouvera pas ». En revanche, le jeune homme « entend soudain un appel, il rencontre une quête alors qu'il cherchait une offrande, une quête où se révèle une détresse pire que la sienne et qui éveille sa sympathie : il est guéri en faisant cela même qu'il voulait qu'on lui fît ».

Cette opposition entre la quête fiévreuse et l'offrande inutile ne cessera de hanter James. Un réseau d'associations (secret, vice, confidence, réceptacle) se précise qui plonge nombre de nouvelles dans une ombre inquiétante. D'une part, le secret exige d'être confié, l'inavouable d'être avoué, et les mots choisis : *offrande*, *vase d'élection*, disent assez combien le réceptacle doit être féminin. Mais, d'autre part, au point culminant du récit, il s'avère que la femme ne peut comprendre l'aveu ou que, si elle est entrée en sa possession, il lui faut payer ce mystère de sa vie. Femme et secret meurent ensemble. À moins que ce soit le garçon qui meurt. Un tel secret ne saurait être partagé car il perdrait l'intensité de son mystère.

Dans *Le Tour d'écrou*, il s'agit bien moins de fantômes que de fantasmes. Les hallucinations de la gouvernante (elle ne cesse de voir Quint le valet vicieux et Miss Jessel l'institutrice, morts tous deux, êtres « innommables » qui « reviennent » hanter les enfants dont elle a la charge), ces formes ectoplasmiques qu'elle projette hors d'elle comme le font les médiums, sont de sinistres créations d'ici-bas qui ne doivent rien au surnaturel. La gouvernante narratrice appartient à cette catégorie d'êtres qui seule importe à James, à cette race pénétrante qui a du vice une perception immédiate. Pour elle – comme pour le père de Henry James –, le mal est là, incarné. De là vient qu'elle est la confidente idéale, le témoin parfait qui partage les visions enfantines de Miles et de Flora, ses petits élèves, à moins qu'elle ne les ait elle-même inoculées.

On remarque que le vice s'incarne, pour chaque enfant, en un être du même sexe (Miles est « guetté » par Quint, Flora « hantée » par Miss Jessel), comme si James avait voulu suggérer, à travers les intuitions de la gouvernante, que les enfants furent naguère la proie d'une séduction homosexuelle. Comme toujours, l'empire que prend l'enfant sur l'adulte est déjà érotique. Comment savoir lequel des deux, de l'enfant ou de l'adulte, a séduit l'autre ? Le petit Miles du *Tour d'écrou* se révèle un excellent acteur, un « chérubin où il n'y avait rien à fouetter », occupé de son monde intérieur ; il charme à la fois par l'innocence de son âge et sa perversité : Miles est un enfant qui « sait ». Tout comme le jeune homme des *Carnets*, il cache un drame secret : celui d'avoir été renvoyé du collège. Si la gouvernante a trouvé un réceptacle en la femme de charge qui l'écoute déverser des « horreurs » d'une oreille trop complaisante pour être vraiment pure (personne n'est innocent dans *Le Tour d'écrou*), qu'en est-il de Miles qui étouffe sous le poids d'un mal incommunicable ? L'« offrande » de la gouvernante, son amour teinté de désir, suffiront-ils à sauver le garçon et contrebalancer l'« appel » de Quint, le valet pervers ? Sous le couvert des masques-fantômes, James traite d'un thème essentiel : celui de l'initiation. Miles, que l'on devine avoir été perverti avant l'âge de dix ans, peut-il encore choisir un objet d'amour, ou bien a-t-il, dès l'enfance, rencontré le « démon » de son destin ? L'emprise de Quint est d'autant plus explicable que toute autre image virile est absente, car le père de

Miles est mort et son tuteur est veule et démissionnaire. Les drames de l'enfance sont débusqués avec une parfaite cohérence : pour James (comme pour Freud), les dés sont tôt jetés. Si Miles meurt dans les bras d'une gouvernante qui le « laisse aller » aux puissances adverses, c'est qu'il est trop tard – leitmotiv lancinant chez James –, il est désormais la proie d'un fantasme : celui d'une image virile équivoque, et l'*offrande* de la vie ne peut annuler le triple appel de la mort (le père disparu, le tuteur absent, le valet fantomatique) où finalement triomphe la « quête » d'un vice partagé.

L'inexistence d'un père et l'acuité d'une lutte se conjuguent dans *Les Dépouilles de Poynton*. Dans ce court roman, le père est mort laissant en héritage l'admirable demeure de Poynton, à Owen, son fils unique. La mère, veuve et maîtresse femme, se trouve ainsi dépossédée. Mais en fait la mère incarne la maison ; les meubles et les richesses de Poynton ne sont que les symboles de son goût et de sa puissance. On touche ici à un thème brûlant chez James : celui des vestiges, des dépouilles. Qui va maintenant se rendre maître de la maison mère à travers l'héritier falot qui doit se marier ? L'intellectuelle Fleda, toujours en retrait, ou la réaliste Mona ? Le contraste entre les deux femmes, dont l'une symbolise l'échec, et l'autre la réussite, correspond peut-être à la vision qu'avait Henry de sa relation avec William. Henry a toujours voulu, selon ses propres termes, « entrer dans la peau de William » (pour ne pas dire prendre sa place) tant il enviait ses dons, sa souplesse, ses possibilités d'adaptation. Les dépouilles de Poynton, ces meubles choisis par le père et la mère du temps de leur vie commune, symboles de l'union parentale, sont ici livrés à la rivalité de deux femmes et il est révélateur que l'une d'elles (Fleda), au moment où elle pense l'emporter sur l'autre, ait « l'impression d'être dans les souliers du mort ».

La question que pose le roman est celle-ci : le secret de la puissance se trouve-t-il dans l'action et la rivalité, ou bien au contraire au sein du renoncement ? Posséder ou ne pas posséder, tel est le problème. Finalement, la maison mère reste interdite : elle périt, la proie des flammes. Cette alliance entre le secret, la possession et les cendres évoque une coïncidence trop insolite dans la vie de Henry James père et de Henry James fils pour qu'on ne soit pas tenté d'y trouver une raison profonde. Très jeune, le père fut atteint de graves brûlures au cours d'un incendie qui se communiqua à des écuries, brûlures qui nécessitèrent plus tard l'amputation d'une jambe. À son tour, âgé de vingt ans, appelé à éteindre le feu dans une écurie, le fils affirme avoir subi une blessure dont il reste pour toujours marqué. « Mal obscur » sur lequel, fidèle à sa manière, il insiste tout en se dérobant. S'agit-il d'une castration psychique par identification au père amputé ? D'un masochisme bienvenu permettant le retrait devant les femmes et les armes ? On peut donner plusieurs interprétations à ce mal secret, l'ambiguïté chère à James ne permettant jamais de réduire un être, un événement ou un sentiment à l'illusoire simplicité d'une seule formule.

Feu et secret vont également de pair dans un des chefs-d'œuvre de James : *Les Papiers de Jeffrey Aspern*[35]. Ici, le narrateur cherche la clef d'une personnalité qui le fascine, celle de l'écrivain Aspern. Cette clef ne serait-elle pas sa correspondance, jalousement gardée par deux vieilles filles au fond d'un palais vénitien ? On le voit, si le mot de l'énigme est aux mains des femmes, c'est pourtant d'un homme qu'il s'agit. On retrouve le schéma de l'offrande et de la quête. Mais si Poynton échappe à la possession dans les cendres, le secret d'Aspern est sauvegardé car ses lettres seront brûlées par leur propriétaire. Auparavant, nous aurons eu droit à un moment typiquement jamesien où le narrateur, obsédé par son enquête au point de vouloir forcer une serrure, est surpris la main dans le sac, voleur volé, cloué sur place par deux yeux féminins fulgurants, au cri de « Canaille d'écrivain ! ». Et certes le monde de l'écriture n'est pas plus innocent que celui de la sexualité infantile : l'un et l'autre dissimulent ce dont profondément ils vivent. Dans ces mondes fermés, James nous convie en un suspense supplémentaire entre l'auteur et nous (l'hypocrite lecteur n'est qu'un voyeur de plus) après nous avoir prévenus : « On ne sait jamais le dernier mot quand il s'agit du cœur humain. J'eus une fois l'heur d'une révélation qui m'ébahit et m'émut, sur la nature d'une personne que je croyais connaître à fond… », mais naturellement, de cette révélation nous ne saurons rien.

De l'imposteur

La dernière nouvelle de Henry James trace l'achèvement terrible d'un cercle parfait. Son titre, *A Round of Visits* (*Une tournée de visites*)[36], évoque l'idée d'une circonférence close, d'un tour d'horizon qui revient sur le moi et, de fait, si jamais James a voulu mettre en scène l'inutilité d'avoir recours à autrui, c'est bien à travers son personnage, Mark Monteith. *Une tournée de visites* date de l'année 1910, année cruciale dans la vie de l'auteur, avec l'« autodafé » déjà mentionné : il faut croire que si James a éprouvé le besoin d'ajouter à ce feu une copie d'*Une tournée de visites*, c'est que cette ultime nouvelle lui paraissait particulièrement significative, qui traite de la révélation de l'homme en tant qu'imposteur.

Rarement l'écrivain s'est aussi bien masqué, et autant livré, qu'à travers le narrateur. Tout comme lui, James est revenu à

New York, après des années, en 1904. Mark Monteith, face à cette ville devenue autre, n'a plus la consolation de visions fragmentaires, de points de vue multiples grâce auxquels s'identifier à tel ou tel personnage et s'enrichir de sa vie. La lassitude de l'écrivain se devine à travers son porte-parole : « Tout était venu immédiatement. Tout avait changé. » Mark est assailli par une vision implacable et globale. Ce n'est plus, en 1910, ce qui aurait pu être qui hante James, mais bien ce qui s'est irrémédiablement produit. Non plus les possibles, mais l'accomplissement de ce qu'il faut maintenant appeler un destin. « Tout lui avait sauté aux yeux » : Monteith est comme agressé par quelque chose qui le domine. Il cesse d'être le spectateur embusqué derrière les fenêtres de la vie, occupé à épier, à guetter, termes sans cesse utilisés au cours de l'œuvre dès le premier roman *Watch and Ward*[37] (littéralement : « regarder et garder »). Ici le regard s'est fait intérieur et James insiste sur la passivité dans laquelle Mark se trouve en revenant à une image qu'il avait déjà employée de façon saisissante : celle d'une *bête* innommable qui, dans la forêt tropicale de l'hôtel Pocahontas, attend son « maître », cette « bête dans la jungle » qui avait déjà donné son nom à la nouvelle de 1903.

Malgré les années qui les séparent, ces deux nouvelles, *La Bête dans la jungle* et *Une tournée de visites,* présentent d'éclatantes affinités. (Leon Edel en trouve déjà entre la première et un récit de Maupassant, *Promenade,* que James avait lu et annoté en 1880, ce qui confirme encore le présent rapprochement, puisque *Promenade,* tout comme *Une tournée de visites,* se termine par un suicide et l'irruption de la police.) Quant aux deux nouvelles de James, elles ont une structure, un développement étrangement similaires. Elles commencent par l'errance d'un homme perdu dans la foule – John Marcher erre dans New York comme Monteith dans l'hôtel Pocahontas ; tous deux sont entourés d'œuvres d'art modernes dont la profusion les refuse et les rebute ; tous deux retrouvent une femme qu'ils n'ont pas vue depuis longtemps mais qu'ils connaissent depuis un passé presque immémorial. À lire successivement les deux récits, il semble que James mette en scène le même héros dans une durée différente : le temps de la nostalgie est devenu le temps de la révélation.

Au temps de la nostalgie, avec *La Bête dans la jungle,* Marcher se confiait à une femme, May Bartram. Il trouvait dans cet échange une raison de vivre. Mais quelle est en réalité la teneur de cet « échange » ? May vit entièrement à travers Marcher, elle « s'absorbe » en lui, tandis que Marcher vit pour lui-même. Elle est pour lui la confidente de toute une vie, et pourtant il lui dissimule l'essentiel car il a, de toute évidence, quelque chose à cacher qui se confond avec son être même. Il ne suffit pas de dire que la teneur de son secret est le secret lui-même, que le secret n'est rien d'autre que le fait du secret : trop de détails sont là, trop d'allusions précises, qui indiquent qu'il s'agit d'un refus de la sensualité, d'une impossibilité à entraîner une femme dans la vie vécue. Ce secret, Marcher ne veut en « parler à quiconque ». Pourtant, c'est dans le fait que May le devine et le soupçonne que l'amitié qui les unit puise toute sa richesse. May est la « gardienne » du secret. Intensément lucide, elle débusque son vice (« perversion » écrit James) même quand Marcher paraît l'ignorer. Ce jeu (du point de vue de Marcher) les lie profondément. Il n'empêche que ce savoir met « le mariage hors de question » tant « une chose imprécise » attendait Marcher « cachée entre les plis et les replis des mois et des années, telle une bête fauve tapie dans la jungle. Peu importait que la Bête à l'affût dût l'abattre ou bien, au contraire, être abattue. Le fond indiscutable, c'était le bond inévitable du fauve et, conclusion indiscutable aussi, qu'un homme de cœur ne saurait se faire accompagner par une femme à la chasse au tigre ». À vrai dire, froidement dissimulée sous le pathétique, la mauvaise foi affective de Marcher est flagrante. May perçoit fort bien la différence entre ce que son ami « montre » et ce qu'il est. Il est d'un « détachement » sous-jacent qui « faisait de toute sa contenance au cours de la vie – de tout ce qui du moins peut être appelé contenance – un long acte de dissimulation ».

Que la *bête* ne bondisse pas, Marcher l'impute au destin. « Là-dedans, voyez-vous, il n'y a pas à *choisir*, à vouloir changer. Ce n'est pas une chose à quoi on *puisse* changer quoi que ce soit. » Ce qui réunit May et Marcher n'est pas la complicité dans le vice, mais la complicité dans le secret. Le secret les lie, mais le vice les sépare. Marcher « profite » de May car il avait « déjoué l'attention en imitant le commun des hommes dans le plus important des détails, qui consiste à résoudre le problème de la vie par une liaison agencée vaille que vaille avec une femme quelconque »... Qu'a-t-elle à gagner dans cette imposture dont elle est la complice ? À cette question elle répondra, ou plutôt elle ne répondra pas puisqu'elle meurt. Nous savons que ce qui la sauve – mais la perd – est son amour méconnu. Pourtant elle savait. N'avait-elle pas dit à Marcher : « Tout mon rôle à moi, c'est cela : vous aider à passer pour un homme comme les autres » ?

Il est difficile d'en dire plus sans rien dire. De mieux mettre le lecteur sur la voie de l'interprétation en lui suggérant, à travers la séduction de l'implicite, et les allusions au secret, à la Bête, à l'impossibilité du mariage, à la dissimulation, à la perversion réelle et à la fausse normalité – que Marcher est homosexuel. Avec *La Bête dans la jungle*, ce que James a admirablement rendu, c'est la complicité cruelle que l'homme exige de sa confidente féminine, c'est l'inévitable mort d'une relation dans un « échange » entre deux êtres que tout sépare, mais que l'impossible unit.

C'est bien le même thème, semble-t-il, qui hante James en 1910 dans *Une tournée de visites*. L'on ne s'étonnera guère, quand on sait à quel point l'écrivain a subi la fascination de la symétrie, d'y trouver une situation à la fois semblable et inversée. Mark Monteith est en possession de la *Bête* qui a bondi, ou plutôt c'est elle qui a pris possession de lui. Mark doit savoir, dans la solitude absolue, dominer le fauve qu'il promène avec lui. « Il eut l'impression d'être devenu le gardien d'une créature répugnante et inconnue, d'une créature sauvage, épouvantée, malheureuse, avec laquelle, à dire vrai, il n'aimait guère rester, mais dont le comportement ne le trahirait pas, ne le compromettrait pas, tant qu'il serait capable de la surveiller. » La dissimulation à travers l'écran d'une femme est remplacée par la surveillance qu'exerce la volonté. Les femmes d'*Une tournée de visites*, en effet, loin d'être attentives, patientes victimes consentantes à l'image de May Bartram, sont pleines du bruissement de leur propre vie. Elles sont – comme, la grande amie (?) de James, Edith Wharton – fortunées et dominatrices. Au contraire de May qui n'existait qu'à travers sa frustration, elles regorgent de l'illusoire richesse que donne le maniement des hommes, des salons et des situations. Le plein se fait creux. Ni Mrs Folliot ni Florence Ash n'ont même le temps d'écouter le secret de Monteith : cette bien étrange compassion qu'il éprouve pour l'escroc qui l'a exploité.

Le destin (qui a bon dos) le mène vers Newton Winch, un autre imposteur, double du premier. Ils se reconnaissent aussitôt car un même mal indéfinissable les ronge. Alors que tout sépare Mark des femmes, tout le rapproche des hommes : l'intuition immédiate, le regard, la graduelle compréhension, le cheminement souterrain des consciences.

Qu'on se rappelle le dialogue de Mark et de Winch avant la scène finale :

« – Vous voyez, j'en suis un autre.

« – Un autre comme Phil ?
« Winch ne sourcilla point :
« – Je n'en suis pas sûr, mais je soupçonne que je suis pire.
« – Vous voulez dire que vous êtes capable de… ? »
Mark n'interroge pas Winch avec précision, au contraire de Marcher qui se servait de May pour se connaître lui-même. Le lecteur sent que, tout en demeurant implicite, la vérité effleurée est essentielle. Malgré son ambiguïté, le dialogue est d'une nudité absolue ; il concerne le nœud même de l'être, alors que la relation entre May et Marcher ne concernait que le masque. Si la femme doit permettre à l'homme de dissimuler son vrai visage, l'homme est pour l'homme un révélateur. Ce parallélisme dans la divergence culmine dans les dernières scènes des deux nouvelles : abandonné par May qui meurt, Marcher est irrité de perdre un reflet essentiel pour panser les blessures de son narcissisme. En revanche, la fin d'*Une tournée de visites* irradie de compassion sensuelle, de silences complices, d'une sorte de masochisme qui rapproche Mark de celui qui a voulu l'escroquer.

Ainsi la cruauté qui cherche à réduire la femme, ou à s'en servir, dans *La Bête dans la jungle*, et l'empathie qui détruit les barrières entre hommes dans *Une tournée de visites,* mènent toutes deux à la mort. La femme ne peut être aimée : elle est renvoyée à la vie avec d'autres, ou bien à la fidélité forcée de la mort. Seule la complicité est possible entre homme et femme qui rapproche entre eux voleur et volé, voués à la révélation du déshonneur ou au secret du suicide. La personnalité est totalement divisée. D'un côté, le désir sans l'estime ; de l'autre, l'estime sans désir. Chacune de ces deux nouvelles si proches, et qui se répondent de façon si intense, traite d'un aspect de la personne scindée, et l'implacable vérité qui s'en dégage est celle de la solitude doublée de la nécessité absolue du masque. Dans la complicité, la sympathie suscitée n'est que le soulagement ou l'horreur de se retrouver. Le même conduit au même. Le cercle est sans issue. Dans la confidence et l'échange entre êtres de sexes différents, l'autre n'est perçu que dans la mesure où il s'abolit, permet à Narcisse de le torturer pour se créer une intégrité apparente. *Une tournée de visites* fait apparaître clairement ces vérités tragiques. Escroc découvert, Winch s'assume et s'accepte tel qu'il est. De la sorte, il cesse d'être escroc. Aussi l'imposteur est-il moins celui qui dérobe et s'avoue aigrefin que celui qui dissimule ce qu'il est grâce à l'amour désintéressé dont il se nourrit.

« Une vaste affaire nommée la vie »
Henry James et George Sand

Pourquoi Henry James s'est-il tant passionné pour George Sand ? Il rejoint en cela bien d'autres écrivains qui furent fascinés de ce que George n'était pas seulement une femme, mais un écrivain (non, pas une écrivaine) – je veux bien dire un homme, un garçon. Sur ce côté viril de George Sand, il n'y a qu'une seule voix. Pour Théophile Gautier, « il est impossible d'être meilleure femme et meilleur garçon à la fois » ; tous ses hôtes apprécient ce qui, en elle, n'est pas vraiment limité à la féminité de son sexe : les plaisanteries salaces ; le fait qu'elle aime les jeux, les cartes, la minéralogie, les cigares, le théâtre, les marionnettes, le jardinage ; semer, planter ; le fait qu'elle est un centre pour les génies masculins, que l'on peut rencontrer chez elle, selon les années, Musset, Chopin, Delacroix, Dumas, Fromentin et Gautier entre autres. Et enfin que, maîtresse de maison, maternelle et forte, elle porte des vêtements qui les amusent, habillée parfois en paysan, en gamin avec gilet de laine et sabots ferrés : ainsi ses amis du sexe masculin peuvent-ils, fraternellement, se retrouver en elle.

Ce côté viril, précisément, Henry James l'apprécie au point de le privilégier parce qu'il le rassure. George Sand, se dit-il, n'est pas tout à fait une femme, aussi puis-je l'accepter comme être sororal en littérature. Ce qu'il aime aussi chez elle, c'est son appétit féroce de la vie (qui correspond à sa propre curiosité masculine et mentale) et sa révolte contre les convenances, reliées au sexe féminin, qu'elle renie. Il y avait pour elle, se réjouit-il, en dehors de Nohant, « une vaste affaire nommée la vie » et cette vaste *affaire,* c'est le regard, l'analyse, l'ironie, les voyages, la liberté qui accompagnent le plus souvent le génie masculin. Ce sont là des joies qui sont d'habitude, à cette époque, incompatibles avec celles du mariage, et James admire chez Sand son refus d'un lien (dont elle n'a connu que les inconvénients) qui rejoint son propre désir farouche de rester célibataire. Il admet donc chez elle une certaine expérience hors du commun habituellement dévolue aux hommes. Aussi peut-il écrire[38] : « Avoir de la vie une connaissance de première main est, peut-on dire sommairement, le grand exploit accompli par Mme Sand en tant que femme. Elle était plus masculine que n'importe quel homme qu'elle aurait pu épouser », et encore : « C'est par pur accident que George Sand fut une femme, a pu nous dire quelqu'un qui l'a bien connue. » James insiste : « Ce qu'il y avait de féminin en elle était la qualité de son génie ; sa quantité – sa force, sa masse et son énergie – était viril, et virils étaient son tempérament et son caractère. »

Autrement dit : George Sand eût-elle été purement femme qu'elle aurait dû se contenter d'éprouver, de ressentir, mais n'eût pas été capable d'organiser cette matière vitale si complexe et si riche pour la transformer en pensée logique, en phrases et en mots. À la vérité, si elle écrit, semble-t-il penser, ce serait grâce au fait qu'elle éprouve le besoin de « libérer » sa virilité. Justement, dans sa préface à *Indiana*[39], Béatrice Didier insiste sur le fait que de nombreux passages de ce roman où « la romancière s'exprime librement au masculin », datant de l'édition de 1832, ont été supprimés par la suite – coupures regrettables car ces extraits « donnaient corps à la voix masculine du narrateur-romancier ». C'est d'ailleurs, avec la découverte de ces variantes, que l'on peut constater à quel point – contrairement à ce que suggère plus loin Henry James – George Sand travaillait très sérieusement son écriture.

Des expériences d'une George Sand ayant renoncé aux sécurités du mariage, devant élever seule ses enfants, Henry James dira donc qu'elles sont le fruit de sa volonté d'avoir de la vie « une connaissance de première main ». Mais il aura soin de distinguer cette « connaissance » du désir d'écrire et d'une vocation littéraire : c'était là une disposition qui n'avait rien d'une « envie littéraire », qui n'était « pas féminine dans le sens habituel du terme, ni délicate ni pudique »…, sans doute provoquée plus par la « fortune » (c'est-à-dire le hasard) que par la vertu. C'est ainsi que l'admiration évidente de Henry James pour George (sinon lui aurait-il consacré plusieurs essais ?) se nuance peu à peu, car cette femme qui a découvert qu'« elle savait écrire » enfile des romans comme des perles et compose des intrigues romanesques « comme les oiseaux chantent ». « Elle a du style, et tout cela de façon donnée, intuitive », admet-il, comme pour sous-entendre que, si George est douée d'une facilité extraordinaire, elle en a moins de mérite. Oui, elle écrit des romans même quand ses enfants « font des cabrioles sous la table ». Elle vit dans un état continuel d'imagination et d'inspiration, mais sous tous ces lauriers que James lui tresse, on sent poindre peu à peu le venin d'un émerveillement douloureusement teinté d'envie. Dans ce premier texte de 1877, écrit un an après la mort de la romancière, à l'allure hagiographique, au fur et à mesure qu'il envisage George Sand sous l'angle de l'écriture, c'est-à-dire en écrivain, et en écrivain femme qui a des amants, se font jour des contradictions qui trahissent une certaine ambivalence – pour ne pas dire une ambivalence certaine.

Ainsi, le talent de George serait issu d'une d'une « étonnante robustesse physique ». Il lui suffit de la nuit pour écrire et traduire ce qu'elle a vu le jour. Bref, elle est dotée de ce don éminemment enviable : celui d'être prolifique. Mais, pour notre critique, la facilité a ses limites et son ironie attaque l'œuvre de la romancière à travers sa *pensée* : « Elle philosophait sur beaucoup de choses qu'elle ne comprenait pas », écrit-il, elle faisait souvent preuve de « vague », de « volubilité ». Il est vrai qu'elle n'avait aucune vanité : « Elle griffonnait, aurait-elle pu dire… » et il lui fait ce compliment suprême : « Elle n'est jamais hystérique. » Il est vrai que James ne devait pas aimer soigner les femmes malades ou fragiles comme sa sœur Alice ou son admiratrice suicidaire Constance Fenimore Woolson. Sur ce plan, l'équilibre et la santé de George devaient le tranquilliser. Néanmoins, le sarcasme continue de serpenter : George Sand « écrit des histoires faciles » pour une catégorie de « lecteurs optimistes ». Il y a souvent, dans ses intrigues, quelque chose de « faux » et d'« extravagant ». Et puis ne possède-t-elle pas ce penchant des Français qui aiment à « théoriser » ? N'est-elle pas animée d'un « goût remarquablement ingénieux pour envelopper les choses de gracieuses draperies » ?

Mais c'est dans le deuxième essai, qui date d'une vingtaine d'années plus tard (1897), que nous pouvons le mieux voir combien ces deux univers divergent. Henry James analyse ici des « documents » récents qu'il désapprouve, concernant les amours d'Alfred de Musset avec George Sand : le roman où elle ressuscite leur liaison, *Elle et Lui*[40] ; ses lettres d'amour à Musset publiées alors que celles d'Alfred ne le sont pas encore. James pense que ces textes manquent de « dignité » ; l'intime révélé, suggère-t-il, ne se justifie que s'il fait naître un chef-d'œuvre ; aussi s'empresse-t-il d'inventer le personnage d'un critique imaginaire qui lui permet, à travers ce double, de fustiger le désir de confesser ainsi « des laideurs posthumes ». Mais George Sand, elle, n'a jamais prétendu dépeindre le non-dit, contrairement à Edith Wharton dont c'est le grand sujet. Elle a fait un choix tout autre : celui de *dire*, de cerner ce que James appelle « *vicious love* », ou amour passionnel. Ces publications soulèvent une fois de plus « la dispute éternelle entre le public et le privé, entre la curiosité et la délicatesse ». Or « il y a certaines choses dont le mieux qu'on puisse dire est qu'elles ne nous regardent tout simplement pas ». Il ne s'agit pas de les livrer au « grand public ricaneur ». Déjà, dans son premier essai, James citait les Anglais qui sont tous des romanciers de l'amour (Miss Austen et Sir Walter Scott, Dickens et Thackeray, Hawthorne et George Eliot…), mais aucun (c'est lui qui l'affirme) n'a « décrit une chose qui puisse être appelée passion ». Il est curieux de voir qu'il omet de citer Charlotte et Emily Brontë dont tous les romans touchent à la passion destructrice ou autodestructrice, à l'érotisme jusque dans la mort, aux rapports intimes entre maître et esclave, à l'inceste, à l'interdit et à sa transgression.

À vrai dire, pour George Sand, il n'y avait pas de distinction entre amour et passion, et c'est ce qui titille la curiosité de James tout en le chiffonnant, car il préfère chez elle un livre comme les *Lettres d'un voyageur*[41], empreint « de mélancolie, de désolation, et de lassitude », aux romans où résonne ce qu'il appelle le discours *galant*.

Le « discours galant » est, décidément, pour Henry James, trop présent dans l'œuvre de la romancière – présent au point d'en devenir déplaisant. Le « hic », c'est qu'elle manque singulièrement de discrétion. Le mot est lâché – celui de *discrétion*. Qualité qui recouvre ici, et dissimule, l'acceptation sans cris ni scandales du code masculin, la frustration et le manque dans le domaine de l'éros. Si bien que l'on comprend mieux la raison de son amitié pour Edith Wharton dont l'œuvre est entièrement centrée sur les ravages du silence, du mensonge et du refoulement. Moralement, James préfère que l'on montre, avec élégance et cruauté, les terribles séquelles du manque, à la dénonciation d'une passion destructrice partagée. (Mais, pour l'écrivain, « destruction » n'égale-t-il pas *création* ?)

Aussi, peu à peu, dans ce portrait et cette analyse qui avaient George Sand pour centre, ne faut-il pas s'étonner de constater que s'opère le transfert subtil et habituel. C'est, à présent, surtout de James, de son « point de vue » qu'il s'agit. Et c'est là tout l'intérêt de ces essais qui forment comme un diptyque où George et Henry se font face. La passion vécue, exprimée, avouée, décrite, partagée, ce n'est pas là le sujet de James dont les personnages féminins sont surtout des vieilles filles marginales, des confidentes silencieuses, des sœurs, des mères – ou alors des monstres vampiriques qui tirent les ficelles –, mais rarement des compagnes érotiques. Ses romans et nouvelles traitent bien peu de l'amour partagé ou heureux entre homme et femme, tout comme ceux d'Edith Wharton sont surtout inspirés par la satire sociale ou la manipulation des êtres faibles et désargentés par ceux qui les dominent. C'est pourquoi, à lire ces textes sur George Sand, on se dit que James justifie en quelque sorte ici son art si travaillé, si concerté, si analytique du *manque* par rapport aux « improvisations » sensuelles de George sur cette « vaste affaire nommée la vie ». Mais n'est-il pas un adepte de ce genre de glissement, lui qui, plus tard, après la mort de son frère William dont il prétendait vouloir écrire la biographie, finit par se concentrer sur lui-même dans un volume de ses *Mémoires* au détriment de son projet initial ?

Aussi bien ce qui sépare ces deux écrivains, c'est leur conception opposée de l'autobiographie. Dans *Histoire de ma vie*[42], George brise bien des tabous, dont le tabou suprême selon James : faire le portrait de sa mère. Démythifier la mère. Que George Sand ait tracé un portrait frappant, plein d'empathie et lucidement critique, de sa mère (qui, à travers mille hésitations, finit par confier la petite Aurore à sa grand-mère), voilà ce que Henry James ne lui pardonne pas – lui qui n'écrira jamais un seul mot sur la sienne dans ses *Mémoires,* arguant que ce sujet était trop *sacré.* Le sacré, pour George Sand, se confondait avec l'écriture, la découverte éblouie du génie (Musset, Chopin), avec la nature aussi, et le travail surtout. Pour Henry James, le sacré, c'était sa mère ; le lien familial ; le secret lié à sa propre nature.

George Sand, elle, ne cache pas, dans *Histoire de ma vie*, l'« indicible souffrance » éprouvée à la découverte du passé de sa mère, « femme perdue » – comme on disait alors – au moment de sa jeunesse dans la misère, mais c'est pour ajouter « qu'il y a dans la vie des pauvres des entraînements, des malheurs et des fatalités que les riches ne comprennent jamais et qu'ils jugent comme les aveugles les couleurs ». La franchise avec laquelle elle relate son désespoir devant cette révélation lors d'une « scène capitale » dut irriter le puritanisme de James. Il reste que jamais George Sand n'oubliera les premières années vécues avec une mère régénérée par l'amour, mais qui, depuis la mort de son mari, survivait « triste, humble et retirée », torturée de sentiments contraires. George savait bien qu'elle serait critiquée pour son désir de vérité, mais ajoute (dans une note ultérieure de

1855) que les lecteurs censeurs « sont ceux qui ne veulent pas ou ne peuvent pas comprendre la véritable morale des choses humaines ».

Pourtant, la façon dont Aurore-George parle de sa petite enfance où régnait sa mère reste pleine d'une tendresse admirative. Sa mère savait tout faire : ravauder, raccommoder les nippes de ses enfants, broder, chanter, repasser, savonner, dessiner – oui, le portrait que George nous laisse de sa mère emportée, obligée de vivre seule dans un appartement pauvre, chichement meublé, et de se séparer de sa fille – ce portrait est une merveille de compréhension et de compassion, étant donné tant d'injustices subies. Certes, le récit de sa violence morale exercée sur sa fille après la mort de la grand-mère est terrible. Peut-être est-ce ce côté réaliste, dramatique de cette relation mère-fille qui a choqué James pour qui la Mère doit rester idéalisée, juchée à distance sur un piédestal de sérénité auguste ? Il ne s'agit plus de respect chez George, ni du sens de la hiérarchie. C'est sans doute cela qui a déconcerté l'écrivain dont la correspondance révèle une dépendance d'enfant coupable, peureux, devant sans cesse justifier son choix du célibat, ses voyages, ses dépenses, et cela même encore après la trentaine.

Si le *sacré* pour Henry James était la *vie privée,* George Sand, tout au contraire, vivait en public, en famille, en voyage, en société. Tout était chez elle porté sur les tréteaux de la vie, que ce soit à Venise, à Paris ou à Nohant ; tout était raconté, discuté dans sa volumineuse correspondance ou clairement transposé dans ses romans. Elle possédait ce don extrême de savoir donner, échanger, extérioriser sa douleur, tout en restant en possession de son identité. Elle n'avait pas besoin de secret, car elle savait que l'identité possède un noyau imprenable. Elle n'avait pas besoin de se réserver : tout à l'opposé, elle se sentait le scribe des expériences humaines et voulait transmettre la leçon de « véritable morale des choses humaines » qu'elle avait pu en tirer. De plus, dans l'ambivalence et l'embrouillamini propres à la vie dont les situations invraisemblables confirment si souvent le dicton « la vie dépasse la fiction », et que George Sand rend avec audace, James voit un désordre « sans délicatesse morale ». Il aime Sand quand elle se rapproche de Dumas (rien n'est plus « charmant » affirme-t-il, paternaliste, que ses romans d'aventure) même s'ils n'ont aucune stucture. Elle a du style, il le lui concède, mais elle n'a pas de construction, de « forme », si bien que son œuvre est sans doute vouée à la « désuétude ». (Je me demande s'il ne pensait pas, au début, la même chose de son amie Edith Wharton.) Des textes de George, il écrit : « Ce sont des choses écrites facilement » mais « difficiles à lire ». Oui, on le sait, le maître est friand du coup de patte. Ces contradictions vont se multiplier : James lui accorde « un génie généreux » mais, tout aussitôt, il se rétracte : ce génie serait limité par le désir d'« arranger » et de « justifier sa cause personnelle ». N'est-ce pas là pourtant, de manière avouée ou non, le but de toute autobiographie (et notamment de la sienne, qui comptera trois gros volumes) ? « Arranger » ne veut-il pas dire surtout : organiser, concentrer, dégager la ligne et le dessin d'une vie ? Ressusciter pour mieux comprendre ?

Autre allusion perfide : les personnes dont George est accusée de donner une fausse image appartiennent toutes au royaume des morts. George Sand était une éternelle « survivante ». Voilà bien une étrange accusation qui les rapproche tous deux – lui qui survivra à sa jeune cousine Minnie, dont il s'était prétendu amoureux, morte de la tuberculose ; puis à son « amoureuse », fidèle, tenace mais refusée, Constance Fenimore Woolson ; à sa sœur Alice qui lui fit si peur lorsqu'il découvrit qu'elle écrivait, elle aussi ; enfin à son frère William (dont il *n'écrivit pas* la vie) – êtres dont on retrouve la projection tout au long de l'œuvre. (Mais Edith Wharton lui survécut, ce qui nous vaut un merveilleux portrait plein d'humour du maître dans son autobiographie[43].) Parmi les morts se trouve Alfred de Musset – et cette histoire d'un amour impossible, sujet de son deuxième texte écrit avant de lire les lettres du poète, va permettre à James d'affirmer une fois de plus la distinction entre vie privée et vie publique, entre le « linge propre » et le « linge sale ». Pour mieux convaincre, il se sert, comme souvent, d'une tangente, stigmatisant le livre du docteur Toulouse sur Zola. Cette enquête psychologique, écrit-il, ne laisse à Zola « pour ainsi dire plus un pouce de vie privée… », et encore : « La vie privée exige silence et secret. » Éternel débat. Peut-être que, parmi tous ses textes critiques, il n'en est pas qui exprime mieux (grâce à George Sand) son horreur d'être percé à jour, ou qui n'approche de plus près sa hantise de garder pour lui sa vie intime. On sait que Henry James détruisit ses lettres personnelles, geste totalement contraire au vœu de George, désireuse d'éterniser sa liaison avec Musset à travers leur correspondance. Ce feu libérateur par où s'évader pour échapper à ses contemporains n'est-il pas déjà présent dans l'esprit de Henry James lorsqu'il parle ici du biographe et de sa « ruse d'enquêteur », pour conclure : « La pâle victime prévenue, couvrant toutes ses traces, brûlant tous ses papiers et ne répondant à aucune lettre, tiendra le siège, sans une seule sortie, durant des années, dans le granit invulnérable de la tour de l'art » ?

Invulnérable : tel se voulait Henry James dans sa *tour de l'art*. Le lecteur trouvera passionnant ce texte d'une critique ambivalente, doucement féroce, écrit avec le stylet si particulier de l'auteur, issu de ce que l'on pourrait appeler une identification misogyne au monde féminin.

Marcel Jouhandeau

Jouhandeau ! C'est tout un univers où sont imbriqués le talent d'une langue admirable, la comédie des relations humaines, le rapport avec Dieu, l'autodérision, l'oscillation entre les gouffres de la chair et les élans de l'esprit. Ce sublime farceur sait parler de tout et surtout de lui-même. Je le vois encore lorsque je lui tendais à dédicacer Monsieur Godeau intime *et qu'il me regardait d'un air goulu, sournois et narcissique : « Que dire à une jeune fille que Monsieur Godeau a déjà touchée ? » écrivit-il, en me lançant un sourire en coin de ses lèvres minces avant de triturer son énorme bague d'évêque aux reflets améthyste.*

Le couteau et l'hostie[1]

Ceux qui aiment à remonter aux sources et démêler l'écheveau d'une œuvre, ceux qui ont été fascinés par la double présence, chez Jouhandeau, de Dieu et de Satan, doivent lire ce volume de *Lettres*, écrites au cours de vingt-cinq années, par Mme Jouhandeau à son fils[2]. On y verra l'importance d'une complicité, d'une symbiose qui a contribué à façonner un écrivain et un homme. Marie Jouhandeau sait voir. Son regard, où se mêlent lucidité, résignation et humour noir, loin d'être provincial et étriqué, sait faire de chaque événement à Guéret, de chaque petite scène familiale, de chaque cérémonie ou enterrement, un hublot ouvert sur la complexité du monde. Nulle mièvrerie jamais chez elle. On demeure surpris de tant de hardiesse dans une âme que l'on devine blessée à l'aube du mariage avec Paul, le garçon boucher. Déjà existe chez la mère ce mélange surprenant de curiosité humaine et de distance (sans mépris) que l'on retrouve dans les œuvres les plus fortes du fils.

Il semble, d'après la préface d'aujourd'hui, qui rappelle le texte de *Confidences* (1954), que certaines de ces lettres aient particulièrement bouleversé Jouhandeau, telle cette missive en 1914 après cette nuit où il brûla tout, absolument tout ce qu'il avait écrit jusque là. Ce sont sans doute moins les mots de la première lettre après ce drame qui ont compté (« Je ne veux plus que tu repenses à toutes ces choses, c'est le jour où tu t'es débarrassé de tout cela le plus beau jour de ta vie ») que les lignes envoyées quelque temps après, d'autant plus étonnantes qu'elles furent jetées sur le papier après une journée harassante : « Tu verras que ce que tu vas faire maintenant aura plus de valeur, parce que tu as souffert. Dans cette voie, pour faire quelque chose, il faut avoir vécu. Il faut connaître le bien, mais avoir aussi l'expérience du mal. » D'instinct, Marie Jouhandeau a su quels mots trouver après cet autodafé dont on devine qu'il fut chez Marcel un geste d'expiation morale[3]. Elle sait que la haine du moi ne doit être que passagère, et peut, par une délivrance, aider à la création future.

À lire ces lettres, on sent que l'esprit de Marie Jouhandeau avait de prodigieuses ressources pour voyager loin de son fils mais auprès de lui, grâce à la tendresse, grâce à l'imaginaire. Aucune complaisante pitié d'elle-même, aucun chantage sentimental qui puisse freiner l'adolescent dans ses expériences parisiennes, tout au plus une méfiance bien compréhensible à l'égard de femmes dont elle ne sait rien, ces femmes qui ont harcelé son coureur de mari et contribué à la déchéance de l'oncle Henri, son frère. Aucun regret égoïste à l'idée de ne pas tout partager avec son fils : il y a en elle assez d'amour pour remédier à l'absence. Elle est d'un stoïcisme tranquille : « Je connais des moments pas gais, mais j'en ai vite le dessus. Le dessous, je ne l'accepte jamais. » Et d'une sagesse moins amère que réaliste : « Aime moins et on t'aimera », recommande-t-elle à son fils. Devant une morte elle sait s'évader dans un humour mélancolique : « J'étais contente, je me disais : elle a vécu avec les brutalités d'un ours et elle s'en retourne en musique. » Mais c'est surtout grâce à sa tendresse pour Marcel qu'elle fuit les désillusions : « Je peux me passer de tout le monde, excepté de toi qui ne m'as jamais manqué. » On trouve déjà chez elle ce goût de la formule si poussé chez le fils : « Comme moi je n'ai soin de moi que pour toi, aie soin de toi pour moi », ou encore, au sujet du mariage à venir : « Es-tu bien sûr de vouloir ce que tu veux, depuis que tu connais cette femme ? Est-ce que ce n'est pas au contraire ce qu'elle veut que tu crois vouloir ? »

Tout ce qui, dans ces lettres, est dit de façon si discrète nous replonge dans l'univers de Chaminadour et complète les premiers volumes du *Mémorial* : *Le Livre de mon père et de ma mère, Le Fils du boucher, Apprentis et garçons*. Ce qui resurgit en sourdine, c'est le monde du père et de la boucherie. Deux règnes s'affrontent ici. Celui des amitiés féminines chastes et inconditionnelles, des femmes héroïques dans leur dévouement, monde de la boulangerie d'où vient la mère, Marie Blanchet, et où triomphe le châle blanc de la tante Alexandrine, monde du pain béni et de l'hostie, à la blancheur sacrée. En face de lui, le monde rougeoyant du père séducteur et colérique, des apprentis bouchers aux bras puissants, de l'oncle Henri dont la grandeur et la misère ont obsédé son neveu – figures emportées, parfois louches et déchues : le monde du sang. On retrouvera sa hantise jusque dans le choix révélateur que fait Jouhandeau des meurtres sur lesquels il écrivit plus tard ces *Trois crimes rituels*[4] où couteau et mise en scène vont de pair avec l'assassinat, tout comme dans les rites qui préludent au découpage et à l'exposition de bêtes soigneusement tuées. La boucherie, seul lieu « où le mot tuer soit employé couramment, absolument et sans pudeur ». Cet assassinat quotidien, Marcel enfant en suit les péripéties dans un frisson quasi religieux *:* « Une certaine terreur sacrée accompagne ces gestes qui propagent la mort… » et on se demande si la vocation religieuse du petit garçon n'est pas étrangement liée à ce rituel sanglant.

À l'origine du désir de devenir prêtre, peut-être n'y a-t-il pas seulement le climat de ferveur mystique entretenu autour de l'adolescent par des femmes pures, carmélites dans le siècle, adulant Dieu (et Marcel à travers Dieu), mais aussi un amour des contrastes né de sombres analogies. Le métier de boucher ne revêt-il pas aux yeux de Marcel un « caractère sacerdotal » ? Les vêtements des apprentis, préparés par les pieuses mains maternelles, n'évoquent-ils pas, « étalés sur une crédence, dans les sacristies, les ornements de l'officiant et du diacre » ? Ces vêtements blancs, ces tabliers, ces ganses, ces nœuds, tout ce décor enfin, préparent l'âme du garçon à un autre cérémonial, sacré celui-là. Au sacrifice de la chair dans la boucherie paternelle, Marcel oppose son rêve d'une immolation de l'âme devant Dieu. « Le sang est le sang et le sang des animaux n'est pas une liqueur originellement d'une autre source que celui de l'homme et le sang de l'homme n'est pas d'une autre nature que le sang de Jésus-Christ qui est le sang même de Dieu[5]. »

À lire les si légères plaintes qui s'échappent des *Lettres d'une mère à son fils*, on se souvient de la scène si importante décrite au début du *Mémorial*. Le père, la tête tournée par une belle épicière, conscient des reproches tacites qui l'entourent, se livre à une scène violente où Marie l'affronte. L'enfant, obligé d'assister aux vêpres, doit quitter la maison alors qu'il s'attend au pire. À l'église, il ne cessera de supplier le Seigneur que tout crime leur soit épargné. De retour, Marcel constate que Dieu l'a exaucé. « N'est-ce pas ce jour-là en effet que j'ai fait vœu d'être prêtre pour l'éternité, si je retrouvais rétabli l'ordre, et certes j'ai tout l'air de m'être parjuré, mais non ; le Ciel sait bien que ma fidélité demeure entière, clouée à l'essentiel de la promesse. » Cet épisode où la peur du sang versé s'allie à la volonté du sacrifice introduit un troisième élément, essentiel dans l'univers de Jouhandeau : le goût du rôle à jouer, des mises en scène grandioses, du dialogue avec Dieu. Peut-être son besoin de relations humaines où le spectacle, le théâtral tiennent une si grande part, où s'échangent des propos acérés comme des lames, remonte-t-il à l'apparat et aux continuelle mises à mort de la boucherie paternelle. « Mon père et ma mère s'accordaient mal, écrit Jouhandeau dans ses *Chroniques maritales*. Je passerai à mon tour ma vie avec la femme la moins destinée à me comprendre, parce que justement peut-être je l'ai choisie [...] ne nous attache que ce qui est le plus opposé à notre nature et nous l'épousons sous le signe de la contradiction qui est aussi celui de l'amour. »

Ce signe, la mère de Jouhandeau l'a connu elle aussi quand, jeune et pieuse élève des Sœurs de la Croix, décidée à devenir sœur de Charité, elle s'éprit tout à coup d'un garçon boucher. Ce visage du père au moment où il ravit pour ainsi dire la douce Marie à Dieu est celui qui poursuivra longtemps le fils. Pour lui, les deux photographies qui comptent le plus sont celles de sa mère à ses côtés, prise dans le jardin de Guéret quelques mois avant sa mort, et celle de son père âgé de vingt-cinq ans : « Ma confrontation constante avec ce jeune homme qui serait mon père me révèle beaucoup de choses sur lui et sur moi. » La jeunesse de ses parents, l'instant unique de leur rencontre, n'ont jamais cessé de le hanter. Une des pages les plus radieuses de *Requiem et Lux*, ce poème d'amour à la mère disparue, décrit un autre moment indicible, celui où, passant de vie à trépas, Marie Jouhandeau retrouve sur ses traits l'éclat limpide de ses vingt ans.

Si cet admirable petit livre s'achevait dans la douleur de ne plus pouvoir répondre aux missives de sa mère, voici qu'en 1971, une sorte de courrier miraculeux permet à Jouhandeau de recevoir une fois de plus, comme venant de l'au-delà, ces lettres dont sa vie fut nourrie, réaffirmant la pérennité d'un lien que rien n'a su briser, que seuls quelques écrans ou réticences ont pu voiler. N'est-ce pas justement pour avoir maintenu l'ombre dissimulatrice dans laquelle certains aspects brûlants de sa vie demeurèrent toujours plongés aux yeux de sa mère, que Jouhandeau a voulu souffrir à travers une Élise sarcastique, impitoyable, iconoclaste ? Si bien que le fracassant duel avec l'Excentrique aura servi la quête d'une totale transparence où mieux communier avec la pure simplicité de Marie Blanchet.

Pär Lagerkvist

C'est une œuvre sombre, fuligineuse, comme les Enfers dépeints par Jérôme Bosch. Mais je me disais cette année, à voir les images insoutenables de prisons qui montrent à quel point la torture perdure – je me disais qu'il est inutile de tenter de fuir dans une joie artificielle. Mieux vaut, me semble-t-il, affronter ceux qui ont traversé l'expérience du mal, comme Lagerkvist dont l'univers, peuplé de mutilés, de crucifiés, d'êtres malmenés par la nature ou l'hérédité, nous aide à regarder en face la Méduse. Ses sombres récits affirment l'envers de ce qu'ils donnent à voir ; ils montrent la contamination délétère de la haine qu'il faut contrer par la beauté des mots, qui peut faire jaillir des pierres la douceur d'une larme. Du désespoir de Lagerkvist naît une exigence de révolte et de compassion : ses cris pleins de rage délivrent les nôtres.

« Crucifiez-le ! »[1]

Il y a comme un seuil d'étrangeté à franchir pour parvenir au cœur de l'œuvre de Lagerkvist avec ce grand silence des personnages qui communiquent la plupart du temps de façon muette, leur intériorité qui rejoint une sorte de pétrification inconsciente d'elle-même, l'opposition entre les termes païen et chrétien, vécue d'une autre manière que dans notre civilisation[2]. L'élément païen n'est pas ici synonyme de libération heureuse, mais incarné en des présences « élémentaires terribles ou bénignes, irréductibles à l'ordre humain[3] ». De plus, la figure centrale de l'œuvre, le Christ omniprésent et transpercé, n'est pas celle d'un Dieu sauveur : l'homme, dans sa méchanceté aveugle et primitive, l'emporte sur Celui qui a voulu mourir pour lui. Ainsi, dans *Barabbas*, le borgne en lequel l'esclave Sahak avait mis sa confiance le trahit et l'envoie à la crucifixion. Barabbas lui-même assiste à cette agonie, caché derrière un buisson, comme un traître. Les forces du mal ne sont pas seulement morales ou spirituelles. Elles représentent l'imbécile épaisseur de la matière. Elles sont physiques, physiologiques, inhérentes à la substance humaine. Personne n'y échappe, ni le bourreau qui en est héréditairement marqué, ni le nain qui voluptueusement les incarne, ni Barabbas qui en est le spectateur-acteur. Les personnages ne sont pas ici déchirés par un manichéisme conscient entre le bien et le mal comme dans nos littératures, et la possibilité d'un rachat par le sacrifice ou par l'amour paraît totalement illusoire. De là vient cette force étale, indifférente, de la nature et des éléments, dans laquelle l'écrivain puise, tour à tour, son espoir et son désespoir, face aux cruautés bestiales de l'homme.

Pär Lagerkvist naît en 1891 en Suède à Växjö, petite ville située dans la province du Smaland. Son père était employé de chemin de fer ; son grand-père et sa grand-mère, dont il parlera dans *L'Exil de la terre*, des paysans. C'est dans ce milieu simple qu'il grandit. Un milieu dont la limpidité ne manquait pas d'être mitigée par le poids d'anciennes croyances et par le protestantisme luthérien. Les longues soirées pendant lesquelles les parents lisent la Bible ont cette lenteur figée si bien captée par Dreyer et Bergman. C'est un milieu conservateur auquel le jeune homme, conscient très tôt de sa différence, opposera son admiration de Strindberg, sa lecture de Darwin, sa passion pour Dostoïevski. En 1913, il vient à Paris où il découvre la peinture et surtout le cubisme. Marqué par cette aventure de l'esprit, il publie un manifeste, *Art du mot et art de l'image. Sur la décadence de la littérature moderne. Sur la vitalité de l'art moderne.* Marié tout d'abord à une Danoise, il se remarie quelques années plus tard et s'installe dans les années vingt à Stockholm[4]. C'est au cours de ces années qu'il composera son œuvre intense et tout entière marquée par son horreur de la guerre, puis du nazisme contre lequel il prend activement position dans les années trente.

Il paraît difficile de vouloir appliquer à cette œuvre à la fois visionnaire et limpide une investigation d'ordre psychanalytique ; elle ne ferait que redire ce que Lagerkvist, dans sa lucidité, a consciemment répété : la rupture avec Dieu, l'irruption, très tôt, de la mort dans la vie, l'absence de puissance paternelle, l'incrédulité à l'égard du mysticisme, l'absurdité des hasards, la méfiance envers l'amour. On songe parfois au monde rural de Thomas Hardy tout rempli, comme celui de Lagerkvist, de paysans, d'éclopés, de victimes du destin que leurs instincts malmènent, si ce n'est qu'il y a chez l'écrivain suédois une veine à la fois plus sobre et plus fantastique, avec cette cohorte d'illuminés et d'estropiés évoquant les peintures de Jérôme Bosch. De roman en roman, sans que jamais cet univers stagne ou piétine, sans que les intrigues de chaque livre se ressemblent, les mêmes métaphores se retrouvent, et des situations analogues. Avec Lagerkvist, c'est toujours la même oscillation entre deux cris : « Crucifiez-le ! » ou « Libérez-le ! » – le cri de l'aveugle brutalité humaine, ou le cri de la libération jeté, lui aussi, dans l'opacité de la nuit. Ce thème de l'absurde cosmique au sein duquel l'homme est agi par des forces qui le dépassent revient sans cesse. Solitaire, l'anti-héros apparaît sur scène comme un exclu, un paria, propulsé par des puissances obscures.

Jamais, ou presque, il n'arrive à l'écrivain de se retourner vers le « paradis » de l'enfance. Une seule fois, l'image maternelle tend, bien timidement, à se confondre avec la nostalgie d'une époque heureuse, mais c'est une nostalgie pour ainsi dire tronquée : dans *L'Exil de la terre*[5], roman dont le protagoniste, Anders, est de toute évidence le double de Lagerkvist. L'image de la mère est ici à la fois réelle et lumineuse, avec cette qualité de vérité qui est la seule forme d'espérance que l'écrivain accepte : « Il n'y avait rien d'insolite chez Mère, il n'y avait rien d'autre que sa vie. Pour les êtres comme elle, c'est simplement ainsi. » Mais ce récit d'une enfance partagée entre des grands-parents si vieux qu'ils ont l'air morts, et des parents tellement silencieux et absorbés dans la lecture des Écritures que l'enfant se sent exclu, laisse surtout une impression d'angoisse. Ce dont Anders rêve, de façon brutale et non point nostalgique, c'est que rien ne change : « Que vraiment personne ne meure ! Toute sa passion pour la vie s'exhale dans le désir qu'elle n'ait pas de fin. Il ne demande même aucune autre faveur. La vie seulement. » Il en résulte une image primordiale qui n'est ni radieuse ni sensuelle, seulement austère et endurante, et le mot qui revient le plus souvent sous la plume de Lagerkvist pour décrire cette enfance – la sienne – est l'adjectif *accablé*.

Le cancer de la grand-mère projette ses ténèbres sur le jardin de même que, dans *Barabbas,* au moment de la mort du Christ, le ciel s'obscurcit : « Tout était marqué. Rien n'était plus dans la réalité. » Maintenant que la grand-mère est condamnée, l'enfant doit faire l'expérience d'un raccourci effrayant (expérience intime, à l'origine peut-être d'une perception du temps à la fois infini et rétréci) puisque, devant la femme encore vivante, il doit, en prévision, se placer de l'autre côté pour se souvenir. Quand la nouvelle de la mort parvient à l'enfant, il éprouve une sorte de soulagement ; Anders est enfin libre de se trouver dans une durée réelle : celle des réminiscences. L'adolescence est vécue avec méfiance – « le plus faux, le moins fiable, le plus vain » des âges, avec la désaffection de Dieu, reflétant la crise spirituelle du jeune Lagerkvist au lycée de Växjö avec, comme seule consolation, le vide : « Tout était glissant, sans fond. » Vide glacial qui brûle de l'intérieur le corps que dévore une fièvre, et l'âme où surgit une prière païenne murmurée dans la forêt, dépourvue de l'exaltation panthéiste qui saisit le croyant, empreinte plutôt de la résignation que montreront Barabbas et le Christ. La phrase finale de ce roman dit avec force combien, pour Anders, il n'y a ni paradis perdu, ni éden à venir : « Ainsi prit fin sa première jeunesse. Et ce n'était que désagrégation, mensonge, confusion. » Malgré l'amour qu'Anders éprouve pour sa mère, il n'y a pas – dans ce récit autobiographique comme dans les évocations historiques qui suivront – de paradis charnel, ni de moments de fusion avec la figure maternelle.

La naissance de Barabbas a lieu dans l'horreur, car sa mère, une Moabite, accouche et meurt seule dans la rue. « Personne ne savait à qui appartenait l'enfant et la mère n'aurait pas pu le dire elle-même. Mais elle l'avait mis au monde en haïssant le ciel et la terre. » De plus, Barabbas (à la place de qui on a sacrifié Jésus) est un criminel qui, tel Œdipe, tuera son père par méprise.

Assassin, il l'était déjà, ayant causé la mort de sa mère à sa naissance. Quant au nain, dans le roman homonyme, sa naissance se confond avec la haine : « La haine a été mon aliment depuis les premiers instants de ma vie [...] le sein maternel sur lequel je reposais était plein de fiel. » Dans *Le Bourreau*, il arrive qu'une mère tue l'enfant dont elle vient d'accoucher car il est porteur du signe maudit sur son front. Que de fois le précepte de l'Évangile est ici inversé de façon amère et sarcastique : « Maudit soit le fruit de tes entrailles. »

Au fur et à mesure que l'œuvre de Lagerkvist se déroule, le lien mère-fils demeure entaché d'une malédiction : dans *La Sibylle*, l'héroïne qui est obligée d'attendre son enfant sur les collines sauvages où elle fut chassée donne la vie à un idiot. Dans un des derniers romans, *Pèlerin sur la mer*, un prêtre défroqué évoque sa mère en ces termes violents : « Elle était inhumaine, maintenant comme toujours. J'en vins à penser qu'elle ne m'avait jamais traité comme un enfant quand j'étais petit, comme son petit enfant pareil aux autres, que je ne me souvenais pas d'avoir été jamais caressé par elle. » Désert du premier amour qui devient d'autant plus flagrant que le fils s'interroge dans les dernières pages du livre : « Mais je ne l'avais peut-être jamais choyée non plus ? » Non, lui non plus, découvre-t-il, n'avait jamais aimé sa mère.

À l'arrière-plan de ce manque sur lequel Lagerkvist ne cesse de revenir, voici la figure centrale du seul Fils ayant une mère aimante : le Christ. On n'en finirait pas de relever les identifications au Christ, depuis Jean le Sauveur dans les *Contes cruels*, jusqu'à Sahak le supplicié dans *Barabbas*, et les allusions à l'agonie au mont des Oliviers, aux plaies, au sang du Crucifié. C'est ce rapprochement continu entre toute victime et le Christ, entre le mal infligé dès la naissance et le Christ inutilement mort pour l'abolir, qui obsède l'écrivain comme s'il voulait dévoiler, non seulement la loi féroce de Dieu le Père mais la douleur impuissante du Fils. Le bourreau ne peut s'empêcher de songer aux paroles du Christ à l'agonie, et il se plaint alors de son métier qu'il hait : « Pourquoi faut-il que je sois seul à porter le fardeau ? Pourquoi tout a-t-il été chargé sur mes épaules, tout ce qui est votre œuvre, la faute et l'angoisse ? » C'est lui qui a enfoncé les clous dans la chair du Sauveur, et l'horreur de son geste s'aggrave du fait que le Christ l'a nommé son frère au moment de mourir. Ainsi le pardon n'ouvre-t-il pas la porte du salut mais accentue au contraire l'indignité. Et le Christ même est transformé en victime aveugle : « Le crucifié tenait les yeux fermés pour ne pas voir les hommes qu'il était en train de sauver. »

Tandis que certains écrivains hantés par le sang, tels que Michelet, Hardy, Powys ou, de nos jours, Pierre Jean Jouve et Michel Leiris, accomplissent, à travers leur obsession de la blessure, une incursion dans une tout autre dimension, celle du féminin, s'enrichissant ainsi d'une bisexualité qui leur était consubstantielle dès la naissance, puisque tout homme, avant d'être déterminé dans son sexe, est femme à l'origine – tandis que ces écrivains s'identifient soit au Christ souffrant, soit à l'âme féminine qui circule dans leur corps masculin, le « héros » de Lagerkvist reste résolument rivé à la solitude de la virilité. Blessures et sang existent dans ce monde moins à travers l'identification qu'à travers l'agressivité. Lagerkvist excelle dans la description à la fois rapide et fouillée des crimes. Dans *Le Bourreau*, le sang apparaît doté d'une sinistre magie : le justicier se tient à part, vêtu de rouge, auréolé de cette puissance maléfique liée pour l'écrivain au secret des origines ; tout ce qui touche au gibet possède un étrange pouvoir – pouvoir autodestructeur car le bourreau finit souvent lui-même par être immolé, parfois avec sa propre hache. C'est à cette force du mal que retourne sans cesse le récit ; non pas une force mentale qui calcule et se développe, mais un mal inscrit dès le début dans le corps, inséparable de lui, un mal existentiel, charnel, irradiant la matière. La texture même de l'être paraît maudite dans l'œuf.

Dans un des épisodes du roman, une jeune et belle femme vouée au gibet est graciée parce que le justicier, ému de pitié, offre de l'épouser. Mais elle reste si marquée qu'aucune sage-femme ne veut l'accoucher. Ayant donné seule le jour à un fils, elle l'étrangle car il porte sur son front la marque de la potence et « elle aimait trop son enfant pour se résigner à le voir vivre en ce monde, avec un pareil sceau ». La femme ici, à travers l'amour, confirme le destin de l'homme au lieu de le conjurer et le bourreau doit enterrer sa femme infanticide.

Il existe bien un récit, *Âmes masquées*[6], où Lagerkvist cédera au désir de vouloir rendre sensible la transparence de deux âmes, transparence dont Régis Boyer, dans sa belle préface, remarque qu'elle est accordée à la fois au paysage scandinave d'une cristalline limpidité, et à l'inspiration nordique – fusion spirituelle rêvée que l'on retrouve chez Swedenborg, Ibsen et Strindberg. Mais cette « nudité extatique » dont il parle ici ne trouve-t-elle pas uniquement à se parfaire au-delà de la mort ? Ces amants ne sont-ils pas, de leur vivant, séparés d'abord par la stérilité de la jeune boiteuse, puis par son enfant mort-né, et son infirmité brusquement visible, enfin par sa maladie et sa mort ? Le corps n'est qu'un écran : « Quand il la tourmentait à vouloir la posséder, avec ses caresses, elle lui reprochait de ne pas se soucier de son âme, du plus intime d'elle-même… » C'est de manière rétrospective que le héros d'*Âmes masquées* vivra son amour, à travers une brûlante solitude qui le rapproche de la morte, quand il songe à sa tombe avec, peut-être, sur la dalle, « de la neige blanche, intacte. Elle qu'il avait aimée, elle qui avait été sienne... Et maintenant enfouie dans la terre mais toujours, toujours vivante dans ses pensées brûlantes ». Tout se passe comme si l'amour, à la fois glacial et brûlant – tel le cœur battant du jeune Lagerkvist dans *L'Exil de la terre* – était recouvert par la neige pour une autre vie, là où la fusion devient peut-être possible et même, enfin, complète – du moins pouvons-nous l'espérer dans l'ignorance où nous restons de l'invisible. C'est pourquoi l'amant choisira de mourir pour retrouver l'aimée. Sa fin évoquera, une fois encore, celle du Christ : « Sa tête sombra un peu de côté et il resta complètement immobile. N'existant plus. Un chien qui passait lui flaira la jambe, leva la patte et urina sur lui. »

Dans ce récit où l'homme meurt dans un monde désert semblable à celui du Golgotha (le chien évoquant la stupide bestialité de la foule), il n'y a aucune certitude de rencontre. Dans le pays de l'âme, conclut Lagerkvist, « c'est toujours fête. C'est toujours bal masqué ». Mais nous ne savons si ces masques ne sont pas une illusion face à l'animale vérité du chien qui urine. Non, même ici, l'amour ne permet pas l'échange mais procure surtout une vie de souffrances parallèles. La mort seule peut opérer la réunion des amants –ailleurs, et sous quelle forme ? C'est à nous d'en décider. Le nain ne pense-t-il pas que « l'amour est une chose qui meurt [?] Une fois mort, il pourrit, mais peut servir d'humus à un nouvel amour. L'amour défunt continue à vivre d'une vie secrète dans le nouveau, de sorte qu'en réalité l'amour est immortel. » Ainsi seul existe un « amour » déshumanisé, sans visage.

À part le texte émouvant d'*Âmes masquées* où la possibilité de l'amour est envisagée comme un rêve prêt de s'incarner, il reste, le plus souvent, une haine amoureuse décrite avec une violente crudité. Misogynie et ambivalence sont à leur apogée dans *Le Nain* : celui-ci affirme « que les femmes préfèrent toujours les hommes insignifiants, car ils leur ressemblent ». La férocité du nain tient à son infirmité (« Je mesure vingt-six pouces », ainsi commence le récit) et au fait que sa mère l'a vendu à sa naissance. Cette fabuleuse chronique de la Renaissance permet une magistrale analyse de la mentalité criminelle où le délire de puissance le dispute à la haine de soi. Sa passion pour la princesse Théodora l'adultère pousse le nain à des visions perverses par lesquelles il rêve de l'humilier : il aimerait la voir, jambes écartées, léchée par les flammes de l'enfer, mais l'obsession christique revient dans une scène hallucinante où il donne la communion aux bouffons de Mantoue en se prenant pour le « sauveur de tous les nains », ayant « souffert sous Ponce Pilate ».

Quant aux réflexions de Barabbas tandis qu'il porte le corps lapidé d'une femme au bec-de-lièvre, elles sont d'une dureté atroce : « Il avait profité d'elle parce qu'il n'avait pas d'autre femme sous la main, quoique cette voix nasillarde l'agaçât. » Hérode, dans *Mariamne*, méprise les femmes qui ne lui inspirent que du dégoût, mais nulle part l'horreur du corps féminin (quand il n'est pas rendu éthéré par la mort) n'est plus sensible que dans *Le Sourire éternel*. L'un des personnages y raconte la sinistre aventure qui le livre aux griffes d'une grosse meunière obscène dont il décrit, avec une répugnance fascinée, les chicots dans la bouche et les cuisses clapotantes – vision à laquelle il n'échappe que pour se jeter par la fenêtre : « Mais dans l'obscurité, je vois le meunier, éclairé par les étoiles, agiter les bras et crier, fou de joie et de plaisir la bouche grande ouverte. C'est immense, sans limite, je rends le dernier soupir en extase. » Texte étonnant où la victime préfère encore la pureté des étoiles et la jalousie victorieuse du rival, au contact d'une chair féminine décrite avec le dégoût d'un désir bestial qu'il éprouve malgré lui. Ainsi la femme appartient-elle au règne du sang et du mal au point qu'il est rare que mère et fils puissent coexister. Nombreux sont les enfants mort-nés, quand ce n'est pas la mère qui meurt en couches. Ou alors l'enfant suce la haine avec le lait ainsi le regard de Barabbas, après ses années passées dans les mines de cuivre de Chypre, brille-t-il « de cette haine que sa mère avait éprouvée contre toute la création en mettant son fils au monde ».

Face à l'horreur du corps (si violente chez le nain qu'il ne supporte aucun contact, ni même d'être regardé ou peint), face à l'échec de toute communication charnelle, s'érige – solide, brutale, endurante – la complicité entre hommes dont il y avait déjà trace dans *L'Exil de la terre* entre Anders et Jonas, l'ami manchot qui, malgré son bras droit coupé par une batteuse, offre la seule image un peu rayonnante du livre. Peut-être n'y a-t-il pas dans toute l'œuvre de lien plus bouleversant que celui qui rapproche les deux esclaves Barabbas et Sahak : lien, qui est (contrairement à celui des amants d'*Âmes masquées*) de ce monde-ci, à la fois de fer et de chair. Si, à la fin du récit, Barabbas, que l'on emmène à la crucifixion, n'est plus enchaîné à personne, c'est que personne, dans l'esprit de Lagerkvist, ne devait prendre la place de Sahak, et sans doute est-ce par amour de l'être humain (l'esclave Sahak, réincarnation du Christ en tant qu'homme) que Barabbas accepte la crucifixion : « Quand il sentit venir la mort, dont il avait toujours eu si peur, il dit dans les ténèbres, *comme s'*il[7] s'adressait à la nuit : "À toi je remets mon âme." Et il rendit l'esprit. » Gide va commenter cette phrase dans une lettre au traducteur Lucien Maury[8].

Faut-il, grâce à la continuelle identification des personnages au Christ à travers l'œuvre, voir en Barabbas un disciple du Christ, d'autant qu'ayant été libéré à la place du Fils de Dieu, il finit par subir son sort ? Telle était l'interprétation de Gide, toujours soucieux d'une oscillation puritaine entre Dieu et Satan : « Ce "comme si" laisse douter si ce n'est pas au Christ plutôt, et sans trop s'en rendre compte, qu'il s'adresse et si le Galiléen finalement "ne l'a pas eu". » Jugement qui me paraît en dehors de l'univers même de Lagerkvist, et qui fait fi de cette troisième dimension essentielle de l'œuvre : la terre des ténèbres, où, tragiquement, l'homme se débat. Le Christ n'incarne pas ici un dieu qui chercherait à capter l'homme pour l'obliger au repentir, mais plutôt l'impuissance et l'incertitude propres aux limites humaines. Il est lui-même l'Abandonné. Étrange méprise de Gide (me semble-t-il) qui n'a pas démêlé combien le lien entre les deux esclaves était plus grand que toute foi précise, peut-être parce qu'il n'était pas explicitement de nature sensuelle, tout en étant pourtant de l'ordre du corps.

Quant à l'amour de Dieu, Lagerkvist s'est acharné à en débusquer l'hypocrisie, tel celui qui, épris d'une vérité pure comme une lame, exècre toute croyance déviée ou pervertie. Quand le nain peut enfin fouetter la princesse adultère qui prétend se repentir après la mort de son amant, il sait parfaitement que cette douleur consentie n'est que l'espoir épouvanté d'échapper aux tourments de l'enfer. Dans *Pèlerin sur la mer*, l'amour déçu de la mère qui voulait garder son fils pour le donner à Dieu, se transforme en haine et elle le voue au diable. La sensualité du fils prêtre, qui consommait l'adultère dans la maison même du mari, se trouvait avivée par l'idée du blasphème : ainsi Dieu et les sens sont-ils souvent mêlés pour mieux tromper l'homme. Et l'homme n'émerge dans sa simplicité totale et nue, que confronté à l'homme.

Le sens du grotesque et de l'absurde chez Lagerkvist tient sans doute à la brusque irruption de la mort au sein de la vie – savoir trop considérable pour que l'âme n'en soit pas atteinte dans une irréversible confusion des durées. Dans tous les livres du romancier, se retrouve cette conception curieuse d'un temps inutile, comme si celui-ci était un piétinement dérisoire, une durée stérile qui n'apporte aucun changement. Il en résulte ces étonnantes notations où quelques siècles sont vécus en quelques minutes, et quelques minutes ont la pesanteur des siècles. « J'ai accompagné les siècles au tombeau et, appuyé sur mon épée ruisselante, je me suis arrêté un instant, attendant que des générations nouvelles m'appellent », dira le bourreau. En fait la durée normale n'existe pas, elle est déformée, tout comme le corps est difforme ou torturé. Dans *Le Nain*, maître Bernardo (qui, comme Léonard de Vinci, imagine d'étranges machines et peint la dernière Cène) affirme que toute notre culture, depuis le début du monde, est tronquée, tragique comme un torse : « Notre esprit humain ne serait-il lui-même qu'un torse ? » Telle est la question primordiale de ces romans, à laquelle rien ne semble pouvoir donner de réponse (ni Dieu ni – encore moins – la débauche), question qui se confond avec celle de la nature capricieuse du Créateur et ramène donc au personnage central de l'œuvre qui est le Bafoué, le Conspué, le Transpercé, dont on a mutilé le corps pour en faire un tronc sanglant : « Crucifiez-le ! »

Ce qui hante le bourreau, c'est de porter l'éternité sur ses épaules, avec ses crimes innombrables depuis les premiers meurtres de l'humanité. Ses victimes ne cessent de crier en lui (« Mortes, elles continuent pourtant de vivre en moi ») et cette continuité de la souffrance universelle, au lieu d'opérer un retour vers l'innocence d'un antérieur perdu, n'apporte que la pesanteur de l'horreur accumulée. Parce que la relation mère-fils ne débouche, comme on l'a vu, que sur l'anormalité, la haine, ou la mort, et que l'espérance d'un paradis est abolie, la seule continuité qui demeure est celle du mal et du meurtre, depuis le sacrifice d'Isaac jusqu'aux cris du nazisme. Au cours de la mêlée sanguinaire dans la taverne sur laquelle s'achève le récit du bourreau, quand les Blancs tirent sur les nègres de l'orchestre, un jeune fanatique salue le bourreau : « Le sang est la couleur de l'homme. Et nous savons que nous sommes dignes de toi… Heil ! Heil ! » Ainsi pèse sur l'homme la culpabilité des millénaires.

Ce temps raccourci, figuré par le torse et l'homme tronqué, trouve son illustration la plus frappante dans la personnalité du nain. Alors qu'il pourrait symboliser l'intériorisation d'une rêverie lilliputienne, une image de l'intimité secrète (comme Bachelard l'a montré dans *La Terre et les rêveries du repos*), il n'est ici que l'inversion agressive et cruelle du géant qu'il n'a pu devenir et qui se venge en poignardant un autre nain, dans un renversement grâce auquel il joue, auprès de son semblable, le rôle d'ogre meurtrier. Quant aux enfants, ces petits hommes en puissance, ils sont eux-mêmes incapables d'amour, aussi cruels que les adultes, comme dans *Jean le Sauveur*[9], où, à la sortie de l'école, ils reprennent le refrain terrible qui est celui de chaque livre : « Crucifiez-le ! Crucifiez-le ! » – et l'on ne peut s'empêcher de songer à la jeunesse nazie, capable de verser des larmes sentimentales tout en vociférant qu'il faut mutiler et tuer. Même l'amour du Christ-tronc est inutile car il n'a rien pu empêcher, pas plus que Jean qui, enfermé à l'asile, dévoré par un feu mental, voudrait pouvoir se sacrifier mais ne trouve pas les hommes qu'il devait sauver. Aucune progression ne peut annuler ce terrible nanisme du temps, comme dans la terrifiante nouvelle *Le Monde expérimental*[10], sinistre prémonition des expériences faites par les nazis dans les camps : un petit garçon et une petite fille sont sélectionnés pour grandir dans la perfection ; ils tombent amoureux l'un de l'autre, mais c'est uniquement pour mourir – ou pire : « pour être utilisés ailleurs ».

Au manque d'amour, au temps inutile, s'ajoute un autre thème lancinant de l'œuvre : la difformité. Pourquoi cette hantise des infirmes ? Peut-être faut-il y voir la conscience que l'écrivain avait de sa petite taille au sein d'un peuple d'hommes habituellement très grands et le sentiment aigu, dès l'enfance, d'être à part, si douloureusement fréquent chez ceux qui se devinent voués à la création. Ainsi, dans *Le Sourire éternel*[11] – cette fresque étonnante où les morts évoquent leur vie –, Lagerkvist nous parle-t-il de deux hommes que rapproche, à travers leur infranchissable solitude, le savoir secret de leur étrangeté : l'un est mutilé du pouce de la main droite, l'autre a une tache sur l'ongle. Ce dernier a beau être plongé dans les ténèbres où disparaît le signe noir, il ne peut oublier l'existence de cette tare, pas plus que la jeune fille qui, dans un conte de Hawthorne, porte sur la joue une petite tache en forme de main.

Que d'estropiés dans cette œuvre ! Et pas seulement le nain, ivre de guerres et d'assassinats, d'empoisonnements et de cruauté, mais encore tous les autres : maître Bernardo dont le nain suppose qu'il a une difformité secrète ; la boiteuse d'*Âmes masquées*, le borgne et la femme au bec-de-lièvre dans *Barabbas* ; le fils du bourreau marqué du signe de la potence. Jusque dans *Mariamne* reparaît cette obsession, car Hérode est affligé d'une malformation du sexe, comme si la chair ne pouvait être qu'incomplétude, à l'image du temps. Il y a là l'expression d'une hantise, tout ensemble résignée et révoltée, de l'hérédité : le destin remonte à la gestation ; c'est dans le sein de la mère, métamorphosée en porteuse de germes ou de mort, qu'a lieu la distorsion de l'être.

Y a-t-il, demandera-t-on, un espoir de purification en ce monde où pèsent à ce point la cruauté, le hasard et le destin ? Il semble bien que non : Barabbas le libéré devient, malgré tout, un supplicié par erreur. L'incendie qu'il propage, imputé à tort aux chrétiens, est un acte irraisonné qui éclate dans son esprit obscur. Étrange rôle du feu dans cette œuvre : loin d'être un élément de purification, comme dans certains mythes et dans la symbolique chrétienne, il est le signe du chaos et du désordre mental. On ne peut même pas opposer ici à un feu spirituel absent la brûlure heureuse des sens qui, au-delà de la conscience, atteindraient à la volupté – car la passion n'est jamais, comme on l'a vu, heureuse. C'est d'un brasier d'ignorance qu'il s'agit, où l'âme se torture de ne point comprendre – de cet « œil incendiaire tout droit venu de la forêt sauvage » dont parle Tarjei Vesaas dans un de ses poèmes. Ainsi l'aventure de l'enfant (le petit Pär sans doute) qui, au côté de son père chef de gare, s'épouvante devant le train imprévu qui déchire l'espace, avec sa puissante locomotive et ses étincelles « tourbillonnant follement dans la nuit ». Et l'enfant de conclure : « Ce train était pour moi, oui, pour moi. Je devinais qu'il signifiait l'angoisse qui devait venir, tout cet inconnu dont mon père n'avait pas l'idée[12]. »

Et pourtant c'est bien dans cette recherche incandescente de la vérité, inlassablement communiquée au lecteur grâce à l'écriture, que se trouve la lancinante beauté de l'œuvre de Lagerkvist. Du *cela est*, seul postulat certain, l'écrivain fait surgir un mouvement passionné vers ce qui est possible, et qu'il exprime, grâce aux mots, dans une interrogation indéfiniment répétée, comme si la seule manière de conjuguer le mal était de le dénoncer.

Le voyage du *Pèlerin sur la mer* s'achèvera par ces phrases d'une superbe simplicité : « Il méditait sur ce qu'il y a de plus haut, de plus sacré dans la vie, cherchant à y voir clair. Il se disait que cela n'existe peut-être que comme un rêve, qui peut-être ne supporte pas la réalité, le réveil. Mais que cela existe pourtant. Que l'amour parfait existe et que la Terre sainte existe, mais nous ne pouvons pas l'atteindre. » C'est à ce trajet de la quête intérieure et du doute que Pär Lagerkvist nous fait participer, nous enflammant de la seule brûlure que rien n'apaise et que tout avive, quand, cruellement, manque la certitude d'un Dieu : la brûlure métaphysique.

Suzanne Lilar

 J'ai bien connu Suzanne Lilar à Rome, à Paris, à Bruxelles, à Anvers. Sa présence, ses lettres, sa vitalité, son intelligence m'ont accompagnée jusqu'à sa mort. J'étais très proche d'elle lorsqu'elle a publié, pour la première fois, sans la signer, La Confession anonyme, *dont elle avait entreposé le premier tirage chez moi. Le véritable érotisme de ce livre magnifique m'a tout de suite frappée comme la rigueur poétique de ce chef-d'œuvre qu'est* Le Journal de l'analogiste. *Hélas ! Elle a voulu que je montre à un ami commun des lettres admirables qu'elle avait écrites sur l'amour. C'est ainsi qu'elles ont à jamais disparu. Un véritable deuil. Suzanne, si remarquable, précise, païenne, mystique, fascinée par la mise en scène des passions, par le côté théâtral de l'Italie… Elle fait partie pour moi de cette vie antérieure où le sentiment primait sur tout. Où l'on n'avait pas peur de s'engager tout entière dans des situations difficiles sans rien peser, sans prévoir ou sans calculer, dans le dédain des regards dont on ne sait pas trop s'ils sont ironiques ou bassement envieux. Une époque bénie où l'on courait à toutes jambes se jeter dans les brasiers.*

L'extase lucide[1]

Ce qui est toujours si attachant dans l'œuvre de Suzanne Lilar, c'est que nous voyons une aventure spirituelle se dérouler sous nos yeux : entraînés dans cette quête – où le mot juste se confond avec le sens de l'absolu – nous devenons œil et instrument d'analyse, microscope et jumelles. Déjà dans *Le Journal de l'analogiste*[2] s'opérait cette fouille magique – car, à bien regarder, à rapprocher, comparer, fondre on dissocier, à déceler l'insolite dans tel détail ou tel autre, l'écrivain est occupé à décrypter le sens de la vie à travers la « parabole des incidents anodins ». Le *Journal* racontait les étapes de la pensée, certaines rencontres – celle d'un chien ou d'une rose unique – qui déterminent à jamais la qualité d'une vision, et comment la poésie naît à la fois du merveilleux, du bizarre et du quotidien, une fois l'esprit engagé dans le « labyrinthe des analogies ». Suzanne Lilar, dans ce livre où l'analyse n'était si minutieuse que pour mieux s'élargir dans l'extase, citait la phrase d'Angèle de Foligno contemplant Dieu « dans le démon, dans l'ange, dans le paradis, dans l'adultère, dans l'homicide, dans toute bonne action, dans tout ce qui a reçu, à un degré quelconque, le don d'exister ».

Remontant plus haut, jusqu'aux premières années, Suzanne Lilar traque dans *Une enfance gantoise*[3], la naissance de cette curiosité à l'égard du « don d'exister ». Poli comme un galet par la réflexion, décanté par l'expérience, le récit que nous lisons ici est dépourvu de toute reconstitution systématique. Il révèle, avec violence et fraîcheur, l'importance des premiers jours, des premiers visages. Tout de suite nous voici devant deux éléments contradictoires mais complémentaires : les passages voûtés de Gand, mais aussi ses tours. « J'apprenais là sans m'en rendre compte le symbolisme des tours : je veux dire qu'à travers elles je me sentais reliée à la fois au monde souterrain dans lequel elles dissimulaient leurs cryptes puissamment ancrées, et à cette voûte céleste vers laquelle elles pointaient. » *À la fois* : situation clef d'une œuvre qui n'exclut rien – ni le corps, ni l'esprit, ni leur combat, ni leur conjonction. Ni le coup d'œil plongeant de haut, ni le regard levé vers l'inconnaissable ; ni la mère qui préfère le monde d'en-bas avec le charme des rues ; ni le père, chef de gare, qui domine la mécanique.

Mais ce cumul, cette vision globale ne furent pas donnés d'un coup. C'est la progressive libération intérieure d'un esprit occupé à vouloir rejoindre ce qu'il est d'instinct que nous suivons dans *Une enfance gantoise* : comment il a fallu lentement traverser le monde des castes et des apparences ; comment il fut heureusement possible pour l'enfant de se reconnaître en des êtres d'exception : « Ma tante l'illuminée, mon grand-père l'inventeur, j'aimais ces chasseurs de chimères, ces traqueurs d'absolu, ces irréguliers en rupture avec la morale de caste. » La difficulté – quelle bénédiction pour des êtres qui savent que la libération ne peut être que lente, et intérieure ! Le livre de Suzanne Lilar l'affirme hautement : on ne se libère pas *avec* les autres, ou *grâce* aux autres, mais seul, en face des autres. « À se débattre contre les obstacles, on se définissait au lieu de se diluer et de se perdre dans le gouffre du *tout est permis*. »

Nous touchent ici le rythme des chansons flamandes « à la démesure du cœur », l'amour du mot latin tendu à la petite fille par le père « comme un insecte rare », de la poésie néerlandaise découverte à travers les poèmes de la béguine Hadewijch, dont les termes sont, on le sent, ceux-là mêmes en vue desquels Suzanne Lilar construit son univers intérieur : *ongheduren*

(« impatience des limites ») ou *entsinken* (« s'abîmer », littéralement « couler à fond »). Le sentiment d'un rituel sacré est celui qui l'emporte (« Plus que le dieu, m'importait la célébration ») – avec celui de l'insolite (la perception fascinée des difformités) non par goût morbide, mais par cette même passion de toutes les formes de la vie que l'on trouve chez Bruegel, Bosch ou Ensor.

À travers certains détails, Suzanne Lilar traque en elle-même ce goût de l'*intervalle* commun à tous ceux qui sont fascinés par les métamorphoses : cet espace où le moi devient autre perceptible aussi dans l'étrange liesse du carnaval avec son « ivresse de la dépossession ». Dans ce beau livre, rien qui ne soit essentiel n'est rapporté. Plus que les anecdotes de l'enfance, il raconte la naissance d'un esprit rebelle aux simulations. Livre qui s'ouvre lucidement à tous les mondes, le monde animal, minéral ou végétal et qui se déplie comme une fleur vers l'accomplissement, au-delà même de la maturité. Car le regard que Suzanne Lilar pose sur ces instants, ces rencontres, ces « déplissements » de la pensée, est un regard libre, qui « redécouvre la plénitude de la sensation », si bien qu'elle a su conserver et lier dans ces pages le passé et le présent, le temps de l'innocence et celui de l'expérience, dans un itinéraire qui s'enrichit du dédoublement unificateur que permet l'écriture.

La plénitude de la sensation : elle nous l'a livrée sans fard dans *La Confession anonyme*[4] dont le texte, enfin sorti de l'anonymat où il fut d'abord publié, s'accompagne d'une postface éclairant la quête intime de l'auteur. Suzanne Lilar insiste sur la nécessité de ne pas s'en tenir à la distinction puritaine du bien et du mal ; sur le désir de trouver d'autres dimensions qu'elles soient données par la poésie qui naît de l'analogie, ou par l'enfance gantoise si fertile en contrastes, ou encore par l'érotisme tel qu'il est ici vécu par Benvenuta et Livio. La richesse foisonnante de ce livre ne tient pas seulement à sa langue, mais à cette interrogation essentielle dont Julien Gracq avait bien vu qu'elle est au cœur de l'œuvre de Suzanne Lilar : « Comment concilier le goût des extrêmes égarements du corps et de l'âme avec le souci humain de contrôle et de clairvoyance qui est aussi un souci de maîtrise[5] ? »

Benvenuta et Livio vivent un amour encerclé par les interdits : Livio est marié, Benvenuta une pianiste célèbre adonnée à son art. Le fils de Livio tombe malade et les amants font vœu de chasteté afin qu'il ait la vie sauve : ce sont là les drames de la séparation, du quotidien, de la magie que nous forgeons au cœur de la trame d'une vie. Mais les héros de ce roman vont vivre leur aventure de façon à la fois dramatique et libre, sans que la gangue de l'habitude vienne les figer. À lire les amours de Benvenuta et de Livio, où la conscience ludique et la théâtralité des gestes transcendent la scène purement charnelle en extase lucide et intemporelle, on songe aux rencontres passionnées des grandes dames japonaises avec leur seigneur, telles qu'elles sont décrites dans les romans des Xe et XIe siècles. Il y a ici la même fraîcheur, la même attention donnée au regard, la même conception d'une possession mentale de l'autre, sorte de « fécondation spirituelle » qui mène de l'amour à l'Amour, et même à l'au-delà de la connaissance.

Certes, il y a une sorte d'antagonisme entre la femme, artiste brillante qui aime à s'immoler et cet Italien qui puise ses inventions amoureuses dans une « mémoire animale, ancestrale ». Mais c'est de ce heurt que naît la brûlure et Suzanne Lilar aime à citer la phrase de Blake : « La voie de l'excès mène au palais de la sagesse. » Elle-même écrit : « Le cérémonial fait un sort à l'antagonisme des sexes en même temps qu'il en délivre. Car le jeu libère, il est catharsis. » Cette notion de jeu invente une distanciation qui donne à chaque instant son unicité. Ni Livio ni

Benvenuta ne seront submergés par leur amour, mais soulevés par lui, chacun donnant le meilleur de lui-même à travers une découverte de soi impossible sans cette rencontre. Dans l'attitude de Livio, il ne faut voir ni donjuanisme dans le sens où trop souvent on l'entend (le don juan, chez Suzanne Lilar, est moins pressé de « jouir des femmes que de les instruire »), ni sadisme tel qu'on le trouve dans l'œuvre du Marquis. Livio n'a pas un instant l'idée de détruire. C'est pourquoi toute violence est ici, selon le beau terme utilisé par Suzanne Lilar, « désenvenimée ».

Livio et Benvenuta se situent « aux antipodes de l'érotisme contemporain et de sa postulation d'insignifiance », écrit encore l'auteur dans sa postface. La chair est ici sans cesse présente, mais domptée et concentrée en accumulation d'énergie. On songe à l'intime discipline de Socrate, de Gandhi. Dans ce livre sensuel et grave, les amants lancent un double défi à travers leur recherche de l'intemporel, recherche reprise par l'écrivain, qui conte leur histoire ; reprise enfin par Delvaux au cours de son adaptation cinématographique où il affirme son pari personnel : ce troisième regard jeté sur les deux regards déjà échangés par les amants. Jeu d'images par où Delvaux récupère en quelque sorte le feu toujours latent qui couve dans l'œuvre dont il fait, à son tour, une œuvre nouvelle, preuve passionnante de la contagion et de la fécondité de l'art.

Malcolm Lowry

Ce premier de tous mes textes critiques, je l'ai écrit pour la revue Preuves *tandis que faisaient rage les manifestations de Mai 68. C'était ma façon de « continuer le combat » mené dès mon enfance pour l'écriture. C'était ma façon de manifester dans ma chambre par une révolte solitaire et silencieuse. Depuis le temps que je voulais écrire ! En 68, j'ai eu enfin la possibilité de céder à « l'impulsion irrésistible de créer de l'ordre à partir du chaos », comme disait Malcolm Lowry – le chaos de l'informe et du refoulé, de l'impatience de ne pouvoir s'exprimer. Écrire enfin, alors qu'à six ans j'avais imaginé un « premier roman » (sur la vie d'un chien) refusé avec dédain par l'école Montessori de Londres. Alors que jeune femme (mariée), je m'étais liée à Rome avec Elsa Morante et Alberto Moravia sans pouvoir encore (malgré les encouragements d'Alberto) choisir ma voie. Ce serait pour* après. *Toujours* après. *(Après des ruptures, en fait.)*

Enfin, ayant appris ma propre langue à travers la traduction, j'ai pu accomplir mes « noces d'encre ». Aussi ce premier article

NOCES D'ENCRE

m'est-il resté, je le confesse, très cher, parce qu'il signe le début d'une vie nouvelle, comme l'on cède brusquement à l'incendie d'une passion charnelle après une longue abstinence.

Le feu infernal[1]

Le choix de lettres[2] de Malcolm Lowry paru dans une excellente traduction de Suzanne Kim est essentiel à tous ceux qui considèrent *Under the Volcano* (*Au-dessous du volcan*)[3] un chef-d'œuvre du roman contemporain. Grâce à cette correspondance, nous voici confrontés avec le processus de la création, plongés au cœur du monde secret, prodigieusement élaboré, du romancier, monde où règnent la cendre, le ravin, les actes manqués, les lettres perdues, les visions déformées par le mescal, les fatales angoisses de la désintégration. D'*Au-dessous du volcan*, le romancier écrit à Derek Pethick : « Le scorpion est un symbole du suicide (les scorpions se tuent en se piquant de leur queue, dit-on) [...] je comprends à présent que tout le livre est sous le signe du scorpion : l'action du livre se passe en un seul jour, exactement douze heures, de sept heures du matin à sept heures du soir ; le premier chapitre se déroule douze mois plus tard, le même jour, il se place donc aussi sous le signe du scorpion. » Peut-être pourrait-on dire de toute l'œuvre de Lowry qu'elle est sous ce signe suicidaire, comme son héros le consul « devenu l'homme de toutes les destructions ».

Ainsi, le nombre est fatal, le temps circonscrit, le retour en arrière inévitable, l'image de la roue un symbole essentiel, et l'ordre créé de nature presque toujours masochiste, tant il s'exerce dans une direction : la voie du tragique et de l'autopunition. Mais quoique nous percevions sans cesse cette fascination de la pente et de la ruine, l'œuvre est également régie par une série de structures et de défenses, Lowry étant « possédé par une impulsion irrésistible à créer de l'ordre à partir du chaos ».

Le temps, ce « faux guérisseur », est le thème le plus cruel de l'œuvre, puisqu'il accule au ressassement, au repli, à l'amoindrissement : « Si vous croyez à l'idée bergsonienne que le sens de la durée n'est qu'une inhibition qui empêche les choses de se produire instantanément – et en méditant cet axiome, il est vraiment difficile d'écarter toute notion de retour cyclique – la destruction, inéluctable, devient purement et simplement la fin téléologique d'une série de possibilités[4]. » Cette croyance en une récurrence fatale s'exprime dans le thème obsessionnel de la roue : « Une fois de plus, le principe de mon livre est celui de la roue, sa structure ayant la forme d'une roue, de sorte que lorsqu'on arrive à la fin, si on a lu soigneusement, on doit sentir le besoin de retourner au commencement car ce livre a été agencé, contre-agencé et amalgamé de façon qu'on puisse le lire un nombre illimité de fois sans savoir épuisé tous ses thèmes, son tragique, sa poésie. »

Ainsi s'explique Lowry avec sa plaidoirie pour *Au-dessous du volcan* (1947) auprès de l'éditeur Jonathan Cape, dans une autocritique d'une lucidité remarquable, véritable essai sur la création littéraire. Du principe de la roue, Max-Pol Fouchet remarque comment Lowry glisse vers le cycle : « Du cercle nous passons au cycle soit : de l'espace au temps[5]. » À cause des perpétuels retours en arrière, l'action se situe sur plusieurs plans et l'œuvre a plusieurs niveaux. Pour Lowry, l'œuvre d'art ne peut être saisie qu'après la célébration de noces entre elle et le lecteur. L'hermétisme, l'élément ésotérique doivent la structurer de façon à permettre un cheminement inconscient qui rappelle la plongée « de l'ancre dans l'eau profonde ». Ainsi, il y aura dans le *Volcan* toute une série d'accords « amorcés et résolus » que le lecteur « ne peut percevoir consciemment à la première ou même à la quatrième lecture », qui contribuent « par une action inconsciente, à la profondeur finale du livre[6]. » De toute façon, l'œuvre vit d'une vie mystérieuse, autonome, dont l'écrivain demeure le premier confondu. Ce n'est pas lui qui choisit la forme mais la forme qui le choisit. L'interpénétration entre le créateur et le créé est constante ; on ne sait plus qui des deux domine : de l'écrivain ou de la fiction. De la sorte, l'écrivain est un « homme souterrain » ; il « ignore ce qu'il est ». Il « a pour compagnon Ortega Y Gasset, forgeant sa vie au fur et à mesure qu'il va à la recherche de sa vocation… Que sait-il ? Il soupçonne qu'il n'est pas tant celui qui écrit que celui qu'on écrit […] C'est là que la terreur entre en scène[7]. » Double terreur : celle devant l'inspiration, mais celle aussi de voir les démons conjurés et l'inspiration tarie. Double nécessité : « l'écrivain doit s'abreuver à deux sources : celle de l'inconscient et celle de la culture », nécessité qui ne va pas sans luttes. Peu d'écrivains se sont autant que Lowry continuellement remis en question, modifiant leur œuvre au contact de celle d'autrui, renonçant à certaines scènes, certaines alliances de mots parce que déjà déflorées.

Si ce choix de lettres tourne essentiellement autour des problèmes que pose l'écriture, cependant l'homme s'y trouve également présent. Rien ne fut simple dans cette vie : mésentente avec les parents, bourgeois aisés de Liverpool, surtout avec le père « capitaliste sur un grand pied » ; voyages en cargo, rêvant de fraternité humaine, à la recherche de pères spirituels : les écrivains Aiken et Grieg ; divorce d'avec une première femme (connue à travers Aiken) ; vie heureuse, mais difficile sur le plan matériel avec sa seconde femme, Margerie Bonner ; manuscrits égarés ou consumés dans des incendies ; maisons brûlées qu'il fallut reconstruire de ses mains ; prison au Mexique, où Lowry fut enfermé par erreur ; scrupules maladifs, complexe de persécution, emprise de la boisson. Et si cette correspondance montre le perpétuel va-et-vient entre le monde extérieur et le bouillonnement caché du moi, elle dévoile surtout quel fut le protagoniste véritable de l'œuvre : l'inconscient. D'*Au-dessous du volcan*, Lowry écrit qu'il a « pour sujet essentiel… les forces à l'intérieur de l'homme qui le contraignent à s'épouvanter de lui-même. Il s'agit aussi de la nature de l'homme, de son remords, de sa lutte incessante vers la lumière sous le poids du passé et contre son destin. » De toute son œuvre à laquelle, s'il avait eu le temps de la terminer, Lowry comptait donner le titre du *Voyage qui ne finit jamais*, il écrit : « Le vrai protagoniste du *Voyage* n'est pas tant un homme ou un écrivain, que l'inconscient. » Le thème des forces obscures, lié à celui de la culpabilité, rapproche Lowry de Conrad et de Melville auquel il s'identifiait volontiers. Jean-Roger Carroy, dans une intéressante postface à *Ultramarine*[8], analyse cette identification.

Ce thème le rapproche également de Conrad Aiken, son « père spirituel » auquel sont adressées les premières lettres de ce recueil, ce « génie gravement méconnu » que tant d'affinités liaient à l'écrivain anglais, malgré les vingt années qui les séparaient : même importance attachée à l'inconscient (Aiken écrivit un « roman psychanalytique » qu'il envoya à Freud) ; même hantise du passé : Aiken fut marqué par un drame atroce qu'il « ne cessa de revoir » : il avait onze ans lorsque son père, dans un accès de folie, tua sa mère, puis se supprima. Et aussi, même besoin d'aller au-delà des mers (*Ultramarine*), au-delà du visible dans l'infini du moi comme dans *Le Voyage bleu* d'Aiken. Les réunit enfin une commune et sombre délectation au sein des forces délétères : on appelait Aiken le poète de la « désintégration créatrice ». Si l'on insiste sur le personnage de Conrad Aiken, ce n'est pas seulement pour rappeler combien sa présence fut déterminante dans la vocation littéraire du jeune Malcolm, mais aussi pour rejoindre une des hantises de Lowry : celle de l'identification d'un homme à un autre, celle des affinités électives. Le besoin de créer, cette « force en tant que telle qui vous oblige à l'utiliser » se communique à travers une entente mentale qui peut devenir « force de vie », « opération de l'âme ». « Eliot lui-même, qui doit beaucoup à Aiken sans toujours l'avouer, a appelé cette identification l'une des expériences de l'adolescence les plus importantes pour un écrivain. » Et Lowry ajoute : « J'aimerais savoir où finit l'adolescence à ce compte-là[9]. »

Un des récits les plus révélateurs : *Le métier, cet étrange réconfort*[10], montre l'écrivain Wilderness rêvant dans la maison de Keats à Rome, devenant tour à tour Keats, Shelley, Gogol ou Poe, mêlant son propre désespoir aux « cris d'angoisse momifiés et nus » de ces poètes. Mais, malgré tant de métamorphoses, Wilderness reste lui-même, un écrivain confronté avec sa propre prose, acteur mais surtout spectateur, un solitaire qui se repaît de ses réflexions. Celles-ci tournent autour de la prison Mamertine, et d'une phrase qui hante Wilderness comme si elle était d'un autre : « C'est tout en bas que se trouve la véritable prison. » Ainsi les identifications successives et provisoires n'ont fait que renvoyer à l'inconscient et au moi. Déjà, dans le premier roman, *Ultramarine*, le voyage et le bateau ramenaient le héros à lui-même : « Voilà ce que c'est que la vie en mer pour l'instant : travail de maison sur une roue d'enfer. » L'espace et le temps ne servent qu'à resserrer la vis. Aussi le désir d'être un autre confine-t-il souvent à l'obsession, une obsession inhérente au génie. De là vient la prédilection de Lowry pour les mots d'Emerson : « Tout génie consacre sa vie à un seul et même but. Le don d'interprétation pour le poète résulte de l'identification de l'observateur avec la chose observée[11]. » De là peut-être aussi la présence de tant de refrains dans l'œuvre : le leitmotiv de la prison Mamertine, le « Frère Jacques » de la *Traversée du Panama*[12], le chant des pêcheurs de l'île de Man, les cloches d'*Ultramarine* : « Tintement qui de toi ravive le souci, à moi, triste moi me ramène » – refrains qui imitent le bruit mécanique, éternel des machines, mais aussi le processus de la création poétique. Le poète ne doit-il pas toujours insister sur le même thème, taper désespérément sur le même clou, avec tout ce que cet effort comporte de volonté artisanale et opiniâtre ? Parfois cette recherche ambiguë qui consiste à se perdre pour se retrouver jette l'écrivain dans de véritables troubles psychiques. Cette expérience, Lowry l'a menée jusqu'au bout : ayant terminé *Au-dessous du volcan*, de 1936 à 1945, et mené à bien ses versions différentes, Lowry tend à devenir le consul[13].

Peu d'univers se veulent aussi illimités. C'est trop loin que le consul (et Lowry) veulent aller. Celui qui ne bascule pas dans la « catastrophe absolue », qui se contente d'ignorer le « plus qu'assez », celui-là ne sait rien, pensent-ils. D'où le rôle de la boisson car l'ivresse est connaissance, vision voisine de la folie, accès au monde démesuré des formes qui n'ont pas de forme définie. Aux volcans immuables qui siègent dans le ciel, symbole du mariage parfait (mais symboles aussi d'explosion imminente), Lowry opposera l'enfer mouvant de l'éthylisme ; aux astres, l'appel de la *barranca* où le consul, tel l'ange maudit, se trouve précipité. Bien sûr, cet enfer est choisi. Le consul en parle amoureusement : « Je ne puis attendre d'y retourner. » Quels sont les démons de Lowry ? L'échec, le passé, le remords. Mais aussi peut-être : la réconciliation, le repentir, l'oubli. « Est-ce là l'épreuve de l'homme : rendre efficace sa contrition ? » se demande le héros d'*Éléphant et Colisée*[14]. La « contrition efficace » n'effacerait-elle par la culpabilité ? Or, faut-il rêver d'apaisement, de sublime, qui impliquent « que toute vie doit comporter une fin heureuse, que notre sens du tragique, le plus frivole de tous, ne nous a été octroyé que pour des raisons d'esthétique, qu'au-delà de la tragédie, au-delà du monde, sinon au-delà de l'art – bien entendu on espérait que cela n'arriverait pas trop tôt – il y a une réconciliation possible dépassant nos rêves les plus furieusement optimistes... » ? Dans le même récit, quelques pages plus tôt, nous avions vu le héros regretter de ne plus pouvoir écrire à sa mère qui est morte : « Que faire à présent avec ce vide autour de moi, ce remords de n'avoir point écrit, que ferai-je si je ne puis résister à ce remords, et si je perds jusqu'à ce remords, alors quoi ? » Tout Lowry est dans cette question où être et enfer coïncident : « Et si je perds jusqu'à ce remords, alors quoi ? »

L'attitude de Lowry devant une réconciliation donatrice de paix est ambiguë. D'une part, il ne désire pas la connaître « trop tôt » et semble craindre un monde purgé de fantasmes (ainsi écrit-il à Cape que la femme rédemptrice de son roman, Yvonne, est « comme l'héroïne de Parsifal, à la fois ange et destruction »). D'autre part, la réconciliation semble souhaitée avec un scepticisme résigné, comme si Lowry savait son rêve hors d'atteinte. Les souvenirs heureux d'*Au-dessous du volcan* sont la plupart du temps imaginaires : la maison idéale, havre de paix adossé à la forêt, est décrite au conditionnel. Quant à Dana, le héros d'*Ultramarine*, il n'a pas eu le temps de vivre avec Janet. Le souvenir qu'il conserve de leurs rapports est prude, figé, tué dans le néant d'une relation inexistante tel un mariage blanc. Ou alors la réconciliation est imaginée sous des traits presque bouffons, comme lorsqu'elle s'incarne de façon dérisoire et grave cependant, dans une éléphante, masse énorme qui rappelle certains faits de l'enfance, vision nourrie de nostalgie pour la mère. Mais le rêveur a beau se moquer de lui-même : son rêve subsiste. Il subsiste parce qu'il est absurde, irréalisable. Plutôt que de réconciliation, il serait plus juste de parler ici de compassion, de « participation au tragique de la condition humaine », de « sympathie quasi pathologique » comme celle de Dostoïevski « pour ceux qui se mettent dans leur tort », écrit-il à Fernando Marquez. Attitude qui ne suppose pas l'effacement d'une culpabilité nécessaire à la création littéraire, mais son intime compréhension, et cette empathie présente dans la pitié. Une fois couchés sur le papier, les démons de Lowry prennent un essor rétrospectif. La mort de Lowry aurait pu être celle du consul. Knickerbocker écrit : « La nuit du 26 juin, Malcolm Lowry s'écroula et mourut, son corps resta toute la nuit étendu parmi les débris de verre d'une bouteille de gin[15]. » Toute sa vie Lowry fut hanté par les coïncidences, les événements imaginaires qui se vérifient après coup. Sa fixation au passé, alliée à une passivité voulue à l'égard de l'écriture, le forcent à subir ce qu'il a enfanté. Il a peur, comme Severn l'écrit de Keats, d'être dévoré par ses propres fruits. L'œuvre agit sur Lowry comme une goule, un vampire. Ainsi l'écrivain ne cesse de déterminer l'homme. Il lui faut revivre ce qu'il a décrit, alors que déjà, en un premier moment, il décrivait ce qu'il avait été. Il se trouve dévoré du dedans. L'écrivain et l'homme se consument, le drame étant aggravé – et non conjuré – par la délivrance de l'écriture. Lowry joue sur tous les sens de ce mot selon son habitude du *pun*. Peut-être l'ambivalence donnée à ce terme de *délivrance* vient-elle de cette nostalgie d'un néant complet qu'Aiken et Davenport avaient constaté chez Lowry : « Il n'aurait pas voulu naître du tout[16]. » L'acte créateur qui accouche l'écrivain de ses démons est précisément celui qui engendre l'angoisse. D'un de ses personnages-écrivains Lowry écrit : « C'était comme si, à la publication de son livre – mais en son for intérieur, il repoussait cette relation –, ses pouvoirs l'eussent quitté. » D'un autre : « Un homme non pas piégé, mais tué par son propre livre et les forces malignes qu'il soulève[17]. »

Ainsi, l'abandon des pouvoirs, l'impuissance, est, finalement, le thème central de cette œuvre. Impuissance sexuelle dans

Ultramarine : « Les femmes, Hilliot n'y connaissait rien [...] oui, sûrement, c'était là le défaut de la cuirasse. » Tout ce roman du voyage tourne autour de la « peur de la vie, de la virilité ». Même allusion à l'impuissance dans *Au-dessous du volcan* : dans sa lettre à Jonathan Cape, Lowry insiste : le consul, au chapitre trois, est impuissant avec la femme aimée « et cette impuissance a pratiquement une infinité d'implications ». Yvonne ne s'y trompe pas qui déclare : « De toute façon, ce n'est pas la boisson. » Le retour solitaire et stérile sur le moi (« c'est tout en bas que se trouve la véritable prison ») est renforcé par la crainte de l'impuissance littéraire. Loin de se comparer à Faust, Lowry craint d'être plus proche d'Aylmar, un sourcier du Moyen Âge, « à moitié charlatan » parce que son « talent le trahissait à certains moments embarrassants, ou n'opérait pas du tout dans certaines circonstances ». « Une sorte d'Aylmar souterrain à la recherche de soi ou de son âme[18]. »

De plus, il n'y a pas chez Lowry de paradis où régresser. La nature n'est pas un élément maternel fluide ou végétal, mais un bois inquiétant, un roc pétrifié, une pierre fendue, symbole de scission, de divorce. L'eau même de la mer est porteuse de germes, pollué par les fausses couches jetées dans ses flots (*Ultramarine*). Il n'y a pas ici de monde prénatal où s'abstraire et préserver l'enfance tandis que l'homme, devenu adulte, se déchire au contact du réel. Pourtant Clarisse Francillon, à qui nous devons la traduction de presque toute l'œuvre de Lowry, remarque fort justement : un des thèmes obsédants de l'auteur est celui du « lieu privilégié », lieu « à jamais inaccessible peut-être[19] ». Et il est vrai que si Lowry use fréquemment des mots *éviction, expulsion, éjection*, comme s'il avait été chassé d'un paradis tangible et connu, cependant cet éden n'est jamais décrit. L'écrivain reste muet sur les jouissances procurées. Le véritable problème reste celui de la possession. Le jardin d'*Au-dessous du volcan*, avec son avertissement « Nous expulsons ceux qui détruisent », est une allégorie de l'exclusion de l'éden. Mais le consul a-t-il jamais pénétré ce jardin, lui, l'« homme de toutes les destructions » ? Le drame des héros n'est pas d'être bannis, mais de rester sur leur faim. Ils ne connaissent ni la prise, ni l'accès. Ils restent « au large » du réel, comme le voyageur de la *Traversée du Panama* reste au large d'une côte inaccessible : « Un sentiment d'exil m'oppresse, un sentiment au-delà de l'injustice et de la misère [...] C'est de passer au large d'un lieu tel que celui-ci[20]. » Si les souvenirs heureux sont presque tous imaginaires, et les rêves irréalisables, il semble bien que les paradis soient moins perdus qu'interdits. Impénétrables – comme les femmes, elles, restent inviolées.

Lawrence a su faire de l'art un subterfuge. Lowry est privé de cette ressource : pas de dissociation entre vie réelle et vie rêvée, pas de rationalisation des échecs, rien que l'enfer personnel de la lucidité. Combien avait-il raison d'écrire à Jonathan Cape : « Il y a mille écrivains capables de vous peindre des personnages à n'en plus finir, pour un seul qui soit capable de vous raconter quelque chose de neuf sur le feu infernal. » Le consul, malgré le mescal, reste lucide : « Il est ivre, mais contenu, cohérent, un peu fou. » L'humour est grinçant, macabre. Son roman, écrit Lowry à Cape, est une « farce macabre, comme tout le monde d'ailleurs ». La machine humaine est sans cesse prête à se détraquer, guettée par la syphilis, la maladie, la mort ; l'homme « n'appartient plus au monde, ne l'entend plus », il est la proie de la *mordida*, la morsure de la décomposition. Mais, autre exemple de l'amour de Lowry pour le jeu de mots, la *mordida*, c'est aussi la soulte, la rançon. Ainsi la *mordida* est-elle à la fois décomposition du corps et prix à payer envers l'inspiration. Le corps se désagrège, au cruel profit de l'esprit.

Il y a chez Lowry une fascination de l'autopsie. Le regard qu'il pose sur lui-même est un regard clinique comme celui de De Quincey sur les derniers jours d'Emmanuel Kant. Un exemple frappant de cette vision est la présence, dans l'œuvre, de la main séparée du corps, comme si elle était affligée d'une existence maléfique et indépendante ; ainsi une main noire indique le chemin de « Parian », lieu fatal au consul. Les mains obsédantes, ensanglantées du film *Les Mains d'Orlac* (cet « artiste aux mains d'assassin ») resurgissent deux fois dans le roman. On ne peut s'empêcher, devant ces mains liées à la culpabilité et à la mort d'évoquer les détails cités par Knickerbocker : le lapin tué, le cheval assommé par un Lowry inconscient de ses propres forces[21]. Dans *Le métier cet étrange réconfort*, le héros contemple les reliques des poètes morts, détaille les souffrances de leurs agonies ; les héros de *Ultramarine* et de *Lunar Caustic*[22] ne cessent de contempler des machines, des rouages. « C'était le moment de s'abîmer dans la contemplation, dans le tourment. À cet endroit [l'entrée de la salle des machines] plus que nulle part ailleurs, il lui était possible de déceler d'une manière précise le principal foyer d'infection, son incapacité à situer les choses, à les mettre à leur véritable lieu et place[23]. » Souvent, ce sont les machines elles-mêmes qui, semblables aux corps, sont blessées et mutilées, comme ces navires contemplés dans *Lunar Caustic* où « la rivière démente » est porteuse « de grotesques vapeurs privés de mâture, de chalands plats filant en silence pareils à des serpents d'eau, de fantasques moitiés de bateaux absurdement élevées au-dessus de la surface de l'eau, avec des hélices nues, battant de la queue comme des thons, avec un mât unique désaligné. Ce monde de la rivière était un monde d'incomplétude… »

S'il est beaucoup question de feu dans l'œuvre de Lowry, cependant les volcans sont éteints. Du feu, nous ne voyons que les cendres. Ce qui reste des volcans, ce sont des collines pelées, ou bien les failles et les ruines d'après l'éruption. Il n'est que de lire la description du Vésuve dans *Pompéi, aujourd'hui*[24] pour voir combien ce volcan diminué est symbolique d'impuissance : « Non seulement la montagne crachant le feu ne croissait et ne grandissait plus au détriment des territoires d'en dessous, mais les ravages causés par elle étaient entièrement à ses frais, chaque explosion, chaque éruption ayant diminué sa stature et à présent qu'elle avait littéralement soufflé son propre cône, elle ne paraissait rien plus qu'une lointaine colline. » Un psychanalyste verrait sans doute dans ce volcan qui a causé des ravages « à ses frais », l'image d'un épuisement sexuel dont le sujet serait lui-même la cause. Knickerbocker, certains passages d'*Ultramarine*, le témoignage de Davenport concordent pour insister sur cette déperdition solitaire de forces. Parallèlement, le Vésuve devenu colline évoque l'écrivain toujours menacé, s'épuisant au fur et à mesure de ses œuvres. Dans cet appauvrissement réside le seul enfer vraiment redoutable : un enfer vacant.

À ce monde sans pitié, il n'y a pas d'échappatoires, seulement des sursis. La déesse Némésis est d'ailleurs celle qui poursuit Lowry, comme s'il se savait coupable d'une démesure attirant la vengeance. Cette Némésis porteuse de catastrophes, s'accompagne d'un face à face éblouissant et stérile : « L'obligation de contempler ce qui n'était que temporairement épargné, ce qui était en fin de compte, condamné[25]. » Quels que soient les secrets de Lowry, ils participent et de son destin, et de l'écriture, semblables à ceux du consul : « Mes secrets sont de la tombe et ils doivent être tus. C'est ainsi que je pense parfois à moi-même comme à un grand explorateur qui, ayant découvert un extraordinaire pays, n'en peut jamais revenir pour faire don au monde de son savoir : mais le nom de ce pays est enfer. »

La signification secrète de l'œuvre romanesque est souvent confiée par Lowry à des lettres égarées ou non postées. Tout ce qui importe est crié mais incommunicable : ce sont ces lettres perdues ou jamais écrites d'*Ultramarine* ; ou encore la missive que le consul a « oublié » de poster, « ce cri d'angoisse qui ne trouve pas de réponse avant le dernier chapitre où le consul, au Farolito, retrouve les lettres d'Yvonne qu'il avait perdues sans les avoir vraiment lues jusqu'alors, quelques instants avant sa mort[26]. » Ainsi la lettre est inutile, même lorsqu'elle est retrouvée. De toute façon, elle n'arrive que trop tard. Ce thème insistant de la lettre écrite en pure perte donne toute son importance à cette correspondance où ces appels que Lowry a su arracher de lui-même, ces regards qui fouillent l'œuvre et la vie, cette remarquable introduction à une création secrète et difficile, sont la preuve, non seulement d'un immense talent, mais d'un espoir lucide et patient : celui de partager avec d'autres un enfer personnel à travers l'écriture.

Katherine Mansfield

Tout ce qui concerne Katherine Mansfield me paraît lié à la fulgurance d'un détail souvent radieux mais éphémère, et donc lié à la mort. Je n'ai cessé, au cours de ma vie, de rencontrer mentalement cette jeune femme, à la fois avide, perspicace et nostalgique, qui ne devait jamais atteindre trente-cinq ans. Ma dernière « rencontre » avec elle : c'était en été, à Beaumont-en-Auge, en Normandie. Ma mère était déjà sur la pente fatale. J'avais quitté Chartres pour la rejoindre et, tandis que j'entendais sonner les cloches mélancoliques du village, je relisais les nouvelles, découvertes pendant mon adolescence. Je fus frappée de voir combien ces récits venaient rejoindre ma propre enfance en Chine. Puis, devant quitter ma mère pour quelques jours mais inquiète de la laisser suspendue ainsi entre ciel et terre, dans un étrange mouvement d'identification, je mis de l'ordre dans mes papiers personnels, les rangeant par terre, sous mon bureau de Chartres, avec l'injonction, posée au sommet de la pile : « prière de détruire ». (J'omis de préciser « en cas de malheur ».)

NOCES D'ENCRE

Le malheur survint : ma mère mourut. Dans mon trouble, j'oubliai tout : les dossiers rangés, les journaux intimes, la formule concise ; j'oubliai de modifier ma requête et les papiers furent effectivement détruits par une main diligente. Des carnets entiers disparurent, deux années de travail, dont beaucoup de notes sur Katherine Mansfield. Elle se trouvait, une fois encore, et doublement, liée à la mort.

Tragique transparence[1]

Pour lui rendre justice, c'est aussi vers son *Journal*[2] qu'il faut se tourner. Très jeune, elle a un regard impitoyable qui s'exerce à capter les travers, les tics, les manques, les détails absurdes, les failles qui lézardent les apparences trompeusement harmonieuses. C'est sur cette cruauté qu'il faut s'arrêter. Elle est la clef véritable d'un être dont la soif d'absolu se retournait contre elle-même. Cette cruauté fait de Katherine Mansfield un être à part, qui n'a jamais accepté de se leurrer ; qui a substitué à sa quête affective une recherche bien plus implacable : celle de la vérité. La dimension tragique du personnage transparaît dans la distance qui sépare ce qu'elle fut de ce qu'elle aurait voulu être, de ce qu'elle aurait pu créer si elle n'était pas morte à trente-quatre ans, après s'être débattue entre son exigence et les déceptions qui formèrent la trame de sa vie.

Née en Nouvelle-Zélande, Kathleen Beauchamp était la troisième fille d'un homme d'affaires prospère et d'Annie Dyer, femme délicate, malade du cœur. Ce fut la grand-mère Dyer qui éleva la petite « Kass », remplaçant cette mère fragile et absente dont Katherine devait un jour tracer le portrait sous le nom de Linda Burnell dans sa nouvelle *Sur la baie*[3]. Dès ses premières années, l'enfant fut moins confrontée à l'image d'un couple qu'à celle d'une mère évanescente qui restait pour elle un être précieux et présent, même si elle en était éloignée. Il semble d'ailleurs que mère et fille se confondent parfois sous la plume de l'écrivain quand elle décrit des femmes intenses et passionnées luttant pour ne pas mourir.

Katherine grandit à la campagne, parmi les Maoris, dans une maison entourée d'arbres immenses, près de cet aloès solitaire qui donna son titre à la première version de *Prélude*. Lentement, au fur et à mesure de la jeunesse de Katherine Mansfield (elle choisit ce nom de plume parce qu'il était celui de sa grand-mère), l'image féminine se charge de sens. Dans le domaine de l'ambition, l'exemple d'une cousine Beauchamp devenue célèbre sous le nom de comtesse von Arnim après avoir publié un roman à succès, *Elizabeth et son jardin allemand*, n'a certes pas laissé indifférente la jeune intellectuelle de Wellington. Dans le domaine de l'esthétique et des sens, une jeune Maorie appelée Maata, éclatante de beauté, séduisit l'écrivain au point qu'elle voulut en faire l'héroïne d'un roman. Dans le domaine enfin des amitiés passionnées, Katherine s'attacha pour toujours à Ida Baker, cette amie rencontrée à Londres au collège, qui devait lui devenir indispensable au cours de sa vie entière. Curieusement, elle lui donnera le prénom de son frère bien-aimé Leslie et la présence fidèle de L. M. (Leslie Moore) se devine à travers tout le *Journal*.

Parallèlement à cet univers féminin qui s'affirme à travers l'absence, le succès, ou l'éveil de l'affectivité, se développera une vie rêvée, liée à l'art. Katherine s'éprendra d'un jeune violoncelliste de talent, Arnold Trowell, le César du *Journal* – sentiment qu'elle va transférer plus tard sur son frère jumeau, violoniste. Ces amours musicales et romanesques apparaissent surtout nourries par la nostalgie et la correspondance entretenues par le reflet, sur le jeune musicien, du brillant accueil que lui réserva Londres. Dès 1907, elle écrivait à Arnold Trowell : « Mon aimé, bien que je ne te voie pas, sache que je suis tienne. Tu es pour moi l'homme, l'amant, l'artiste, le mari, l'ami », et l'on ne peut s'empêcher de songer combien ces accents préfigurent les mots des lettres à son mari, John Middleton Murry[4]. On soupçonne dès lors Katherine Mansfield de n'avoir poursuivi l'amour que pour mieux atteindre, à travers lui, son but qui était de créer. Marcel Arland le suggère dans sa préface au *Journal* : « Je ne veux pas dire que pour Katherine, Middleton Murry ne fut qu'un prétexte ; mieux vaudrait risquer le mot *objet*, dans le sens délicat et noble des temps classiques. » Oui, voilà bien des noces qui furent surtout des noces d'encre.

D'un côté grandira le désir d'appartenir au monde de l'art où l'homme est médiateur ; de l'autre se développera la curiosité du corps et de ses énigmes où la femme sera médiatrice. Cette scission dans la personnalité de Katherine Mansfield va marquer toute sa vie. Peut-être est-ce cette difficulté de parvenir à l'unité qui fera que les personnages de certaines nouvelles semblent, comme elle-même, séparées du réel par une sorte d'écran. Les choses ne se transforment pas en miroir comme dans le monde, centré sur le moi, de Virginia Woolf, mais elles s'éloignent et s'estompent, comme voilées : « Je suis un photographe en face d'une foule bizarre qu'il a ordre de photographier mais qui ne veut pas se laisser faire », écrivait-elle.

Obligée par son père de renoncer à la carrière musicale qui la tentait et de séjourner plus longtemps qu'elle ne l'eût voulu en Nouvelle-Zélande, Katherine Mansfield se débat dans sa révolte et son désir d'évasion hors des contraintes sociales et des tabous sexuels. La présence qui la console et la soutient est celle du dernier-né de la famille, son jeune frère Leslie Heron Beauchamp, figure masculine à laquelle elle ne cessa de songer à la fois comme à l'enfant qu'elle ne put jamais avoir, et comme le compagnon idéal avec lequel tout partager. Ses lectures sont bien faites pour accompagner ses tourments : Oscar Wilde, qui eut sur elle une influence déterminante, Heinrich Heine, Ibsen, le *Journal* de Marie Bashkirtseff et, plus tard seulement, son maître Tchekhov. Elle croit un instant qu'un ténor va lui donner la possibilité de vivre à Londres dans un milieu d'artistes : vêtue de noir comme pour un enterrement, elle l'épouse. Le mariage ne dure qu'une nuit. Elle se retourne alors comme toujours vers son amie de cœur selon ce mouvement qui donnera son titre à une de ses premières nouvelles fortement autobiographique, *L'Oscillation du pendule*. Après de douloureuses péripéties, elle eut enfin la possibilité de publier ses premiers récits dans le *New Age* et en 1911 son premier livre (qu'elle devait ensuite renier), *Pension allemande*, dont le titre n'est pas sans évoquer le livre à succès de sa cousine[5].

C'est alors que sa vie se lia à celle de Middleton Murry, écrivain et critique, personnage étrange, fluctuant, qui, parallèlement à celle qui deviendra sa femme, mena sa quête de la passion et de la vérité, mais avec autrement plus de pusillanimité et de complaisance. Les Murry se lièrent avec les Lawrence, et bien des points devaient rapprocher K. M. et D. H. L. : leurs brusques colères dont elle écrira que les accès lui rappellent les querelles entre l'écrivain et son épouse Frieda (« Je ressemble à Lawrence plus qu'à personne d'autre. Le fait est que nous sommes invraisemblablement pareils ») ; leur commune horreur de l'intellectualité ; leur perception du corps et de la nature. Des affinités non moindres unissaient Frieda et Murry : la voracité maternelle de l'une était attirée par la faiblesse de l'autre tandis que Lawrence concentra sur l'ambivalence de Murry ses rêves ambigus de rapprochement fraternel. (L'écho de ces relations complexes se trouve dans le roman de Lawrence : *Femmes amoureuses*.) Mais ces expériences diverses, comme sa passion éphémère pour Francis Carco, devaient progressivement mener Katherine Mansfield à une connaissance de plus en plus grave de la solitude et à la prescience de la mort.

De plus en plus la séduit la transparence chère à Tchekhov, son « objectivité » et sa compassion. À cette transparence, elle accède à travers le thème nostalgique de l'enfance. Ainsi sa fidélité à son jeune frère (disparu en 1915) n'est pas seulement le fait d'une affectivité déçue par les vivants, elle est un trajet, une manière de dépasser les limites d'une veine satirique qui avait commencé par être trop étroitement sienne. L'intrigue s'efface à présent au profit de la réminiscence. C'est là sa « dette sacrée », sa « dette d'amour ». C'est pourquoi, parmi ses nouvelles les plus belles (*L'Étranger, L'Histoire d'un homme, Prélude*[6]) sont des récits limpides qui doivent leur poésie à cette Nouvelle-Zélande qu'elle avait tout fait pour quitter. Les contradictions entre le regard qui tue, et l'âme qui se souvient, entre l'attachement à une femme (L. M.) et le sadisme que le dévouement sans bornes de celle-ci lui inspire, entre le désir d'un mariage rassurant et le goût de la bohême, entre l'exigence d'un égal et un besoin de puissance qui se nourrit des sacrifices d'une amie-esclave, déchaînent chez Katherine Mansfield un sado-masochisme qui va la condamner à des relations où l'instinct de destruction le dispute à la plénitude de l'instant.

Ces contradictions se retrouvent à la lecture comparée de ses lettres et du *Journal*. Les lettres – c'est-à-dire la vie – sont en quelque sorte en retard sur la pensée du *Journal*. Dans ses missives, Katherine Mansfield cherche à construire sa vie, refuse de lâcher prise, lutte pour obtenir ce qui n'est déjà plus, alors que le *Journal*, incisif, lucide, est un constat de destruction et de faillite, si ce n'est pour les instants de grâce dus à l'amour impersonnel. De ces deux tendances, l'émerveillement et le désespoir – elle a fait, comme elle l'écrit, les « tremplins de son art ». « J'ai deux tremplins dans le jeu littéraire : l'un est la joie, la vraie joie, écrit-elle à Murry en 1918, l'autre est mon stimulant originel, et si je n'avais pas connu l'amour, il eût été le seul. Non pas la haine ni la destruction (ces deux choses sont méprisables comme mobiles réels) mais un sens profond du désespoir, l'idée que tout est condamné au désastre, volontairement, stupidement – je vois exactement ce que c'est – un cri contre la corruption[7]. »

Ce cri, elle va tenter de lui imprimer un rythme qui aura la perfection aiguë de la nouvelle et l'harmonie unificatrice de l'arbre. L'arbre est un symbole récurrent tout-puissant chez Katherine Mansfield. Il est à la fois symbole d'autonomie et de croissance ; symbole de coexistence grâce aux racines évocatrices du passé, et aux feuilles qui, dans leur tremblement, suggèrent la montée vers l'ailleurs. Les moments de plénitude sont souvent liés à son apparition, tel le poirier à l'immuable splendeur dans *Félicité*. L'arbre est un « tremplin », un « cri » ; il « semble palpiter et lisser ses plumes » comme l'oiseau. Mais les éléments et les choses sont pour elle moins des symboles que des signes concrets où la vie s'est logée. Le détail, voilà ce qui l'arrête. Elle hait tout ce qui est explicite, dirigé, tout ce qui veut démontrer loin de l'intuition immédiate. Les Murry connaissaient admirablement l'œuvre de Keats ; Katherine, pendant sa longue maladie, s'était nourrie des lettres douloureuses du poète tuberculeux à Fanny Brawne et elle éprouve un élan d'identification à l'animal ou à l'inanimé, « au canard ou à la pomme », pareil à celui qui transportait Keats au cœur de l'univers. C'est là le « prélude » de l'art, écrit-elle à l'amie peintre de Lawrence, Dorothy Brett. Un prélude seulement, car si l'identification permet de devenir canard ou pomme, « c'est alors qu'on les *recrée* ».

Sa façon fulgurante de capter le détail apparente parfois Katherine Mansfield à sa contemporaine Virginia Woolf. De frappantes affinités les liaient en effet : toutes deux ressentent l'image masculine comme brutale, et l'image féminine comme lourde de rêve et de nostalgie ; l'écrivain en elles nourrit une même passion pour certains auteurs russes, et chacune a un culte pour son frère mort, symbole d'enfance et de pureté. « Nous faisons la même besogne », affirme-t-elle à Virginia dans une lettre d'août 1917. « Chacune de notre côté, nous poursuivons le même but. » Virginia Woolf notait à son tour dans son *Journal* :

« Sa nature est semblable à celle des chats : étrangère, réservée, solitaire, aux aguets. Nous avons parlé de la solitude et elle s'est mise à dire tout ce que je ressentais comme je ne l'avais jamais encore entendu faire[8]. »

Katherine Mansfield prend goût à cette solitude : « Vécue avec d'autres, l'existence perd ses contours, écrit-elle, quand je suis seule, elle devient infiniment précieuse », et c'est à travers l'écriture qu'elle va se délivrer de toute amertume. Qu'importe si elle finit par brûler seule du feu de l'espoir et du feu de l'amour ! Le visage humain lui deviendra presque indifférent, et la passion se confondra avec la perfection qu'elle a toujours cherchée. Il est émouvant de penser qu'un être aussi vital, aussi doué pour le bonheur ait dû apprendre la beauté farouche de la résignation. Minée par la tuberculose qu'elle avait traînée dans une vingtaine de pensions en France, en Suisse et en Italie, Katherine Mansfield savait d'expérience que « rien n'arrive subitement ». Devant le combat répété et raffiné que livre l'insecte contre un flot d'encre dans *La Mouche*, comment ne pas songer au combat douloureux, obstiné que Katherine Mansfield livra contre l'hémoptysie ? Pourtant c'est la transparence qu'elle avait souhaitée qui rayonnait sur son visage quand Middleton Murry vint la rejoindre à Avon, quelques heures avant la fin, chez Gurdjieff en qui elle avait en vain placé ses espoirs de guérison. Il semble que le jeune homme mort à la fin de *La Garden Party*, dont la petite Laura contemple le visage, ait atteint une forme de bonheur. « Heureux… heureux… Tout est bien… », disait ce visage endormi. Ce sont exactement les mêmes mots que Katherine Mansfield traça à la fin de son *Journal*, quelques jours avant de mourir, après avoir appris, comme les mystiques et les poètes, que la mort fait partie de la vie.

Katherine Mansfield et moi

Chaque fois que je relis ses admirables nouvelles, il n'y a rien à faire, mon enfance à Shanghai resurgit. Dans le jardin de la route Ghisi, l'amour était encore sans visage comme souvent les impressions dans *La Garden Party* et *Félicité* – impressions qui s'attachent plus à l'instant fugace et magique, au regard, à la fleur, à l'oiseau qu'à un être humain. L'adolescence est l'âge même de ces passions pour toute entité vivante, sans traits précis, et presque sans distinction de sexe. J'aimais les pétales des fleurs autant qu'une peau humaine. J'aimais le chant du loriot autant qu'une voix. J'avais des rendez-vous avec le jardin au clair de lune tout comme dans ce passage du *Carnet de notes* que je devais lire plus tard, où Katherine Mansfield disait de son double : « Comme elle aimait les fleurs ! Avec passion ! […] Et, ce qui mit le comble à sa joie, c'est qu'elle était libre de les regarder, de les "absorber" autant qu'elle le désirait. Elle but pour la première fois une longue et enivrante gorgée de ce vin nouveau – la liberté. »

Les passions étaient d'autant plus fortes et plus libres qu'elles étaient sans objet, ou plutôt que leur objet était la passion même. Cet amour intense de la vie, charnel et mystique, qui s'effiloche au cours des répétitions, des détours et des ruptures, Katherine Mansfield en était la spectatrice extatique et privilégiée. Elle était l'écrivain de ces moments-là. Oui, je le sentais déjà, dans le jardin de la route Ghisi, au moment trouble de la puberté où la vie force momentanément une femme à diminuer ce qui était si puissamment ressenti devant la beauté ou devant la misère en dehors de toute détermination sexuelle. Du moins, j'étais comme elle, sans le savoir, plongée dans le dilemme des transformations et, si je ne savais encore rien de sa vie, il me semblait qu'elle savait tout de la mienne.

Katherine Mansfield a violemment éprouvé la pesanteur de la chair ; elle s'est toujours efforcée de rejoindre la transparence à travers le regard, la dérision, la souffrance, le masque diaphane qu'elle s'est forgé. Elle s'est appliquée à modeler, à refaire son apparence. Elle s'est créé un corps mince, un visage d'éphèbe couronné d'une frange, une voix dévastatrice, des yeux de braise qui brûlent mais ne reflètent rien car elle était elle même un foyer. Je ressentais, alors, à Shanghai, sa révolte terrible contre l'état d'objet auquel la femme, jeune ou âgée, est condamnée ; le rôle passif dévolu à la petite fille comme à la vieille fille dont on se moque dans les parcs publics – une révolte qui refuse la femme dans sa condition d'être informe et saignant, et lui donne la force de palpiter dans le miracle d'un instant magique. Tout cela m'était perceptible à travers son style visuel et limpide dont la sensualité m'était nécessaire après la sécheresse française des moralistes ou de Benjamin Constant qui m'avait tant marquée. Dans cet impressionnisme brûlant, j'aimais déjà ce qu'il y avait derrière l'évidence, la vérité souterraine plutôt que l'analyse ou l'explication psychologique.

C'était en Chine : le monde extérieur m'était étranger comme je lui étais étrangère. Il y avait des millions de malheureux, de mendiants et de coolies, mais, étrange contraste, il y avait le chant du loriot et le trait bleu du martin-pêcheur. Le monde n'avait aucun sens. C'est pourquoi on s'attachait si passionnément à une agate ou à un collier de jade. Les enfants grandissaient, s'éloignaient les uns des autres, enfermés dans leur propre sexe, sans en saisir la raison. Tout paraissait injuste, décidé par les autres. Voilà pourquoi j'aimais tant la nouvelle *La Garden Party*, où la jeune Laura veut « arrêter la fête » parce qu'un charretier est mort renversé par un tracteur près de la maison. La fête a lieu quand même, bien sûr, comme ont lieu des mariages parce que les faire-part ont été envoyés. Comme on continue à vivre à côté des morts. Combien je comprenais Laura qui, avec son frère, a presque honte de survivre tout en adorant la vie : « Mais ce qu'était la vie, [Laura] fut incapable de l'expliquer. N'importe. Il comprit parfaitement. Oui, n'est-ce pas, chérie, dit-il. »

C'est aussi pourquoi j'aimais la solitude des jardins où réfléchir sur cette ambivalence. Je comprenais le dédoublement des personnages féminins de ces nouvelles, de ces femmes prises entre la séduction et la lucidité. J'aimais la compassion de Katherine Mansfield, dans la nouvelle *Miss Brill*, pour son héroïne qui se sentait une actrice montée sur le théâtre de l'absurde, entourée d'enfants, de musiciens et de couples, mais seule et abandonnée avec sa petite fourrure mitée, moquée par les amoureux qui se bécotent sur un banc. Et j'aimais *Prélude* où tout est double, duplice, où Béryl voyait « son faux moi monter et descendre les escaliers ; rire avec ses trilles particuliers qu'elle prenait quand il y avait des visiteurs ; se tenir sous la lampe si un homme venait dîner, pour qu'il puisse admirer la lumière sur ses cheveux ; faire la moue et la petite fille si on lui demandait un air de guitare. Méprisable ! Méprisable ! Son cœur était froid de rage. "C'est extraordinaire comme tu peux persister", disait-elle à son faux moi ». Moi aussi, encore enfant, je ressentais l'envie de séduire tout en voyant la vanité de la séduction : ne suffisait-il pas de regarder les adultes pris dans les rets de leurs intrigues amoureuses, tandis que d'autres mouraient comme des mouches ?

J'aimais profondément cette Linda caressant les coquelicots aux pétales collants et soyeux, et qui disait : « Les choses avaient comme cela une habitude de devenir vivantes… » Pour moi aussi, le jade, le cresson, la fenêtre ronde comme un œil, le pont en dos d'âne, le bol en céladon étaient vivants et, tout comme Linda, je restais éveillée la nuit, « les yeux attentifs, guettant quelqu'un qui devait venir et qui ne venait pas, attendant quelque chose qui devait se passer et ne se passait pas ». L'attente de l'adolescence : quel grave mystère merveilleusement suggéré par Katherine Mansfield ! Comment décrire mieux qu'elle cette attente impersonnelle et radieuse de la vie aussi surprenante que l'aloès aux feuilles épineuses qui épouvante Kézia – cet aloès dont la fleur ne surgit qu'« une fois tous les cent ans » ?

À l'époque, je ne savais rien des faits de l'existence de Katherine Mansfield. Ce n'est que bien plus tard que j'appris dans la biographie d'Anthony Alpers[9] combien elle avait aimé son jeune frère, tué à la guerre. Elle révérait en lui une image d'homme idéalisé qu'elle dresserait contre tous les autres hommes et même contre son mari, John Middleton Murry. Me frappèrent, à ma relecture, non plus les images féminines auxquelles je m'étais identifiée en Chine, mais le nombre de mâles tournés en dérision – le don juan musicien, hypocrite et vaniteux, de *La Journée de Mr Reginald Peacock*, ou l'époux pétrifié de *L'Homme sans tempérament*, ou encore cet homme marié toujours ailleurs, toujours rêveur, qui avoue : « Il me semble avoir passé la plus grande partie de mon temps comme une plante enfermée dans une armoire. Par intervalles, quand le soleil brillait, une main indifférente me sortait sur l'appui de la fenêtre et puis me rentrait prestement, c'est tout. » Mais ici l'homme marié est bien le double de Katherine Mansfield, jeune fille au corps réduit à l'état d'objet.

À Shanghai, à Pékin, je n'avais pas l'intuition de cette transposition d'un sexe à l'autre si forte dans son œuvre. Maintenant, j'apprenais la profonde bisexualité de cette écriture et de cette vie. Tantôt homme, tantôt femme, mais toujours elle-même, totalement liée au passé en Nouvelle-Zélande et à ses premières expériences, comme je l'étais à l'enfance en Chine. « Qui suis-je en effet [dit un personnage], assis ici, à table, si ce n'est mon passé ? Si je le renie, je ne suis rien. Et si j'essayais de diviser ma vie en enfance, adolescence, jeunesse, ce serait artificiel. » Ainsi, j'apprenais que, malgré une existence en apparence décousue à l'extrême, le désir de quitter la Nouvelle-Zélande pour Londres, l'obligation de retourner quelque temps auprès des siens, méfiants et intolérants, malgré les liaisons, les sinistres chambres d'hôtel, la gonorrhée, l'avortement, les opérations, la pleurésie, l'absence de l'époux, le sadisme tyrannique exercé sur les amies femmes, subsistait, malgré tout, une ligne conductrice et rédemptrice. Il n'existait pas vraiment de coupure. Toujours avait triomphé le désir tout-puissant de fixer les instants avec une certaine cruauté, comme le collectionneur dispose dans une vitrine d'éclatants papillons.

Charlotte Perkins Gilman

C'est un texte terrible. Est-il besoin d'insister sur le mutisme imposé à la femme au nom de la connaissance et de la culture masculines, au nom du pouvoir et des métiers où elle avait, à l'époque, si difficilement accès ? L'enfermement, le silence, la résignation, tel était son lot : il a fallu briser ce carcan non sans dommage pour les relations avec l'autre sexe. Il a fallu sortir de cette prison, au risque de devenir folle.

Écrire ou ramper[1]

Rien d'étonnant à ce que *The Yellow Wallpaper* (dont j'ai traduit le titre par *La Séquestrée*)[2] résume de façon éclatante la vie de Charlotte Perkins Gilman avec son désir absolu d'indépendance, malgré une mère despotique et deux mariages – désir d'accéder aux dimensions hors frontières, loin des rôles attribués à chaque sexe par la morale et les mœurs. Ce texte qui date de 1890 est contemporain des débuts difficiles d'une autre femme écrivain : Edith Wharton, et des graves dépressions d'Alice James, sœur de Henry, travaillée par la même exigence d'évasion à travers l'écriture. Mais quelle femme était donc Charlotte en 1890 ? Dans cette Amérique préoccupée par le développement de son économie, de ses ressources minières, de ses chemins de fer et de ses industries, malgré la naissance de fortunes colossales, le statut de la femme restait néanmoins très éloigné de cette éclatante progression. Née en 1860, Charlotte appartient au XIXe siècle, à une Amérique « victorienne » qui va lui insuffler les révoltes nécessaires à sa libération future. Elle descend d'une famille célèbre du côté de son père : les Beecher. Le premier à rendre ce nom célèbre fut l'arrière-grand-père de Charlotte, qui eut douze enfants de trois femmes, parmi lesquels se trouve Harriet Beecher Stowe, l'auteur de *La Case de l'oncle Tom*. Il n'y avait pas d'ancêtres connus du côté de la mère, et son importance dans la vie de Charlotte tient surtout au fait qu'elle fut seule à l'élever. Seule à la marquer.

Si l'époque était gouvernée le plus souvent par des hommes puissants et corrompus, il n'empêche qu'il y avait aussi une immense fermentation intellectuelle comme le prouvent les ouvrages de Spencer et de Darwin ; l'intérêt accordé aux réformes sociales ; la naissance d'un féminisme actif, militant, vécu ; l'apparition d'une nouvelle génération de femmes qui, privilégiées, se tournaient vers celles qui ne l'étaient pas. Il n'empêche qu'elles devaient toujours choisir – même elles – entre le mariage et leur carrière, choix que les femmes exceptionnelles comme Charlotte Perkins, Edith Wharton – ou George Sand avant elles – répugnaient à faire, non par peur de la solitude mais par refus de cette limitation. Ne pas pouvoir créer sa propre vie à travers le travail, la pensée, l'indépendance financière : c'était ce que Charlotte avait voulu combattre toute sa vie, surtout à voir l'existence désenchantée de sa mère abandonnée par son époux, Frederic Perkins.

Très tôt surgirent drames et obstacles. D'abord le poids des exigences liées aux remarquables aïeux – bref, le poids de l'hérédité. Ces ancêtres s'étaient souvent consacrés à Dieu et à leurs ouailles tandis que les femmes excellaient à tout faire dans le saint des saints : le *home*. Mais Frederic, le père de Charlotte, grand lecteur, éditeur, libraire, écrivain virtuel, n'arrivait pas à s'imposer. D'un naturel faible et désordonné, réussir n'était pas son fort. Les responsabilités, non plus. Un médecin ayant déclaré qu'un troisième enfant serait dangereux, Frederic eut vite fait de s'évanouir dans la nature. Il abandonna tout simplement Charlotte et son frère Thomas. La famille monoparentale fut donc contrainte de se débattre dans mille difficultés, de vivre d'expédients chez les uns ou les autres, de déménager dix-neuf fois en dix-huit ans, d'où une scolarité et des liens sans cesse brisés. Aussi la procréation dut-elle apparaître comme une malédiction à la jeune Charlotte dont l'enfance errante fut fracassée par cet abandon paternel. Parmi les essais d'écriture de Frederic, se trouve une nouvelle intitulée *Matinée avec Bébé* où les petits enfants sont définis comme étant le « *delirium tremens* résultant du mariage ». (La biographe de Charlotte, Ann Lane, ne sait pas si Charlotte eut jamais connaissance de cette nouvelle de son père. Mais cela semble fort probable étant donné son faisceau de correspondances avec *The Yellow Wallpaper*, qui raconte l'histoire d'une femme devenue folle après avoir accouché.)

De sa mère, Mary, Charlotte devait écrire que « sa vie fut l'une des plus frustrées qu'elle eût jamais vues ». À quinze ans, la mère de Mary, Clarissa, avait dû épouser un veuf déjà père de quatre enfants. À dix-sept ans, le premier-né de Clarissa mourut et Mary ne survécut que par miracle. Elle n'épousa Frederic qu'à la maturité, très tard pour l'époque, à vingt-neuf ans. (À son tour sa fille ne cessera d'hésiter avant de se lier.) Mary Perkins, à jamais atteinte dans ses affections par la fuite de son mari, persuadée qu'il fallait à tout prix éviter les souffrances de l'amour à sa fille, la rejeta, lui nia toute tendresse pour l'endurcir. Elle resta, sa vie durant, fidèle à l'époux disparu. Le manque d'amour maternel et cette dépendance à l'égard d'un mari absent devaient marquer Charlotte, deux fois orpheline, pourrait-on dire. Les farces innocentes de la petite fille, ses rébellions étaient souvent matées par le fouet. Le sadisme maternel paraît évident : ainsi toute lecture palpitante que sa fille avait entreprise était coupée juste avant le dénouement par de sévères horaires. L'imagination et ses délices étaient pourtant la seule consolation de Charlotte qui se mit à écrire (comme Edith Wharton), dès l'âge de dix ans, des nouvelles où se mêlent le fantastique, l'horreur et la nostalgie. Or c'est justement cette imagination que la mère va interdire à sa fille, lui ordonnant de la sacrifier. « J'avais tout juste treize ans. Ceci [imaginer] avait été ma plus grande joie pendant cinq ans. Cela concernait de très loin la partie la plus développée, la plus active de mon esprit. On exigeait de moi de fermer le bâtiment principal si je puis m'exprimer ainsi, pour me cantonner dans celui bâti en "L". Personne ne pouvait affirmer si j'obtempérais ou pas. C'était ma forteresse intérieure, à moi seule connue », écrit-elle dans son *Journal*[3].

Ce meurtre de l'imaginaire, cette injonction atroce de ne plus penser, de ne plus créer, de faire taire les voix intérieures, n'est-ce pas le régime débilitant imposé dans *La Séquestrée* ? Mais dans le cas de Charlotte, l'obéissance temporaire (comme chez Edith Wharton à qui sa mère avait défendu d'écrire des romans) est justement l'humus qui permettra de mûrir le défi et de fertiliser un talent futur. Cette première amputation de l'imaginaire va préparer ses futures noces d'encre. Car Charlotte, apeurée, obéit. « Nuit après nuit, je dus fermer la porte devant la joie, et la tenir fermée. Jamais, jamais, je ne l'ouvris même quand d'exquises rêveries scintillantes s'efforçaient d'entrer. » (On retrouvera l'importance de la porte fermée à clef dans *La Séquestrée* avec son ultime capitulation : donner la clef au mari afin qu'il puisse entrer, mais, justement, il n'entre pas, figé par son évanouissement sur le seuil de la porte.) Après tant d'interdictions, de punitions génératrices d'épouvantes intimes, la seule ressource pour Charlotte Perkins était de se forger une volonté de fer. De se construire à travers la domination de son corps qu'elle entraîna grâce à la discipline du sport, à travers un goût prononcé pour le dessin, à travers des amitiés féminines brûlantes comme celle pour Martha Luther pendant l'adolescence, et, enfin, grâce à l'écriture dont cette nouvelle fut une de ses premières réalisations dans le domaine de la fiction.

Mais Charlotte Perkins n'est pas seulement l'auteur de récits. Elle devait, bien plus tard, écrire un roman qui concentre les thèmes de ses nouvelles dans une fiction qui tient de la fable et de la science-fiction : *Herland* (que l'on pourrait traduire par

Terre des femmes)[4] – une terre habitée uniquement par des femmes qui, à vingt-cinq ans, se reproduisent grâce à la parthénogenèse, sans doute pour contrebalancer les terreurs de la procréation sexuée si souvent suivie de mort et l'image des hommes qui étaient seuls alors à se partager le pouvoir. (Mais de nos jours n'avons-nous pas encore la tête remplie d'images de mondes presque uniquement masculins – univers du rugby, du clergé, de l'armée, des parachutistes, de la légion étrangère, de certaines universités, des clubs anglo-saxons entre autres ?) Charlotte Perkins verse ici dans un monde radicalement opposé où règnent l'harmonie, la beauté, la simplicité, l'absence de « soucis » tels que le budget pour le maquillage, les dessous féminins, le fard, les petits plats mijotés, la mode ou les cris perçants des nourrissons. (Elle fut une des premières à prôner l'importance des crèches et des cantines.) Dans *Herland*, le fait que les enfants naissent comme par miracle grâce à l'absence de la douleur, du sang des couches, du lait et du danger – est conté avec un humour qui révèle le rêve intime d'un monde inventif, constructif, heureux, totalement utopique. Rivalités, haine, sentiments passionnels excessifs sont évacués du seul fait qu'il n'existe à *Herland* qu'un seul sexe, ce qui est évidemment simpliste. Il fallait à Charlotte Perkins lutter par la fable contre le monde masculin pour lequel, selon elle, la femme perd un temps précieux et sa santé pour devenir, ironie logique du sort, dépendante de celui auquel elle désire plaire à travers ses robes, ses corsets, ses talons hauts, ses chapeaux, ses parfums puisque c'est l'homme qui paie tout cela pour son propre plaisir. Ainsi la femme devient-elle, non pas l'idole, mais l'esclave de celui qu'elle prétend séduire.

Malheureusement, à travers cette vision féministe unisexe, le désir et la séduction sont rayés et l'absolue chasteté, prônée. Pourtant Charlotte va se montrer capable d'écrire des nouvelles symboliques qui vont très loin, dont ce chef-d'œuvre *The Yellow*

Wallpaper, ou encore *If I were a man,* nouvelle où la jolie et parfaite Mollie joue son rôle chez elle en tant qu'épouse, mère et maîtresse de maison⁵. Mais elle refuse de se cantonner à ce rôle lié à son sexe et d'être entravée par les limites imposées au monde féminin avec sa sacro-sainte trilogie (le *home* ; l'enfant ; les relations sociales) et s'imagine, tout au long du récit, être devenue son propre mari. La voici, sans perdre la mémoire de sa féminité, devenue un homme avec sa vie de club, son costume plein de poches si commodes, ses chaussures à talons plats, son métier rémunéré, ses cigares, son argent, sa carrière. Au cours de cette rêverie d'identification à l'univers masculin, « le monde s'ouvrit à elle ». Elle devine les sentiments ambigus que nourrissent les amis de son mari à l'égard des femmes, qui les considèrent comme des objets de luxe dont se parer, ou des filles d'Ève intéressées et vénales, ou encore des domestiques sans salaire. Elle devine la peur de ces hommes devant la révolution qui pourrait avoir lieu : que ces mêmes femmes se mettent à travailler, deviennent indépendantes, capables de choisir. Et donc de rejeter.

Dans une autre nouvelle, *The Unnatural Woman,* la conception étriquée d'un amour maternel vampirique est la cible visée. Une femme qui court le risque de perdre son propre enfant afin de prévenir la communauté qu'un barrage va céder (sauvant ainsi la vie à trois villages) est pourtant vilipendée par les autres matrones pour lesquelles n'existe aucune idée de l'humanité en général, mais seulement celle d'un lien possessif morbide pour leur propre progéniture : « C'est une mère dénaturée », concluent-elles, la conscience tranquille.

Tous ces thèmes, qu'ils soient traités sur le mode de l'humour noir ou avec le sentiment du tragique, sont ici comme noués et enroulés dans le dessin mortifère du papier peint jaune devenu le seul paysage de la femme séquestrée dans une chambre d'enfants, coupée de son petit garçon. Dans le journal *The Forerunner* (« L'Avant-Garde ») créé par Charlotte Perkins, elle a tenu à s'expliquer sur cette nouvelle si angoissante en 1913 :

Pourquoi j'ai écrit *The Yellow Wallpaper*

Bien des lecteurs m'ont posé cette question. Quand ce récit fut publié pour la première fois dans le New England Magazine *vers 1891, un médecin de Boston protesta dans* The Transcript *: « Une telle histoire n'aurait jamais dû être écrite, écrivait-il ; il y avait de quoi rendre n'importe qui fou. » Un autre médecin (originaire du Kansas, je crois) écrivit pour dire que j'avais fait la description d'une folie naissante la plus convaincante qui soit – et, demandait – que je veuille bien l'excuser – s'il s'agissait de moi-même ?*

L'histoire de cette histoire, la voici :

Pendant des années j'ai souffert d'une dépression nerveuse allant jusqu'à la mélancolie – et au-delà. Au cours de la troisième année, environ, de cette maladie, j'allai, poussée par la confiance et un léger accès d'espoir, consulter le spécialiste des maladies nerveuses le plus célèbre de notre pays. Cet homme, si plein de sagesse, m'ordonna le lit. Cette « cure de repos », à laquelle ma constitution encore solide répondit si rapidement, le persuada que je n'étais pas vraiment malade ; aussi me renvoya-t-il à la maison, me conseillant solennellement de vivre autant que possible une vie casanière, de ne donner que deux heures par jour à la « vie intellectuelle », « de ne plus jamais toucher ni à une plume, ni à un pinceau, ni à un crayon » tant que je vivrais. Nous étions en 1887.

Je rentrai chez moi et me conformai à ces instructions pendant près de trois mois ; c'est alors que je frôlai de si près la maladie mentale qu'il me semblait l'avoir dépassée. Alors, rassemblant les restes de mon intelligence, aidée par un ami avisé, je me libérai des conseils de ce médecin célèbre et recommençai à travailler – je retrouvai le travail, la vie normale de tout être humain. Le travail : cette joie, cet épanouissement, cette aide sans lesquels nous ne sommes que des misérables, des parasites – et je finis par récupérer un semblant de forces.

Bien évidemment, je fus poussée à me réjouir d'avoir pu sauver ma peau et j'écrivis The Yellow Wallpaper, *avec ses transpositions et ses métamorphoses, pour exprimer enfin cet idéal de la création (même si je n'eus jamais d'hallucinations ou de réserves quant à ma décoration murale) et j'en envoyai une copie au médecin qui avait failli me rendre folle. Il ne m'en accusa jamais réception.*

Ce petit livre est aimé des aliénistes comme un bon spécimen de la littérature des malades. À ma connaissance, il a permis à une autre femme d'éviter un sort semblable, tant il a terrifié sa famille qui, du coup, lui a permis de reprendre une activité normale si bien qu'elle guérit. Mais le résultat le plus satisfaisant, le voici : bien des années plus tard, j'appris qu'après avoir lu The Yellow Wallpaper, *le célèbre spécialiste en question avait changé sa méthode de soins pour guérir la neurasthénie.*

Ce récit n'était pas destiné à rendre les gens fous, mais à les sauver d'une folie menaçante. Et ce fut une réussite[6] *!*

Cette dépression (n'oublions pas que Charlotte l'éprouva dès son mariage, *avant* la naissance de sa fille) elle la décrit ainsi dans son *Autobiographie* de 1935 : « Ma souffrance mentale devint tellement insupportable qu'il m'arrivait de rester assise balançant ma tête de droite à gauche puis de gauche à droite, pour essayer de neutraliser la douleur […] il s'agissait d'un tourment mental si accablant dans sa pesanteur sinistre qu'il semblait suffisamment réel pour tenter d'y échapper. Je fabriquai une poupée de chiffon ; je la suspendis au bouton de la porte et jouais avec elle. Il m'arrivait de ramper sous les lits jusque dans les cagibis pour éviter d'être broyée par cette profonde détresse. »

Description qui rejoint de manière bouleversante la nouvelle, avec l'obsession de l'enfant remplacée par une poupée de chiffon et le désir de ramper pour se cacher du monde. Cette « agonie mentale » va pousser Charlotte à consulter le docteur Weir Mitchell[7].

Qui est donc ce spécialiste auquel Charlotte Perkins eut le tort, dans son cas tout au moins, de faire appel ? Il s'agit d'un médecin connu auquel, à cause de cette célébrité, Edith Wharton et Alice James furent également envoyées. Elles ne furent pas les seules tant, au XIXe siècle, les femmes ne pouvaient que se réfugier dans la maladie pour échapper au rôle à la fois écrasant et humiliant qu'elles étaient presque toujours contraintes de jouer. Le travail des femmes consistait à devenir la fée du foyer, la mère irréprochable, l'épouse indulgente. Nul mieux que Henry James ne résuma en quelques phrases la femme idéale selon les critères de l'époque. Il décrit ici sa mère dans ses *Mémoires* :

« Elle incarnait la patience, la sagesse, l'exquise maternité [...] à jamais résonnera l'inextinguible vibration de sa nature dévouée. Elle a vécu la vie d'une mère dans toute sa perfection – la vie d'une épouse parfaite. Mettre au monde ses enfants, s'épanouir pendant des années à travers leur bonheur et leur bien-être, puis, une fois que, devenus adultes, ils furent absorbés par leurs propres univers et leurs propres intérêts, s'aliter avec ses forces déclinantes pour rendre son âme si pure à la puissance céleste qui lui avait confié cette divine mission[8]. »

Ce portrait que Henry James nous laisse de sa mère dont il disait encore qu'elle était l'« arc de voûte » de la famille, montre bien à quel point la femme était souvent une victime vouée aux sacrifices. Il n'est pas étonnant que le célèbre médecin dont parle Charlotte Perkins, Silas Weir Mitchell, ait eu tant de clientes. Il avait alors la quarantaine ; sa réputation de neurologue était internationale ; il s'était spécialisé dans l'étude de la paralysie et dans les frontières ténues qui séparent la physiologie et la psychologie. Des centaines de femmes venaient le consulter de toutes les villes du monde. À l'époque, il avait également publié des romans et de la poésie – il devait devenir un écrivain prolifique. Mais s'il avait choisi ce domaine pour ses recherches, c'est qu'il avait lui-même frôlé la dépression : son père (médecin) lui avait défendu de faire ses études de médecine, à moins qu'il ne devienne chirurgien. Aussitôt, il développa des signes psychosomatiques qui l'empêchèrent de pouvoir opérer. Il était donc bien placé pour connaître les frustrations qui mènent à la révolte. Et sans doute put-il transférer, à travers ses malades féminines, les comptes qu'il avait eu à régler avec son propre père.

Ann Lane, la biographe de Charlotte, résume ainsi sa « méthode » : il fallait confiner ses patients, les mettre au lit, les isoler loin de leur famille, loin aussi des lieux connus, les gaver de nourriture, notamment de crème fraîche, car l'énergie dépend d'un corps bien nourri, enfin les soigner par des massages et des traitements électriques destinés à compenser la passivité nécessaire à cette « cure de repos[9] ». Après ce régime destructeur de séquestration (si bien décrit dans *The Yellow Wallpaper* et qui confirme mon choix du titre français) la patiente n'avait qu'une idée, éviter cette prison, retourner chez elle retrouver la vie dite « normale », réconciliée avec l'idée de s'occuper de la maison, du home, du mari et des enfants. C'était un traitement par la négation, l'absence de toute activité intellectuelle ; la mort de toute créativité artistique considérée dangereuse. Cependant, il guérit certaines femmes surmenées, ou simplement dégoûtées de leur vie quotidienne ; Freud alla même jusqu'à déclarer qu'à sa thérapie de la psychanalyse pouvait s'ajouter cette « cure de repos » prônée par le docteur Mitchell. Les femmes fuyaient donc un univers médical aux critères masculins pour en retrouver un autre où elles étaient à nouveau prises en main par des hommes. Mais Mitchell (et sa patiente Charlotte) refusaient de sonder les zones obscures de l'inconscient et de la sexualité : dans son indignation, Mitchell alla jusqu'à jeter au feu une des œuvres de Freud.

C'est en 1887 que Charlotte subit ce traitement draconien. Peu après elle décida de se séparer de son mari Walter. Alors qui peut dire si ces longues heures de solitude imposée ne lui donnèrent pas enfin le temps de réfléchir, de mûrir sa révolte, et de prendre sa décision de partir avec sa fille Katherine ? Ambiguïté des zones obscures où s'élaborent les décisions !

La fin violente de *La Séquestrée* (avec cette action d'enjamber le corps du mari étendu, comme s'il était un tyran assassiné par sa victime) découle de la violence subie où le corps de la femme, livré aux infirmières, était infantilisé et (presque) ficelé comme celui d'un otage. Aucune activité n'était libre : manger, uriner, digérer, se laver : tout était contrôlé. Une biographe d'Edith Wharton, Shari Benstock, raconte comment Henry James, observant cette « cure » en 1910 – l'année de sa grande dépression – en fut tellement accablé qu'il menaça de se jeter par la fenêtre. La fille de W. D. Howells, Winifred, mourut à vingt-six ans après ce régime de nourriture forcée alors qu'elle souffrait de troubles organiques causant son anorexie. Si Edith Wharton se rendit à Philadelphie, sans doute attirée par la popularité de Mitchell, elle n'entra jamais, heureusement pour elle, dans sa clinique, mais resta à l'hôtel soigner sa dépression dont elle devait décrire plus tard le drame à une amie : « Pendant douze ans, j'ai rarement su ce que c'était que d'être délivrée d'un intense sentiment de nausée... Mais quoi ! Je l'ai traversé, je suis parvenue de l'autre côté[10]... »

Comment ne pas penser aux comptes pathétiques que fait Charlotte Perkins dans son *Autobiographie*, lorsqu'elle additionne toutes les années rendues stériles par la maladie ? Ce qu'elle avait effectué (conférences, articles, nouvelles) en quarante-deux ans, elle assure qu'elle aurait pu l'accomplir en quinze. « Voilà qui fait vingt-sept années de perdues – un laps de temps qui vaut toute une vie – éradiquée, entre ma vingt-quatrième année et ma soixante-sixième – perdue. Vingt ans de vie adulte... », calcule-t-elle. Comment ne pas penser à la séquestrée dans la chambre jaune au papier peint obsédant, qu'elle veut « traverser » pour se sauver de l'autre côté, enfin au-dehors ? Et comment ne pas songer aussi à Alice James (1848-1892), contemporaine, ou presque, de Charlotte Perkins – Alice, qui fut soignée pour ses dépressions par un disciple des méthodes de Mitchell : le docteur Charles Fayette Taylor, à New York[11] ? Que ces jeunes filles de l'époque soient considérées « délicates » jouait plutôt en leur faveur. Elles étaient donc féminines, sensibles, raffinées. Elles incarnaient la beauté victorienne classique, languide et pâle, comme celle des héroïnes de Henry James qui a toujours pensé que les femmes menacées de mort ou de maladie étaient plus « intéressantes » que les autres.

Le docteur Taylor estimait que « les émotions étaient les plus épuisantes des facultés mentales ». Il fallait à tout prix rester calme, affirmait-il. Alors que les hommes sont « calmés » par des études supérieures, les femmes au contraire étaient « excitées par leur éducation » jusqu'à devenir un « paquet de nerfs ». Et il insistait : « Ah, donnez-moi la petite femme dont l'éducation n'a pas été trop poussée car c'est elle sur qui l'on peut compter pour un jugement sain, la capacité d'exécuter des instructions, la domination de soi, l'ambition d'être bonne épouse et bonne mère – ce sont ces femmes-là qui sont capables d'être les mères des hommes. » Tout était là pour une femme : devenir la mère d'un homme. Telles étaient les opinions du médecin auquel fut confiée la malheureuse et remarquable Alice James, unique sœur de quatre frères dont deux très vite célèbres, qui aurait voulu, elle aussi, s'exprimer avant de mourir. Son *Journal*, tenu secret pendant sa vie, permettrait enfin ce luxe, un luxe posthume, comme l'*Autobiographie* de Charlotte Perkins. Ce *Journal* suscita la colère de Henry à l'idée qu'il fût publié et censuré dès l'origine dans sa première version, car il fut délesté de toutes les coupures de journaux dont Alice l'avait agrémenté. Ainsi d'un article sur un procès qui l'avait indignée : un mari sadique, qui torturait sa femme en lui enfonçant des aiguilles derrière l'oreille « pour atteindre son cerveau », ne fut condamné qu'à dix shillings d'amende, tandis qu'une femme ayant volé trois rougets « prit » trois mois de prison ferme. Les articles choisis par Alice James ne l'étaient pas par hasard.

Si les médecins de l'époque avaient tant de clientes, c'est qu'elles se sentaient profondément avilies de ne pouvoir étudier ou écrire alors que leurs frères ou leurs amis allaient à l'université. Dans beaucoup de ces névroses, c'est de papier et d'écriture qu'il s'agit. Ce maudit papier peint aux yeux révulsés, aux grotesques guirlandes, est l'horreur qui prend la place de ce qui aurait dû exister : la guérison par l'écriture, la thérapie de la création. Que l'odeur du papier envahisse toute la pièce et même les cheveux de la femme, indique que c'est toute la société qui est pourrie dans sa distribution forcée des rôles attribués à chacun des sexes. Seule une moitié de l'univers était destinée à des activités mentalement créatrices tandis que l'autre – prisonnière de tout ce que le temps efface (laver, repasser, récurer, cuisiner, élever des enfants bientôt anxieux de s'en aller) – est condamnée à « ramper ». Car si la folie de la séquestrée prend cette forme (raser le sol), c'est qu'on lui défend de s'élever ou de transcender le matériel et le quotidien.

Oui, ce que la prisonnière déteste dans ce papier, c'est qu'il est comme la caricature de sa vie, avec ses deux motifs ou une femme cachée se dissimule, forcée d'être au second plan tandis que l'autre motif la recouvre de barreaux. Avec sa couleur jaune à l'odeur nauséeuse (et à la connotation sexuelle peut-être ?), son manque d'harmonie et de logique : tout est chaos ici, les motifs parfois se suicident. Il y a même des fragments arrachés qui manquent, comme s'il s'agissait d'une vie tronquée ; de petits écoliers ont tout saccagé dans cette chambre. On dirait que, d'avoir accouché, la séquestrée se sent pleine de haine pour les enfants. Elle sait que ce papier-miroir contient un secret : celui de sa rage, de sa révolte impuissantes car toutes les autres prisonnières vont subir la même loi, et ramper, ramper comme elle ; on les a épiées, suivies, pour les faire rentrer dans le système – un système où l'expression personnelle est frappée d'interdit.

Dans cette étonnante histoire, ce qui surprend c'est d'abord la naïveté voulue de la narratrice, son désir de croire encore à la sécurité du mariage, désir qui finit par exploser quand elle se rend compte avec lucidité de son enfermement meurtrier à travers la « cure de repos ». Le « bon » médecin (qui est aussi son mari) cumule les rôles haïs. La dépression, déjà présente depuis une maternité sans doute refusée (la narratrice sait parfaitement qu'elle ne peut pas s'occuper de son « cher bébé »), s'augmente de tout ce qu'on lui impose dans un crescendo meurtrier où les têtes coupées, les yeux révulsés du papier peint qu'elle arrache parfois avec une force bestiale, ne sont que les étapes d'une folie libératrice. Ce que dit le texte, c'est que ce traitement contre la folie rend fou. Tout est ici renversé, comme si souvent dans l'univers de Charlotte Perkins, car la folie finit par permettre d'aller de l'autre côté du miroir. Toutes les autres femmes qui, de nuit, secouent les barreaux du papier peint seront enfin, sans doute, elles aussi, libérées. Et parce que le texte était si fort, que lecteurs et lectrices pourraient y lire une révolte dénonciatrice contre les mœurs de l'époque, cette nouvelle fut reprise dans une anthologie de récits fantastiques, comme s'il s'agissait d'un récit d'horreur où le réel n'avait aucune part.

Le fait que la femme ne se tient jamais debout (si ce n'est pour arracher le papier) mais qu'elle rampe autour d'un lit cloué au sol et sur les routes en se dissimulant, exprime bien l'humiliation forcée d'une gent féminine forcée de se courber devant les pouvoirs organisés qui la réduisent à l'obéissance. L'absence de toute communication réelle entre le mari et la femme, où chacun fait semblant (elle pour mieux épier et comprendre l'époux, lui pour mieux embobiner sa proie) reflète le sentiment que Charlotte dut éprouver après son mariage d'avoir été piégée. La manière dont elle parle dans son journal de son époux, le séduisant et jeune artiste Charles Walter Stetson, à l'époque où, en 1884, elle attend un bébé, rappelle le ton de *La Séquestrée*. « Une femme ne peut pas demander d'avoir un amant plus tendre, un mari plus dévoué, […] mais une bruine grise flottait dans mon esprit, un nuage grossissait, de plus en plus obscur. » La naissance de sa fille unique, Katherine, provoqua chez Charlotte des crises de larmes suivies d'une impossibilité d'agir. Dépression postnatale, mais pas seulement. Pourtant, à peine sortie « au-dehors », sortie de la maison (raconte sa biographe Ann Lane citant son *Journal*), elle devenait « exubérante », heureuse de participer au monde extérieur. « À l'intérieur, en tant qu'épouse et mère, elle ne cessait de sangloter, éternellement fatiguée, exigeant d'être nourrie par les autres, incapable de nourrir son propre enfant. » Infantilisée, mentalement paralysée tout comme la femme enfermée dans la chambre d'enfants, il lui est impossible de retourner en arrière comme de progresser. Impossible, comme elle l'écrit, de « sauter ». Elle était d'autant plus piégée qu'elle était responsable de son sort, elle s'en rendait compte. Son mari l'avait poursuivie pendant deux ans ; alors qu'elle avait décidé de ne jamais se marier, elle capitula en 1883. Non sans réticences et refus répétés. Non sans avoir écrit ce poème :

> *Dieu ! comme j'espère pouvoir*
> *Accomplir le plus haut, le meilleur de la vie !*
> *Mais serai-je capable (moi qui ai tant souffert*
> *De la sauvagerie de deux natures*
> *Dont je ne sais laquelle fut la plus exigeante et forte,*
> *Qui abrite deux esprits qui règnent en moi sans savoir*
> *Duquel je suis en quête, lequel me possède),*
> *Serai-je capable, ainsi habitée,*
> *De mettre un enfant au monde*[12] *?*

Pourtant, et malgré des fiançailles malheureuses, elle fut vaincue par l'obstination acharnée de son prétendant, par sa propre solitude, par leur marginalité respective, par la conception universellement acceptée de la jeune épouse et mère, par la culpabilité, par l'idée répandue que vivre sa propre liberté, son propre épanouissement, n'était que de l'égoïsme. Pendant les deux années où elle réfléchissait à si, oui ou non, elle épouserait Walter Stetson, elle avait pu lire Darwin et Mill, faire du sport, fréquenter le gymnase, donner beaucoup de son temps à ses amies femmes, à l'étude, à l'art, et connu la liberté dans toutes les occasions où elle n'était pas avec son futur mari. Mais, affaiblie par son propre combat entre une nature éprise d'action sociale et de culture, et une autre nature rongée par le qu'en dira-t-on, la froideur maternelle et l'absence du père, elle finit par se rendre.

Dans une lettre (écrite en 1884) à son amie Grace Channing (celle qui, précisément, devait, après leur divorce, épouser Walter et servir de mère à l'enfant de Charlotte), elle avoue, au sujet de son mariage : « Toute cette affaire me paraît très différente de ce qu'elle est d'habitude pour les autres femmes. Au lieu d'être un but, un devoir, un espoir, un destin longtemps attendu, une joie surprenante, elle n'est qu'une concession, une digression, une action bonne et nécessaire selon les critères habituels – enfin, un moyen, au lieu d'être une fin... » Mais Walter était décidé à gagner la partie, et il la gagna – pour la perdre. « J'ai confiance, écrivait-il, peut-être à tort, que le mariage la guérira. » Le mariage envisagé comme cure, voilà qui nous ramène à *La Séquestrée*. Et il est étonnant que Charlotte rassemble sa mère despotique et son époux en une seule phrase dans une lettre à Grace Channing : « J'ai cessé d'essayer de communiquer avec Walter. J'ai accepté ma vie comme je l'avais fait pour ma mère : une vie à endurer, à affronter, sans harmonie... »

Il faudrait tout un livre pour examiner la nature des relations de Charlotte Perkins avec ses amies femmes. Il est impossible d'en savoir l'exacte nature mais peu importe : le caractère passionné de ses lettres à Martha Luther connue et aimée à dix-sept ans, leur intimité pendant tant d'années, la douleur intense de leur rupture quand Martha se maria en 1881, disent assez combien ces complicités furent importantes. (Difficile de savoir si la « capitulation » de Charlotte ne doit pas beaucoup à ce mariage honni de Martha.)

D'autres affections féminines passionnées démontrent une intimité très grande, ainsi les amies dorment souvent ensemble. Ce fut un des grands liens avec son second mari, Georges Houghton Gilman, que Charlotte ait pu, en toute confiance, lui parler de ces amitiés singulières. La moins singulière n'étant pas son intimité avec Grace Channing qui éleva sa fille Katheline pendant des années. Le mariage de son amie Grace avec son ex-mari Walter ne provoqua pas la jalousie de Charlotte à l'égard de Walter, mais bien plutôt à l'égard du lien qui les avait unies toutes deux jusque-là, comme le prouve cette lettre qu'elle envoie à Grace après avoir été éjectée de leur trio : « Tu sais, je crois que je souffre plus de devoir renoncer à toi que de quitter Walter

– c'est affreux de se sentir un homme à l'intérieur et de ne pas pouvoir épouser la femme aimée ! » Bien sûr, Walter était très loin d'imaginer ce que traversait Charlotte car il n'avait jamais deviné sa foncière ambivalence. Naturellement, le fait que Charlotte, plutôt que d'être une mauvaise mère tandis qu'elle s'affirmait dans sa vie d'écrivain, ait confié sa fille au nouveau couple de son amie avec son mari, fit scandale. Elle en conçut sûrement l'amertume qui transparaît dans sa nouvelle *An Unnatural Mother* (*Une mère dénaturée*).

Après plusieurs années de réflexion et d'atermoiements, Charlotte finit par se remarier avec un cousin et ami, Houghton Gilman. Ce mariage dura trente-quatre ans, jusqu'à la mort de Houghton. Ce fut une période bénéfique et prolifique pas seulement du point de vue de l'écrit car Charlotte était devenue une célèbre et remarquable conférencière, internationalement connue, dont le sujet préféré était les droits de la femme. Elle était enfin parvenue de l'autre côté de ce papier peint qui l'avait retenue si longtemps en otage.

Et pourtant ! En 1929, elle écrivit son unique roman policier, *Unpunished* (« L'Impuni »), l'histoire d'un meurtrier violent dont l'intensité rappelle celle de *La Séquestrée* écrite voici presque quarante ans. C'est l'histoire d'un tyran domestique, Wade Vaughan, qui empêche son entourage de vivre. Victime d'un accident de voiture (qui tua son mari et sa belle-sœur), Jacqueline Wagner, sa sœur Iris et ses enfants sont recueillis par Vaughan – qui a épousé Iris – et dont le sadisme s'exerce là où personne ne peut en être le témoin : au sein de cette famille recomposée. Jacqueline écrit dès qu'elle est seule, dès que son beau-frère est sorti. Il ignore donc son activité suprêmement subversive : l'écriture, tout comme dans *La Séquestrée* le mari médecin doit ignorer que sa femme écrit.

Jacqueline note dans son *Journal* : « Nous ne pouvons pas sortir. Il nous a pris au piège. Je suis incapable de gagner ma vie et celle de mes enfants, je suis affreuse, je suis à *sa* merci. Alors que je pourrais guérir, me dit le docteur Akers, mes pieds et même mon visage, grâce à cette merveilleuse chirurgie réparatrice dont on use aujourd'hui. Mais cela coûterait de l'argent, et c'est Wade qui l'a. Quand j'ai demandé, supplié d'avoir cette opération, quand, m'humiliant, je lui ai dit que si l'on me remettait sur pied je pourrai gagner assez d'argent pour le rembourser, il m'a dit qu'il me trouvait suffisamment utile à sa vie comme cela, et davantage tentée de rester auprès de lui ! Comme les femmes chinoises[13]... » Ainsi mutilée, Jacqueline Warner décide d'écrire un bilan de sa vie afin de se délivrer de sa colère impuissante et d'expliquer pourquoi elle en est venue à l'assassinat. Le meurtre comme libération : la mort de Wade Vaughan délie tous ceux qu'il avait réduits en esclavage. Ainsi, quarante ans après *La Séquestrée*, Jacqueline Warner accède à la liberté à travers le crime.

Charlotte était alors heureusement mariée à Houghton. Mais on l'a dit, elle était restée longuement en suspens. Elle avait d'abord voulu le connaître, et qu'il n'ignorât rien de ses amours passées. Elle lui avait minutieusement décrit la liste des épreuves à traverser avant de consentir à cette deuxième union. Elle lui avait précisé sa peur de la maternité, son horreur d'un « foyer » qui serait une prison, son dégoût des soins du ménage qui tuent les idées. Répétant le schéma de son premier mariage, elle se fit prier pendant des années. Ce désir effréné de se sentir voulue, revendiquée, est-il dû à la cruauté (inconsciente ou consciente ?) de ses parents ou au désir de réussir cette fois-ci, à travers une lucidité partagée, l'union qui avait été rompue autrefois ? Parvenue enfin à vivre une relation harmonieuse, elle n'en éprouva pas moins la nécessité de tuer, sur le plan romanesque, l'image de l'homme telle qu'elle régna si longtemps sur le milieu féminin – image qu'elle avait si souvent reniée et combattue. Elle était suffisamment heureuse à présent pour en être capable.

Certes, c'était une femme logique, qui avait de la suite dans les idées, qui avait fait de l'écriture son salut et qui savait aller jusqu'au bout. Atteinte en 1932 d'un cancer du sein trop avancé pour être opéré, veuve de Houghton qu'elle avait aimé, elle rejoint sa fille Kate qui la soigne avec dévouement. Et elle retrouve son amie de toujours, Grace Channing, qui, elle aussi, de son côté, avait perdu « leur » mari. Elle complète son *Autobiographie*, après quoi, pionnière en tout, elle choisit de mourir dans la dignité, le 17 août 1935.

John Cowper Powys

C'est tout à fait par hasard que j'ai découvert John Cowper Powys dont je devais devenir si familière que je ne l'appelle plus que J.C.P. C'était un matin où je flânais chez Smith. M'attire une couverture avec une aquarelle tendre et mélancolique, dans les verts pâles, de John Nash, ainsi qu'un titre bref, évocateur, comme ces intenses moments de solitude que l'on parvient à voler : Wolf Solent[1]. *Je l'achète, je le dévore, je trouve tous les thèmes qui me fascinent mêlés à un amour fou de la nature, au chant du merle et des ruisseaux : l'amour passion ; l'amour, lent et insidieux, de l'amitié ; la culpabilité et le crime ; le retour au passé ; l'image obsessionnelle, récurrente, d'un visage ravagé vu à la gare de Waterloo, qui me rappelle celui de la petite prostituée perdue dans la foule qui hanta De Quincey – et m'évoque, encore et toujours, celle du pousse-pousse, rue du Consulat, à Shanghai.*

Je lis aussitôt tout ce que je peux trouver de cet auteur magistral, je le traduis, je le fais mien, je me gorge de ses saltimbanques, de ses jeunes filles sur les plages, de ses cardamines des prés, de ses champs de blé, de ses racines — tout cela mis par lui sur le même plan, comme dans les poèmes des moines errants bouddhistes. J'adopte sa phrase « chaque être humain doit en somme inventer son destin à partir du chaos » comme une devise, et je peux dire que je l'ai si intimement mêlé à ma vie que j'ai plus vécu avec lui qu'avec bien des humains — difficile, pour moi, de vivre de plus belles noces d'encre.

Du meurtre à la création[2]

La pierre est un des éléments dont le symbolisme est le plus ambivalent dans l'œuvre powysienne. On pourrait croire que, dans un univers si adonné au fluide et au désir de se couler subrepticement ailleurs, sa dureté aurait pour seule signification la haine ou la révolte – il n'en est rien. La pierre est à la fois arme et blessure, comme l'eau est à la fois celle qui noie et le noyé lui-même.

Dans le premier roman de Powys, *Wood and Stone*[3] (« bois et pierre »), elle paraît indissolublement liée à la silhouette napoléonienne, massive et dominatrice, de Mortimer Romer, propriétaire de carrières, aux instincts sadiques et pervers. Le livre s'ouvre sur la description de Leo's Hill, la colline du Lion, qui contient « suffisamment de pierre pour rebâtir Babylone ». De façon insistante, la colline est comparée à un fauve couché dans le désert, guettant sa proie, et sa pierre, le grès, est la plus dure, la plus durable qui soit, puisque sa résistance dépasse même celle du granit. C'est une pierre qui a bu le soleil, cet astre si angoissant dans les premiers romans de Powys, qu'il soit œil à la paupière sanguinolente ou doigt de sang. L'adjectif que Powys lui décerne le plus volontiers a quelque chose de violent et de prédateur : c'est le mot *tawny* qui évoque la cruelle couleur de la crinière du lion. En face de ce grès, s'étend la terre d'argile jaune « anthropophage » à la végétation rouille de lichen orangé. Ce n'est pas cette terre qui saurait sauver ou consoler puisque sa nature est d'être douée de « traîtrise », mouvante, profonde, inquiétante et morbide. L'idée qu'après la mort cette argile recueille le corps ne procure aucun apaisement, mais suscite au contraire l'idée d'une destruction active et continue : « Ce n'est pas tant d'être porté en terre que le fait d'être aspiré, englouti, dévoré, digéré » qui procure de l'angoisse aux habitants de Nevilton.

Les tombes, dans *Wood and Stone*, n'ont pas cette blancheur diaphane qui rassure le héros powysien. Elles n'ont pas cet éclat éthéré qui est moins la couleur de la mort que celle de l'immortalité, grâce à l'éternelle fidélité qui relie les vivants à leurs disparus. Bien au contraire, Terre-Mère et pierre léonine contribuent toutes deux à la manducation de leurs proies : « Il n'y a pas de salut pour les victimes humaines de ces deux complices. » Ainsi, dès l'abord, si l'on associe la férocité léonine du grès à la virilité d'une figure paternelle[4] (qui s'incarne ici dans le personnage du propriétaire Mr Romer), et si l'on est tenté de voir en l'argile devenue tombe le souvenir tout-puissant de la mère morte, on est frappé de voir combien ces deux figures parentales, qui animent pour ainsi dire le paysage, s'entendent pour associer leurs pouvoirs destructeurs. Il n'y a pas d'un côté la pierre dure et méchante, et de l'autre une argile maternelle et salvatrice, mais bien deux puissances également redoutables.

Le roman est dominé par ces deux forces qui, à première vue, paraissent contradictoires : d'une part, cette puissance sadique et perverse de Romer, de l'autre, la « mythologie du sacrifice » qui est celle des parias. (Celle, par exemple, de cette jeune fille, opprimée par les Romer, au nom significatif et douloureux : Lacrima Traffio.) Mais si ces forces s'opposent entre elles, il arrive qu'elles se conjuguent pour conspirer à la perte du héros, comme le grès s'allie à l'argile : face au propriétaire Romer, se dresse le couple de frères toujours si cher à John Cowper Powys[5], les tailleurs de pierre Luke et James Andersen, deux fils sur qui pèse une double hérédité de culpabilité et de souffrance, puisque leur mère a péri des mauvais traitements infligés par la violence d'un époux. La double signification de la pierre (douleur infligée mais aussi douleur subie) est suggérée dans une scène qui a pour théâtre une carrière, un de ces espaces circonscrits et clos si souvent choisis par Powys comme lieu où l'impuissance de la femme se trouve aux prises avec la brutalité des hommes. La jeune Lacrima est menacée de viol au fond de cette carrière par le fermier Goring, beau-frère de Romer. Profonde comme un puits, cruelle comme une arène, la carrière où l'innocente Lacrima est plaquée contre ses parois lisses annonce les paroles sinistres que prononcera Mrs Renshaw, dans *Rodmoor*[6] : « Ce que nous endurons m'apparaît comme le poids d'un grand instrument de fer au tranchant nu et acéré – comme un bélier qui nous forcerait contre une montagne obscure. »

La jeune Lacrima, aimée de James Andersen, n'est pas moins reliée au thème maternel que le personnage de Mrs Renshaw, même si elle n'est qu'une vierge menacée : si elle n'est pas encore une femme qui va, comme Mrs Renshaw, au-devant de la souffrance, elle est déjà masochiste et blessée. Lacrima est italienne ; or la mère de James Andersen aimait l'Italie, lisait et relisait Dante. Tout comme cette mère douloureuse détruite par la cruauté mentale de son époux, Lacrima est destinée à l'immolation, au viol, au sacrifice. Au moment où Goring s'apprête à la surprendre, la jeune fille songe à un autre paria, son « amant de cœur », son alter ego, l'excentrique Quincunx, et dirige vers lui le faisceau de pensées empreintes de cet attachement qui établit une communion secrète et intemporelle entre le fils et sa mère, si fréquente dans l'œuvre de John Cowper. Du haut de la carrière d'où il épie la scène, James Andersen devine le sombre dessein de Goring. L'angoisse qu'il ressent à deviner le viol imminent est telle que son âme bascule dans la folie. Elle rejoint par là même celle de sa mère, morte folle de douleur. Son corps s'affaisse dans le vide. Ses cris déchirants, au moment de cette chute salvatrice pour Lacrima, fatale pour lui-même, résonnent à travers ce puits tragique.

Toute cette scène suggère, par allusions successives, combien, aux yeux de James Andersen qui n'a jamais pu oublier le drame de sa mère, Lacrima n'est qu'une deuxième incarnation de la *Mater dolorosa*. La brutalité dont James n'a pu empêcher qu'elle soit exercée par son père, il évitera du moins que Goring s'en rende coupable envers la jeune fille qu'il aime, même s'il doit par là perdre sa vie. On devine dès lors l'autre aspect de la pierre : celui d'une pétrification par la souffrance si totale qu'elle entraîne la mort. La compassion et l'identification aux souffrances féminines peuvent tuer : la pitié, tout autant que le sadisme, se révèle une force fatale puisqu'elle précipite sa victime dans le néant d'une mort où l'argile l'attend.

Que James Andersen soit, avec Quincunx, le premier double dans lequel l'écrivain s'est projeté, ne fait aucun doute. Powys lui a donné jusqu'à ses traits : de haute taille, de teint basané, d'aspect étrange, il évoque l'image d'une « ténébreuse idole sculptée sur le mur d'un temple assyrien ». L'autre *moi* de Powys est personnifié par le paria égocentrique et détaché qu'est Quincunx. Par ce dédoublement, Powys suggère admirablement les deux voies qui s'ouvrent à celui qui se trouve à la merci des êtres qui peuvent le mutiler par la force, ou par la pitié, qu'ils provoquent. Il lui faut ou bien se détacher et progresser de façon souterraine à l'insu des autres comme la racine qui contourne l'obstacle ; ou bien, annihilé par le mal et la souffrance, renoncer à toute vie sexuelle et même à exister. Les romans de Powys ne sont qu'une variation sur ce thème central. Ils ne cessent de dépeindre des protagonistes qui cherchent à perdurer malgré tout. Malgré leur perception aiguë de la douleur universelle. C'est précisément ce dilemme qui paraît à l'origine du titre *Wood and Stone* et dont le personnage de James livre l'explication tandis qu'il songe à Quincunx, son « rival » auprès de Lacrima : « Il est une racine, une racine opiniâtre, murmura-t-il. C'est pourquoi elle l'a choisi. Rien au monde ne peut saper la puissance de la pierre si ce n'est la racine [...] Trop longtemps j'ai travaillé la pierre, trop longtemps j'ai été proche de la pierre. Voilà pourquoi elle a choisi Quincunx. Elle et moi, nous sommes sous le charme de la pierre, nous ne pouvons y résister, pas plus que ne le peut la terre. Mais les racines des frênes peuvent tout saper... »

Dans une lettre à sa sœur Philippa[7], Powys parlait de l'obstination de son père à « résister comme la racine terreuse d'un frêne ou d'un chêne », si bien que la racine, malgré sa furtive et fluide apparence, paraît reliée au thème de la virilité, tandis que la pierre, à cause de la souffrance où le moi figé se replie, serait plutôt évocatrice du terrible visage maternel, synonyme de détresse, dont l'apparition obsessionnelle suspend l'action et l'amour.

Entre *Wood and Stone*, composé en 1914-1915 (année de la mort de la mère de Powys) et *Weymonth Sands* (*Les Sables de la mer*)[8] qui paraît en 1934, retentissent des échos qui rapprochent le symbolisme de la pierre des carrières de celui d'un galet que conserve Skald, le Caboteur. Le galet est, de toute évidence, lourd de la révolte de Skald contre Cattistock, un capitaliste surnommé le *Bouledogue*. S'il choisit de ne plus jamais s'en dessaisir et de le porter dans sa poche, c'est par solidarité avec les opprimés contre l'injustice des oppresseurs. Ici, comme dans *Wood and Stone*, Cattistock est un propriétaire intraitable. Le Caboteur le sait bien qui se dit : « Il a ruiné mon père et les camarades de mon père. Et maintenant il va fermer ces carrières qui sont ouvertes depuis un millier d'années ! Mais le voilà devenu pire que l'Ennemi des gens ! Il est devenu l'Ennemi de la pierre. »

C'est pourquoi, par une de ces démarches si powysiennes qui exigent que l'on fasse retour pour repartir, que l'on affronte l'ennemi avec exactement les mêmes armes, sur le même terrain, pour triompher de lui jusque dans la similitude, le Caboteur choisira une pierre comme symbole de sa lutte contre Cattistock. C'est une des particularités de cette rivalité qui dresse toujours deux hommes l'un contre l'autre, que le plus faible en apparence jouisse de qualités occultes. La pierre du Caboteur lui confère des forces magiques qui prévaudront contre la pierre des carrières. Mais dans le conflit qui oppose les deux ennemis, et dont le galet homicide est le signe, ce que Powys dénonce chez le *Bouledogue* Cattistock, c'est moins la richesse du capitaliste que ses pouvoirs de père et d'amant. L'abus de la puissance paternelle chez Cattistock, Powys l'exprime à travers l'horreur que le personnage de Magnus Muir éprouve de lui en tant que père du petit garçon Benny. Tous les soins de Benny vont à son chien jaune, et son plus grand souci est de soustraire la malheureuse bête à son père et à son ami, le vivisecteur Brush. La révolte du petit Benny contre son père Cattistock rejoint ainsi la répugnance que Magnus éprouve pour le monde des hommes qui châtrent, univers auquel le propriétaire et le médecin appartiennent. Par une cruauté du sort qui fait ressortir combien Magnus se trouve parmi les victimes (tout comme les « parias » de *Wood and Stone*) sa fiancée, la belle Curley, va lui préférer Cattistock, riche et viril. Cette puissance érotique du propriétaire, c'est à travers Skald que nous la percevrons surtout, Skald qui ne supporte pas l'attrait que Cattistock exerce sur les femmes. C'est sur ce plan de jalousie sexuelle que le Caboteur se place, hors de lui à l'idée que le *Bouledogue* se marie et plante ses « crocs » dans de la « chair blanche ». Mais que le Caboteur, du jour où il a appris l'arrêt de travail dans la plus grande carrière de l'île, ait glissé dans sa poche ce galet haineux, voilà qui va mettre en question la possibilité de l'amour. Le galet porteur de crime paraît incompatible avec son amour pour Perdita. Si Skald devient un tueur, il perd le droit à l'amour et à la vie.

Mais la pierre ne sépare pas seulement à cause du crime possible. Elle possède d'autres significations tout aussi meurtrières : son absence est un piège où se découvrent une mollesse et une désintégration qui sont comme une sorte de mort. Car, à peine oublié le galet aux vertus assassines, le monde se révèle d'une fluidité aussi délétère que celle de l'argile dévoratrice. Toute agressivité l'ayant quitté à cause de l'amour, Skald risque une mort aussi grave que s'il était pris par la justice des hommes : celle de se trouver happé, dissous. Quand Skald et Perdita, au cours de leur promenade amoureuse, parviennent au bout du promontoire, le héros se sent « rivé par la loi de la gravitation aux soubassements mêmes de la planète, pendant que les remous impétueux des eaux lui révélaient l'existence de trous béants par où le chaos originel continuait ses éruptions ». La nature semble avoir ici ouvert une « brèche », et le Caboteur est dangereusement attiré par une telle « crevasse », imaginant sa mort s'il était happé par cet orifice où lui et sa voiture, surnommée le Cormoran, pourraient faire la culbute.

La communion amoureuse n'a pas conjuré les gouffres prêts à s'ouvrir et Powys demeure hanté par les mêmes images suicidaires que celles qui présidaient à la fin de son personnage, James Andersen, quand il se laissait tomber dans la carrière. Déjà, l'écrivain semble annoncer la scène qu'il va décrire quelques pages plus loin – celle de la défloration de Perdita par le Caboteur : « Une fois, tandis que dans un élan de confiance Perdita endormie lui posait un bras sur le corps, il fut submergé par un tel flot de tendresse qu'en un moment de lucidité relative, posément, il tenta d'imaginer ce que serait sa vie s'il laissait Cattistock tranquille. Alors lui apparut une crevasse, aussi large que cette autre, là-bas, tout au bout de la Pointe, et qui béait en plein milieu de son âme, de sa conscience, de ce qui faisait qu'il était lui à ses propres yeux. Ne pas frapper cet homme reviendrait, pour lui, à abandonner, pour sauver sa peau, un navire en train de sombrer dont il serait le commandant. Ce serait [...] une vie misérable, sans but, déshonorée – la vie d'un lâche ! » Ainsi, au moment de leur promenade comme après avoir défloré Perdita, Skald est hanté par une béance qui paraît nettement liée au danger d'être rendu vulnérable par l'amour de la femme.

L'identification à la femme aimée : tel est le danger suprême qu'il faut savoir affronter et vaincre, au besoin à travers le suicide ou le crime. Il est impossible de ne pas relier cette crainte de la perte d'un moi viril à la répugnance, si révélatrice, de Powys dans son *Autobiographie*[9] quand, à cause de sa chienne Thora, il se sent guetté par une sexualité universellement féminisée : « Me dire que jusqu'à la mort de cette bête toutes les promenades sur la surface de la terre nourricière seraient pour ainsi dire "féminisées" me causa pendant un certain temps d'extraordinaires tortures ! Un gouffre de féminité béait sous mes pas ! » Que la femme soit un péril (primordial) qui provoque la désagrégation, que l'agressivité soit un danger (secondaire) qui implique le meurtre, voilà qui est admirablement suggéré par le dialogue entre Perdita et Skald dont l'objet est toujours ce galet vengeur :

« – Tu vois ça ?

« Il lui tendait le galet là-bas, de l'autre côté de la bougie.

« Elle regarda la pierre, elle le regarda, lui, et, en un éclair, eut l'intuition du rapport qu'il y avait entre cet objet et les menaces dont l'écho lui était parvenu, bruits sinistres qu'elle avait jusqu'alors écartés de son esprit.

« – Toute la Plage des Galets est derrière cette pierre, dit-il.

« – Toute la mer, répliqua-t-elle, est devant nous pour l'engloutir[10] ! »

Une fois de plus apparaît le dilemme dans lequel le protagoniste est enfermé. L'homme doit-il, pour se sauvegarder, se fixer comme modèle une figure masculine, même si cette fixation va de pair avec la révolte ou la haine ? Ou bien doit-il s'identifier à une femme comme dans le cas de James Andersen, et se rendre à l'amour comme Skald est tenté de le faire avec Perdita ? Le héros doit-il opter pour le galet ou se fondre avec la mer ?

Tel est le drame du « fils » powysien : il ne peut devenir homme qu'à travers l'élimination d'une puissance masculine qu'il hait. La virilité de l'anti-héros exigerait, pour subsister, que s'applique la loi du talion : Cattistock « ennemi de la pierre » doit périr par la pierre. Mais, précisément, au cours de son évolution, toute l'œuvre de Powys va tenter de refuser cette angoissante alternative. Dans les premiers romans, les héros n'arrivaient à fuir l'angoisse de ce choix que dans une mort évitant à la fois action et crime. On a vu, dans *Wood and Stone*, James Andersen se jeter dans le vide au lieu d'affronter Goring, et dans *Ducdame* (*Givre et Sang*)[11], on peut dire que Rook Ashover se laissera assassiner par le pasteur Hastings plutôt que de le tuer.

Évolution de l'œuvre, revirement grâce à l'écriture. Dans *Wolf Solent*[12], la conscience déchirée du héros était, telle une pierre, jetée dans les eaux de l'étang de Lenty. C'est ce défi lancé à la pétrification due au meurtre ou à la pitié qui fait qu'à la fin des *Sables de la mer*, malgré le sombre destin dévolu à tant de personnages, le galet meurtrier est réduit au rôle d'objet familier. Il a perdu sa nécessité emblématique du mal. Mais si le Caboteur et sa bien-aimée ont pu conjurer les ambiguïtés d'une pierre symbolique d'un univers déchiré entre le masculin et le féminin, n'est-ce point parce que tous deux n'appartiennent plus au présent ? Ni même au règne des humains ? Tel est bien le but souterrain du héros powysien : accéder au sub-humain ou au sur-humain, à un *ailleurs* grâce auquel il échappe à la nécessité de se mesurer.

Prenons le cas d'un autre personnage des *Sables de la mer* : Magnus Muir, fils humilié, condamné d'avance – son père, le vieux Muir, Cattistock, autant de figures paternelles qui ont fait de lui un être fossilisé –, dont la seule issue sera le renoncement ou la fuite. Au galet vivace de l'agressivité meurtrière s'oppose la pierre résignée, comme amputée de toute force motrice. Elle pèse au cœur d'un Magnus demeuré un vieil adolescent hanté par son père mort, mais ce que cet enfant vieilli privé de femme est incapable d'édifier, le Caboteur, cet homme aux origines mystérieuses, ce marin prestigieux, saura réussir. Car le Caboteur et sa bien-aimée sont à peine de ce monde. Perdita revient de l'au-delà, portant encore les stigmates des morts, si grande est sa transparence. Skald a l'air d'un « cadavre en vie ».

Leurs parents n'interviennent pas dans le roman, aussi le héros n'a-t-il pas ici d'origines précises. Dès l'abord il a fait éclater le temps et l'espace, ayant, aux yeux de Perdita, revêtu les traits d'un être au-delà de l'humain : « viril, dominateur, à demi mythique, tel un dieu marin amoureux visitant son lit de vierge ». Venu du fond des âges, ce couple archétypique, épuré par la souffrance (le nom *Skald* évoque celui des bardes mystiques scandinaves) accède à l'intemporel – exception presque unique dans cet univers powysien où les hommes et les femmes sont si souvent voués à la séparation. Aussi est-il juste que le couple privilégié qu'il forme avec la pâle Perdita découvre sur la falaise son double immortel sculpté dans le roc. C'est une « statue d'amour » que les amants contemplent, véritable idole taillée dans l'oolithe (comme ce géant de Cerne dessiné dans le calcaire, symbole érotique au pied duquel des couples s'unissent) : « La nudité de l'homme et la nudité de la femme étroitement unies au premier âge de la création y étaient évoquées par des flancs et des cuisses de dieux, tendus par l'effort de se confondre. Ni l'une ni l'autre des deux formes n'avait de bras, d'épaules, ni de tête. Elles n'avaient pas non plus de jambes au-dessous du genou, et pourtant l'effet produit par cette énorme œuvre d'art brut n'était ni bas, ni grossier, ni bestial ; le caractère en était divin, cosmogonique, créateur. »

Ces derniers mots si chers à John Cowper, avec leur montée vers une création où l'écrivain exalte son propre pouvoir, ne sont-ils pas un triomphal défi lancé aux gouffres où furent engloutis les héros dévorés de remords et de pitié ? Ce mouvement, grâce auquel la pierre de la conscience malheureuse est remplacée par un inanimé libérateur, est celui-là même que va révéler l'*Autobiographie*. Dès les premières pages consacrées à l'enfance, on ressent le poids insupportable d'une culpabilité que l'écrivain, encore une fois, symbolisera par une pierre. Le remords de l'enfant qu'était alors Powys a toujours une même origine : celle d'avoir montré de la jalousie, de la haine envers son frère Littleton. On se souvient de la scène où John Cowper a failli se transformer en bourreau en essayant d'étrangler son frère avec une corde : « C'est la terreur d'avoir été trop loin dans un jeu de vie et de mort qui m'est restée dans l'esprit », conclut l'écrivain.

Les rapports de Littleton et de John Cowper sont constamment décrits en termes de rivalité. Les deux frères sont sans cesse opposés l'un à l'autre et Powys effectue toujours cette confrontation au cours d'épreuves où il demeure seul, à part, face au pouvoir conjugué de son frère et de son père. Ainsi cette scène où les deux enfants âgés de huit et neuf ans cherchent à parcourir le même trajet que leur père et dont l'issue fut lamentable pour John Cowper : « Je m'assis sur l'herbe brûlée par le soleil que parfumait le thym et, inerte, indifférent aux papillons blancs et bleus qui voletaient alentour, je perdis toute espérance… Ce fut alors que Littleton montra dans quel roc il était taillé en réalisant un exploit que tout le monde eût tenu pour impossible. Il prit sur son dos invaincu un "Johnny" réduit à l'état de loque et, vacillant sous sa charge, escalada bel et bien le reste de la montée !... En ces temps anciens le courage de Littleton et son endurance me rendaient constamment honteux de moi-même. » Ici l'image conjuguée du pasteur et de Littleton suffit à paralyser John Cowper au point qu'il préfère s'arrêter avant l'obstacle. Mais souvent l'aîné éprouve le besoin de mettre le cadet hors de combat. Il donne parfois cours à une agressivité dont il éprouve ensuite le remords et prétend annuler sa propre humiliation par les épreuves qu'il s'impose : « J'ai dû mettre ainsi Littleton hors de lui une fois et lui avoir attiré de graves ennuis car, pris d'un cuisant remords, je décidai de faire un geste qui compenserait ma méchanceté[13]. »

C'est pourquoi l'enfant a l'idée d'aller chercher, pour la ramener à son frère, un « énorme fossile, une ammonite colossale » encastrée dans une substance géologique connue par son père sous le nom de liais bleu. Ce genre d'ammonite a pour Powys valeur de fétiche parce que le pasteur lui en faisait souvent noter la beauté. Et que « tout phénomène évoqué par lui – qu'il eût trait à l'animé ou à l'inanimé – devenait sacro-saint, privilégié, tels ces objets dont les voyageurs se servent dans les contes de fées pour opérer des transformations magiques. » Cette ammonite, il dut l'extraire de la falaise, « mais le plus dur de la pénitence consista à faire tout le chemin sous le poids écrasant de ce fossile deux fois plus volumineux qu'un crâne humain ». Or, qu'advient-il par la suite de cette pierre symbolique ? « Je ne me souviens plus très bien de l'accueil que Littleton fit à mon offrande. Je sais seulement que, pendant toutes les années ou sa collection resta à Rothesay House, on y put voir trôner cette ammonite expiatoire. Est-elle ensuite allée au presbytère de Montacute et, après y avoir séjourné trente ans, est-elle revenue à Weymouth quand mon père, sa carrière achevée, s'est retiré dans sa maison à lui ? » Ainsi l'objet destiné à forcer l'admiration, signifiant à la fois impuissance, culpabilité et réparation, est-il relié à travers le frère à la figure toute-puissante du père. Et l'on ne peut s'empêcher de croire à de secrètes correspondances entre les deux œuvres publiées en cette même année (1934), *Les Sables de la mer* et l'*Autobiographie*, entre ce dépôt pierreux si lourd au cœur du vieil adolescent Magnus, et l'« ammonite expiatoire » mentionnée par trois fois au cours de l'*Autobiographie*, si pesante pour l'enfant qu'était John Cowper. Et si, à la fin des *Sables de la mer*, Skald accède à une dimension au-delà de l'humain, délivré du galet homicide qu'il dissimulait dans sa poche, Powys lui-même accomplit exactement le même trajet : au « roc »de la personnalité du père, il a su opposer la dimension divine et cosmogonique de la création littéraire grâce à l'ammonite triomphale dégagée du liais bleu de la vie.

L'eau de l'« inconscient » maternel

La grande triomphatrice du monde powysien est l'eau. Toute sa vie, Powys a tenté de réconcilier la nature féminine qui est naturellement sienne, adaptable mais blessée, et la nature qu'il se souhaite, indomptable, douée de cette force détachée qui est celle du roc. Powys écrit dans son *Autobiographie* comment il n'a pu saisir son moi intime qu'une fois sa personnalité capable de « couler comme l'eau et se pétrifier comme une pierre ». C'est surtout le trajet insinuant et actif du fluide qui séduit Powys. Rien ne contourne mieux la pierre ni ne l'épouse davantage que l'eau : villes, ports, forteresses sont cernés par elle.

Cette alliance à laquelle tendent les romans de la maturité exprime une des pensées les plus centrales, les plus secrètes de l'auteur, car tous les porte-parole de l'écrivain participent à la fluidité d'une manière ou d'une autre, soit qu'ils choisissent, comme certains des premiers héros, de se rendre à l'eau et de mourir en elle, soit qu'au contraire, grâce à une souplesse vitale et secrète, ils échappent à l'obstacle meurtrier que le destin présente. Devant les eaux pures de la rivière qui forment « un lac d'une insondable eau bleue ; un lac dans l'espace », Wolf Solent se demande ce qui l'a préservé des amours éphémères ou vénales. « Oui, qu'était-ce donc ? Ses yeux tombèrent sur une grosse racine d'aune qui se tordait comme un serpent sur la vase brune que surplombait la berge ; et, dans la flexibilité tenace de ce serpent végétal lisse et phallique, il crut reconnaître une image de sa propre vie secrète qui se frayait habilement un chemin à travers mille obstacles, vers la libération qu'elle désirait ardemment. » La libération voulue par Wolf n'est pas celle de l'amour mais celle de l'extase. D'une extase source de toutes les métamorphoses. Se soustraire, se replier, se couler en d'autres formes, sont des subterfuges propres à d'autres personnages particulièrement révélateurs de Powys, comme ce mystique illuminé des *Sables de la mer*, Sylvanus, qui aime un rayon de lumière, et Dud-No-man, l'anti-héros de *Maiden Castle* (*Camp retranché*)[14], qui pénètre tous les règnes, animal, végétal, minéral, pour esquiver les tourments de sa condition d'homme.

Nombreux sont les symboles de la continuité liquide de l'âme humaine dans cette œuvre d'où le faible sort presque toujours vainqueur du fort, enrichi par un trajet intérieur et opiniâtre. Ainsi la taupe, comme la racine, célèbre à sa façon la victoire du sinueux par son parcours souterrain défiant l'humain resté à fleur de terre sans pouvoir suivre ses évolutions invisibles. Cet animal aveugle, à l'aise dans son labyrinthe, paraît toujours lié à un inconscient riche de souvenirs. Le serpent de mer, lui, sillonne librement le fond des océans ; le sous-marin se love dans les abîmes. Même la folie célèbre la puissance du fluide par le dialogue secret qu'elle instaure entre le moi et le moi, à l'insu des êtres prétendument sensés – cette folie dont la sagesse est de laisser parfois sourdre à la surface ces « insanités » maintenues en temps normal au tréfonds, qui pourraient, par leur trop grande densité, faire éclater la personnalité. Mais si le héros powysien parvient à s'échapper, il n'en reste pas moins des exceptions : celles où l'eau s'affirme prédatrice, cruelle comme dans les premiers romans dont pas moins de cinq morts sont causées par l'eau ou liées à elle.

Ce n'est qu'à partir de *Wolf Solent* que l'eau, comme prise de pitié, accepte de recéler ce que le héros doit refouler dans l'inconscient s'il veut éviter la mort. Que recouvre donc l'eau dans ce roman ? Il y a d'abord toutes ces « horreurs » dont le personnage se sent envahi – symbolisées par les eaux stagnantes desquelles, comme un remords toujours prêt à resurgir, ou une tentation prompte à naître, remonte un visage noyé et phosphorescent. Visage du séduisant Redfern qui inspira tant de passions et qui a pris dans l'étang de Lenty la maladie mystérieuse dont il devra mourir. L'étang de Lenty, centre boueux des instincts inavouables, est triplement relié à l'homosexualité : à travers cette figure de Redfern qui fut l'objet des désirs de plusieurs personnages. à travers les corps des adolescents qui se baignent nus dans son eau trouble. à travers, enfin, la découverte que fait le héros, Wolf, de sa propre passion pour son ami Darnley, découverte bouleversante qui le conduit au bord de l'étang dans une nostalgie suicidaire.

Cette envie de mourir pour échapper à la fois à l'horreur du réel (Darnley va se marier) et aux « horreurs » secrètes (l'homosexualité) rappelle *Rodmoor*. Mais si Wolf échappe à la fuite dans le suicide, c'est que l'eau pour Powys a changé de nature. Elle n'exige plus la personne entière de sa victime, mais lui fait don de la dualité, accueillant en elle ce qu'il faut cacher (les passions) mais laissant à la vie ce qui lui appartient (le corps). « Enfin il était là, l'étang de Lenty, à la lueur froide des étoiles… [Wolf] lança sa conscience comme une lourde pierre qu'il aurait toute la journée portée dans sa poche, dans ces profondeurs silencieuses. » Wolf a donc pu confier sa conscience coupable à l'élément fluide, cette partie de lui-même qu'il ne renie pas mais choisit d'ignorer, avec toute l'ambiguïté que cette opération comporte. Le dissimulé, le refoulé, on sait qu'ils ne disparaissent point mais se tiennent là, prêts à resurgir comme le noyé qui finit toujours par remonter. L'inconscient powysien semble alors remplir la fonction d'un réservoir à fantasmes auquel on peut décider d'avoir accès.

L'eau est l'élément qui permet cette thésaurisation du moi par laquelle la personnalité se conserve au lieu de se supprimer comme dans le suicide. Ou de se mutiler comme dans le renoncement. Elle permet la fuite et l'occultation devant les « horreurs » qui pourraient exiger, une fois découvertes, le durcissement d'un choix ou la brisure d'un refus. Elle imite parfaitement le rythme de la nature car « vivre selon la nature, c'est posséder le pouvoir d'oublier[15] ». Chaque fois qu'une découverte importante a lieu dans le roman, qui jette son jour cruellement lucide sur le moi, une passion ou un vice (l'inceste surtout, ou l'homosexualité), Wolf se coule dans un détachement réparateur procuré par une « hypnose maternelle », une mythologie secrète, un monde au-delà de l'humain « d'une certaine ténuité adoucie, comme l'eau coulant dans l'eau, l'air circulant dans l'air », ou encore le sommeil qui a les mêmes vertus que la Fontaine du Léthé.

À y regarder de près, cet univers où Wolf se réfugie loin des conflits est également relié à la mère. Le sommeil, cette lente coulée dans les profondeurs, évoque une résorption. Quand Dud-Personne s'endort dans *Camp retranché*, c'est couché sur le flanc, les jambes repliées, dans la position même du fœtus dans le sein de sa mère. C'est enterrés de la sorte que l'on découvre les squelettes dans les fouilles de Maiden Castle et dans cette position que s'endort l'écuyère Wizzie aux côtés de Dud-Personne, tandis qu'un vent, insinuant comme un liquide, apporte en soufflant des « molécules et flocons trempés d'eau de mer [16] » qui dissolvent les résistances amoureuses de la femme rétive. Le sommeil remet l'être en contact avec la source des forces obscures, avec l'antérieur, l'inconscient et l'instinct. Il permet de fuir le règne douloureux des affrontements pour remonter le cours de l'histoire dans ce qu'Amiel, voulant décrire la douceur du mouvement régressif, avec une sensibilité très proche de celle de Powys, appelait si bien une « réimplication ».

De cette remontée de Wolf dans le temps, Powys écrit : « Il semblait que, dans sa lente descente vers le sommeil, son âme dût passer par toute la longue période évolutive des stades précédents de la vie planétaire et avoir la même conscience que les végétaux et les minéraux. » Évolution-involution qui permet de retrouver l'indifférence et la stabilité végétales, stade bien fait pour plaire à Powys, lui qui dans *Les Confessions de deux frères*[17] enviait le sort de la méduse. De plus, Powys a soin de préciser que le sommeil de ses personnages, ou le sien propre, est dépourvu de rêves, comme s'il voulait affirmer que le séjour au pays de l'inconscient se passe sans heurts, à moins que ce ne soit là une « ruse » pour décourager à l'avance la vrille du regard psychanalytique[18].

Si Powys affirme l'existence d'un inconscient liquide (une « mer des Sargasses »), il refuse pourtant que ce réservoir fluide soit peuplé de monstres. « Sous prétexte que nous avons oublié toutes les choses affreuses qui nous sont arrivées, garçons ou filles, au berceau et dans l'enfance, et toutes nos réactions naturelles devant les singularités blessantes de nos parents, la féminité crispante de l'une et la virilité intolérable de l'autre, et que nous avons été forcés, dans les assauts de notre lutte avec le monde, de réprimer diverses impulsions de chat, de poisson, de singe, de dragon à écailles ou d'insecte à antennes – pourquoi [...] devrions-nous croire que nous transportons avec nous un Tartare invisible de monstres grouillants, une mer des Sargasses intérieure pleine de poissons démons qui, s'enroulent et se tordent[19] ? » On voit que pour Powys l'inconscient doit être capable (sans méconnaître les drames de l'expérience) de les annuler dans un oubli volontaire. Savoir atteindre à un état d'innocence qu'il ne faut pas confondre avec l'ignorance, c'est là tout le but du héros powysien : il « sait », mais sait aussi qu'il faut – pour ne pas être détruit par une conscience qui paralyse – savoir oublier. Et la démarche rêvée paraît celle de ces grands monstres marins qui traversent l'immensité en un va-et-vient entre surface et profondeurs où leur être conserve son intégrité, « capables tout comme Moby Dick, de fendre les mers multiples, de pénétrer la région livide qui entoure la lune, puis de revenir à la surface cracher les flux salés des abîmes[20] ».

Parlant de lui-même dans son *Autobiographie*, Powys constate l'inévitable nécessité de telles plongées et remontées sans lesquelles la vie ne serait pas vivable. C'est tout le problème des exutoires qui se pose ici, car l'occultation permise par l'eau est douée d'une ambiguïté bénéfique. L'eau accepte de cacher et de receler. Mais elle permet aussi de frôler de biais ce qu'elle a conservé dans sa matière imputrescible. Une fois dissimulées, les choses peuvent se mettre à vivre d'une vie souterraine, comme la racine et la taupe évoquées plus haut. C'est ce qu'illustre l'admirable épisode des larmes de Christie dans *Wolf Solent*. Oblitérant le passé, les larmes de la jeune fille effacent l'allusion criminelle et favorisent la renaissance. On sait que la jeune Christie, l'*alter ego* et l'âme sœur de Wolf, est une parricide. C'est sans doute après avoir cédé à l'incestueux amour de son père qu'elle finit par le tuer en le projetant dans le vide. Or l'oubli de cette passion criminelle, le pardon du parricide sont rendus possibles grâce à un flux de larmes qui délivre Christie du poison corrosif qu'est le remords. Devant ces pleurs, Wolf se met à songer : « Les larmes des femmes ! Depuis le commencement des temps, n'avaient-elles pas lavé toutes les choses mauvaises, toutes les diableries ? À travers les siècles, elles avaient coulé, débarrassant des poisons la conscience de notre race, libérant l'esprit des hommes des tortures de la logique rationnelle, des tortures de la mémoire, le recréant, lui donnant la fraîcheur, l'insouciance, la liberté d'un enfant nouveau-né. »

Non seulement ces larmes permettent l'oubli d'un inceste et d'un meurtre, mais la purification apparaît comme un rite offert dans les profondeurs au dieu noir du crime commis. Puisqu'il y a remords, inceste et parricide sont comme tolérés par un Wolf éminemment complice, solidaire de Christie. De plus ces larmes sont à l'origine d'une nouvelle naissance (l'esprit des hommes n'est-il pas pareil à un « nouveau-né » ?) et Wolf se hâte d'accomplir, grâce à elles, le voyage intérieur qui forme l'essentiel de tout itinéraire powysien. Ce parcours, si souvent circulaire, est entrepris pour mieux chanter la joie du retour à l'antérieur maternel. Ces pleurs de Christie que Wolf regarde couler, « l'emmenaient dans des gorges profondes aux parois obscures et glissantes, et il y retrouvait par une étrange correspondance les hautes falaises basaltiques le long desquelles il avait dérivé, au cours d'une hallucination semblable, un an plus tôt, sur les pentes de Ramsgard, en allant chercher sa mère au train ». Ces derniers mots marquent l'apogée du périple : si ce flux de repentir annule les « horreurs », il permet surtout les retrouvailles de Wolf et de sa mère.

L'eau n'est plus ici un gouffre opaque qui dissimule, elle est eau vive dont le trajet souterrain permet au héros d'atteindre l'instant de la seule réunion qui importe. Si Powys ne cesse de chanter tout au long de son œuvre sa nostalgie d'un inconscient « maternel », n'est-ce point parce que celui-ci ignore toute culpabilité et ressuscite cette époque heureuse où la rivalité avec le père n'était pas nécessaire puisque l'enfant n'était pas encore né ?

Le vrai paradis n'est pas celui de l'enfance. Le vrai paradis est celui de l'époque prénatale où le parricide et l'inceste sont évités puisque la symbiose entre mère et fils est cachée et complète. Voilà ce que symbolise, dans *Wolf Solent*, le chant du merle imité par la jeune Gerda, chant préverbal, dont Bachelard a bien vu la fluidité : « Ces pages m'ont fait comprendre que la roulade du merle est un cristal qui tombe, une cascade qui meurt. Le merle ne chante pas pour le ciel. Il chante pour une eau prochaine[21]. » L'eau continue de ce chant qui traverse le roman comme un fil d'Ariane n'est autre que la musique ramenant à l'époque d'avant la naissance. Déjà, dans *Ducdame*, Rook percevait ce « chant d'un merle invisible, ce chant aux pures vocalises, joyeux et mélancolique, qui semble toujours nous parvenir d'une mystérieuse région prénatale ».

Tout *Wolf Solent* s'achève sur une vision liquide. À la recherche de sa mère, Wolf perçoit brusquement, à travers la brèche d'une haie, un champ de boutons d'or – un champ telle « une mer mouvante d'or liquide, étincelante » où Wolf avance mû par « l'attraction inévitable de l'eau qui cherche l'eau ». Devant ces « vagues dorées », les idées mêmes de Wolf, qui lui semblaient auparavant aussi lourdes que des pierres, deviennent « comme des vaguelettes » qui « s'entrecroisent à marée haute ». Et ce champ, où réside toute la signification profonde du roman, n'est autre que l'éclatante projection, à la surface de la terre, de la mer à Weymouth, cette mer enfouie au plus profond de l'être, inséparable de la « mythologie » secrète de Powys.

Au moment de voir le champ d'or, Wolf se souvient comment, à Weymouth, « il était tombé, dans une extase profonde à la vue des ondulations dansantes de la large baie transformée en or liquide par la réflexion, droite comme un chemin, des rayons du soleil ». La « nouvelle mythologie » dont parle si souvent le héros apparaît alors bien moins comme un renouvellement que comme une consolidation des fortifications personnelles, tout d'abord si précaires, qui atteindront à leur perfection dans *Camp retranché*. Cette mythologie liée au champ d'or liquide n'est que la mise au point de la « ruse des névrosés » dont Powys parle dans son *Autobiographie*, et qui, sous le couvert d'une participation à l'action (amours, mariage, attachements divers), permet au héros de s'enfoncer mieux encore dans les limbes de ses fantasmes liés à la mère. Cette plongée est à présent dépourvue de toute culpabilité, rayonnante d'une joie inéluctable et païenne. Ainsi, au contraire de ce qu'il peut sembler, l'éclatement de cette opulence dorée n'implique en rien le reniement des refus anciens (toujours opposés aux amours, à l'action et au mariage) car cette prairie liquide n'est que le visage transfiguré des eaux stagnantes du remords et de la honte. La sagesse nouvelle de Wolf consiste à savoir comment permettre à sa forme ancienne de survivre.

La fin du roman le rend maître de cette « ruse personnelle adroite et subtile, une ruse insaisissable et serpentine qui savait couler comme l'air, s'insinuer comme l'eau de pluie, monter comme la sève nouvelle, s'enraciner comme les spores invisibles de la mousse, flotter comme une couche d'écume à la surface des mares, céder et reculer, reculer et céder, et pourtant demeurer inconquise et inviolable ». Oui, toutes les eaux chères à Powys sont destinées à procurer un enveloppement matriciel : brouillards laiteux qui défient le soleil, brumes cimmériennes symboliques des limbes où demeurent les enfants encore embryonnaires, eaux viriles et féminines tout ensemble des *Sables de la mer*, flots de l'inondation dans *Glastonbury Romance* (*Les Enchantements de Glastonbury*)[22] d'où surgit l'admirable vision d'une Cybèle maternelle hérissée de tours, déesse des « deux fois nés ». Et l'on comprend mieux pourquoi Powys a choisi de faire disperser ses cendres dans la mer plutôt que de laisser ensevelir son corps dans une matière destinée à la dissolution, si l'on songe que mère et fils se confondent dans ce retour à l'élément impérissable.

« Ce qui est mort, vit »

Ce sont ces mots que John Cowper Powys a choisi de mettre en exergue à *Ducdame* (*Givre et Sang*), ce roman de la fidélité fraternelle. écrit en 1925. Roman fortement autobiographique, car l'amitié passionnée que se vouent les frères Rook et Lexie Ashover reflète l'affection qui liait John Cowper Powys à son jeune frère, Llewelyn Powys. Comme Lexie Ashover, Llewelyn fut tuberculeux dès l'âge de vingt ans. Powys décrit ici la complicité entre deux êtres liés par la même enfance et le même sang. Il fait ressortir avec acuité l'ambivalence d'une relation entre un frère malade (mais soutenu par sa volonté obstinée de survivre) et un frère bien portant, fasciné au contraire par la voix des morts. Aux yeux de ce couple fraternel, les femmes sont un élément surtout perturbateur, le troisième pôle d'un triangle funeste, qui engendre des passions destructrices et la séparation. Cette malédiction qui pèse sur Rook le cerne de toutes parts. Maudit est le sang des Ashover, comme l'était celui de la famille Usher dans le conte de Poe qui s'achève dans les eaux maléfiques d'un étang, comme dans le roman de Powys l'eau cruelle de la Frome réclame sa victime. Maudit est le sang de cette famille puisque les enfants que le châtelain d'Ashover, le père du héros, a donnés à la fille d'une bohémienne, sont deux nains difformes. Ainsi ces monstres, ces atroces « Demi-Bêtes », sont-ils les demi-frères du héros Rook Ashover. La malédiction apparaît liée à l'hérédité comme elle l'était déjà dans *Rodmoor*. En fait, le roman mêle l'idée de destin à l'horreur de la procréation : le *fatum* de Rook Ashover est de préférer le sang reçu au sang qu'il pourrait transmettre – bref, de préférer le passé au futur. Rook n'accepte de se sentir lié que par le sang qui coule déjà dans ses veines.

Cette répugnance à transmettre la vie se retrouve dans les romans qui suivront. Dans *Wolf Solent*, la belle Gerda, l'épouse enfantine de Wolf, ne peut avoir d'enfants. Dans *Camp retranché*, l'écuyère Wizzie éprouve de l'aversion devant son rôle de mère : ce sera son « amant », Dud Personne, qui élèvera la petite fille qu'il n'a pas lui-même engendrée, l'adoption étant la seule forme de paternité que supporte le héros powysien. Uryen, dans le même roman, exalte la toute-puissance de l'amour stérile : « C'est la plus puissante force qui soit ! Le désir implorant, insatisfait – mais il n'y a rien qu'il ne puisse faire ! Exalte le sexe jusqu'à ce qu'il éteigne le soleil et maintiens-le dans la stérilité ! » Mais, dans *Givre et Sang*, cette angoisse devant la paternité s'exprime dans toute sa force et sa nudité, l'écrivain n'usant ici d'aucun détour – adoption, impuissance du héros ou rationalisation – pour masquer la répulsion de Rook à l'idée d'une vie nouvelle qui pourrait le détacher des siens.

Son refus opposé à la paternité provient surtout d'un nostalgique désir de revenir aux sources, à travers la fascination de cette boule de cristal où l'avenir qui se lit n'est autre qu'un passé nébuleux lové dans sa circonférence. Dans ce roman, la relation entre Mrs Ashover et son fils Rook trahit une tendresse filiale marquée par le manque. Pour sa mère, Rook est moins un être ou un fils qu'un membre de la famille Ashover, un « maillon de la chaîne », l'ombre d'une ombre – celle de son père mort. La présence du mari disparu plane à travers le deuil de sa femme avec l'autorité qu'elle a dû assumer au cours de son veuvage ; à travers l'appel menaçant qui monte des tombes et dans le vœu de stérilité grâce auquel Rook prétend défier les voix souterraines : « Rook percevait la menace furieuse s'élevant de cette poussière humaine enterrée, qui allait le maudire s'il n'ouvrait pas à leur lignée les portes du futur, et le damner s'il verrouillait ces portes dans la jouissance égoïste du plaisir stérile... Tant de pères qui avaient engendré tant de fils, tant de fils qui avaient engendré tant de pères, tout cela pour que, d'un sarcastique : "Couchés, morts lubriques, couchés ! ", il les rejetât dans le noir du néant. »

Dans un roman aussi hanté que celui-ci, les références autobiographiques sont nombreuses : nul doute que la fertilité puissante du pasteur Powys, qui eut dix autres enfants après la naissance de l'aîné, puisse expliquer en partie le désir qu'a Rook de mettre fin à sa lignée. Rook Ashover est bien le premier de ces anti-héros que Powys excelle à décrire : demeuré fils jusque dans l'âge d'homme, habité par son hérédité, puritain, solipsiste, fétichiste. La scène où Rook embrasse une femme tout en demeurant curieusement détaché, l'esprit scindé en trois êtres distincts, dont le plus convaincant est précisément le plus absent, est une magistrale approche d'un personnage dont les sentiments naissent désagrégés. Ce puritain déchiré dont l'éparpillement entre plusieurs amours est destiné à dissimuler le fait de n'en avoir aucun, cet « angéliste » demeuré dans la peureuse dépendance d'une mère autoritaire, et dont le donjuanisme cérébral masque à peine la misogynie, a besoin, pour pouvoir désirer une femme, de la mépriser, ou tout au moins de la plaindre et de la « sauver » d'elle-même.

La procréation n'est pas coupable seulement à cause du passé qu'elle transmet, mais parce qu'elle suppose, dans le présent, la férocité d'un acte que toute l'œuvre de Powys récuse. Le sang n'est pas seulement ici celui d'un lien familial et fraternel, mais, on le verra, celui du crime. Le rouge chez Powys est toujours évocateur d'une cruauté perpétrée sur un être sans défense comme dans la vivisection ou le viol. Aussi bien naître homme est-il une malédiction en soi puisque la virilité suppose le crime de la défloration.

La cruauté de la possession, telle est l'obsession majeure de l'univers powysien. De là vient qu'une des présences dominantes de ce livre est celle du pasteur Hastings. Rook et Hastings sont en tous points rivaux, et tout, en surface, les sépare : la violence de Hastings, le retrait de Rook ; le physique trapu, sensuel, agressif du pasteur, qui fait de lui une figure puissante, une image paternelle ; l'allure dégingandée, les complications sentimentales, les tiraillements puritains de Rook qui le révèlent fixé au stade filial de l'adolescence. Il n'empêche que, malgré tant de disparités, c'est l'inexorable loi de la ressemblance qui joue. Hastings et Rook appartiennent au même sexe, et Powys révèle par touches successives une cruauté commune aux deux hommes. Même si la violence demeure latente chez Rook et comme retournée contre lui-même, sa froideur foncière et son détachement n'en sont pas moins le signe d'un certain sadisme moral. Rook annonce par là Dud Personne de *Camp retranché*, dont l'apparent masochisme et l'impuissance acceptée sont dotés d'une certaine capacité à susciter la souffrance du manque.

Alors que le héros de *Givre et Sang* s'appelle Rook (corbeau en anglais), c'est un corbeau sinistre que le pasteur évoque, et la plume dont il se sert pour écrire son œuvre rappelle le bec destructeur d'un oiseau. Le livre de Hastings est d'ailleurs consacré à l'exaltation du néant, tandis que Rook voue ses amours avec Netta à la stérilité. Les deux hommes sont du côté de la mort. Leur rencontre finale sur le pont où, dans une dramatique coïncidence, ils ne forment plus qu'un, est un admirable exemple de cette identité fatale et honnie entre père et fils si fréquente dans l'œuvre. Fatale parce que le fils ne peut échapper à la loi du sang ; honnie, car la brutalité du sang versé est cela même que le fils cherche à fuir dans l'immolation de soi-même. La relation ambivalente entre Rook et Hastings annonce ces couples d'antagonistes qui se dressent si souvent l'un contre l'autre, formés d'un anti-héros infantile et d'un personnage marié, prolifique, sensuel et pervers, père-amant d'une femme-enfant. Entre ces deux rôles, celui d'anti-héros et celui de père, naît une entente teintée de rivalité érotique d'où découle un duel à mort.

De là, l'image particulièrement frappante dans cet univers, d'un lieu clos où se livre un combat « occulte », ici, le rond-point appelé *Clairière de la Fée* où éclate la jalousie fraternelle. Le récit powysien ne cesse de graviter autour d'un lieu concentrique ou d'une scène symbolique, surprise à travers la brèche ronde d'une haie, limitée par le hublot du regard. Ce lieu central où l'œil se fixe apparaît toujours lié à une femme que deux hommes se disputent.

Contre tant de rouges blessures possibles, Rook Ashover choisit le détachement du givre. La seule façon de lutter contre le sang versé qu'exige la vie nouvelle d'un amour, c'est d'y opposer le gel d'une pureté que les liens du sang préservent : la pure affection d'un frère, la soumission consentante à la volonté maternelle. Dans cet univers, toutes les blancheurs se mêlent en une symphonie où une neutralité rêvée remplace la sexualité condamnée. Au blanc visage de Rook répond la pâleur lunaire. Au cygne contemplé en silence par les frères, le couple translucide des phalènes dont l'une est séparée de l'autre à jamais par la mort. Tout le paysage du roman est comme enfoui, figé sous les nappes de ce brouillard laiteux que sont les brumes cimmériennes. Mais la nature n'est en rien une nature minérale comme celle de Poe. Bien que frappée de blancheur, elle est baignée d'une lumière intérieure qui subsiste et s'étend sous le gel. La vraie vie du protagoniste a lieu dans les « limbes cimmériennes » plutôt qu'à la surface, et le paysage est moins pétrifié que secret. Il reste vivant sous la croûte du visible, animé d'un mouvement de retour jusque vers le temps d'avant la naissance. De plus, cette vision intériorisée n'empêche nullement l'autre nature d'exister dans sa sève, sa réalité drue, avec ses rivières, ses feuilles humides, ses fleurs printanières, ses fossés noirs et boueux, ses odeurs âcres de « mortalité insidieuse ». Mais une lutte se perçoit entre la sensualité des saisons et la nudité pure de l'hiver qui exprime le désaccord entre l'esprit et les sens. Rook a soif d'oublier que la terre est molle et odorante et que, sous la neige, la pluie et les feuilles, elle demeure gravide. C'est pourquoi il lui oppose le déni du givre.

Rien d'étonnant que le poème qui plane au-dessus de *Givre et Sang*, comme au-dessus de *Rodmoor*, soit ce poème de Shakespeare, *Le Phénix et la Colombe*, dont Powys a écrit qu'il était un de ses poèmes préférés[23]. Dans ce roman, la lecture du poème est toujours confiée à Lexie, et les strophes choisies celles où s'exprime avec le plus d'intensité le caractère indissoluble d'un amour partagé, unique et stérile :

> *La Mort devient le nid du Phénix*
> *Et le cœur loyal de la Colombe*
> *Repose pour l'éternité*
> *Sans laisser de postérité,*
> *Non point par quelque infirmité*
> *Mais d'avoir eu de chastes noces.*

On ne peut lire ces vers sans songer qu'ils étaient déjà lus par Philippa, la sœur violente et incestueuse de Brand Renshaw dans *Rodmoor*. Ainsi, à travers les neuf années qui les séparent, les deux romans se répondent au son d'une même complainte funèbre, le « thrène » de Shakespeare. Ce chant d'amour et de deuil, ici comme là, s'accompagne de la même vision d'enfants morts. Dans *Rodmoor*, Sorio et Philippa pressentent quelque chose d'indicible qui est pareil « au cadavre d'un enfant pas encore né » ; dans *Givre et Sang*, les premières strophes du poème évoquent « des cadavres d'enfants royaux tués au cours d'un holocauste sacré, enveloppés dans des linceuls d'or ». Aussi tout porte à croire que, dans ce roman, la procréation est rejetée à cause d'une fidélité profonde à des êtres dont l'importance fut primordiale dans l'enfance. Ce n'est pas un hasard si le chant funèbre est lu chaque fois par un frère (Lexie Ashover) ou une sœur (Philippa Renshaw), si bien que ce sont précisément les liens de la parenté qui paraissent à l'origine de la chasteté glacée des amours. Le cadavre d'enfant qui surgit à la lecture du « thrène » est à la fois celui de l'enfance perdue (avec ses instants bouleversants qui ne reviendront plus), celui de ses morts, et celui de l'enfant auquel les humains, figés dans la fidélité à ce qui fut, refusent de donner la vie.

Mort et vie, givre et sang – par ces deux termes qui s'affrontent nous sommes ramenés à son titre et à la traduction que nous lui avons donnée[24]. Les deux syllabes qui composent le titre original *Ducdame* forment aussi deux pôles complémentaires et antagonistes : la dureté laconique de *duc* et la douceur féminine de *dame* évoquent irrésistiblement l'altérité des sexes, que Powys résout par leur réunion en un seul vocable qui est comme une annulation. Les deux termes, antagonistes en apparence, ne s'accouplent peut-être que par nostalgie d'une androgynie dont Powys a toujours rêvé. Mais cette androgynie, loin de multiplier la sexualité, exprimerait bien plutôt un état de neutralité et de délivrance où les sexes cesseraient de se détruire.

Échec au sadisme

Quel étrange conte fantastique que *Morwyn*[25] ! Comment le romancier si tragiquement déchiré des premiers romans en est-il arrivé, la soixantaine passée, à se lover ainsi avec délices dans l'enveloppement de la rêverie diurne ? C'est qu'une telle fantasmagorie signe l'aboutissement de sa quête : la délivrance à travers la richesse et l'humour de l'imaginaire. Parmi les plus belles pages, figurent celles qui font appel au côté visionnaire de Powys : à ces combats entre animaux préhistoriques, ces écrans diaboliques devant lesquels les ombres se bousculent comme certaines silhouettes noires de Goya. Ce livre aux péripéties multiples, par l'utilisation même de l'absurde, est un remarquable exemple de ces facéties auxquelles l'esprit s'adonne quand personne n'est plus là pour le gendarmer. On y trouvera pêle-mêle tout ce que le sur-moi rejette : le désir d'assassiner le père ; celui de rivaliser avec lui en lui volant sa fille ; celui d'aimer sa *propre* fille ; la tentation – combien grande – de se livrer au voyeurisme de la souffrance afin d'en connaître la nature ; l'abandon à la chute éternelle dans la fosse des horreurs (tandis que celui qui donne libre cours à ses fantasmes savoure peut-être tranquillement une tasse de thé) ; la régression, infiniment réconfortante, vers l'origine du monde où tout dort dans une odeur d'encens.

Dans cette fantasmagorie baroque, on voit, blottis sur un bateau aérien aux allures de soucoupe volante, un vieil homme (M***), une jeune fille (Morwyn), un chien (Pierre le Noir), et un capitaine à la retraite précipités par un cataclysme au centre de la Terre. Là, dans un décor qui rappelle Gustave Doré ou les illustrateurs de Jules Verne, ces personnages traversent le royaume des ombres et rencontrent des figures dignes d'une super-odyssée enfantine, Torquemada, le marquis de Sade, Tityos-Prométhée, Socrate et le barde Taliessin, entre autres ! Le ciel, aux Enfers, est composé de rocs. Le bateau volant est capitonné d'une neige noire et, sur les parois de pierre qui emprisonnent nos héros perdus, des télévisions diaboliques projettent toutes les scènes les plus sadiques existant depuis que le monde est monde – des scènes de vivisection surtout – devant lesquelles se pressent, avec une curiosité goulue, comme autant de vers dans un fruit, les fantômes des damnés.

Enfer paradoxal que celui-ci : on y poursuit frénétiquement le plaisir sadique en toute liberté. La « vengeance de Dieu » (tel est le sous-titre que Powys a donné à cette fable) serait donc la possibilité qu'Il nous laisse d'aller jusqu'au bout de nous-mêmes. La toile de fond de ces aventures est un paysage lunaire et apocalyptique où se succèdent grottes et failles, pays souterrains et cavernes plus souterraines encore, car, tout comme dans *Alice au Pays des Merveilles*, nous ne cessons de sombrer dans un tunnel, jusqu'aux abîmes où éclatent le rire du chaos et les gémissements des monstres préhistoriques qui s'entre-déchirent – jusqu'au silence le plus absolu où règnent les formes de Cronos et de la Grande Mère, Ceridwen.

Cette fantaisie débridée affirme tout d'abord que, si vous tenez en laisse votre imagination, c'est que vous n'êtes pas encore affranchi. Pour surmonter sa folie intime, il faut d'abord se laisser aller à ses fantasmes les plus fous. Dans l'élaboration des rêveries aussi truculentes, iconoclastes et libératrices, il semble bien que les Anglais soient passés maîtres, de Swift à Lewis Carroll, Tolkien et Mervyn Peake. Pourtant Powys va plus loin, comme si, à travers le sens du grotesque, il cherchait à désacraliser l'homme par l'autodérision et à vider de leur teneur ses angoisses. Comme s'il voulait faire de l'homme une marionnette – car, bien sûr, quelqu'un, quelque part, tire les ficelles, la « Cause première » dans l'*Autobiographie*, l'« Ordre des choses » dans *Morwyn* –, mais une marionnette capable de goûter une volupté vitale et, surtout, une marionnette qui rit. C'est un choix délibéré chez Powys que ces hommes-poupées, ces anti-héros infantiles qui pratiquent la régression comme une thérapeutique. Ainsi John Hush, le protagoniste de *The Inmates* (*La Fosse aux chiens*)[26], peut-il espérer l'amour de Tenna Sheer parce « qu'elle était certaine de ceci : il n'était pas du genre postillonneur, insistant, envahissant, persiflant, tapageur, criard, fanfaron, qui-fait-la-loi !… Il était du genre inanimé. Plus une poupée qu'une personne ». Toutefois, même aux Enfers, la marionnette sait qu'elle danse, elle est consciente de sa gymnastique, d'où cette part de comédie grinçante qui lui permet de sauter ici et là selon son gré, mi-âme, mi-objet, ver de terre ou pantin – hors d'atteinte quoi qu'il en soit, parce qu'elle a tué en elle aussi bien la virilité triomphante que la féminité douloureuse et destructrice.

Dans cette parodie des Enfers, Powys espère conjurer son enfer personnel. Ce tragique fétu de paille qu'est l'homme ne craint tant la vivisection que parce qu'il est lui-même à vif. « Certaines impressions, avoue Powys dans son *Autobiographie*, me trouvent aussi vulnérable qu'un écorché. Cette sensibilité morbide, disons même quasi monstrueuse, se paie très cher. » Pourquoi monstrueuse ? Parce qu'il est infiniment difficile de pénétrer l'univers du Bourreau sans en être de quelque façon subtilement modifié. Powys savait aussi bien que Freud que l'horreur recèle un attrait, l'attrait le plus puissant, peut-être, de tous les attraits psychologiques : celui de comprendre le sadisme. La tentation est si forte qu'elle arrive à tisser parfois une sorte de complicité mentale entre victime et bourreau. L'analyse que fait

Bruno Bettelheim de la mentalité des prisonniers dans un camp de concentration est révélatrice : pour ne pas perdre totalement le sentiment de leur dignité, certains prisonniers en étaient réduits à vouloir comprendre de l'intérieur le système qui les broyait. En allant plus loin, à force de se pencher avec frénésie sur la cruauté de la Cause première et des vivisecteurs, sur la fosse des chiens torturés et sur toutes les victimes écorchées qui peuplent le monde powysien, on se demande si l'anti-héros, déchiré par tant d'ambivalence, ne s'identifie pas en partie à la source du Mal. C'est que voir ou décrire (écrire, tout simplement) est une façon d'éviter de passer à l'acte. Si Powys saisit admirablement chez certains personnages le désir de posséder et de détruire, les porte-parole dans lesquels il se projette restent obstinément des êtres en marge. Tant de rêveries consacrées à la vivisection, aux films pervers, aux livres « innommables », révèlent l'inévitable identification de l'écrivain-démiurge au Créateur puisqu'il est capable de faire passer dans les mots l'essence même du mal. Mais, plus profondément, elles révèlent, ces rêveries, une science de la fuite qui permet de dévier le cours de l'énergie maléfique par un rituel dans lequel frôler le mal évite de l'accomplir. Si bien que, selon son propre aveu, Powys tient « à la fois du satyre et du saint ». Et c'est pourquoi le mal, dans la « fantaisie » qu'est *Morwyn*, est perpétré par des êtres fantomatiques : le royaume des ombres a du moins cet avantage sur l'univers incarné que, « même si une ombre peut se nourrir à jamais du plaisir de contempler la cruauté, elle ne saurait parvenir à l'infliger ». Ainsi le voyeurisme de l'imaginaire, tout comme l'humour, devient-il rituel propitiatoire.

Morwyn marque un tournant dans l'œuvre powysienne, même si l'on y retrouve certaines hantises des premiers romans et que, centré sur le thème de la vivisection, il est le trait d'union entre *Les Sables de la mer*, *Camp retranché* et l'étonnante *Fosse aux chiens* qu'il n'écrira que quinze ans plus tard. Lorsqu'il écrit *Morwyn* en 1936, Powys est revenu depuis peu d'Amérique où il a longuement vécu, mais il ne tarde pas à quitter son Dorset natal pour s'isoler et se plonger dans les brumes du pays de Galles, et s'y inventer une nouvelle origine. Les nombreuses allusions aux bardes gallois, à Taliessin, à Merlin, à la Déesse-Mère des Celtes dans *Morwyn* montrent tout ce que le mythique lui apporte. Powys s'est immergé dans le mythe contre le dogme, dans les brumes contre la conscience, dans l'immémorial contre le personnel, dans les formes enveloppantes de la Déesse-Mère contre le courroux vengeur de Yahvé. Aussi la plongée de *Morwyn* n'est-elle pas seulement une descente aux Enfers, mais la première apparition de tout un courant de l'œuvre qui culminera avec les derniers romans où se manifeste un complet abandon à une histoire trop reculée pour être individuelle. Une pré-histoire qui se confond avec les délires de l'imaginaire où l'écrivain est dieu, réuni aux forces occultes des Mères, délivré du vraisemblable, de la précision généalogique, de la loi et du père.

Doué d'une étonnante lucidité sur lui-même, on peut dire que Powys fut son propre psychanalyste. Il n'a jamais vraiment cru à l'inconscient mais toujours préféré parler de *subconscient*, sorte de réservoir où son imagination était libre de plonger à son gré. *Morwyn* laisse affleurer à l'état pur cette eau subconsciente où les hantises s'enchevêtrent et se répètent, de façon parfois radoteuse et irritante, mais le mouvement même d'une hantise n'est-il pas le ressassement ? Si l'inceste est une des constantes de cette œuvre avec la parthénogenèse, la virginité de la mère et le parricide, la vivisection en est une autre. Il s'agit surtout de la vivisection des chiens et des singes, et donc d'un problème qui n'a cessé de hanter Powys : celui de la science vaincue par les horreurs que la science elle-même invente. C'est pourquoi, à la fin de *Morwyn*, Powys a imaginé cette scène (qui serait aussi suggestive, transposée sur un écran, que le sont les transformations du monstre créé par Frankenstein) où les damnés deviennent ce dont ils ont rêvé. Par exemple, un tortionnaire au service de la science est transformé en jeune singe sanglant. Plus que jamais actuelle, et déjà prémonitoire, se montre cette horreur des armes chimiques, des gaz et des poisons qui tuent, des expériences perpétrées sur le règne animal au nom de la sauvegarde des humains qui allaient, dans les camps de concentration, s'exercer sur des êtres ravalés au rang d'animaux. De là, toutes ces considérations, dans le roman, sur la cruauté impersonnelle des savants qu'ils justifient au nom de la science. Mais l'origine de cette pensée, objective et dominée, se perd dans les obscurités de l'être à la recherche de son identité. Elle se confond avec la découverte par Powys des lois du sexe – car ces lois, il les a vécues de façon tragique à travers sa propre chair, dans une empathie si profonde pour la féminité souffrante qu'il ne cesse de s'identifier à la jeune fille devenant femme, ou à la mère sanglante et violée.

Sang féminin et vivisection sont pour lui intimement liés dès les années d'université, comme il le note dans l'*Autobiographie* : « Deux révélations m'attendaient à Cambridge pour me porter, chacune, un coup terrible. La première concernait les hémorragies des femmes au cours des révolutions de la lune. La seconde me fut faite par quelqu'un – Koelle, je crois – qui me parla de la vivisection. La découverte de ce crime inexpiable qui outrage la seule règle morale de quelque valeur, qui ne se commet pas seulement envers les animaux mais envers ce qu'il y a de plus élevé chez l'homme, m'atteignit au plus profond de mon être. Mon bouleversement ne s'est pas calmé. Aucune excuse, quels que soient les efforts tentés pour la rendre plausible, ne justifie la vivisection – surtout pratiquée sur les chiens. » C'est donc dès l'adolescence – bien avant que Powys se mette à écrire – que naît cette double obsession dont un lecteur attentif retrouvera tout au long de l'œuvre l'implacable réseau d'associations. Mais la vivisection est également liée à la castration, comme on l'a vu dans *Les Sables de la mer* où le tyrannique Cattistock maltraite le petit chien prénommé Jaune. Ainsi est-elle indissociable d'un pouvoir viril – qui n'est pas sans évoquer la sadique Cause première –, et devient-elle le symbole de tout ce qui fouille, pénètre et détruit.

Dans *Morwyn*, la victime exemplaire sera incarnée par Tityos-Prométhée. Mais la curiosité de la souffrance que suscite cette victime par excellence, puisque voici « cinquante mille ans qu'il est dévoré sur l'ordre de Zeus par des vautours », sera le creuset d'où surgit l'espoir. Quand le Titan est enfin libéré et les vautours réduits en poussière, il laisse tomber une larme qui devient « un des Mystères de la Vie » – larme dont il est fait cadeau à Morwyn comme si elle était un talisman : « J'étais entièrement obsédé par cette Larme de Tityos ![...] Je la voyais, génération après génération – lumière brillant dans les ténèbres toujours raillée et tournée en dérision [...] Elle était faiblesse ; elle était absurdité ; elle était folie ; elle était la protestation éternelle de l'Impossible contre la raison, contre la détermination de la matière, contre l'œuvre du mal, pour l'avènement du bien. »

Ce n'est pas par hasard si cette larme est promue au rang d'objet symbolique aux vertus immortelles : elle exprime admirablement le rituel powysien qui consiste à annuler et conjurer le même par le même. Aux gouttes de sueur et de sang sécrétées par tant de victimes torturées, Powys oppose cette Larme unique, grâce à laquelle Zeus, l'ancien dieu, est vaincu.

Le Moi pluriel

Voici un texte obstinément adonné à la quête de la joie, d'une progression presque végétale, un texte ressassant comme une incantation, humoristique comme un livre de recettes, au cours duquel, lentement, le moi se rassemble, se ramasse, et prend conscience, dans ses marais, des voluptés diverses et mentales que recèle la vie[27]. « Nous sommes de misérables vers de terre et des insectes débiles, mais aussi des êtres dotés, comme les dieux, du pouvoir magique de créer, et lorsque nous sommes tourmentés, comme c'est souvent le cas, par les délires, les terreurs, les fantasmes et les illusions, la meilleure politique est alors, je l'ai découvert au cours de ces douze dernières années, de devenir chacun notre propre psychiatre, pour conjurer ces horreurs en fonction de notre expérience individuelle », écrira Powys dans *Ma philosophie à ce jour*[28].

« Conjurer les horreurs », tel est déjà, en 1930, le but de *In Defence of Sensuality* (*L'Apologie des sens*). L'importance de ce texte n'a pas échappé à Jean Wahl qui lui consacra un essai[29], fasciné par ce merveilleux personnage à la fois animal, végétal et minéral que Powys dresse au centre de son livre, en face du monde, du mal et de Dieu, tout bardé d'écailles, délicieusement enfoui dans ses contemplations secrètes : *le moi ichtyosaure*. Le philosophe a bien vu que l'originalité de la démarche powysienne résidait en un renouvellement de la personnalité, enfin délivrée de l'obsédante vision de sa propre imperfection, enfin déculpabilisée, rendue impersonnelle. Le regard sensuel du moi ichtyosaure « se dirige vers quelque chose dans la nature de l'être qui est plus que chair et que sang, plus que les éléments, qui est un *plus*, sans cesse grandissant et nous attire vers la densité de l'être ».

Ce qu'on a pu prendre chez Powys pour la nostalgie de l'état de méduse – un désir de repli, d'occultation – aboutit en fait à une vision où le sexuel se dilue dans le cosmique et le personnel s'évanouit dans le sacré.

L'évaporation du moi, loin d'être frivole éparpillement de l'être ou méconnaissance aveugle, devient inséparable de la concentration d'une mythologie intérieure. Si le choix existe (comme *L'Apologie des sens* le montre avec acuité) entre agir et rêver, entre vouloir perfectionner le monde et savourer l'univers, il semble que Powys, dans son horreur du manichéisme, ait su mettre un terme au débat en conciliant l'un et l'autre. Dans cet essai, la jouissance contemplative se mue en création agissante non seulement grâce au dynamisme de l'écriture (on sait l'ampleur de l'œuvre powysienne), mais dans une perception accrue des choses.

Et tout d'abord, en une perception accrue des sens. Ce à quoi Powys ne cesse de s'attaquer, de façon éclatante ou sournoise, c'est à cette conception bornée de la sexualité où une possession obligatoire s'affirme à travers un acte plutôt qu'un autre, figeant ainsi les sexes dans des attitudes d'agression ou de défense, d'initiative ou de passivité, selon un schéma banal du masculin et du féminin alors que l'être devrait devenir suffisamment riche et divers pour érotiser jusqu'à l'air qu'il respire. Nul mieux que Powys – et certainement pas D. H. Lawrence avec son idolâtrie de la « virilité » – n'a montré les nuances innombrables du dialogue amoureux. La joute des paroles, la divination des atmosphères, la connaissance par le regard, la communion à travers la contemplation, les voluptés de l'imaginaire, les aveux du silence – il a tout conçu, deviné, décrit. Les êtres s'appartiennent à travers le vol d'un héron ou la lumière diffuse d'une lampe verte. Ils s'aiment par la pensée sur les berges des eaux stagnantes, à travers le sommeil et la séparation, à travers le souvenir et la mort, car rien n'est impossible au désir.

C'est bien à tort que l'on jugerait cérébrale cette façon d'aimer sensuellement à travers les tentacules de l'esprit, car, pour Powys, le corps est innervé par la pensée, et le cerveau envahi par la luxure de la chair. Aussi la dissociation entre le corps et l'esprit tant prônée par son éducation puritaine sera complètement refusée par ce fils de pasteur : Powys ne cessera d'affirmer le droit à la perversité – si l'on entend par là une sensualité furtive, complice et, dérobée –, quelque chose qui ne s'exprime pas tout à fait, mais se prolonge en une exquise latence. Quelque chose que l'on retrouve trop rarement dans notre littérature (ou alors intellectualisé, desséché à l'extrême), mais dans quoi l'on se plonge avec délices chez les Orientaux, chez Tanizaki le fétichiste ou Kawabata l'incestueux : la volupté de surprendre, de connaître et de pénétrer l'autre non point seulement dans sa chair, mais là ou il se terre et s'embusque. Là où, en fait, il attend.

Ce que *L'Apologie* ne cesse d'affirmer encore, c'est que la contemplation, loin d'être uniquement passive, est une activité gourmande, une véritable manducation d'un réel intériorisé. Le sang froid de l'ichtyosaure lui permet de pratiquer le culte secret, « faustien », « égotiste », des sensations, d'éprouver « une froide extase païenne[30] » qui le rend invulnérable. *S'identifier à* devient alors *s'enrichir de*, et la perte de soi évoque la plongée du pêcheur de perles qui ramène ses trésors nacrés sur le sable. Devenir l'autre, c'est devenir autre. Le moi, qu'il se métamorphose en mouette ou en chélidoine, en roche moussue ou en rayon de lune, parvient au divers et, du sub-humain, accède à un sur-humain qui n'est plus limité par rien, à la fois multiple et androgyne. Cette démarche montre que Powys ne se limite jamais à l'histoire personnelle ou à la seule sexualité. Jamais il ne songerait à une conception de l'androgynie où, chaque sexe se reniant, l'homme se féminiserait et la femme se ferait virile. Quand il affirme que « tout génie humain authentique est à quelque degré bisexuel », cela signifie plutôt que chacun peut accentuer en soi les qualités propres aux deux sexes, d'être pluriel au point d'avoir accès à tous les règnes, d'où cette sensualité diffuse qui tremble comme la buée d'un jour d'été au-dessus d'un champ de pavots.

Plus on lit Powys, plus on s'aperçoit que son attachement au passé, la suprématie accordée au souvenir, s'ouvre sur tout autre chose que le poignant sentiment du « trop tard » chez James, ou la répétition tragique chez Lowry, ou même la recherche du temps perdu chez Proust car ici, dans ce retour aux sources, le moi s'abolit et s'il se ressaisit dans la mémoire, c'est au profit d'une vie différente, une vie qui n'est plus tout à fait humaine. Tel est le droit ultime que Powys revendique : celui de n'être pas tout à fait humain. Il y a chez lui une nostalgie humoristique de l'être en marge, du monstrueux, de l'enfantin, comme le prouvent ces innombrables vieilles femmes visionnaires, ces bohémiennes âgées toujours amoureuses, ces simples d'esprit qui devinent les amours, ces rêveurs qui savent se faire aimer des femmes, ces vierges qui comprennent toutes les subtilités sensuelles, ces orvets qui tirent la langue à la Cause première – étrange tribu d'êtres dont la singularité les rend perceptifs et à qui les royaumes païens du bonheur sont ouverts.

Que l'érotisme et la pitié aillent de pair, Dostoïevski l'avait déjà montré mais Powys a eu le courage de leur adjoindre une troisième dimension décriée, dont les créateurs ont souvent la pudeur de parler : l'infantilisme. Il y a chez tout homme un être puéril qui aime à jouer avec la boue, avec la matière, avec lui-même ou les autres, ne cesse de clamer Powys à travers les fantasmes, les rêveries diurnes de ses héros et leur langage souvent balbutiant. Tous ceux qui ont connu le vieil homme de Corwen ont été frappés par sa curiosité goulue, toujours en éveil : si quelqu'un a su se maintenir en communication avec l'enfance, c'est bien John Cowper Powys. Comme un Autre qui se voudrait tel qu'il ne peut plus être, Powys a su vivre de façon que la brise, la sève, les vagues de la mer et jusqu'à la voix aiguë de Polichinelle le long des plages n'aient jamais cessé de circuler dans son écriture. Il pousse cette coexistence avec l'enfance jusqu'au bout car même les formes d'érotisme qu'il décrit rappellent le plaisir des premiers jeux. Loin d'effrayer Powys, l'idée que l'enfant soit un « polymorphe pervers » l'enchante par ses possibilités infinies, et ceux qui aiment à évoquer les verts paradis comprendront ces scènes amoureuses d'une tendresse puérile, ces sommeils où l'homme endormi se love comme un fœtus, ces caresses où l'amant berce l'amante, tel un enfant, sur ses genoux.

Au fur et à mesure que le héros powysien approfondit sa notion de plongée dans le souvenir, ou dans ce qu'il appelle le « subconscient », il resurgit, enrichi, renseigné et fortifié. Après tant de situations romanesques où les héros se sont laissés tomber dans des gouffres, des arènes, des lacs, des rivières, à la rencontre de leur mort, un autre mouvement s'esquisse, ascensionnel. C'est la récurrente image du poisson qui remonte des profondeurs ou la métaphore du « saut ichthyen » : « Ce que je veux dire par acte ichthyen, c'est amasser rapidement tous les maux de votre vie puis effectuer un bond farouche de votre identité intime, un bond qui vous porte, même si ce n'est qu'un instant, à l'air libre », écrira-t-il dans *L'Art du bonheur*[31]. Et si Powys retourne au passé, c'est volontairement, dans un bond magique hors du moi, un saut dans l'espace, qui fait de toute sensation retrouvée un gage de bonheur pour l'avenir. Powys accomplit le prodige d'innover avec la mémoire, de mettre le passé au présent, de le prolonger dans le futur, car personne mieux que ce grand avocat de l'amour stérile n'a su faire enfanter l'enfance. Nous sommes loin d'un univers qui s'abîme dans la névrose. Il y a ici quelque chose de pensé, et c'est le corps ; de secret, et c'est la volupté ; de triomphant, et c'est l'imaginaire. Quelque chose, enfin, de mouvant, de volatil, c'est ce moi saurien que l'on aurait tort de croire attaché à la vase, tant son apparente froideur est au contraire délicieuse distillation d'une joie intense et contemplative qui se rit de la chute et de la Cause première.

Chaque instant vécu par Powys est irisé par cette triade : une sensualité invulnérable, inspirée par la vie en soi ; la faculté de mettre le passé au présent ; une conscience qui permet l'identification d'une seule vie à plusieurs. On sait que les derniers textes de Powys font fi de toute vraisemblance, et même de la terre : c'est qu'il est allé jusqu'au bout de son ascension, jusqu'à la lune, aux étoiles et à l'éther, dans l'au-delà et l'au-dehors, « *up and out* », dans cet univers à l'air libre où les corps inanimés sont souvent animés, où l'impossible est rendu possible dans une lévitation magique. Tous ces textes tardifs composés au pays de Galles sont bien des variations sur le pari déjà présent dans *L'Apologie des sens* : vaincre l'espace et le temps.

Il se peut qu'un doute saisisse le lecteur tant Powys nous parle de cruauté au sein de son univers en marche vers un émerveillement innocent qui fait songer à Blake. Comment le moi ichtyosaure peut-il oublier le mal, la torture, la guerre, le crime, et être heureux comme le conseille l'écrivain : à tout prix ? Si ce n'est que précisément Powys sous-entend qu'il y a un prix à payer. À savoir qu'il nous faut cultiver le bonheur *malgré tout*[32]. Que cet enrichissement est une sorte de devoir difficile et supérieur, car si nous acceptons l'extase matérielle et ses révélations, nous devenons nous-mêmes une sorte de cosmos infime d'où la force irradie en défi lancé au mal. Une lecture psychanalytique ne verrait sans doute dans cette œuvre qu'une régression sublimée, la justification d'une vie en marge, et dans l'attention donnée au sous-humain, dans la projection de Powys en des doubles qui refusent de posséder quiconque afin de n'appartenir à personne, une incapacité à évoluer vers la maturité. Elle y dénicherait sans doute une sorte de masochisme qui sécrète son bonheur jusque dans la résignation et la fuite, mais, justement, personne n'est moins masochiste que Powys. Qu'il sache à quel point la pitié entame, et qu'il dise hautement qu'il ne faut pas se laisser entamer, signifie qu'il prône la suprême sagesse : une lucidité qui ne paralyse point, une acceptation des « horreurs » qui n'a rien de la complaisance, une connaissance du malheur qui, loin de figer, apprend à le dépasser pour ne pas le propager.

Il y a dans son *Autobiographie* – cette autoanalyse succulente –, une formule qui résume toute la « philosophie » de *L'Apologie des sens* : « Chaque être humain doit en somme, inventer son propre destin en partant du chaos. » En face du malheur, que faire d'autre si ce n'est entreprendre un « combat cosmique », pour reprendre les termes de *Wolf Solent*, et parer à la négation propre au mal par l'accroissement du bonheur ? Au cœur même du mouvement de retour au souvenir, se fait jour un renouvellement profond. Cette progression signe l'apogée de l'*Autobiographie* : « Quand, de cette retraite, de cette crête, de cette dalle de pierre, je regarde en arrière le chemin qui est derrière moi et en avant le chemin qui est devant moi, il me semble qu'il m'a fallu un demi-siècle simplement pour apprendre quelles armes je dois prendre et quelles armes je dois rendre pour commencer à vivre ma vie. »

Les armes : Powys est parfaitement conscient de leur nécessité. Son originalité est de distinguer entre le « faire comme si » et le « faire semblant ». Le mal que l'on vous a fait est le premier qu'il faut abolir, certes, mais il faut, nous dit-il, aller au-delà de l'oubli du malheur personnel. Oublier tout le mal fait aux autres, aux faibles, aux vaincus, aux torturés, aux femmes, aux chiens – le sadisme, en un mot. L'être à vif ne devrait être disséqué par rien, ni par autrui, ni par le bistouri, d'où l'apparition de ce moi-ichtyosaure muni d'une carapace, lové dans la préhistoire et la boue, si éloigné de l'insecte, cette bête noire de Powys car il le considère grégaire et besogneux. Qui d'entre nous pourrait prétendre survivre, s'il participait vraiment à la douleur des meurtres qui ont lieu, à chaque seconde, sur le globe ? Qui d'entre nous n'a pas sa carapace ? En fin de compte, c'est la mauvaise conscience de ces écailles forgées par la pitié que Powys veut éliminer dans *L'Apologie des sens*. Cependant, comme un roc noir, la cruauté subsiste. Aucun créateur, même démiurge, n'est parvenu à détruire la destruction. Il eût fallu que le monde ne fût point né ou qu'un autre dieu détruisît la Cause Première. Telle est peut-être la nostalgie suprême, de Powys : être ce dieu-là.

Kathleen Raine

Il y avait chez Kathleen Raine, malgré son goût des voyages intérieurs, sa quête spirituelle, sa passion des astres, des îles solitaires, du sacré, une force terrestre obstinée comme celle d'une racine qui serpente : c'était sa volonté de créer. Sa volonté d'atteindre le mot juste comme une flèche atteint sa cible. J'ai admiré cette force toute sa vie, moi qui balance sans cesse entre la vie des autres et celle de l'écriture. Le mot, passionnément traqué, était sa religion : cette recherche farouche me fut d'un enseignement précieux lorsque nous traduisîmes, François Xavier Jaujard et moi, le premier tome de son autobiographie, Farewell, Happy Fields *(Adieu, prairies heureuses)*[1]*. Ce fut une expérience, et même une délivrance, loin de la culpabilité. Ainsi étais-je confirmée dans mon sentiment que se consacrer à l'écriture n'était pas une folie égoïste mais une recherche spirituelle. Kathleen Raine ne perdait jamais de vue son but malgré ce qui l'entourait. Parfois sa démarche paraissait teintée d'une certaine inhumanité : il fallait accepter cela qui pouvait aller assez loin. Ce qui se tramait dans nos vies lui devenait alors plutôt indifférent pourvu* *que nous trouvions, nous aussi, en français, l'équivalence qu'elle voulait. Mais c'était sur le moment. Une fois le but atteint, elle revenait vers nous. Elle m'a toujours profondément encouragée, persuadée comme elle l'était qu'il ne faut pas laisser l'amour étouffer l'écriture (elle me faisait penser au mot de Delacroix : « Toute émotion partagée est perdue pour l'Art »), mais je reste également persuadée que l'écriture ne devrait pas, non plus, étouffer l'amour. Serait-ce là un tandem impossible ?*

Ensemble mais séparés[2]

The Lion's Mouth (*La Gueule du lion*)[3] est loin d'être seulement une histoire d'amour : c'est l'histoire d'une initiation qui vient rencontrer cette adolescence à la fois éblouie et douloureuse que Kathleen Raine nous avait racontée de façon magistrale dans *Adieu, prairies heureuses*. C'est le récit d'une métamorphose de l'être qui capte les radiations d'un sentiment pour aborder aux rives de la création, tout en traversant les vicissitudes humaines, la tentation de perdre espoir, la superstition et ses marchandages magiques avec la divinité : formes de sorcellerie amoureuse que nous retrouverons dans cette singulière aventure de l'esprit. Cette période de la vie de Kathleen Raine est peut-être celle où elle est le plus elle-même après avoir vécu deux mariages, des accouchements, des séparations, donné ses premiers cours, achevé ses premiers travaux. Elle est en pleine maturité, là où certains gestes ne peuvent se répéter au risque de tomber dans l'automatisme. Elle est enfin libre de créer avec le célèbre naturaliste Gavin Maxwell une vie de poésie, de contemplation, d'amitié amoureuse dans la superbe et sauvage île de Sandaig où Gavin élevait ses loutres.

La question que pose sans cesse ce livre, et de manière la plus concrète, malgré l'attirance que le poète a pour les spéculations philosophiques, est celle-ci : est-on jamais libre, quand on a une hérédité, un destin qui nous est alloué, un passé et, de plus, des enfants – est-on jamais libre d'aimer à *sa façon*, quand *l'autre* a sa manière d'aimer ? L'amour que l'on accepte n'est jamais de la même qualité que celui que l'on offre. Comment s'y résigner ? Où est la frontière entre l'amour éprouvé pour un être et ce qu'il croit être une prise de possession ? Savons-nous seulement quel effet nous produisons à l'être que nous avons choisi ? Non, nous ne le savons pas. Tant de livres l'ont montré, tant de romans ont insisté sur l'abondance des facettes de la personnalité humaine. Nous ne saurons jamais comment nous sommes perçus par l'autre. Un poème de Kathleen Raine le dit :

Question réplique à question
Haine à haine répond,
Confusion à confusion
Cri lancé à cri[4].

Peu d'hommes ou de femmes se sont décidés à nous livrer la chronique d'un sentiment aussi insolite où l'amour est à lui-même son propre univers. Où chaque événement de la vie vécue, heureux ou malheureux, prend valeur de signe, où l'amour n'est plus jugé en termes de plaisir mais de création. La question n'est plus de savoir si cet amour fut un échec – ce mot n'aurait guère de sens dans un univers où tout est aussitôt transformé en expérience visionnaire –, tout est signe ici comme déjà dans le premier tome de son autobiographie qui racontait son enfance. Nous le sentons dès que Gavin donne à son amie non point sa personne, mais son lieu – cette maison dans l'île où tous deux élèvent, à tour de rôle, Mij, leur loutre-enfant. Ce qui d'habitude se nomme la souffrance en amour : le manque, le sentiment de l'absurde ou de vivre le rien, devient ici, à travers la douleur, étapes d'un développement personnel – étapes cruelles souvent, car il n'existe aucun réconfort, aucun remède à ces rencontres voulues par le destin. À nous de savoir affronter l'impossible. Gavin ne donne pas son corps (il est homosexuel) ; il ne donne pas un enfant, mais une loutre ; il ne donne pas à Kathleen Raine la compréhension de son journal et la blâme, comme si elle était coupable, d'avoir osé écrire une version de leur histoire dans un cahier qu'elle a dû jeter dans une rivière, cahier dont le ressouvenir est sans doute à l'origine de ce volume. Gavin éprouve pour sa création une jalousie d'amant doublé d'une jalousie d'artiste : alors qu'il ne cesse de voyager en Arabie, en Afrique, en Grèce ou ailleurs, il ne lui confie rien, mais se calfeutre dans le silence. Un jour, tout à coup, elle surprend chez lui un gant de femme. Puis, plus tard, elle apprendra qu'il épouse une amie.

Se demander d'où venait à Kathleen Raine tant d'obstination pour continuer à aimer, c'est oublier à quel point ce récit est celui de la projection d'une vie intérieure dans un monde où « il n'est rien de plus haut que la vérité ». Une vérité qui doit rester totale, et qui transcende un réel trop humain. C'est pourquoi il a fallu se jeter dans la « gueule du lion », titre qu'elle donne à ce récit. Chacun des deux créateurs vit sa vie propre. La création ne les réunit pas comme on le croit si souvent. Elle les sépare. Kathleen Raine vit dans un monde clos, qu'elle appelle la « conscience unique ». La loutre-enfant est pour elle comme un tiers éthéré, enfanté par cette liaison où la beauté, l'art, la nature tiennent lieu de ce qui, chez les autres mortels, se nomme fêtes, sexe, nourriture, habitudes. Une transparence absolue et meurtrière l'habite qui ressemble à cette lumière qui pleut sur l'île sauvage où elle vit, chez Gavin, mais sans lui. Sans lui, mais avec ce qui le signifie : ses objets, ses murs, ses animaux. Un nouveau stade de l'amour est franchi ; elle ne cherche plus tant à aller vers lui qu'à devenir lui tout en restant elle-même. Telle est sans doute la démarche de tout créateur : devenir l'autre et, en quelque sorte, l'intérioriser, démarche non dépourvue de ce vampirisme que l'art exige.

Quand le corps fait irruption dans leur vie, c'est de manière banale et morne, comme s'il était déserté : ce ne sont plus alors deux amoureux, plutôt deux gisants. Mais le corps a-t-il conservé une importance capitale chez cette femme d'une telle exigence et qui a déjà aimé ? D'autres révélations l'attendent. L'imagination est seule à se renouveler toujours. Ce n'est pas l'homosexualité de Gavin qui est à l'origine de leur rupture. Au contraire, il est permis de penser que sans cette homosexualité, plongée dans un quotidien conjugal, la créatrice en Kathleen n'eût pas écrit toute une part de son œuvre. Que le corps soit devenu un lieu, et Kathleen Raine quelque peu fétichiste, voilà qui ne pouvait qu'enrichir son œuvre poétique : courlis, coquillages, pierres deviennent des signes féconds. Qu'elle ait pu transférer son sentiment maternel sur une loutre nommée Mij montre que la femme en elle n'était pas morte, mais c'était une femme singulière pour qui l'amour était métamorphoses, vision personnelle teintée à la fois d'une force barbare et d'une quête métaphysique.

Que demandait-elle à Gavin ? Rien d'autre que de lui permettre de projeter sur sa personne son imaginaire poétique. Rien, si ce n'est la joie de penser que leurs origines étaient semblables (ils avaient partagé le même « éden » décrit dans le premier volume de son autobiographie). Il vivait, et cela suffisait pour que le regard de Kathleen Raine s'empare de lui comme d'une piste pour aller plus loin, beaucoup plus loin dans la poésie et les questions posées par l'au-delà, la justice, si peu juste, de l'humanité. Plus loin, là où il n'y a plus d'attente ou d'entente. Où seul subsiste le désert de la séparation et de la solitude nécessaires, sans doute, à la célébration de leur lien à travers l'écriture.

Aussi l'absence de Gavin n'était pas une absence, mais une source. Elle vit de sa vie, dans l'espace, sans écrans, sans contingences, d'où les admirables poèmes de *The Year One* (*Le Premier Jour*)[4] écrits à cette époque tandis qu'incarner le réel ne sert qu'à créer de la mort : la tristesse vécue comme un abandon quand meurt la loutre, la souffrance stérile, la destruction du cahier de Kathleen, d'autres morts. En voudra-t-on à Gavin d'être homosexuel ? Certes pas. Alors pourquoi accuser la femme poète d'être cruelle en mettant la création au-dessus de toute réalisation charnelle ? À chacun sa façon de désirer. Ou de sublimer son désir. Certes, le Malin est venu rôder par là, ne serait-ce que par la culpabilité de la femme lorsque meurt son ami, dont Satan lui souffle parfois qu'elle est peut-être un peu responsable, mais comment ne viendrait-Il pas se manifester dans une vie entièrement livrée à Milton et à Blake, pour ne citer que quelques-uns des interprètes de la beauté qui se saisirent de Kathleen Raine ?

Il ne manque rien dans ce récit de ce qui fait la réalité des amours mais il s'y trouve quelque chose de plus : une violence terrible malgré l'élégance savante et feutrée des mots, la nécessité douloureuse de devoir choisir entre un homme et une œuvre, entre la beauté universelle des grands textes qui font vivre l'humanité et la singularité de l'histoire personnelle. Même le désir serpente ici. Il n'est pas tout à fait innocent, car Kathleen Raine affirme plusieurs fois son intuitive compréhension des meurtriers par passion. L'insolite est que, pendant que se déroulait leur dramatique histoire, le poète écrivait parmi ses plus beaux textes, comme si la création était le véritable objet de son désir gorgé de la vérité de la vie. Ce dont j'aime surtout à me souvenir, c'est de l'ultime et admirable image réconciliée de la femme faisant retour aux lieux de l'amitié amoureuse, seule désormais à la barre du bateau parmi les flots, regardant ce versant de la montagne que, tant de fois avant elle, Gavin avait contemplé. Comme si certaines vies ne pouvaient être vécues que parallèlement. Et séparées.

Victor Segalen

Bien sûr, si j'ai tant aimé Segalen dès l'adolescence, c'est d'abord parce qu'il a si merveilleusement parlé de la Chine. N'avais-je pas, à Pékin, ressenti une intense pitié pour un arbre, désormais enchaîné parce qu'il avait permis à un empereur de s'y pendre, auquel le poète consacre un texte admirable, « Libération de Ming », dans Peintures[1] *? N'avais-je pas lu à seize ans un énorme livre donné par mon père sur la redoutable meurtrière Tseu-Hi, qui devait devenir pour moi l'incarnation même de la cruauté dominatrice des mères tyranniques ? Mais aussi parce que son héros, René Leys, ne sait pas distinguer entre l'imaginaire et le réel, et que j'étais déjà une lectrice qui s'identifiait à des personnages contradictoires. Oui, Segalen m'a mise sur le chemin de ces identifications multiples, un chemin que j'aimais à emprunter, qui me permettait d'être un caméléon amoral – un chemin qui devait me mener à Henry James, dont les œuvres à facettes innombrables permettaient de vivre plusieurs vies grâce au démon de la curiosité.*

René Leys : oui ou non ?[2]

En apparence, ce merveilleux roman linéaire qu'est *René Leys*[3] raconte une aventure en Chine : le narrateur y rencontre un jeune adolescent belge parlant parfaitement le chinois qui l'initie peu à peu aux mystères de la Cité Interdite, ce lieu sacré entre tous, où réside le couple impérial. La personnalité fascinante, équivoque, du jeune René Leys est au centre du récit, mais on ne saura jamais si les aventures prestigieuses dont il se targue ne relèvent pas de la mythomanie. *Oui ou non ?* Telle est la question fondamentale du livre. Oui ou non, Leys est-il un imposteur, et ses amours impériales, son rôle dans la police secrète sont-ils de pure invention ?

Aventure presque policière, se déroulant avec une rapidité prodigieuse. Roman entrepris, de l'aveu même de Segalen, pour plaire, et dont la première version fut terminée en trois mois seulement, de novembre 1913 à janvier 1914. Il y déploie un talent qui fait voir, humer, toucher, attendre et s'interroger, et une ironie trompeuse qui masque un propos plus grave. En fait, la Chine de Segalen est une Chine intérieure, un paysage spirituel, et ce qui l'occupe n'est pas d'un monde temporel. Derrière les successions d'empereurs, les dynasties et les intrigues, ce qu'il veut atteindre est une ère personnelle et unique, comme en fait foi son poème de *Stèles*[4] intitulé *Sans marque de règne*, une ère « sans date et sans fin, aux caractères indicibles, que tout homme instaure en lui-même et salue ». En 1919, dans une lettre à son ami Henri Manceron, Segalen écrivait : « Le transfert de l'Empire de Chine à l'empire de soi-même est constant. » La Cité Interdite est donc, à plus d'un titre, la *Cité du Dedans*.

Mais qui règne dans la Cité ? On ne saurait oublier qu'à l'époque décrite par Segalen, un Empereur vient de mourir qui fut depuis l'enfance brisé par une Impératrice douairière, dont le Nom terrible n'est même pas prononcé par l'auteur. Il n'y a plus maintenant dans la Cité qu'une seconde impératrice, un empereur enfant, des eunuques, un régent. Et la Cité paraît un lieu de tourments, de mystère, d'angoisse, où l'on a peur de mourir, traqué dans les angles, jeté dans un puits. Cette Ville Violette est un lieu écrasant, triplement clos, dont la géométrie parfaite dissimule des secrets qui rongent le narrateur. Le plan de Pékin, consulté par l'écrivain, permet en surface seulement la connaissance du Palais : « Je l'encercle, je le domine ; j'équarris mon œil à sa forme ; je le comprends. Les bâtiments, les cours, les espaces, les Palais du Palais sont là, schématiques et symétriques comme des alvéoles, non pas pentagones mais rectangulaires ; l'esprit est le même : la ruche a travaillé dans la cire pour un seul de ses habitants – une seule, la Femelle, la Reine. Quatre cents millions d'hommes, ici à l'entour, pas plus différents entre eux que les travailleuses de la ruche, ont aggloméré ceci : des cases d'échiquiers, des formes droites et dures, des cellules dont l'image géométrique – sauf la profondeur angulaire des toits – n'est pas autre que le « parallélépipède » rectangle ! Mais, protégé, abrité, détendu contre les incursions barbares… en l'honneur du seul habitant mâle de ces Palais – Lui, l'Empereur. »

Or, l'ombre qui plane sur l'interdite Cité où nul homme n'a le droit de pénétrer sous peine de mort, sauf le Régent et les membres du Grand Conseil, n'est-elle pas celle de l'impératrice cruelle, la Reine-abeille Tseu-Hi, qui domina plusieurs générations d'hommes ? Veuve en 1861, régente de son fils ensuite, elle s'assujettit complètement l'Empereur Kouang-Siu qui règne jusqu'en 1908, si bien que la Cité « est le lieu de son sacrifice, l'enclos où l'on avait muré sa personne ».

C'est justement l'histoire de cet empereur pour ainsi dire châtré par une Reine-Mère que le narrateur, au début de *René Leys*, tente vainement de retracer, vouant tous ses efforts « à recueillir sa Présence, à rejoindre au-dehors toutes les échappées rétrospectives du Dedans ». Le narrateur s'adresse aux médecins européens et chinois dans l'espoir de définir ce personnage gommé de l'Empereur, disparu dans l'inexistence, mais l'énigme n'est jamais percée. Tout au plus ces savants concluent-ils que le « Fils du Ciel » languit d'un mal héréditaire. L'Empereur amoindri n'ose dire de quel mal il souffre puisque « l'Auguste Vieille répond pour Lui ». L'admirable texte de *Peintures* offre peu de portraits de femmes, mais, terrifiant entre tous, d'une cruauté sans nom, trône le portrait ancestral de l'Impératrice la Douairière Wou : « Concubine du père ; bonzesse défroquée ; épouse Impératrice du fils successeur ; meurtrière de sa fille au berceau pour en accuser sa rivale ; meurtrière de son fils trop intelligent ; meurtrière de l'autre Impératrice qu'elle fit écourter des pieds et des bras et confire dans une jarre pleine de vin... » Le thème de l'Impératrice à qui sont immolés à la fois le fils et la concubine serait-il symbolique du pouvoir destructeur de la Mère ? *Peintures*, en face de cette Mère criminelle, met en scène nombre d'empereurs bafoués, suspendus, bernés, étouffés sous des couvertures.

Être un fils, telle semble être la tare, la maladie mortelle. « Vous savez bien, écrit Segalen dans *Peintures*, que l'amour, même paternel, est une entrave et qu'un descendant prolonge seulement l'ignorance et la douleur de vivre ». Et dans l'*Hommage à Gauguin* : « Tout homme exceptionnel est destiné à décevoir ses parents, plus qu'à les prolonger. » Et encore dans *René Leys* ce portrait de l'Empereur : « suspect de tares infantiles et frappé de dé-gé-né-res-cen-ce. »

René Leys s'ouvre donc sur un double arrêt, sur une impuissance et une stérilité évocatrices d'une force dégénérée. Arrêt d'écriture et de parole : sur le plan romanesque, le créateur qu'est Segalen ne peut saisir, cerner, faire revivre la personne de l'Empereur Kouang-Siu ; sur le plan de l'histoire, l'empereur malade se tient figé dans une tutelle muette aux côtés de l'Impératrice Mère. Ainsi le personnage de Leys prend peu à peu tout son sens. Ce que le narrateur de quarante ans n'a pu réussir, Leys adolescent y parvient. Tseu-Hi a disparu dans la mort, et aussi Kouang-Siu, mais René Leys devient l'amant de sa veuve, la nouvelle Impératrice. Lui seul (costumé en femme mandchoue, il est vrai) pénètre la Cité Interdite. Lui seul connaît ses secrets. Leys est l'initié qui initie le narrateur : « Il m'initie et m'admet "en profondeur". Pei-King n'est pas, ainsi qu'on pouvait le croire, un échiquier dont le jeu loyal ou traître se passe à la surface du sol : il existe une Cité souterraine, avec ses redans, ses châteaux d'angles, ses détours, ses aboutissants, ses menaces, ses puits horizontaux plus redoutables que les puits d'eau, potable ou non, qui bâillent en plein ciel […] Il m'initie et je commence à l'admirer. »

Un étrange parallélisme s'établit entre Leys et l'empereur dont Segalen cherchait à faire le portrait. À la fin du roman, le héros se languit d'un mal invisible. Cette fin du jeune Leys n'est-elle pas un châtiment dû au pouvoir maléfique de la Femme qui règne en maîtresse absolue dans le royaume du Dedans ? Après avoir accepté une jeune concubine des mains du Régent, après avoir abandonné l'Impératrice en cette nuit de révolution où Pei-King est déjà presque en république, Leys se meurt mystérieusement d'un poison interne qui ne laisse pas de trace, rappelant la mort de l'Empereur frappé d'une maladie inconnue aux côtés de Tseu-Hi.

On peut lire *René Leys* comme une fable cruelle où le pouvoir féminin qui extermine renaît sans cesse comme le Phénix et ne tolère auprès de lui que le mâle qui se travestit ou se châtre : l'acteur ou l'eunuque. Mais le récit ouvre bien d'autres perspectives.

Ainsi René Leys est, dans la vie, Maurice Roy, âgé de dix-neuf ans à l'époque de ce récit, et le professeur de chinois de Segalen. Fidèle à un modèle véritable, il représente le réel. Mais Leys doit son intérêt d'abord à sa propre imagination, fertile en aventures rocambolesques, ensuite à l'imaginaire même de l'écrivain qui en a fait son double et son héros. L'imaginaire est donc plus réel que le réel même : c'est leur relation que le roman interroge. À peine le doute s'installe-t-il chez le narrateur quant à la mythomanie de Leys, qu'il ne peut continuer à écrire son récit : « Laisse-moi te dire que je ne comprends plus rien aux histoires que tu me racontes : je n'en crois plus un mot », assène le narrateur à son ami. Quelques pages plus loin il constate mélancoliquement : « Je me réveille de très loin. Pour la première fois ce jour n'est pas ce que j'attendais. Pei-King n'est plus l'habitat de mes rêves. » À son tour l'imaginaire avait besoin du réel. Telle est la question sur laquelle s'ouvre aussi *Équipée*[5] : « l'imaginaire déchoit-il ou se renforce quand il se confronte au réel ? »

René Leys met aussi en question les rapports du romancier et de son personnage. Un autre jeu de miroirs vient s'ajouter à celui qui unissait Leys à l'Empereur défunt. Ce jeu concerne l'amitié qui lie l'écrivain à son modèle, le narrateur à Leys. Un doute subsiste : les affabulations de Leys ne furent-elles pas suscitées, exigées par l'écrivain désireux d'entendre et de savoir ce qu'il ne pouvait lui-même regarder ou pénétrer sans un double connaissant le chinois ? Le narrateur eût voulu visiter la Cité, Leys y a ses entrées ; le narrateur, contemplant la jolie Madame Wang, se demande si « une Mandchoue peut être aimée d'un Européen » ; et, quinze jours après, Leys est aimé d'une Mandchoue. On ne sait plus dans cette association lequel des deux hommes a initié ou « utilisé » l'autre. Le livre se termine sur cette ambiguïté où l'ami contemple en l'ami un *alter ego*, exerçant sur lui un pouvoir vampirique dû à la similitude même. Les derniers mots sont une question d'autant plus lancinante que René Leys est mort empoisonné (mais par qui ? s'est-il suicidé ?) et qu'il n'est plus de réponse possible – question qui s'était déjà posée tout au long du roman, spécialement au sujet des amours, et qui se pose maintenant au sujet de cette mort. « J'étais son ami, – devrais-je dire… sans plus chercher de quoi se composait exactement notre amitié… dans la crainte de le tuer, ou de la tuer une seconde fois ou – ce serait plus coupable encore – d'être mis brusquement en demeure d'avoir à répondre moi-même à mon doute, et de prononcer enfin : *oui* ou *non* ? »

Henry Bouillier dont les remarquables travaux ont tant fait pour révéler Segalen[6] a raison de considérer *René Leys* comme « le roman de l'inconnaissable », le « roman de la connaissance impossible ». On comprend qu'une telle œuvre puisse hanter l'imagination au point que des écrivains éprouvent le besoin de la ressusciter au sein de leur propre création. Leys et Segalen se retrouvent en tant que personnages dans le livre si riche de Pierre-Jean Rémy *Le Sac du palais d'Été* où, derrière le conflit incessant qui oppose le fugitif à l'éternel, l'auteur demeure habité, comme le fut Segalen, par l'obsession du temps. Chine mystique, intemporelle, que celle de Segalen, Terre interdite secrète et souterraine qui « donne l'eau et suce les vivants par des bouches sans lèvres, sans margelles », Cité aux puits inquiétants où les cavaliers ont peur de sombrer, tel l'homme qui, dans *Stèles*, se penche sur un gouffre : « Moi, courbé sur moi-même et dévisageant mon abîme – ô moi ! – je frissonne, / Je me sens tomber, je m'éveille et je ne veux plus voir que la nuit. »

Algernon Charles Swinburne

J'ai toujours pensé qu'il y avait bien des leçons à tirer du malheur. Ne serait-ce que de nous permettre de mieux imaginer la vie des autres et de sortir de la sienne propre. Peut-être cette notion de la « connaissance de la douleur » (je dois cette formule à Carlo Emilio Gadda) me vient-elle de la guerre sous l'occupation japonaise ; de la découverte du sadisme à un âge dit tendre, au fait que la réflexion devant le mal posait toutes les grandes questions jusque-là occultées : la puissance de Satan, et celle, devenue relative, de Dieu. J'avais découvert les chemins tortueux que le mal sait emprunter ; les visages tordus par la haine qui défigure. La photographie du Chinois torturé à l'expression extatique. Oui, le malheur ouvrait des fenêtres sur la vérité. Je découvrais parallèlement l'indifférence cruelle de la nature, le grondement continuel d'une mer salée qui, comme un fouet, avive les plaies – cette mer au fond de laquelle se roulent les morts.

La connaissance et le fouet[1]

Notre siècle est ingrat à l'égard d'un grand poète, d'un admirable romancier que tant de créateurs du XIXe siècle surent pourtant apprécier : Hugo, Baudelaire, Maupassant. Mais Swinburne est une figure tellement surprenante, si naturellement singulière et originale que, dans cette époque de définitions et d'écoles, il reste en dehors, impossible à cerner. Cet insoumis, qui abhorre toute la société victorienne – il est né à Londres en 1837 –, demeure seul dans la première partie de sa vie parce que ses œuvres firent scandale ; dans la seconde parce qu'il opta pour un retrait mystérieux qui le cacha aux yeux du public. Et parce qu'il resta si intensément solitaire, il exige du lecteur et du critique cette participation qui rejoint le sentiment d'identification qu'il ressentait lui-même à l'égard des conduites les plus étranges de l'humanité : la violence, la douleur infligée. Dès 1862, dans un article donné au *Spectator*, Swinburne loue Baudelaire d'avoir décrit « le bonheur pervers et les souffrances voulues de ceux qui sont hors du commun... la jouissance aiguë et cruelle de la douleur qu'elle soit infligée ou reçue », créant une nouvelle sensibilité dont son roman *Lesbia Brandon*[2] est profondément empreint. Nul mieux que lui n'a su d'un trait fulgurant relier la sanglante et admirable poésie des Élisabéthains avec les correspondances sensuelles vécues par les romantiques.

Son apparence, tout de suite, le met à part. Petit, très petit, il a l'air pâle et fluet. Sa tête, disproportionnée à son corps, est surmontée d'une immense touffe rouge : c'est Riquet à la houppe sans princesse. Mais on observe une raideur volontaire dans le corps, merveilleusement rendue par les caricatures de Max

Beerbohm, qui laisse deviner la volonté de surmonter l'obstacle. Les obstacles, il dut les rencontrer très jeune, même si ses onze premières années, vécues la plupart du temps dans l'île de Wight, bercées par l'océan ou le vent du Northumberland, furent heureuses. Ses lettres à une cousine très aimée, qui devint Mrs Disney Leith, en font foi : elles racontent le précoce amour du petit garçon, à dix ans, pour Shakespeare, pour Dickens, ce Victorien plus morbide qu'on ne le pense. Elles évoquent les cavalcades des cousins, les baignades imprudentes de celui qu'en famille on appelait déjà *the Seagull* (la mouette) ; les ballades chantées en commun dont on trouvera l'écho dans *Lesbia Brandon*.

Dès l'abord, ce qui frappe dans la famille de Swinburne, comme dans son premier roman par lettres publié anonymement, *Love's Cross Currents* (*Les Contrefeux de l'amour*)[3] puis dans *Lesbia Brandon*, c'est l'invraisemblable intrication des liens familiaux, qui ne peut que se projeter dans le schéma des romans. Ce qui peut faire croire à de la confusion se révèle, au contraire, une situation métaphorique obsessionnelle. Voici comment, dans un volume de lettres, sa cousine, Mrs Disney Leith, résume leurs liens : « Nos mères (filles du troisième Earl d'Ashburton) étaient sœurs ; nos pères, cousins germains – et tellement semblables par leurs goûts et leur caractère, si liés d'amitié, que l'on eût dit deux frères comme il en existe peu. Ce à quoi il faut ajouter que nos grands-mères paternelles – cohéritières – étaient cousines germaines de notre commune grand-mère maternelle, si bien que nos pères étaient ainsi cousins de leur future femme. » Une sorte de progression interne s'établit qui rend le lien du cousinage presque sororal, et le lien sororal continuera à évoluer dans *Lesbia Brandon* jusqu'à devenir presque incestueux. Même dans sa tragédie en prose *The Sisters* (« Les Sœurs ») pourtant composée loin de l'enfance, en 1892, ce thème de la consanguinité se retrouve – thème qui, au cours des ans, sera renforcé par l'imaginaire fantasmatique.

Swinburne n'eut qu'un frère, mais fut entouré de quatre sœurs, sans parler de la cousine « sororale » avec laquelle, tout comme Emily et Heathcliff, il aimait à parcourir les régions sauvages de l'île de Wight (Swinburne devait écrire avec empathie sur *Les Hauts de Hurlevent*). Les biographes s'accordent tous pour dire que les rapports de Swinburne avec son père furent médiocres. Il est certain que, même à travers la correspondance si châtiée avec sa cousine, percent l'amertume et le désir de se trouver un autre père spirituel (Hugo, par exemple). Après avoir quitté Eton – on ne s'étonne guère que sa personnalité sauvage dût prendre le large et quitter ce lieu, paradis de la formalité –, Swinburne dut renoncer, sur l'ordre de son père, à entrer à l'armée. Sans doute son père n'avait-il pas tort, comme Swinburne en convint par la suite, mais sur le moment il en ressentit une sensation d'échec qui le poussa à se lancer dans une expédition des plus dangereuse : gravir les hautes falaises de Culver. On le voit, la notion du défi n'était que trop prête à germer. « Je me plongeai dans la mer afin de me calmer et de fouetter mon courage ; je savais que l'air mordant y parviendrait, et je commençai mon ascension tout nu... », puis il redescend, se rhabille, recommence, et, là-haut, lui, le *seagull*, se trouve enveloppé d'un merveilleux vol de mouettes avant de perdre connaissance, ce qui devait lui arriver parfois, car il semble qu'il ait été affligé d'une forme d'épilepsie. Cette aventure qu'il raconte ensuite à sa mère, si savante, fine et distinguée, ne suscita que sa douce (?) hilarité. « Mais personne ne t'a jamais pris pour un lâche, mon fils », lui répondit-elle, annulant ainsi tout l'effort à remplacer l'échec par une conquête.

Maupassant rencontra Swinburne à Étretat en d'étranges circonstances : au large des falaises, obstinément l'esclave d'une mer dangereuse, à la fois enveloppante et flagellante, le poète s'était presque noyé[4]. Se disant parmi les sauveteurs, Maupassant fut invité à la Chaumière de Dolmancé où Swinburne séjournait avec un ami extravagant – villa ainsi nommée à cause de *La Philosophie dans le boudoir* publiée à Londres dès 1793. Maupassant affirme avoir des affinités avec Swinburne. Pour lui, le connaître était le comprendre ; le comprendre était se retrouver lui-même. Maupassant sait que, si l'œuvre de Swinburne (et surtout son premier volume, *Poems and Ballads*, publié en 1866) scandalisa la critique anglaise « étroite, haineuse, dans sa pudeur de vieille méthodiste qui veut des jupes à la nudité des images et des vers », elle trouva cependant sa résonance en ceux qui (comme Baudelaire) ont senti « les appels irrésistibles et tourmentants de la volupté insaisissable, et l'inexprimable désir, sans forme précise et sans réalité possible, qui hante l'âme des vrais sensuels ».

Mais laissons la parole aux Goncourt, qui savent toujours extraire le suc des situations[5]. La scène a lieu chez Flaubert. Maupassant raconte la « noyade » à Étretat ; Goncourt la rapporte et commente : « Figurez-vous un petit homme au bas de la figure fourchue, au front d'hydrocéphale, à la poitrine comprimée, agité d'un tremblement qui faisait danser la danse de Saint-Guy à son verre, et parlait toujours avec l'air d'un fou. » Les deux amis, Powell et Swinburne, ont, de toute évidence, abusé des liqueurs fortes, aussi Powell importune-t-il un singe de ses avances, singe qui fut grillé et servi en rôti quelques jours plus tard grâce à la jalousie d'un jeune domestique. La légende, ou la vérité, veut que la Chaumière de Dolmancé soit le théâtre d'activités étranges et sadiques, qu'elle soit pleine de bruits insolites, d'objets mortifères, comme des mains coupées, embaumées.

Étant donné ces instincts qui le poussent à la bizarrerie (développés par le climat, la mer toujours implacable, la sévérité du père, l'éducation à Eton, son style de vie extravagant qui exprime sa rébellion), le seul groupe qui devait accueillir Swinburne en son sein était celui des préraphaélites qui ne lui cédaient en rien en singularités : D. G. Rossetti ; sa femme, consumée d'un mal inexorable ; Burne-Jones ; William Morris. D'Eton, Swinburne avait rapporté sa deuxième obsession avec celle des flots violents : celle du *flogging block* (autrement dit de la pièce où, à Eton, s'accomplissait le châtiment corporel du fouet), avec l'humiliation et le courage que cette sanction suscitait chez les victimes décidées à ne pas se laisser durablement marquer, même si leur peau portait de sanglantes zébrures.

Swinburne est l'analyste par excellence des relations entre victime et bourreau. Le bourreau sait qu'il peut infliger une douleur presque insupportable, mais sans venir à bout de sa victime. Parfois, c'est l'élément en apparence passif qui devient l'élément actif. Aussi Swinburne écrira-t-il que Bertie « use le fouet » et non point que le fouet « l'use ». Mais le fait d'avoir réduit un corps à l'état de loque, d'avoir détruit une dignité d'homme ne peut suffire au sadique : partout surgissent d'autres hommes qui continuent d'affirmer le triomphe de l'humanité pensante. D'où la multiplicité mathématique (si lassante, mais si révélatrice chez Sade) des supplices, et ici de la bastonnade, de la flagellation aux multiples noms (*swishing, caning, birching, flogging, flagellation*) ; multiplicité d'une férocité jamais satisfaite tant le bourreau éprouve une soif inextinguible de destruction. Que tout brûle, que toute vie s'arrête, car il suffit du souffle d'une bête qui se vautre, d'une plante luxuriante, d'un homme heureux, d'une femme comblée, pour que soit entamé le triomphe du néant.

Swinburne, à travers la relation précepteur-élève, a frôlé de près cette connaissance par la souffrance qui naît chez la victime, attisant un désir toujours plus grand de savoir, de pénétrer les mystères d'une relation où l'un joue de l'autre comme d'une harpe. La victime, à travers la douleur, atteint comme jamais auparavant à une perception de son identité, tandis que le bourreau est mis en échec par la victime qui se présente à lui, cosse vide requise par une quête métaphysique. Ce renversement, d'une étrange mais évidente façon, rejoint l'emmêlement des relations familiales : sadomasochisme et inceste se touchent dans ce domaine du désir inassouvi.

Les personnages de Swinburne semblent souffrir d'un manque d'identité et ne découvrir la leur qu'à travers le transfert, la perte du moi dans le moi de l'autre, les transfuges, les travestissements, les métamorphoses. C'est la souffrance d'Orphée que d'être à la fois la voix qui chante et les tourments de l'enfer qu'il décrit. « Qui est qui ? » semblent sans cesse demander les personnages dans *Les Contrefeux de l'amour* et *Lesbia Brandon*, car la souffrance mène à l'oubli des frontières. Tout se passe comme si la force physique déployée par le bourreau, rencontre la force d'âme de sa proie, force qui est mêlée à l'élaboration même de sa virilité (subir les coups sans flancher, retenir ses pleurs, montrer une volonté de fer). La victime se forge ainsi contre le bourreau mais grâce à lui. D'où tous ces regards échangés (si magistralement captés par Swinburne) entre celui qui s'est efforcé de faire jaillir le sang et ce corps qui, pour être offert, n'a jamais connu la reddition de l'esprit. Toute la sensibilité esthétique, morale et physique de Swinburne est tournée vers ce problème : comment être à égalité avec la douleur ? Comment survivre sur le chemin de la connaissance ?

Dans *Lesbia Brandon*, la « flagellation de la houle » marque le jeune garçon aux épaules et aux genoux et l'envoie sur le rivage, la peau « rougie par le fouet de la mer ». Cette initiation, loin de la platitude d'un confort victorien, hypocrite et bourgeois, mène à de dangereuses identifications. Souffrir, n'est-ce point devenir celui ou celle par qui l'on souffre ? D'où le thème si fréquent de *La Belle Dame sans merci*, dont l'analyse a été si remarquablement faite au sujet de Swinburne par Mario Praz dans *La Chair, la Mort et le Diable*[6]. Mystère de cette perte du moi dans le coup reçu, dans la souffrance acceptée et, par là même, à la fois chérie et vaincue. Le mouvement de cette souffrance n'est pas passivité, comme Bachelard l'a montré dans son étude des eaux violentes, elle est affrontement, défi ; elle est « complexe de Swinburne » pour reprendre sa terminologie[7]. Elle est même plus que cela : une sorte de mysticisme grâce auquel l'âme cherche à aller au-delà d'elle-même et, loin de se diluer dans la jouissance, cherche à se comprendre dans l'élucidation de l'existence du Mal.

Les préraphaélites avaient créé une sorte de phalanstère, comme le rapportent les Goncourt, reprenant les bavardages du jeune peintre Rothenstein – « phalanstère tout rempli du matin au soir, de disputes, de chamailleries, d'engueulades », et dans lequel on voyait vaguer Swinburne, le plus souvent ivre et tout nu, à l'indignation des Rossetti. Dès 1860, à Londres, Swinburne avait commencé à fréquenter une étrange maison qui, par ses mœurs, lui rappelait Eton : deux femmes à chevelure d'or (comme Edmund Gosse les décrit chastement) recevaient des jeunes gens qu'elles flagellaient ; il existait d'ailleurs une énorme littérature victorienne sur ce sujet. Peut-être était-ce une étape vers (ou loin de, par autopunition) l'homosexualité ? Une sorte de refuge, de « défoulement » qui devait d'ailleurs exciter le dédain de Wilde puisque nous lisons, toujours dans le *Journal des Goncourt* (1883) : « Le poète anglais Wilde me disait ce soir que le seul Anglais qui avait lu Balzac à l'heure actuelle était Swinburne. Et ce Swinburne, il me le montre comme un fanfaron du vice, qui avait tout fait pour faire croire ses concitoyens à sa pédérastie, à sa bestialité, sans être le moins du monde pédéraste ou bestialitaire. » Ce que Wilde ne saisit pas, c'est la qualité parfois séraphique du trajet parcouru par Swinburne, admirateur de Shelley ; son goût pour la mort, pour la survie dans la mort, que le poète avait tant aimé chez Webster. Quoi qu'il en soit, il n'y a aucune « morale » dans *Lesbia Brandon* où les êtres sont séparés par leur nature, par leurs instincts, par leur destin ou par la mort. Quand Baudelaire écrivait à Swinburne sa haine contre toute intention morale exclusive dans un poème, il retrouvait fraternellement Swinburne pour qui n'existent que la plaie et le couteau, la victime et le bourreau.

Lesbia Brandon se présente sous une forme incomplète, avec des pages, des chapitres qui manquent, des versions sur lesquelles Swinburne a retravaillé, ce qui explique les changements de prénoms, les coupures, les omissions dues aussi, sans doute, à l'œil vigilant, mais tyrannique, de son ami Duncan Watts. Mais tel qu'il est, ce texte est plein de moments inoubliables qui le traversent comme des éclairs. Swinburne se projette autant dans Lesbia (qui ne peut vivre une vie hétérosexuelle apaisée) que dans Denham qui bat son élève, que dans Herbert, ou le Reginald du fragment nommé *Kirklowes*, si bien que nous avons là un portrait kaléidoscopique de ce poète insolite. Et avec cette mosaïque s'affirme une étude passionnante d'un amour dont l'élan est souvent fragmenté en un triangle diabolique : Denham, lady Wariston, Herbert. « La haïssant de tout son cœur, alors qu'il l'aimait de tous ses sens, il [Denham] ne pouvait que la punir à travers son frère, la blesser par les coups donnés à Bertie ; ce faisant, il se vengeait sur un être de sa chair et de son sang des tourments qu'il endurait à cause d'elle. » Comme en peu de mots la déviation d'un sentiment est concentrée ! Et suggéré que l'être frustré ne peut pas aimer directement, que son amour se pervertit en lui-même, qu'il doit se transférer sur un autre. Mais pas n'importe quel autre : sur le double masculin et fraternel de la femme aimée. Le seul lien vécu par Denham est donc avec un être de son propre sexe tout comme Lesbia Brandon ne peut aimer un être d'un sexe opposé. De là des affinités insoupçonnées qui vont au-delà des personnages et plongent au cœur des obsessions du romancier.

Même si *Lesbia Brandon*, comme le fait remarquer Randolph Hughes, n'est pas forcément le titre que Swinburne eût choisi pour rassembler ces fragments, puisque Herbert-Bertie en est le personnage le plus saisissant, que Margaret (Lady Wariston) nous fascine jusque par l'étonnante façon que Swinburne a de la dépeindre dès les premières pages – tel un gouffre, le gouffre de l'œil aux paillettes dorées, comme dans *La Fille aux yeux d'or* de Balzac –, il n'empêche que ce nom convient parfaitement à ce texte de feu et d'isolement. D'isolement parce qu'on n'attend point de Lesbia un amour qui la puisse combler, et que *Brandon*, évoquant le verbe *to brand* (marquer, graver, flétrir) suggère donc aussi l'ineffaçable trace du fouet, du feu ou du destin.

Ce que montrent ces très beaux fragments, dans leur jeu inachevé, leur indépendance visionnaire, c'est bien le désir d'aller jusqu'au bout du possible. Quand Denham s'acharne d'autant plus sur Herbert que sa sœur se montre inaccessible, ce n'est pas tant la femme qu'il veut atteindre peut-être, que la féminité de son élève Herbert. Plutôt que d'être dirigée contre l'autre, cette férocité serait plutôt excitée par la femme-dans-le-garçon, d'où une soif inextinguible, car c'est sa propre féminité, révélée, projetée, que Denham rencontre, reconnaît, et fouette sur la peau de Herbert.

Edith Wharton

Me suis-je tant attachée à Edith Wharton parce qu'elle a connu Henry James ? Certainement pas. Mais parce qu'elle a su remonter la pente, resurgir d'une enfance difficile, d'un mariage imposé, d'une liaison plutôt médiocre, rebondir toujours hors des tabous sociaux, des désillusions sexuelles, et tout cela grâce à la description somptueuse de ce qui est beau : les maisons, les paysages, la neige, les vêtements, le velours, les jardins, dans un appétit de vivre qui l'a sans cesse conduite vers la liberté. Oui, c'est cela, cette œuvre est une continuelle et sensuelle dénonciation de la peur d'être libre. Et qu'elle ait pour arrière-plan un univers privilégié de salons, de fêtes, de charades, de croisières, de villas luxueuses à New York ou à Venise ne me gêne pas du tout. Au contraire, de tels décors, décrits dans un style visuel et feutré à la fois, ne font que mieux suggérer la fausse liberté des coteries, des clans et des rôles joués par chacun, de l'argent galvaudé, des non-dits entretenus avec soin pour éviter le scandale. L'étouffement du scandale, voilà son sujet. Et ensuite suggérer ce qu'il serait advenu si le scandale avait éclaté.

Ah ! si seulement il avait éclaté, se dit-on, confirmé, s'il en était besoin, dans un furieux mépris des faux-semblants.

Précoce ou perverse ?[1]

Fast and Loose (*Libre et Légère*)[2], ce premier roman d'Edith Wharton laisse le lecteur pantois. Comment, à quatorze ans, avoir une telle maîtrise de la langue, de la construction des scènes, du crescendo vers un implacable final ? Comment avoir une telle connaissance des intrigues sociales, des difficultés du couple, une telle exigence dès 1876 d'un statut nouveau pour la femme, dépassant les limites des codes établis ? Avoir un aperçu si lucide d'une certaine faiblesse dissimulée sous les boucliers de l'argent, du donjuanisme et des privilèges dévolus au sexe masculin ?

Mais ce n'est pas, il est vrai, le tout premier texte écrit par la jeune Edith Jones née en 1862. On sait que son premier essai romanesque (quand elle avait onze ans !) fut contrecarré avec dédain par sa mère. Cette *novelette* a donc un passé : le passé d'un refus. Commencée en 1876 à Pencraig, Newport, terminée à New York en janvier 1877, elle fut élaborée en six mois. Tout premier texte, aussi accompli, brasse un monde déjà constitué d'observations, de lectures, de goûts et de dégoûts, de comptes à régler. Entre l'essai datant de ses onze ans et celui-ci (publié seulement de façon posthume en 1993 par Viola Hopkins Winner), on imagine bien que toute une évolution psychologique et culturelle a eu lieu ; que le milieu fréquenté par l'adolescente a eu son influence et que le modèle du couple étant encore, à cet âge, le modèle parental, ce texte possède une résonance autobiographique tout à fait particulière.

Pour commencer, se profile une tendance à se fondre à l'autre sexe, non pas à travers l'amour sentimental d'une adolescente, mais en lui subtilisant l'indépendance qui va de pair avec un nom masculin. Ce n'est pas sous un nom féminin qu'Edith Jones écrit son récit mais, comme si elle voulait briser toute relation avec son premier échec, sous un nom d'homme, celui de David Olivieri ; un nom étranger, qui plus est, italien, bien loin des noms de Newport. Le prénom Georgie de son héroïne est d'ailleurs androgyne, totalement opposé aux prénoms des deux autres femmes présentes dans le récit : Teresina, la petite paysanne italienne, et Madeline, la douce jeune fille faite pour les épousailles. S'esquisse déjà le fractionnement de l'image féminine cher à la romancière.

Le prénom de David Olivieri dévoile combien la jeune Edith était consciente du problème posé par la liberté masculine comparée à la sujétion de la femme et prédit qu'elle trouverait à contourner cette injustice à travers la ruse de l'écriture. Presque une enfant encore, elle devine qu'il faut prendre un pseudonyme pour mieux s'imposer, comme le firent les sœurs Brontë. Cependant, cette liberté prise ne concerne pas encore la femme, seulement le jeune auteur, car Edith Jones n'avait nullement l'intention de publier ce texte. (Il ne fut pas oublié ni occulté pour autant.) Ce trait du caractère d'Edith – savoir tirer parti des choses – s'accentuera dans sa maturité. Dire qu'elle s'est servie des hommes serait un raccourci vulgaire, néanmoins elle a soigneusement choisi ses amis en vue de son métier d'écrivain : des maîtres capables de l'accompagner dans sa carrière (Henry James, Bernard Berenson, Paul Bourget), ou alors des disciples – jeunes intellectuels dont elle sut s'entourer – ou, surtout, des amis de cœur tels que Walter Berry, mondain mais cultivé, ami de Proust ; le journaliste Morton Fullerton, ami de Henry James. Beaucoup d'hommes donc dans cette existence (que l'on a superficiellement jugée frivole et froide), si l'on ne tombe pas dans le cliché que seuls comptent, dans une vie de femme, ceux avec lesquels elle entretient des relations charnelles[3]. Peu d'amies féminines en revanche, alors que les femmes sont légion dans l'œuvre, toujours captées dans des situations où elles s'affrontent en se déchirant. Ici, déjà, quatre femmes dominent la scène (la mère ; Georgie qui doit renoncer à son premier amour pour devenir une épouse ; la paysanne ; une autre jeune fille idéalement faite pour le mariage) contre deux hommes (le fiancé délaissé, le mari).

Ensuite s'impose l'importance du décor. Où ce récit fut-il écrit ? George Frederic et Lucretia Jones possédaient une grande maison à Newport, Rhode Island, où la famille séjournait plusieurs mois par an. De nombreux jeux réunissaient les jeunes gens en été dont on retrouvera l'écho à travers l'œuvre romanesque. Ce milieu aisé et oisif donnait plus à observer pour un romancier, ou une future romancière, qu'un milieu clos et refermé sur le sérieux du travail. Tel est, du moins, l'avis que Henry James avait exprimé dans un texte (*The Sense of Newport*) dès 1870, alors que les deux auteurs ne devaient se rencontrer qu'une trentaine d'années plus tard. Newport est donc un centre où la vie sociale a beaucoup d'importance, avec l'évolution des fortunes, la présence des anciens et des nouveaux riches, le contraste entre les familles où dominent les hommes d'affaires et les familles où les hommes ne travaillent pas, trouvant suffisants les revenus de leurs héritages, comme chez les Jones. Paul Bourget a merveilleusement décrit cette société dans ses *Notes sur l'Amérique, Outre-Mer*[4] (1895), dont l'obsession était d'éduquer les jeunes filles de façon cruellement réaliste, non pas en vue d'un idéal intellectuel ou amoureux, mais dans l'espoir de séduire un homme fortuné capable d'entretenir son épouse. Tout cela, forcément, la jeune Edith l'a observé au cours de ses longs séjours à Newport, et l'a vécu d'avance, avant même d'être insérée dans ce milieu par le mariage.

Il n'est que de relire *Outre-Mer* pour y trouver le portrait de l'adolescente américaine ; Bourget en fait une description cruelle, rangeant les candidates au mariage par catégories : la sportive, la garçonnière physique, la garçonnière intellectuelle et ainsi de suite. Nul doute que c'est à Edith qu'il songe (il vient de la rencontrer) lorsqu'il écrit : « [...] elle a tout lu, tout compris, et cela non pas superficiellement, mais réellement, avec une énergie de culture à rendre honteux tous les gens de lettres parisiens [...] il n'y a pas un livre de Darwin, de Huxley, de Spencer, de Renan, de Taine qu'elle n'ait lu [...] On dirait quelle s'est commandé quelque part son intelligence, comme on se commande un meuble », si bien que la capricieuse petite héroïne de *Libre et Légère* semble sortir tout droit de l'acerbe peinture faite par Bourget. Et de fait, la *novelette* regorge de citations et d'allusions littéraires (Goethe, George Sand, Browning, Walter Scott sont, entre autres, cités ou mentionnés), points de repères plutôt étonnants à cet âge, révélateurs d'un savoir précoce, d'une passion pour la culture, d'une curiosité pour l'étranger et les voyages qui pouvaient justifier la peur que cette adolescente si douée devait inspirer aux jeunes hommes qui fréquentaient Newport. Même s'ils ignoraient ce qu'elle écrivait et, encore bien plus, qui elle allait devenir.

Cette méfiance éprouvée par la gent masculine (les premières fiançailles d'Edith furent rompues à cause de ses intérêts intellectuels « peu féminins ») dut rejaillir sur celle qui l'inspirait, lui conférant un mélange de timidité, de scepticisme et de révolte que l'on sent déjà chez le personnage de Georgie. Pourtant il est évident que le désir d'être protégée par le luxe d'un homme qui a trois fois son âge, plutôt que de vivre un amour aiguillonné par le désir, dévoile, chez l'« indépendante » et fantasque Georgie, l'envie d'avoir un père qui la sorte « dans le monde » plutôt qu'un mari avec lequel vivre d'égale à égal. Tout se passe comme si elle attendait de ce mari-père qu'il lui trouve un jeune mari-amant pour remplacer le fiancé qu'elle a froidement « largué ». Georgie n'est pas seulement libre et légère, mais elle est calculatrice, presque perverse.

Dans son autobiographie *A Backward Glance* (*Les Chemins parcourus*)[5] de 1934, Edith Wharton fait une allusion ironique à cette première *novelette*. Mais faire allusion si précisément au titre choisi à dix-sept ans (*Fast and Loose*) dévoile, presque trente ans plus tard, combien, malgré tout, elle n'a jamais oublié ce texte qu'elle n'avait pas dévoilé à l'époque, sans doute par crainte du mépris maternel. Une autre nouvelle, *Expiation*[6], datant de 1903 met de nouveau ce titre au cœur du récit. 1876, 1903, 1934 : toujours cette allusion au même titre qui revient comme une hantise, un regret lancinant devant ce qu'il a fallu occulter. *Expiation* raconte d'ailleurs les affres d'une femme auteur à l'idée des critiques de son premier roman. Elle a peur de « faire scandale », peur de son mari aimablement illettré qui a pris le parti de prendre toujours *son* parti à elle afin d'éviter toute confrontation ou rivalité.

Ainsi, en 1903, Edith Wharton décrit-elle les terreurs contradictoires d'une femme auteur, Mrs Fetherel, à la fois épouse, nièce d'évêque et romancière, prise au piège de son milieu alors qu'elle répugne à écrire des récits à l'eau de rose. Faire scandale ou ne pas faire scandale ? *That is the question*. Ce fut celle que se posa Edith Jones jeune fille et jeune femme, mais pas pour longtemps. Si *Expiation* met en scène un évêque de la famille, la *novelette* de l'enfance était, croit-on, dédiée à la fille d'un pasteur connu des Jones : fil d'Ariane supplémentaire entre les deux récits. De plus, *Expiation* raconte avec ironie la raison du « succès » de Mrs Fetherel : celui-ci est dû à l'évêque qui a pourfendu son roman devant ses ouailles, ce qui a fait hausser les chiffres de son tirage grâce au scandale. Ainsi l'écriture de Paula Fetherel est en quelque sorte récupérée au bénéfice de l'élément masculin : les prêtres et les marchands. Et encore : *Expiation* date de 1903 alors que la mère d'Edith est morte en 1901. Tout porte à croire que l'allusion à *Libre et Légère*, loin d'être fortuite, est réactivée par les souvenirs d'une jeunesse opprimée qui accompagnent le deuil de la mère.

Dans ce récit adolescent demeuré tellement vivant dans la mémoire de son auteur, on trouve déjà tous les thèmes futurs : le contraste entre la fille intelligente – privée d'une liberté qu'elle n'arrive pas à obtenir et dont l'espoir sombre dans l'étouffement du mariage – et la vierge soumise qui deviendra une épouse et une mère exemplaire, sans histoires ; l'arrogance d'une caste fortunée, socialement privilégiée ; la puissance de l'argent ; la nostalgie d'être une femme « normale » chez une femme éprise du risque, volontaire et intellectuelle. Et aussi la peur des hommes devant la femme, ces hommes que réconfortent seulement les victimes et les êtres sans imagination. Beaucoup de ces éléments se retrouveront dans *The Age of Innocence* (*Le Temps de l'innocence*)[7] où la virginale May Willand et l'indépendante Ellen Olenska rappellent l'opposition entre les deux portraits esquissés dans *Libre et Légère*. Tout ce qui fera plus tard l'intensité dramatique de l'œuvre irrigue ce récit étonnamment bien mené et construit, avec la chute finale dont Edith Jones a déjà le secret, qui montre l'importance impitoyable du hasard, de l'éducation, du destin, et aussi combien les clichés, quand ils se vérifient (comme « l'amour naît des contraires ») mènent, la plupart du temps, au désastre.

Expiation : curieux titre pour une nouvelle concernant la création littéraire écrite par une romancière dans sa maturité et qui dévoile l'éternel dilemme : dire ou ne pas dire ? être comprise (et donc faire scandale) ou ne pas être comprise, mais alors ne pas remuer les foules ? Être foudroyante ou lisse ? Cette nécessité du choix, Edith Wharton l'a cruellement connue, tant qu'elle restait mariée et qu'une certaine culpabilité l'entravait. Mais la culpabilité était déjà le sujet de la *novelette* de l'enfance où la jeune Edith avait choisi comme exergue : « *Que la femme prenne garde de traiter ainsi, à la légère, le désespoir humain et la tempête du cœur d'un homme.* » On se demande à quel point Georgie n'est pas aussi, en partie, le reflet de la capricieuse mère d'Edith, Lucretia Jones, qui tyrannisait son mari. Georgie : à la fois la fille, adolescente rebelle, et sa mère dominatrice. La mère restée elle-même une enfant, fascinée par l'apparence et la mode. Mais la nostalgie et le remords ne sont-ils pas toujours le sujet central de cette œuvre où le récit *Ethan Frome*[8] (encore un trio dramatique : deux femmes et un homme cette fois-ci) brille comme un diamant noir ? Georgie se repent d'avoir quitté son fiancé Guy Haskings, mais comme dans les nouvelles jamesiennes dont Edith ne sait encore rien, il est trop tard : « Le cœur de Georgie était encore plein de l'amour qu'elle avait dédaigné et dont elle apprenait maintenant, et trop tard, la réalité indomptable. »

Étonnant, aussi, ce renversement romanesque si cher aux romanciers : les parents de Georgie, complètement dépassés par leur fille, sombrent dans l'inefficacité de l'humilité alors que la vraie mère d'Edith, la belle Lucretia Jones, adulée par son époux, était d'une extravagance insolente. Tout le récit est bâti autour de scènes conjugales et violentes : Georgie renvoie son fiancé, rabroue sa mère, se refuse à son vieux lord de mari rendu furieux par sa résistance. Il faut croire (il n'y a qu'à relire ses deux autobiographies pour en être persuadée) que, très jeune, Edith Jones a perdu foi en sa mère et en Dieu, qu'elle a deviné les pièges que peut receler le mariage de convenance et acquis le sens aigu de l'absurde. À Newport, elle devinait déjà le New York qu'elle décrira plus tard, et ce milieu « qui craignait le scandale bien plus que la maladie », si bien que tout ce qui valait vraiment la peine (le défi, la liberté, le désir) étaient destinés à sombrer dans ce non-dit dont elle a fait le climat poignant de son œuvre.

Et encore, ce qui frappe le lecteur, c'est la précoce naissance d'une personnalité multiple. Non seulement celle de l'identité de l'auteur se cachant sous un pseudonyme, mais celle du critique qui juge le texte avec recul. Voici donc la jeune Edith qui écrit, éprise de romanesque, mais déjà l'autre Edith qui ne veut pas être dupe : les trois articles de critique, imaginaires, que le jeune auteur a joints au récit montrent une manière de jouer avec le lecteur, une autonomie, une science du coup d'œil jeté de l'extérieur, tout à fait étonnantes. Ce dédoublement est précurseur de cette menace de déchirure toujours pressentie par les personnages des grands romans – déchirure qu'Edith Wharton a jugulée en refusant de choisir entre vivre et créer.

Enfin, à lire ce texte d'adolescente, on comprend qu'Edith Jones n'avait nul besoin d'un « maître » pour devenir Edith Wharton. C'est son propre travail qui l'a menée vers Henry James et non Henry James qui l'a menée vers l'écriture. Ils se sont donné rendez-vous pour des noces littéraires, mais chacun d'eux avait ses propres bagages à la main.

Sans « effusion de sang »

Un aspect d'Edith Wharton est demeuré presque secret, dissimulé par son talent pour les rouages psychologiques et son aisance dans la description des fastes visibles : c'est, justement, l'importance qu'elle accorde à l'invisible ; à tout ce qui rôde et sournoisement menace de détraquer la machine sociale : les vices, les ambitions cachées, la cruauté mentale, les passions insolites où se réfugient des forces inquiétantes et des voix qui parlent au-delà de la tombe. Dans les nouvelles groupées sous le titre *Fièvre romaine*[9], les récits obéissent tous à cette volonté de montrer la griffure de la faille. Dès la première nouvelle, *Atrophie,* le ton est donné : deux femmes se disputent un mourant qui n'est autre que le frère de l'une – le frère de Miss Aldis – et l'amant de l'autre – l'amant de Mrs Frenway. Elles s'affrontent à travers un dialogue feutré où des années de haine et de vigilance sont réduites aux brûlures de l'allusion. Ce qui compte, à vrai dire, c'est ce que nous ne voyons pas : Christopher, le malade qui est là-haut en train de mourir et que sa sœur a coupé du monde. Il ne verra sans doute plus personne avant de disparaître, sauf les infirmières et les médecins placés à son chevet par cette sœur abusive, représentante des valeurs sociales et familiales opposées aux feux de la passion adultère. Il n'empêche : il est au centre du récit, même s'il se laisse mourir, même s'il n'a pas eu la force de s'imposer mais s'est laissé atrophier.

À ce triomphe de la négation répond l'inertie de Miss Aldis, sa voix blanche, son refus de l'amour et de la vie. Admirablement, dans ce rejet de toute interférence extérieure, Edith Wharton a su décrire ce qui s'oppose au développement d'un être pour le faire basculer du côté du néant. Miss Aldis monte la garde autour de son frère comme un chien défend son os. Elle barricade son passé avec lui contre toute évolution. Elle arrête les pendules ; elle fige le temps. En revanche, la peur contamine Nora Frenway, coupable d'avoir aimé hors mariage. Chaque mot est là pour le suggérer : c'est *furtivement*[10] qu'elle prend place dans le train ; au bord de l'*abîme* qu'elle se sent coupable, morcelée : il y a la femme mariée, la femme du monde, mais il y a surtout la femme secrète, maîtresse de Christopher. Le mari de Nora Frenway est, lui aussi, apprend-on, scindé : de *médiocre* santé, il occupe néanmoins une position forte. Mais tout est joué à présent ; ce sera le choc de deux mondes : il est *trop tard* ; Nora est venue se compromettre auprès de cet amant qui se meurt tandis qu'on l'empêche de le voir et de lui parler : les mots sont interceptés par la sœur qui interdit à la maîtresse de monter. Miss Aldis lui vole tout : le frère, la vérité et les mots. Toutes ses phrases à elle, la malheureuse Nora, s'achèvent en points de suspension. Bâillonnée, elle se sent étouffer à Westover et repart : elle n'a rien dit, elle est renvoyée, vaincue.

Le Dernier Atout, magistrale et poignante démonstration du manque, donne encore à voir une histoire de trio : d'abord, la femme forte qui garde tout (les objets, la position sociale, les amants, l'utilisation d'un vieux mari) ; puis sa fille dont on dispose comme d'un agneau prêt au sacrifice ; enfin, un père absent, réfugié dans une autre ville, sans adresse, plus ou moins clochard à Paris, sans autres amis que les pigeons du Luxembourg. Les mots pour le décrire suggèrent combien cette pièce de la mosaïque est à la fois libre et misérable. La pauvreté serait-elle la rançon de la liberté dans ce monde de l'argent ? Le « vieil homme » est *frugal,* ses lèvres *minces,* sa tête est *chauve,* ses aphorismes défaitistes ; il est persuadé qu'il ne faut pas « courir après la douleur comme un lièvre » ; son pardessus est *élimé,* il est d'une *discrétion impersonnelle.* Et pourtant, de ce petit vieillard incolore va dépendre le dénouement de toute l'histoire. Car le clan familial a besoin de sa présence au mariage de sa fille. L'avenir dépend de lui et, malgré les apparences, il est la pièce essentielle du jeu.

De même, dans *Fièvre romaine,* domine le secret de deux femmes – un secret bien gardé concernant un absent, le mari de l'une d'elles – secret qui réside à présent avec la mort. Car les deux femmes sont veuves. Veuves, elles ont comme englouti leur mari et ce passé qui, à présent, continue à fermenter dans leur cœur et dans leur corps. Mais le non-dit vengeur finit par éclater ; son importance est due à l'espace d'un instant jusque-là recouvert par des années d'habitudes, de faux-semblants, de mensonges propres à la vie quotidienne.

Impressionnante est la morsure de l'invisible dans la nouvelle *Grain de grenade*. Edith Wharton, qui a toujours aimé les mythes mais sait que son époque a tendance à les oublier, rappelle que Perséphone, la fille de Déméter, déesse de la fertilité, fut enlevée aux Enfers par Pluton, le dieu des Morts. Aux Enfers, Perséphone a rompu son vœu d'abstinence et mangé des graines de grenade, si bien qu'elle doit vivre avec Pluton la moitié de l'année. Plusieurs textes se réfèrent à ce thème de Perséphone. Il symbolise, chez Edith Wharton, l'alternance des ténèbres de l'absence et du manque d'amour avec le mystère des graines de grenade et les incursions dans le domaine de la connaissance occulte. Dans son texte autobiographique longtemps inédit, *Life and I*[11], Edith Wharton fait allusion aux livres de la bibliothèque de son père et à la griserie de la découverte des mots. « Les mots, écrit-elle, ont bien failli m'envoûter loin de la saine lumière de l'enfance jusque dans les étranges régions surnaturelles, là où les plaisirs naturels à mon âge étaient frappés d'insipidité comme le furent les fruits de la terre pour Perséphone après qu'elle eut goûté aux grains de grenade. »

Dans la nouvelle[12], un mari est déchiré entre l'absence (la première femme morte) et la présence (sa deuxième femme aimante). Le signe du conflit est la mystérieuse arrivée de lettres rédigées avec une encre si pâle qu'il devient impossible de les lire : les mots ont quasi disparu. Ainsi, à nouveau, par leur évanescence (qui touche ici au fantomatique) les mots restent occultés. Ils ne sont donc pas compris. Déjà le mari est comme tiré vers le règne des Enfers. Déjà, il vit à moitié dans l'absence comme Perséphone. N'est-il pas silencieux et suppliant tour à tour, rongé par un secret jamais dévoilé et ne disparaît-il pas mystérieusement, lui aussi, à la façon d'un personnage de Hawthorne ou de Poe ? La morte a gagné. Elle a fait du mari un fantôme vivant. Éros est vaincu par Thanatos.

Les autres nouvelles de ce recueil sont également axées sur le fantomatique ; n'oublions pas l'admiration d'Edith Wharton pour Stevenson. En préface à ses *Ghost Stories*, elle la manifeste tout de suite : « Je souhaiterais placer ces essais, que je présente bien timidement, sous la protection de ceux qui m'ont encouragée à tenter cette expérience. Je pense que le premier fut Stevenson avec deux histoires de fantômes remarquables, *Thrawn Janet* et *Markheim*[13]. » Mais le fantomatique ne commence-t-il pas avec l'obsession de l'*autre* en soi, invisible mais si prégnant, situation vécue avec intensité dans *Docteur Jekyll et Mr Hyde* ? Avec *D'après Holbein*[14], Edith Wharton reprend cette scission de la personne non point à travers la maladie ou la schizophrénie, mais à travers la banale empreinte de l'habitude qui vide tout un chacun de son substrat vivant. Ainsi le vieillard mondain, Anson Warley, est devenu un « assassin » de lui-même sans même s'en apercevoir : « Anson Warley avait été à ses heures un homme assez remarquable – mais seulement par intermittence ; ces périodes s'espaçaient de plus en plus et, dans l'intervalle, il n'était qu'une pauvre petite créature qui tremblait intérieurement de froid, malgré ses dehors agréables et même distingués [...] Cela faisait des années maintenant qu'il n'y avait plus deux Anson Warley distincts. L'inférieur avait supprimé l'autre, l'avait tué doucement, sans effusion de sang ; seules quelques personnes soupçonnaient (et cela désormais leur importait peu) que l'homme pâle à cheveux blancs, à la svelte petite silhouette, au sourire ironique et à l'impeccable tenue de soirée que New York continuait à inviter infatigablement, n'était rien de moins qu'un assassin. »

La dissolution n'est pas ce qui nous attend après la mort, mais bien une force qui menace dès ici-bas cette part de nous-mêmes adonnée aux habitudes et prête à nous détruire. Cette part inconnue – loin d'être du domaine de la folie créatrice, du crime ou de la perversité (comme chez Stevenson, chez Henry James, chez Poe, ou encore chez certains auteurs irlandais chers à Edith Wharton) – est d'autant plus insidieuse qu'elle est banale, œuvrant dans le quotidien de la vie vécue. La moitié d'Anson Warley qui tue l'autre est celle qui, régie par les convenances, étrangle l'homme vivant qu'il aurait pu rester. C'est là un des aspects du spectral chez la romancière : transformer, au moyen de mécanismes, des êtres vivants en marionnettes de la vie. Le fabuleux dîner de spectres qui se déroule dans *D'après Holbein* n'est rien d'autre que la mise en scène d'êtres vidés par la démission, la répétition et la vieillesse, tenus debout par le corset des habitudes. Seule la mort pourra mettre fin à la dualité des personnages et les plonger dans l'unité du gouffre.

Dans le même recueil, *L'Ange près de la tombe* peut se lire comme une variation sur le thème de Perséphone : il s'agit d'une jeune fille qui sacrifie sa vie pour garder la maison de son grand-père écrivain. Un certain humour jamesien flotte sur ce conte où le « grand homme » a sombré dans l'oubli, emportant avec lui la vie de sa petite-fille devenue la vestale du temple. Cependant, de l'au-delà (qui, pour Edith Wharton, réside, on l'a vu, dans le passé, la scission, la maladie, la pétrification de l'être par l'habitude) lui viendront un signe, une rencontre qui vont justifier le sacrifice de la sensualité à l'abstraction. Mais, auparavant, Paulina aura connu ce sentiment d'être aspirée par la mort, ce doute qui mord à belles dents la vie car l'aïeul lui a volé toute une partie de son existence : « Ce spectre était entré dans sa vie à pas furtifs, se faufilant près d'elle avant qu'elle y prît garde […] Il lui sembla qu'elle avait été emmurée vive dans une tombe, parmi les effigies des idées mortes. »

Chez Wharton, le passé est souvent un aspect de cet « enfer » qui nous côtoie et nous grignote, avec la tentation du désespoir :

tout est répétitif et amoindrissant. Très jeune, Paulina renonce au mariage, envisagé comme une trahison à cause des « murs de la Maison » : « Perséphone, attachée aux tièdes prairies de la terre, scrutait-elle, à demi-consentante, l'abîme qui s'ouvrait à ses pieds ? Paulina, il faut le reconnaître, se pencha un moment sur le gouffre noir de la tentation [...] L'amour du jeune homme était une incarnation du renouveau perpétuel qui, pour certaines âmes tendres, semble un processus plus cruel même que le déclin des sentiments. » Voilà bien une phrase où l'ambivalence d'Edith Wharton est merveilleusement concentrée : ce ne sont pas les « Enfers » de la solitude ou de la chasteté qui incarnent le gouffre, mais le désir, entaché de terreur, d'atteindre à la liberté. Car les personnages d'Edith Wharton *aiment* leur passé et l'obscurité du silence. Émerger à l'air libre, parler, avouer, revendiquer, voilà qui leur fait peur, comme s'ils redoutaient cet affrontement à l'égal de la mort. Que de malentendus dans les grands romans, que de relations dissimulées, de situations dont le germe empoisonné se trouve dans le passé ! Les personnages sont condamnés à aimer ce non-dit contre lequel Edith Wharton s'est tellement rebellée.

Dans les nouvelles, ce mouvement d'enfouissement est également frappant. Le rêve, l'imaginaire, le refus de l'aveu, le faire semblant triomphent souvent chez cet auteur révolté, qui dénonce pourtant « les grottes et cachettes où se terrer pour rêver à la vie ». C'est qu'avant de vivre, il faut repenser le passé, descendre aux Enfers et remonter le temps. *Revivre* ce qui a été vécu afin de le comprendre. Se ressouvenir. Tel est le sens d'une des plus belles nouvelles : *Les Lettres*[15], qui se lit comme le double de *Grain de grenade*. On se souvient que, dans cette dernière nouvelle, le mari était comme aspiré par l'écriture invisible de sa femme morte ; ici, c'est tout le contraire : l'épouse découvre que son mari, Deering, par indolence ou négligence, n'a jamais pris la peine d'ouvrir les enveloppes de ses lettres d'amour pendant leurs trois années de séparation. Toujours « absorbé par autre chose », passif, paresseux et engourdi, il n'a même pas cherché à déchiffrer les signes de l'amour. S'il a fini par épouser Lizzie, c'est qu'il s'est laissé faire par apathie. Devenue riche, prenant l'initiative, elle l'a enveloppé de son amour. Mais, découvrant un jour ses lettres conservées mais non décachetées, elle apprend « que les sentiments qu'il semblait ressentir avec le plus d'intensité ne laissaient aucune trace dans sa mémoire – qu'il ne *revivait* jamais ni ses plaisirs ni ses peines ».

Ainsi le message d'Edith Wharton est-il empreint d'une parfaite ambiguïté. Que Perséphone vive en pleine lumière en déchiffrant les signes (comme le mari envoûté par les lettres de l'au-delà) ou qu'elle se plonge dans l'obscurité protectrice (tel le mari qui n'a rien vu, rien lu, rien revécu) ; que les êtres vivent au sein du passé dans l'ignorance ou la lucidité, ils sont en quelque sorte des absents. Un autre être, qui ne connaît pas l'ambivalence de ces plongées et de ces remontées doit les sauver, leur permettre de vivre. De toute façon, seule compte l'écriture. C'est la fameuse lettre de *Fièvre romaine* qui recèle le secret, le faire-part du *Dernier Atout*, l'invitation de *D'après Holbein*, les livres précieux que *l'Ange* doit garder, qui triomphent. Il y a sans cesse un conflit entre l'écrit et le vivant. N'est-ce pas le conflit vécu jusqu'à l'extrême par l'écrivain pris entre l'épaisseur de la vie et la nécessité de l'élucider à travers l'analyse ? Conflit d'autant plus aigu si l'écrivain est une femme – une femme tiraillée entre les convenances et la solitude du défi. Une femme qui doit, comme Jekyll et Hyde, sans cesse lutter contre elle-même et des tentations contraires : celle de fixer la vie en la figeant dans des livres, ou alors détruire l'écriture et l'imaginaire en écoutant les voix du corps. On ne sait jamais vraiment, avec Edith Wharton, de quel côté se trouvent les « Enfers ».

Pourquoi toutes ces nouvelles sont-elles cimentées entre elles par une terrible glaise où se conjuguent les strates du passé, du non-dit et du manque ? Pourquoi l'univers d'Edith Wharton, tellement connu pour ses descriptions de réceptions et de mariages, de salons et de fourrures, dévoile-t-il toujours un autre univers inquiétant où les personnages se sentent à moitié en vie, à moitié sous terre avec Perséphone ? Laissons ici les grilles dont la critique est souvent friande pour assassiner sous ses gloses et ses étiquettes la véritable originalité d'une œuvre ; laissons les interprétations strictement psychanalytiques dans ce qu'elles peuvent avoir de réducteur, le structuralisme, les théories, les méthodes qui prétendent évacuer l'écrivain de son texte si bien que nous ne savons plus rien de l'urgente nécessité de son œuvre, ni de son unicité puisque aucune vie ne ressemble jamais à une autre. Approchons-nous le plus possible d'Edith Wharton elle-même pour essayer de comprendre sa fascination pour Perséphone.

Son autobiographie *Les Chemins parcourus* nous éclairera d'une façon insolite car Edith Wharton y prend le parti de la réticence. Elle le confesse dès la première page de l'avant-propos, intitulé *Premiers mots*, où elle déclare vouloir mettre son livre au-delà des règlements de comptes propres à tant de textes intimes. Curieusement elle affirme : « Je n'ai pas le souvenir d'avoir subi des contrariétés dramatiques » (*sensational grievances*). Une fois de plus, nous nous trouvons devant du non-dit alors que l'on sait les graves conflits qui l'opposaient à sa mère, l'échec de son mariage, sa liaison éphémère avec Morton Fullerton. Sur le plan romanesque, le silence concerne toujours l'essentiel comme le secret de *Fièvre romaine,* le père en fuite du *Dernier Atout,* le fils mort dans *Le Fils,* l'amant mourant d'*Atrophie.* On a suffisamment écrit sur le manque d'amour qu'Edith Wharton rencontra chez Lucretia, sa mère ; sur la neurasthénie, confinant à la folie, de son mari, Teddy Wharton ; sur l'absence d'enfants qui assombrit sa maturité ; sur le côté violemment passionné de sa liaison avec Morton Fullerton et sa douleur de la rupture – toutes situations dont on pourrait dire, malgré tout, qu'elles incarnent des *contrariétés dramatiques*. La blessure est également liée aux paroles que les êtres aimés (son père, son ami de cœur Walter Berry), paralysés sur leur lit de mort, ne purent ni l'un ni l'autre prononcer avant leur fin. Sans cesse la vie n'a cessé de renvoyer Edith-Perséphone dans les Enfers de la séparation.

Alors que dans le mythe, Déméter, la Terre Mère, n'a pas hésité à descendre chercher sa fille jusque dans les Enfers, que Déméter et Perséphone forment un couple unique lié par l'amour, invoquées comme elles le furent ensemble dans les cultes, Edith et Lucretia furent séparées par leur absence d'affinités, le refus de Lucretia de guider sa fille, de lui dire, par exemple, avant le mariage, ces « derniers mots » concernant sa vie future, autour desquelles tourne tout le drame de ce chef-d'œuvre qu'est *La Vieille Fille*[16]. En exergue à ses mémoires, Edith Wharton a voulu mettre cette phrase des *Mémoires d'outre-tombe* que Perséphone, dans l'obscurité des Enfers, aurait pu prononcer : « Je veux remonter le penchant de mes belles années. » *Remonter :* tel est le mouvement même de l'écriture qui l'a sauvée de la glu des désillusions et du carcan des convenances. Remonter, s'accompagne, chez elle, d'une reconstruction du passé gommant la cruauté. Nous ne saurons pas grand-chose de l'adolescence tourmentée d'Edith, à moins de savoir lire entre les lignes. À moins de comprendre que pudeur et discrétion ne sont que des paravents pour cacher les drames qui seront, eux, si bien décrits dans la fiction.

Dans le retenu, le gommé, résident des ferments qui ont poussé Edith Wharton à rompre avec son milieu, à s'exiler en France, à divorcer d'avec son mari extravagant et névrosé, à supporter la rupture imposée d'avec son amant éclectique et capricieux, Morton Fullerton. C'est par son stoïcisme silencieux que son autobiographie dévoile la vérité et par l'identification bouleversante entre père et fille (que l'on retrouvera, si violente, dans *Le Dernier Atout*). L'autobiographie s'ouvre sous le signe du père. Edith se dépersonnalise ou, plus exactement, se met en perspective par rapport à lui dès les premières lignes : « La petite fille qui, peu à peu, devait devenir moi, mais qui, pour l'instant, n'était ni moi ni personne – tout simplement un fragment vulnérable de l'humanité – cette petite fille, qui portait mon nom, partait en promenade avec son père. » Edith l'adorait. Un seul exemple suffira à montrer qu'ils étaient de la même étoffe, un tout petit paragraphe où il s'agit d'écriture. Père, mère et fille se trouvent en France ; Edith lit du Tennyson à sa grand-mère dure d'oreille. Elle avait six ans et ne comprenait pas les textes qu'elle lisait ; la vieille dame était sourde et entendait à peine les vers qu'elle déchiffrait. (Néanmoins la beauté circulait à travers le non-perçu.) Le langage de la poésie était inconnu de la « famille » sauf du père : « Les nouveaux rythmes de la poésie de Tennyson émurent grandement mon père et je pense qu'il y eut tout un temps où sa connaissance plutôt rudimentaire de la poésie aurait pu s'approfondir, si seulement il avait trouvé à la partager. Mais le caractère terre à terre de ma mère avait sans doute pétrifié les fleurs en bouton de l'imaginaire… » Alors le père se tourna vers des récits de voyages et d'explorations arctiques, et, depuis, continue Edith Wharton, « je me suis demandé quelles aspirations frustrées avaient autrefois germé en lui, quelle sorte d'homme il était vraiment. Qu'il fut un être solitaire, hanté par un monde jamais exprimé ni jamais atteint, voilà ce dont j'ai la certitude ». Loin de Déméter (car les Enfers ne sont pas toujours l'enfoui, mais bien plutôt le règne des apparences à la surface de la terre) Perséphone s'est enfuie avec Pluton dans le jamais élucidé.

Les expéditions vers les glaces polaires, tant aimées du père, ne trouveront-elles pas leur répondant dans les neiges d'*Ethan Frome* où couve la passion étouffée ?

Un autre passage discret, trop discret, de l'autobiographie dévoile comment l'écrivain fut, très jeune, en proie à une dangereuse typhoïde. Mais cette expérience capitale – où se dévoilèrent pour elle le lien si fort entre création et maladie, sa première perception de la mort, sa totale découverte de la solitude, l'importance toute-puissante du destin – n'a droit qu'à quelques lignes. Voici les Jones dans la Forêt-Noire lorsque la petite fille est saisie d'une douleur atroce ; elle fut « désespérément malade » mais ne mentionne ce fait que pour raconter l'incroyable : il n'y avait là aucun médecin qui ait jamais soigné cette maladie. Un docteur russe arriva (grâce à un heureux hasard) qui recommanda des bains glacés. Edith fut, par sa mère, enveloppée de draps mouillés et sauvée. Cet épisode la marqua cruellement. C'est ailleurs que nous en trouverons la preuve, dans la postface de ses *Ghost Stories*[17] qui dévoile le lien entre sa maladie et sa curiosité pour le spectral. Ce petit texte essentiel jette sa lumière sur toutes les nouvelles de *Fièvre romaine*. (La « fièvre romaine » n'est pas la typhoïde ni la phtisie, mais la malaria dont on pouvait également mourir.) Cette postface, Edith Wharton veut bien avouer qu'elle est « autobiographique » (ces lignes faisaient d'ailleurs partie de sa première version de *A Backward Glance : Life and I*) : « J'avais neuf ans lorsque je contractai la typhoïde. Cette maladie traça une ligne de démarcation entre ma petite enfance et la phase suivante. Autant que je m'en souvienne, elle a oblitéré les scrupules moraux qui me torturaient, qui avaient jusque-là plongé ma vie dans l'obscurité tout en me laissant la proie d'un effroi intérieur et irraisonné[18]. »

Alors qu'elle se débattait dans le cauchemar des visions enfiévrées, elle aggrava son cas en lisant des contes terrifiants de bandits et de fantômes : « Une fois de plus, ma vie était en danger, et lorsque je redevins consciente, ce fut pour pénétrer dans un univers hanté par des horreurs informes. J'avais été une enfant intrépide, je devins une enfant vivant dans un état de peur chronique. Peur de *quoi* ? Je ne puis le dire – même à l'époque je fus incapable de formuler mes terreurs. On aurait dit une obscure menace indéfinissable toujours attachée à mes pas, angoissante et tapie ; je ne cessais d'en être consciente tout au long du jour et de la nuit, j'en perdis le sommeil à moins de garder une lumière toujours allumée et une infirmière dans la chambre. » Voilà qui contredit à nouveau l'assertion finale (« Je n'ai pas le souvenir d'avoir subi des contrariétés dramatiques »). Cette ombre menaçante, poursuivant la petite fille comme une bête prête à bondir, ne fait-elle pas songer à la vision terrifiante du père de Henry James ? À la présence inquiétante de l'inconnaissable dans les nouvelles de Henry James lui-même ? Peur des ombres, peur de la nuit, et des formes sans forme. Pour y échapper, Edith ne sort plus qu'avec l'infirmière ou avec son père (pas un mot de la mère). Cette sorte d'hallucination dura des années – sept ans, huit ans. (Mais pour d'autres, pour Giacometti par exemple qui, tout jeune, avait vu mourir un inconnu, cette peur devait durer la vie entière, avec la nécessité de garder une lampe allumée la nuit durant.)

Cette terreur n'est pas expressément dite dans les nouvelles où elle est transférée, tout comme les mots ne sont jamais clairement prononcés, mais allusifs ou volés. Les phrases sont souvent coupées et reprises, transformées par la bouche de l'autre, comme dans *Atrophie*. Les explications se trouvent dans la fiction qui, chez Edith Wharton, met en scène avec intensité ce que son autobiographie ou ses lettres enrobent et dérobent. « Me taire est devenu ma seconde nature », avoue un personnage dans *Le Fils*. Mais se taire, pour Edith Wharton, est une manière de dire qui rejoint celle de James et de Stevenson, ses grandes admirations dans le domaine du suspense et du récit. On se souvient, dans la correspondance de ces deux écrivains, de leur commune conviction que le mal ne doit jamais être précisé mais suggéré ; du texte étonnant de Stevenson sur ses cauchemars d'enfant lorsqu'il suffoquait et hurlait à l'arrivée de la nuit et de ses rêves « presque informes ». De profondes affinités relient ces auteurs, dont Edith Wharton fait partie, à travers leur réflexion sur le mal – un mal aussi inévitable qu'impossible à définir. Un mal qui remonte à l'enfance et à l'être lui-même. Dans toute cette œuvre, l'épaisseur de la réticence est dense comme la neige, dense comme le refus de parler chez la jalouse Zeena d'*Ethan Frome* : « La façon qu'avait Zeena de trouver quelqu'un en défaut était d'espèce silencieuse mais non moins pénétrante pour autant. » Le regard, le geste suppléent à la voix, et tout, dans les dialogues, se loge dans la marge.

Si le silence est la meilleure arme pour déconcerter et découvrir l'autre, pour le forcer à se compromettre au cours d'un duel mental (mais les femmes ne se laissent pas si facilement débusquer) ; s'il est une arme empoisonnée, il peut également incarner une défense, un masque. Aussi bien le silence seul assure-t-il l'issue. Car il ne divulgue pas les tourments de l'âme et garde intacte, loin de la dilution à travers les discours, l'intensité dramatique de la vie. Se taire devient alors « une seconde nature » pour que la première puisse séjourner en paix dans les limbes nécessaires à la vie intérieure comme à la création. De ne pas être dits, les mots accomplissent une progression violente, contenue dans le corps. Et les amours parviennent à une intensité aiguë, car elles se trament en secret, et meurent en silence.

Naissance dans les décombres

On l'a vu : l'image d'une Edith Wharton femme du monde, écrivain élégant trouvant à se loger dans le sillage de son illustre ami Henry James, est depuis longtemps dépassée : une autre incarnation plus juste, parfois trop marquée par le refus opposé à l'ancienne vision édulcorée, tend à la remplacer. D'autant plus que les chercheurs ont découvert un texte érotique incestueux écrit par cette femme brusquement comblée par une liaison vers la quarantaine. On sait que ce n'est pas dans l'autobiographie destinée aux yeux des autres, trop discrète, que l'on peut trouver les germes d'une vérité douloureuse enfouie, mais dans le texte intime, *Life and I* (*La Vie et moi*)[18]. Un de ces passages éclaire singulièrement une des nouvelles du recueil *Old New York* (*Vieux New York*)[19]. La scène se passe alors qu'Edith est à la veille de se marier. Elle interroge sa mère sur ce qui l'attend et on imagine le courage qu'il fallut à la jeune fille pour formuler ses questions à la cruelle Lucretia. Edith Wharton décrit ainsi sa mère :

« Son beau visage prit aussitôt cette expression de désapprobation glaciale qui m'épouvantait. "Je n'ai jamais entendu une question plus ridicule", fit-elle avec impatience, et je compris à quel point elle me jugeait vulgaire. Mais, poussée par le besoin de mon extrême ignorance, j'insistai. "J'ai peur, maman. Je désire savoir ce qui va m'arriver !" La froideur de son expression se durcit en dégoût. Elle resta silencieuse pendant un laps de temps atroce, puis prononça avec effort : "Tu as pourtant vu des peintures, des statues au cours de ta vie. N'aurais-tu pas remarqué que les hommes et les femmes sont différents ?" Je balbutiai que oui. "Eh bien, alors ?" Je demeurai pétrifiée, incapable de suivre son raisonnement, si bien qu'elle ajouta d'une voix coupante : "Alors, pour l'amour du ciel, ne me pose plus de questions idiotes ! Tu ne peux pas être aussi bête que tu fais semblant de l'être." L'instant atroce était passé, et le seul résultat acquis fut que j'étais accusée d'être stupide de ne pas savoir ce que l'on m'avait expressément interdit d'élucider ou même d'approcher par la pensée. »

Cette petite scène, qui se place à un moment où l'« enfant » a déjà vingt-trois ans, est à l'origine de bien des drames dans les nouvelles qui concernent le célibat, la peur du sexe, l'ensevelissement de toute volupté dans le non-dit. Dans le seul fait de se ressouvenir avec *La Vie et moi*, fermente la révolte de la femme qui, à la veille d'un désastreux mariage avec un milliardaire caractériel, s'engage sans savoir à quoi elle s'engage – révolte qui va couver comme un feu sous la cendre jusqu'au divorce. Révolte qui va présider à la naissance d'une nouvelle femme libérée, optimiste, volontaire et passionnée comme on croira (peu de temps, il est vrai) que l'est l'héroïne Lizzie Hazeldean du dernier récit du recueil. Mais si Edith Wharton a (tardivement) découvert le monde de la sexualité, elle reste, et ses porte-parole restent, obstinément fixés sur le passé : c'est là où une image purement « féministe » ou « optimiste » manquerait de nuances. Le passé n'est pas mort parce que le corps se réveille. Au contraire, tout n'est que rappel, réminiscence, nostalgie chez la romancière. Le passé a déjà eu lieu, que ce soit avec un père, ou un ami-amant, ou un ancien amour caché corrodant l'amour conjugal qui lui succède. Et le passé doit être enseveli sous le silence car il concerne un interdit non révélé – que ce soit l'inceste, ou l'adultère, ou un amour pour un homme plus jeune ou pour un homme qui n'a pas aimé en retour.

Oui, on a bien découvert un texte érotique surprenant dans les archives d'Edith Wharton, qui décrit dans un grand luxe de détails une passion entre un père et sa fille mariée, passion qui relègue aux oubliettes les maladroites approches conjugales.

Ce fragment que l'on date de quelques années avant *Le Temps de l'innocence* est intitulé *Béatrice Palmato*. Il a dû faire frémir les lecteurs de la biographie d'Edith Wharton par Cynthia Griffin Wolff, *A Feast of Words*[20], où il est inséré. Trop de lecteurs étaient heureux de penser la romancière cantonnée dans son rôle social et mondain. Lisons plutôt la scène où le père, M. Palmato, caresse sa fille : « À ce moment, son autre main sépara doucement ses cuisses et se mit à remonter lentement le chemin qu'elle avait tant de fois parcouru dans l'obscurité… » Autant dire que la scène est secrète mais récurrente, comme tant de « nœuds œdipiens » le suggèrent dans l'œuvre. (Ainsi dans *Été*[21] ou *La Récompense d'une mère*[22], pour ne citer que quelques textes évidents.) Cette scène est-elle véritable, « capitale », vécue comme le furent celles entre Virginia Woolf et ses demi-frères ? N'est-elle pas plutôt issue d'un imaginaire enfantin blessé par la froideur maternelle et portée à chercher des compensations initiatiques du côté paternel ? Peu importe : le réel n'est souvent que de l'imaginaire auquel l'être humain, à travers son rêve, donne corps. On ne saurait, dans le domaine du désir, les dissocier. Dans ce schéma incestueux, on serait porté à voir la nostalgie de revenir à la perfection de l'amour tel qu'il devrait fleurir à l'aube de la vie. (Il ne faut pas sous-estimer non plus le désir d'Edith Wharton de « casser son image », de surprendre à travers le « scandale » de ce texte.)

Le chemin que parcourt la main voluptueuse de M. Palmato n'est pas seulement celui d'un corps, mais le trajet de toute une œuvre, le mouvement qui anime toute une écriture. Les « incestueux » tels que Proust, Musil, Thomas Mann, et tant d'autres, sont de grands nostalgiques : les tissus, les parfums, les fourrures, les fenêtres et les glaces ne sont que les signes d'une volupté perdue, et l'inceste, une métaphore de la perfection impossible.

Hermione Lee, qui connait si bien l'œuvre de Wharton, choisit de nous rappeler cette belle phrase de l'écrivain : « J'ai souvent pensé que la nature d'une femme est comme une grande maison pleine de chambres : il y a le hall que tout le monde traverse en entrant ou en sortant, le grand salon pour les visites mondaines, le petit salon où les membres de la famille circulent comme ils le désirent, mais au-delà, bien au-delà, il y a d'autres chambres dont personne peut-être ne tourne jamais les poignées des portes ; personne ne connaît le chemin menant à elles, personne ne sait vers quoi mènent ces chambres ; et, dans la chambre la plus secrète, dans le saint des saints, l'âme se tient dans la solitude. » Ce beau passage est l'illustration même de ce qui se passe chez les personnages de *Vieux New York,* où l'âme reste si souvent seule, que ce soit celle de la « vieille fille » qui doit abandonner son rôle de mère réelle par amour pour son enfant ; ou celle de la femme « libérée », dans *Jour de l'an,* qui n'a jamais cessé d'aimer Charles, son mari mourant, et qui, à la fin du récit, s'apprête, sereinement, à le rejoindre dans la mort.

Ces personnages, on le voit, demeurent tous liés à une vision qui précède le récit. La vieille fille ne peut oublier son premier amour ; le fils collectionneur de *L'Aube mensongère* aurait voulu être apprécié par son père. Une figure fantasmatique rôde dans *L'Étincelle* : celle de Whitman, qui vient hanter un homme incapable de comprendre la poésie. Le périple de la vie ne fait qu'éloigner les êtres d'une première chambre où ils ont secrètement deviné l'absolu de l'amour. Ensuite, de fausses demeures labyrinthiques vont remplacer cette première vision céleste mais déchue. Il y aura bien des poignées de porte qui ouvriront sur le sexe et le corps, mais elles se refermeront à travers le rejet, l'échec, le divorce, les lois sociales implacables. Il n'y a aucun doute que, malgré sa vie brillante entre deux continents, le retentissement de son œuvre, le succès avec tout ce qu'il suppose d'argent et de séduction, le goût des hommes de lettres, de Bourget à James – oui, malgré tout cela, le grand thème d'Edith Wharton demeure la solitude et la nudité de l'âme.

On lui a pourtant bien reproché son amour des convives, des animaux, des maisons, des relations – reproché dans le sens qu'on a voulu la punir, ôter du talent de son écriture ce qu'elle avait accordé à la vie. Mais tout lecteur de ses nouvelles verra à quel point la culpabilité du corps et de l'esprit est restée vivace chez un écrivain mutilé dans son élan créateur. La punition n'est-elle pas toujours présente et lancinante pour la vieille fille qui, ayant fauté, doit payer jusqu'au bout le prix d'avoir eu un amour secret et cacher qu'elle est devenue mère ? Et, bien sûr, malgré la fin sereine du récit, le sens de la faute à travers le « qu'en dira-t-on » accable Lizzie, dans *Jour de l'an*, qui commence par la petite phrase victorieuse chuchotée par la coterie : « Elle a toujours été *mauvaise*... toujours. Ils se rencontraient à l'hôtel de la Cinquième Avenue. »

Tout plaisir pris demeure mêlé et combattu. Nous savons mieux pourquoi après la lecture des fragments de *Béatrice Palmato* et de *Life and I*. En Edith Wharton n'ont cessé de se combattre la nature sensuelle de la femme et la dureté du transfert de l'érotisme sur l'écriture. Comme se combattent, dans ses nouvelles, les hommes et les femmes. Les amants, les pères, les maris sont, la plupart du temps, des hommes d'argent, de guerre ou d'affaires dont la sensibilité (par laquelle ils auraient pu communiquer avec les femmes) se dessèche dès l'adolescence avec le triomphe social et physique de leur virilité. Tel Delane dans *L'Étincelle* dont le narrateur dit : « [...] son esprit avait été réceptif jusqu'à un certain âge puis il s'était refermé d'un coup sur ce qu'il avait absorbé, comme un crustacé repu jamais visité par une autre marée. » Dans *L'Aube mensongère*, le personnage monumental de M. Raycie terrifie femme et enfant : « Chaque pouce de cette aire immense était si soigneusement entretenu qu'à l'œil d'un fermier il eût pu évoquer un important domaine agricole dont pas un arpent ne reste en friche. »

Devant ces mastodontes (dont la puissance est liée à l'argent), femme et enfants sont réduits à des masques dissimulant leur faiblesse. Les Raycie ont produit « le maigre petit avorton de Lewis, un vermicule de bébé, un gringalet de garçon et à présent un jeune homme aussi ténu que l'ombre d'un homme ordinaire à midi ». L'expédient (qui échoue) dont ce fils usera pour tenter de s'insurger sera le « grand tour en Europe ». Les femmes, elles, sont réduites à manœuvrer, mentir, louvoyer, se cacher derrière leurs voilettes. Lizzie Hazeldean lorsqu'elle est surprise, sortant d'un hôtel lors d'un incendie, descend aussitôt sa voilette, puis, pour ne pas être l'objet de commérages, se résout à faire la coquette avec un jeune homme, témoin de sa présence à l'hôtel, qu'elle espère ainsi neutraliser. La séduction n'est-elle pas l'arme unique de la femme alors que l'argent, le pouvoir, la loi, la domination sont les armes innombrables de l'homme ? Séduire, elle le doit, la pauvre Lizzie, elle-même déçue par la vanité de ses propres manigances. « Oui, ça l'amusait toujours au début : l'attirance qu'elle voyait poindre et grandir dans des yeux qui l'avaient considérée avec indifférence, le sang qui montait au visage, la façon dont elle pouvait infléchir à volonté la conversation comme si elle tenait sa victime en laisse […] "En tout cas, pensa-t-elle, il tiendra sa langue…" » Tout se passe comme si les femmes savaient l'inanité, mais la nécessité, de leurs armes. Le contraire de l'innocence.

Innocente, vraiment ?

Edith Wharton écrit *Le Temps de l'innocence* en 1920 alors qu'elle vit à Paris, rue de Varenne, où elle s'est installée juste avant la guerre. Elle se remet d'intenses tristesses : la séparation, inévitable, d'avec un mari neurasthénique, les horreurs de la guerre, la mort de plusieurs amis dont Henry James avec qui elle avait une relation ambivalente mais privilégiée, sans parler des morts anonymes disparus dans la tourmente. « Il me fallait quitter le présent », écrit-elle de cette époque, dans son autobiographie. Sachant qu'il n'y a de meilleure thérapeutique que celle de la création, elle voyage à rebours, grâce à l'imaginaire, vers cette Amérique d'autrefois, avec ses robes fraîchement arrivées de chez Worth, mais aussi ses rituels tout-puissants et ses critères implacables. Et c'est une peinture féroce où le snobisme des origines, la nécessité d'une fortune, les prestiges de la beauté et l'artifice d'un code de l'honneur souvent hypocrite rejettent hors du sein de la communauté tout être qui prétend avoir ses propres lois pour sortir de la norme.

Le roman a une double résonance autobiographique. Célèbre, amie de tous les écrivains, Edith Wharton est à présent libre et très riche. Elle peut, d'autant mieux, imaginer les tribulations de son héroïne Ellen Olenska, que le sort a défavorisée malgré son intelligence et sa beauté, et décrire la vie de devoir menée par Newland Archer, jouet du destin. Ce récit, qui est celui d'une libération manquée, elle est faite pour le raconter, elle qui a réussi la sienne après avoir connu les affres, les hésitations, et les certitudes durement conquises d'une femme qui a fait son choix.

Richesse de la vie d'Edith Wharton ! À la fois adonnée aux autres et, dans ses heures de discrète solitude, complètement repliée sur les grandes questions : la liberté de l'amour, l'atteinte du temps, les aventures spirituelles. Une double vie qui laisse deviner un don exceptionnel d'adaptation et de métamorphose, même si les femmes sont depuis toujours habituées, comme on le sait, à jongler entre leurs obligations concrètes et leur vie rêvée. Ce don d'ubiquité, Edith Wharton le possédait à un point rare. C'est ainsi que dans ce roman, elle se trouve à deux points opposés de la courbe : revenue au temps du « vieux New York », mais revenue par la pensée seulement car son regard a, depuis, observé d'autres mœurs, d'autres milieux, et ce regard sait juger le poids étouffant de ce qui, sur le moment, pouvait paraître une coquille protectrice. C'est donc avec des sentiments mitigés qu'elle se penche sur ces années 1870.

Dans le vieux débat entre l'ignorance du mal et son expérience, ce roman s'inscrit avec éclat, car si, en apparence, il oppose l'évidente innocence de la jeune May Welland – fiancée-femme idéale – à la romanesque et troublante Mme Olenska, il ne sera pas si facile de déterminer si May Welland est blanche comme neige ou si Mme Olenska porte uniquement les couleurs vives de la passion. Pour le savoir, il faut le temps d'une vie qui se confond avec le temps du roman et son dévoilement progressif. Mme Olenska, étrangère au clan, séparée de son époux, d'autant plus livrée aux racontars qu'elle vit seule et songe au divorce, n'est pas une femme qui fait le mal (comme tant de femmes tyranniques chez Henry James), mais une femme qui le subit. Une femme qui préfère la solitude de la vérité aux manigances sociales, aux facilités d'un faux retour auprès d'un époux riche et volage dont elle ne serait que la fausse maîtresse entretenue. Pourtant la comtesse Olenska est celle par qui le scandale arrive. Au sein du clan des vieilles familles puritaines, pour qui un époux est un époux, elle ne joue pas le jeu du mensonge. *Le Temps de l'innocence* restitue à merveille l'atmosphère à la fois frivole et cruelle de ces Américains aisés au milieu desquels d'autres, moins fortunés ou roués, disparaissent comme dans un gouffre.

    Marié à la pure May Welland, Archer est loin de savoir où le mène ce brillant mariage et qu'une main de fer se dissimule sous le gant de satin blanc. Virginité du corps et du cœur sont ici comme des armes aux mains d'un clan avisé, préoccupé de sa survie. L'aventure de Newland Archer est l'une des plus tristes que l'on puisse traverser puisqu'elle consiste en la volatilisation d'une âme, la perte d'une personnalité qui aurait pu s'affirmer. Si Henry James, avec *Portrait de femme,* nous donne l'admirable analyse du caractère d'Isabel Archer liée à Osmond par un obscur attrait du mal dont elle est la victime, Edith Wharton, avec Newland Archer, nous trace un portrait non moins aigu d'un être conventionnel, faible et bon. Edith Wharton aurait-elle gardé en mémoire, par admiration de son ami Henry, ce nom d'*Archer* qui revient ici comme un écho, accolé cette fois à un prénom masculin (Newland : « terre nouvelle », nom ironique, s'il en est), mais placé dans une situation psychologique qui n'est pas sans affinités avec celle d'Isabel Archer dans *Portrait de femme* ? Newland Archer est, lui aussi, un être manœuvré, intimement sollicité par le halo obscur qui entoure Mme Olenska (son mari polonais, volage, vicieux peut-être), tout comme Isabel était fascinée par Osmond ; de plus, ni l'un ni l'autre de ces personnages ne sauront transformer leurs velléités en volonté. Non que cette allusion à son illustre ami prétende réduire Edith Wharton au seul rôle de disciple. Les deux écrivains ont en commun bien des domaines : celui du sous-entendu, par exemple, et celui du « trop tard », mais Edith Wharton s'aventure, bien naturellement, plus profondément dans les domaines féminins – la maternité, la procréation, la sensualité féminine. Elle n'a pas son pareil pour habiller ses personnages de vêtements qui conviennent à la teneur de leur nature : ainsi, les splendides toilettes de

Mme Olenska sont toujours vivantes : douceur du velours, animalité des fourrures tandis que May, vestale du foyer, prêtresse de l'ordre établi, porte des vêtements blancs qui évoquent à la fois la jeune fille sportive qu'elle est, et la déesse que son orgueil lui dicte d'imiter.

Si le corps est très présent (avec tout ce qui le concerne, depuis le vêtement jusqu'au geste, timide, mais brûlant), Edith Wharton demeure l'interprète des passions contrariées – refoulées dans *Ethan Frome*, lentement assassinées dans *Le Temps de l'innocence*. Ce n'est pas de sublimation qu'il s'agit ici, ni d'un renoncement qui ferait progresser l'être dans la lumière des vérités humaines, mais plutôt du tâtonnement aveugle d'un homme qui préfère tuer un sentiment que de déranger le plan préétabli dont il devient le pion. De l'« innocence » incarnée par May et qui pare le couple d'une bonne conscience et du sentiment de « bien » agir (mais aussi de robes satinées et d'hermines, de diamants et de silences feutrés), Edith Wharton montre le dangereux attrait pour la virilité de l'homme qui se croit en sécurité tandis qu'il s'émascule. Conscient de la fadeur sévère, du caractère prédateur de la perfection conjugale, Newland Archer sait que plus rien de sa femme ne viendra le surprendre ni le combler. Très vite, il se sent un mort-vivant. De ce mariage avec l'innocence, naîtront des enfants qui continueront à épouser les autres enfants de la caste dont ils sont issus. S'il y a un espoir de changement, ce n'est pas grâce à leur volonté qu'il aura lieu, mais bien grâce au Temps, ce grand maître de la danse, et parce que tout finit – malgré la médiocrité des êtres – par changer.

À cette société opaque, mais organisée, s'oppose la belle Ellen Olenska, amie des artistes et des écrivains (comme l'était Edith Wharton), séparée mais hésitant à divorcer (comme Edith hésita à le faire) ; décidée à ne pas retrouver son mari quand la vie qu'il lui propose paraît impossible à reprendre et qu'elle a rencontré un amour véritable. L'ironie cruelle du livre est que ce sentiment fort, qui pourrait marquer la renaissance de cette femme remarquable, est éprouvé pour un homme qui, par faiblesse, et parce qu'il est trop tard, refuse de sacrifier son mariage avec May et sa situation à l'irruption d'une passion imprévisible. Personne n'est à blâmer dans ce trio qui se rencontre quand les jeux sont faits, mais chacun est à plaindre, immolé comme il l'est au clan qui, lentement, les broie un par un, tous les trois. Malgré l'inoubliable scène où les lèvres d'Archer effleurent la paume nue d'Ellen sous le gant, on sait que le milieu a tellement coulé ses victimes dans un moule que s'ils parviennent à prendre conscience de leurs brûlantes ardeurs, c'est déjà là une action d'éclat.

Une autre dimension de ce roman est de montrer l'inconsciente mauvaise foi d'Archer. Ce qu'il lui faut, c'est un appui social, non pas un être qui doit se faire à son côté. Quand il s'exclame (au sujet de Mme Olenska, la cousine de sa fiancée) : « Les femmes doivent être libres, aussi libres que nous », il se fourvoie doublement : d'abord parce qu'il se dissimule sa jalousie, son désir de voir Ellen vivre seule, sans homme, et donc dépendante de son amour, ensuite parce que jamais il n'accorderait à sa femme légitime cette liberté désirée pour la maîtresse rêvée. La liberté de la femme n'est envisagée par Newland Archer que chez les femmes *déjà* libres. Les jeunes filles, par leur virginale attente, l'inquiètent comme tout puritain dissocié qui ne se marie que pour perpétuer les traditions et la race. Archer se perd, car il se ligote. Mais, en même temps, il trahit un être neuf qui espérait vivre à son côté, et il prétend être libre aux yeux d'une femme qui, comme Ellen, est indépendante. Edith Wharton se sert des fiançailles entre Archer et May pour montrer l'injuste différence qui sépare chacun des futurs mariés : que l'homme ait un passé, rien d'étonnant, mais justement, Ellen Olenska en a un, ce qui la menace dans son appartenance au clan. Archer veut bien qu'Ellen ait un passé : elle n'est pas sa femme légitime après tout. Elle n'est que son amour, ou sa future maîtresse. Il est tranquille avec May chez qui n'existent que lui et le présent. Mais comme, tout de même, cet ensemble injuste de peurs et de ressentiments flous à l'égard de la liberté féminine le perturbe, il se justifie à travers une condescendance affichée. Sa jeune fiancée « était franche, la pauvre chérie, parce qu'elle n'avait rien à cacher ». La « beauté radieuse » de May est pour Newland Archer un atout, un colifichet dont il se revêt pour appâter autrui. Il ne manque même pas, à ce tableau cruel et lucide du jeune homme en mal de mariage, la narcissique volupté d'être le premier à susciter ses émois. Féroce Edith Wharton ! (Mais elle réserve sa tendresse à ceux qui ont traversé les incendies de la vie.) Et la coterie veillera à ce que tout essai d'envol s'enlise. Elle tordra le cou de l'ardeur, silencieusement, sans « effusion de sang ». Les dialogues entre Newland Archer et Ellen Olenska restituent ce climat de brûlante communion avortée : « Quoi, vous aussi ? » se demandent-ils, n'osant parler de leur amour autrement qu'à mots couverts.

Dans le bilan que fait Newland Archer resté, malgré tout, mari fidèle, père attentionné, demeure la poignance du regret : « Il savait pourtant ce qui lui avait manqué : la fleur de la vie. Mais il y pensait maintenant comme à une chose hors d'atteinte. Lorsqu'il se souvenait de Mme Olenska, c'était d'une façon irréelle, avec sérénité, comme on penserait à une bien-aimée imaginaire, découverte dans un livre ou un tableau. Elle était devenue l'image de tout ce dont il avait été privé. » La nouvelle génération va bousculer toute cette opacité. Le jeune Archer, parlant à son père du couple que formaient ses parents, attaque leur discrétion trop prudente : « Vous ne vous êtes jamais rien demandé l'un à l'autre, n'est-ce pas ? Et vous ne vous êtes jamais rien dit ! Vous êtes restés l'un devant l'autre, à observer, à deviner ce qui se passait en dehors – un duo de sourds-muets... » Ainsi Newland

Archer a-t-il vécu la vie d'un autre, ou plutôt, s'est-il contenté d'une fausse vie, brillante en apparence, mais creuse en réalité. Le roman s'achève sur cette image d'un homme assis sur un banc de Paris, près des Invalides, regardant la vie – la vie des autres – s'écouler comme un fleuve. Ellen Olenska, pendant ce temps, a dû regarder le réel en face. Elle a vu la Gorgone qui, « loin de rendre les gens aveugles, leur ouvre les yeux tout grands et leur coupe les paupières ».

Les dernières pages apportent leur révélation (Edith Wharton a un talent particulier pour les « chutes »). Loin d'être ignorante de l'amour éprouvé par son mari pour Ellen, May *savait*. Sans mot dire, en dehors des pages que nous avions lues avec cette compassion que suscitent les passions lentement mises à mort, s'est déroulée toute une autre histoire dont nous ne savions rien (comme si Edith Wharton voulait dire que derrière le livre écrit, il y en a toujours un autre prêt à l'être). Toute une vie stoïque, sans illusions, muette : celle de May, aux aguets, et souvent, aux abois. Ce renversement dans l'esprit du lecteur (habitué à reprocher à l'épouse les malheurs arrivés aux amants), la pitié et l'admiration que l'on nous demande soudain d'éprouver pour May, sont la preuve du talent de la romancière. Et si nous nous étions trompés ? Ne serait-ce pas May, finalement, l'héroïne, et non la sémillante comtesse toujours occupée à séduire, à charmer ? Mme Olenska ne serait-elle pas un peu une « allumeuse » et May, une force, capable de se sacrifier jusqu'à la sainteté ? Elle meurt, d'ailleurs, avant les autres, pour mieux se faire regretter.

Oui, décidément, peu de livres montrent mieux l'ambiguïté de l'innocence. Chacun en est doté, mais de façon singulière. Ellen Olenska qui croit à une renaissance grâce au mari de sa jeune amie avec lequel elle consomme, délicieusement, un adultère « moral » ; Newland Archer qui, à force de se laisser dominer, mène sa barque à travers les tempêtes vers le havre du conformisme et de la réussite ; May, qui concentre sa volonté sur l'édifice familial, ce qui la justifie à ses propres yeux ; et enfin le jeune fils Archer qui, fiancé à une fille du clan, accuse ses parents de n'avoir pas su communiquer tandis que, dans sa franchise affichée, perce un soupçon de vulgarité, un zeste de cynisme à la mode. Mais qui a jamais prétendu que l'innocence existait à l'état pur ? Certes pas Edith Wharton, dont le plaisir pris à dénoncer les mœurs étouffantes d'antan se teinte de mélancolie à leur chatoyante évocation.

Elle qui écrivit pour Morton Fullerton, après une nuit passée avec lui à Londres, ce beau poème[23] :

Terminus

Merveilleuse fut la longue nuit secrète que tu me donnas, mon amant
Paume contre paume, sein contre sein, dans l'obscurité, une faible et rouge lueur
Avivant de reflets magiques la banalité de l'auberge aux meubles impersonnels et moroses,
Allumant une flamme mystique au cœur du miroir changeant dont la glace a vu
D'innombrables faces furtives de voyageurs
Prises dans le tourbillon des voies de la vie tels des grains de poussière dans la rue
Visages indifférents, usés, grimaçant d'impatience ou de peine,
Sourires (s'il en fut), rappels des nôtres se rencontrant dans la glace
Quand tu m'aidas à me défaire de ma robe
Et que nos bouches d'ombre n'en firent plus qu'une
Tels des oiseaux de mer se fondant dans la vague.
Oui, peut-être ce miroir a-t-il vu semblables sourires

NOCES D'ENCRE

Et la grande couche basse chaotique creusée comme la grand-route
Ce lit au chintz encrassé, aux cuivres noircis
Qui supporta les corps éreintés, entachés, de ceux qui se hâtent
Sans but ni repos, que le sommeil sépare, peut-être a-t-il vibré
D'étreintes charnelles extatiques comme furent les nôtres
Chacun de nous cherchant l'âme de l'autre dans les profondeurs insondables
Des caresses ; et, après ces détours passionnés, se sont-ils eux aussi retrouvés
Face aux étoiles : tout cela, dans cette chambre anonyme et passive
A dû rejoindre le flux et le reflux incessants des humains.
Couchée dans tes bras tandis que s'apaisent les vagues du désir
Et qu'au loin, à la marge de l'être, nous écoutions les pulsations de l'âme,
J'étais heureuse de penser à tous ceux-là qui, peut-être, innombrables, sans nom,
Avaient été amants, étendus pour une heure à la lisière du monde,
Furtifs, en secret, dans la tempête du voyage,
Dans le fracas et les cris des gares, dans le frisson continu et nocturne
Du trafic. Ainsi d'autres furent-ils comme nous étendus dans le noir, sein contre sein,
La pluie obscure de minuit frappant le toit de la gare
Leurs membres baignés par la pluie brûlante de la possession
Et une autre femme, comme moi, s'éveillant avant l'aube
Tandis que dormait son amant l'écouta doucement respirer
Une autre femme écouta comme moi hurler l'adieu aux villes des trains
Titubant de l'avant dans l'obscurité
Le cœur en lambeaux, elle pense : « Ainsi faut-il resurgir
Dans les ténèbres sur les rails de l'habitude tracés par le destin
Émerger face à la vie, la pluie, l'aube obscure qui point,

EDITH WHARTON

Toi, face à l'odeur des villes, aux cris et guirlandes agitées par le vent
Moi, à travers des terres nues, les marais couchés sous un ciel pesant bas
Face à la grève sans port mordue par le vent où une ville morose
Rétrécit et stagne, ses toits effondrés, traînant des heures sans fin
Dans l'herbe des rues, où, entre les façades aveugles
Glissent des habitants inertes pour voir le train entrer en gare
Le train dont personne ne descend – jusqu'au soir d'hiver
Où il s'arrête à l'orée de la ville. Vois, les maisons sont devenues des tombes
Les rues : des chemins herbeux entre les toits des morts
Et maintenant le train entre en gare, fantômes aux fenêtres
Il me semble que rien n'a changé. Telle est la vie à laquelle je reviens. »
C'est là ce qu'une autre a sans doute pensé et sans doute s'est-elle alors retournée
Vers les lèvres endormies de l'amant couché à son flanc
Comme je me suis tournée vers les tiennes pour y boire l'oubli.

(1909)

Oscar Wilde

C'est tout un faisceau d'affinités qui me relie à Oscar Wilde : l'influence déterminante de sa mère théâtrale et captatrice, sa hantise de la décapitation (à travers la Salomé *de Moreau) qui rejoint les photographies terrifiantes qui m'avaient tant frappée en Chine pendant l'occupation japonaise, sa conception d'un Christ humain tellement émouvante dans sa lettre* De profundis. *Et, bien sûr, élevée en Angleterre, j'admire infiniment son humour, son goût du paradoxe, ses formules, ses masques, mais aussi, Latine dans l'âme, je comprends sa liaison avec le beau Douglas, frivole vampire, son goût de la dérision, de la jeunesse, du vin, des travestissements, de la mode, de la mise en scène, ses cris bouleversants poussés en écriture, son masochisme, son attirance pour le luxe, pour l'Italie et sa beauté, et même, avec mon amour pour les extrêmes, j'aime jusqu'à sa tentation de se laisser tomber dans des gouffres, qui lui a inspiré la volonté de se perdre – suprême défi lancé à l'avarice, celle du cœur, mais aussi celle du portefeuille.*

NOCES D'ENCRE

Couronnant tout cela, je reste éblouie par son style lapidaire, original, brillant, caustique, moderne et vif, qui, sans en avoir l'air, fait passer de dures vérités, des pensées d'une profondeur éclatante comme l'éclair, révélant un intime désespoir du fait même de le dissimuler.

Oscar et Lady Wilde[1]

1891 : Wilde publie en recueil, sous le titre d'*Intentions*[2], quatre essais qu'il a remaniés à cet effet. Année fatidique, proche déjà de celle de sa mort (1900) qui voit se préciser une pensée depuis longtemps en gestation et se précipiter des événements dont tous ces textes semblaient prévoir le fatal agencement. Tout ici est déjà en germe, d'autant plus que Wilde vient de publier sa deuxième version du « scandaleux » et vénéneux *Portrait de Dorian Gray*[3] ainsi que *Le Portrait de Mr W.H.*[4] Ce dernier récit est celui d'une obsession : un chercheur s'obstine à vouloir imposer son identification du dédicataire des sonnets de Shakespeare – il serait un jeune acteur, Willie Hughes – mais, à trop vouloir convaincre, il finit par perdre foi en sa propre théorie. Le chercheur fanatique avoue : « Quelque chose s'en était allé de moi [...] peut-être avais-je en trouvant la parfaite expression d'une passion, épuisé la passion elle-même. L'influence n'est qu'un transfert de la personnalité, une façon de nous départir de ce qui nous est le plus précieux, et l'exercer sur quelqu'un produit un sentiment – et peut-être une réalité – de perte. »

Cette *réalité de perte* n'est que trop vraie chez Wilde ; elle est là bien avant la rencontre de Douglas. En 1891, elle est déjà tapie au fond d'une certaine esthétique fondée sur le masque protecteur, le travestissement en paradoxes, le renversement des situations. Elle explique pourquoi la vie est sacrifiée au bénéfice de l'élaboration et de l'artifice car elle est « le solvant qui détruit l'Art, l'ennemi qui en saccage la demeure ». Peu de textes sont aussi stimulants que ces essais d'*Intentions* où, d'ailleurs, André Gide, a largement puisé. « Je crois avec Wilde que les plus importants artistes ne copient point tant la nature qu'ils la précèdent, de sorte que c'est eux au contraire que la nature semble imiter », écrit-il dans son *Journal*[5], en 1929. Et encore, toujours à la suite de Wilde, Gide affirmera en 1937 : « C'est l'imagination qui imite et l'esprit critique qui crée. » Mais ces convictions, qui précèdent celles de Gide, avaient engendré chez Oscar une lucidité terrible – terrible parce que inutile. Si ses écrits sont prémonitoires[6], cela n'empêche en rien le destin de continuer à filer sournoisement sa trame en lui permettant de s'enfermer dans sa passion (dans tous les sens du terme) vécue avec Alfred Douglas. On lit encore dans *Le Déclin du mensonge* : « La littérature devance toujours la vie – elle ne la copie pas mais la conforme à ses fins. » Parfois les paradoxes soulèvent, malgré eux, le voile. C'est contre cette « réalité de perte » qu'Oscar Wilde tenta toute sa vie d'opposer les masques d'une agression continuelle, pétris de séductions et de scandales, de défis, de caprices et de fuites dans des métamorphoses de caméléon, transférant sa personnalité sur autrui, choisissant son mauvais génie (Douglas) comme alter ego, *perdant* ainsi, peu à peu, le sentiment de sa propre identité dans une attirance autodestructrice pour la mort.

Pour mieux comprendre l'arrière-plan d'*Intentions*, sans doute faut-il remonter aux années qui précédèrent leur parution, à ces années d'enfance vécues sous le regard de deux parents à la fois fantasques, indulgents et difficiles. Oscar Wilde n'a-t-il pas écrit : « Les enfants commencent par aimer leurs parents. Plus tard, ils les jugent ; quelquefois, ils leur pardonnent » ?

Richard Ellmann raconte dans sa biographie[7] que Wilde aimait à citer les vers de Baudelaire dans *Voyage à Cythère* :

Ah ! Seigneur ! Donnez-moi la force et le courage
De contempler mon cœur et mon corps sans dégoût.

Sans doute n'aimait-il pas son corps qui évoquait doublement – d'abord par son origine, ensuite par la ressemblance – celui de sa mère, Jane Francesca Elgee. Poétesse nationaliste dès l'âge de vingt ans, tandis que l'Irlande se débattait dans les affres d'une famine tragique, elle écrivit des poèmes incendiaires sous le pseudonyme de Speranza, collaborant au journal *The Nation*. Légèrement mythomane, elle ne cessa de soigner sa légende (comme son fils devait le faire avec tant de brio), s'inventant de romanesques origines italiennes. Très douée, elle se passionna pour les classiques. Polyglotte, elle traduisait du russe, du norvégien, de l'espagnol. Ses poèmes les plus connus datent de 1846-1848 – poèmes mélodramatiques, regorgeant de cadavres, d'enfants faméliques, d'épidémies. Un de ces poèmes, qui racontait une exécution après la révolution de 1798, lui valut la célébrité. Le directeur du journal *La Nation* ayant été poursuivi à cause des proses anonymes de Speranza, celle-ci se dénonça au cours d'un procès. Attitude intrépide et courageuse, haut fait auquel Oscar a dû penser bien des fois au cours de ses propres procès et dont je me demande si elle ne l'a pas empêché de fuir quand il en était encore temps.

En outre, cette femme cultivée avait traduit l'histoire cruelle d'une sorcière qui rendait les hommes stériles. Enfant, Oscar avait lu ce roman allemand, *Sidonie la sorcière*, où l'héroïne se présente tantôt sous les traits d'une grande beauté vêtue de velours, tantôt sous l'aspect d'un fantôme blafard. Qui sait si *Le Portrait de Dorian Gray* ne doit pas quelque chose à ce conte macabre qui raconte la fin d'une chanoinesse de quatre-vingts ans décapitée en 1620 ? (N'oublions pas aussi que le grand-oncle maternel de Wilde n'était autre que Charles Maturin, l'auteur de *Melmoth l'Errant*, premier grand roman fantastique anglais.) Melmoth : ce nom devait devenir le pseudonyme de Wilde après sa sortie de prison. Après avoir traduit *Sidonie la sorcière,* Jane Francesca Elgee fit la connaissance du docteur William Wilde, célèbre oculiste, fin connaisseur d'histoire et d'archéologie, auteur de livres de voyages, vital, original, don juan effréné malgré sa laideur et le négligé désastreux de son apparence.

Speranza épousa donc William Wilde, âgé de trente-six ans, déjà père de deux filles illégitimes nées en 1847 et 1849 (qui devaient mourir brûlées vives lors d'un bal, prisonnières de leur crinoline), père aussi d'un fils dont on parlait comme étant son « neveu ». Le mariage évolua très vite selon le schéma victorien bien connu (mari ayant droit à sa liberté, femme au foyer), dévoilant les contradictions de Speranza : sa « double postulation » vers l'indépendance de la femme et vers le rôle de muse-maîtresse, esclave de l'amour. Pleine d'agressivité envers les épouses soumises (Mrs Byron, Mrs Carlyle), Lady Wilde ne cessa toute sa vie de manier le sarcasme et le paradoxe, digne mère de son fils. Que de drames pourtant dans cette vie : son époux fut accusé de viol par une patiente ; en 1867 mourut Isola, leur fille chérie, petite sœur d'Oscar et de Willie. Jane avait quarante-six ans ; Oscar en avait douze. De cette mort, tous deux furent également, et durablement, frappés.

Quant à Sir William Wilde, il mourut en 1876 alors que ses fils étaient en plein essor intellectuel et mondain. Il fallut à Speranza (déjà tellement endeuillée et atteinte par la mort de sa fille) quitter le havre de la maison familiale à Dublin et déménager à Londres. Commencèrent alors les soucis d'argent qu'elle n'était guère préparée à affronter – pas plus que ses deux fils, incapables de gérer une succession. Lady Wilde, alors que tout était déjà derrière elle, dut s'inventer une autre vie, ce qu'elle fit avec courage, mais avec le sentiment de *perte* que nous avons déjà constaté chez Oscar. Bernard Shaw, toujours acerbe, devait faire de sa personne monumentale un portrait cruel, attribuant son corps démesuré à un état pathologique de gigantisme et accusant Oscar de refléter cette anomalie dans son univers mental. Vêtue avec extravagance, couverte de bijoux, de dentelles et de colifichets, Speranza connut quelque répit au moment de la gloire d'Oscar en Amérique. Lorsqu'il fit sa célèbre tournée de cinquante conférences, elle fut heureuse de se reconnaître dans les propos de son fils toujours soucieux de louer l'Irlande. Ils s'écrivaient souvent. La « *povera madre* » – comme il lui arriva de signer ses lettres, de plus en plus pressée de voir son fils se marier, irritée comme elle l'était par l'indifférence et l'alcoolisme de Willie qui vivait chez elle – espérait qu'Oscar trouverait bientôt une riche héritière dont « ils » auraient la dot. La douce Constance Lloyd, qui épousa Oscar, n'essaya jamais de briser cette complicité. Bien au contraire, épouse charmante, belle-fille dévouée, elle devint une grande amie pour Speranza ; c'est elle qui eut le courage d'aller annoncer sa mort à Oscar, alors qu'il était en prison.

Ce qui surprend le plus, lorsqu'on y songe, chez cette mère et cette épouse, c'est leur commune ignorance de la nature d'Oscar ; leur innocence partagée à l'égard de son homosexualité malgré ses fugues répétées hors du foyer conjugal ; leur enthousiasme pour l'inquiétant *Portrait de Dorian Gray*. C'est pendant son voyage de noces à Paris qu'Oscar devait se découvrir une passion pour le non moins inquiétant *À rebours* d'Huysmans. Il semble stupéfiant qu'une personne comme Lady Wilde, ayant traversé tant d'événements et de drames, n'eut connaissance de la double vie d'Oscar qu'au moment de son premier procès. Puis, lorsque le destin d'Oscar se précisa de façon désastreuse en prison, Lady Wilde, brisée, s'enferma volontairement chez elle, gardant le lit, déclinant petit à petit, pour mourir en 1896. Ce fut le début de la fin. Les protagonistes de cette tragédie disparurent tous peu après : Constance en 1898, Willie en 1899 et Oscar, comme on sait, en 1900.

Si j'ai insisté sur l'importance de Lady Wilde, c'est que tous les textes d'*Intentions*, d'une façon ou d'une autre, portent l'empreinte de ses affinités avec son fils Oscar : goût du travestissement, des costumes, des bijoux, des masques ; goût de l'irréel et de la mise en scène – amour du défi et des paradoxes brillants. Ces ressemblances flagrantes entre mère et fils ne font qu'accentuer la tragédie de son rejet lors du procès d'Oscar Wilde : elle ne lui pardonnerait que *sous condition* car elle n'admettait pas qu'il refuse d'affronter la justice. Yeats devait écrire : « J'ai appris plus tard, je ne sais plus par qui, que Lady Wilde lui avait dit : "Si tu restes, même si tu vas en prison, tu seras toujours mon fils, cela ne changera en rien mon affection, mais si tu pars, je ne te parlerai jamais plus[8]." »

Bien avant la tragédie finale des procès, dès les premiers poèmes écrits par Wilde (et ils ont une grande importance car tout son univers s'y trouve déjà constitué comme un arrière-plan et un décor imagés des essais d'*Intentions*) on constate une étrange alliance entre la femme et la fatalité. Ainsi dans le poème *La sphinge*[9] qui parut en 1892 (mais dont la gestation remonte sans doute à sa vingtième année). Le poème en anglais s'intitule *The Sphinx*, mais c'est bien d'une sphinge qu'il s'agit comme chez Gustave Moreau et Fernand Khnopff – une sphinge « intangible », « immobile », mi-femme, mi-animal. Ce poème est dédié à Marcel Schwob qui semble avoir eu l'intuition, dans une note de son *Journal*, de ce quelque chose d'enfantin qui se lisait encore sur le visage d'Oscar : « Grand, glabre, gros de face, sanguin de joues, l'œil ironique, les dents mauvaises et avancées, une bouche vicieuse d'enfant aux lèvres comme molles de lait… », mais Wilde lui-même ne devait-il pas se décrire dans une lettre à Léon Daudet, comme « un tout petit, petit enfant » ?

Par son intemporalité, son antériorité, sa présence obsédante et omnisciente, son sourire « archaïque » ambigu qui surveille son époux, ses yeux lourds de satin noir, sa magnificence somnolente, la sphinge évoque la mère de Wilde. Tout le poème se déroule comme une fantaisie incestueuse où le fils s'interroge sur la vie sexuelle de la mère amante et vampire jusqu'à ce que surgisse l'amant préféré, l'époux (provisoire), le grand Ammon, dont la ruine sera bientôt consommée. Le récitant n'a-t-il pas vu la main géante de cet amant-Dieu, réduite à l'impuissance, crispée dans le désespoir ? Cependant, malgré la mort d'Ammon, le poème lancinant reprend, inépuisable comme l'érotisme exigeant d'une sphinge toujours en quête de nouveaux amants, jusqu'à ce que sa présence obsédante se fasse sentir auprès du narrateur et que, sa sensualité éveillée, il regrette de ne pas être démembré comme Atys. On serait tenté de lire ce poème comme une rêverie œdipienne où le narrateur, pris dans les griffes d'une femme omnipotente, assiste d'abord à son triomphe puis à la déchéance de l'amant royal que cette sphinge-déesse s'était choisi, enfin à la pulvérisation du père dans l'impuissance, pour ressentir l'épouvante d'être choisi à son tour, et détruit. (On se souvient que Lady Wilde survécut longuement à la déchéance de son noble époux.) Et on soupçonne que le célèbre thème développé par Wilde dans sa *Ballade de la geôle de Reading*, « *each man kills the thing he loves* » (« chaque homme tue ce qu'il aime »), se trouve ici exprimé dans sa vérité nue, non encore masquée : on est tué *par* qui vous aime.

Si le thème central du poème paraît celui d'un rapport ardent, désiré quoique redouté, avec une sphinge-mère, un autre poème antérieur, *Charmides* (1881), allie déjà la profanation, l'interdit et la mort. Le jeune grec Charmides a osé contempler la statue de la déesse Minerve et s'unir à elle ; il se jette dans les flots après ce sacrilège. Voici son corps suicidé couché sur une plage où une jeune nymphe le découvre. Celle-ci tâche en vain d'arracher

Charmides au sommeil de la mort, mais dès qu'elle prend conscience de sa passion pour lui, elle est frappée de mort par Artémis. Ainsi les deux déesses cruelles, Minerve et Artémis, exigent-elles un culte jaloux et l'observation de la chasteté. Vénus obtient cependant que les jeunes gens puissent s'aimer aux Enfers. La « splendide infamie » de Charmides s'efface alors dans l'union où la nymphe perd sa virginité. Quel était donc le péché de Charmides ? D'avoir osé approcher la statue de la déesse Minerve. Sacrilège puni de mort (on est tué par ce qu'on aime), mort dont il faut un miracle pour revenir : qu'une nymphe aime le coupable au point de le ressusciter, qu'elle-même subisse la mort avant de pouvoir perdre sa virginité. Bref, qu'une bonne déesse ou qu'une bonne mère abolisse la mort punitive infligée par les déesses-mères cruelles, interdites et possessives. Le poème raconte donc une renaissance où l'union sexuelle entre deux êtres humains peut enfin s'accomplir. Une fois de plus, l'inceste apparaît comme un thème initial d'où les autres thèmes découlent : la mort du désir et du corps, la nécessité d'aimer aux enfers, loin du jour et de la terre – mort et nécessité qui peuvent se lire comme symboliques d'une homosexualité voulue par la déesse-mère. Robert Merle, dans sa pénétrante analyse du poème, remarque que le sacrilège de Charmides se trouve déjà décrit dans les *Amours* de Lucien, mais Lucien avait choisi Vénus comme objet de la profanation alors que Wilde a choisi Minerve, « déesse chaste et glacée qui se refuse à l'amour et le méprise ». Le sacrilège de Charmides n'apparaît-il donc pas d'autant plus comme un inceste, perpétré en rêve, avec une « autre Minerve adorée et froide de l'enfance »[10] ?

Vers 1893, le manuscrit d'un étrange roman « érotique » circula à Londres chez un libraire[11]. Sa rédaction est due, pense Montgomery Hyde[12], à plusieurs auteurs dont Wilde serait un des principaux. Et il semble bien que Wilde ait contribué à cette œuvre, à en juger par les thèmes qui rappellent tant de situations dépeintes ailleurs par lui : l'horreur d'une initiation par des prostituées, le besoin d'une relation pure, nourrie par des affinités artistiques, le désir de se retrouver en un *alter ego* plus beau, plus pur, plus célèbre, plus aimé. *Alter ego* qui ne dépasse pas le cadre d'un narcissisme essentiel, mais au contraire l'exalte : si je suis aimé par un être aussi exceptionnel, c'est que j'ai toutes les raisons de m'aimer. Surtout l'on y retrouve les fantasmes incestueux des poèmes qui jouent ici en sourdine un rôle primordial, car si le roman raconte l'amour du protagoniste pour le pianiste Teleny, cependant c'est la mère du narrateur, femme indulgente, raffinée, riche et intelligente qui finira par séduire momentanément l'ami de cœur dans une scène étonnante dont le fils est le « voyeur ». C'est à une sorte d'inceste au second degré que le héros assiste, figé dans une impuissance désespérée, pris d'une curiosité dévorante. La fiction entretenue par le roman qui donne l'attrait de l'argent pour mobile unique à la liaison de la mère et de Teleny paraît peu convaincante. En quoi l'union des sens et des esprits, que l'on veut nous faire croire si complète entre les deux amis, est-elle vraiment scellée si Teleny tait l'essentiel de ses angoisses (ses dettes) et préfère coucher avec la mère de son bien-aimé pour se procurer de l'argent ? Dans ce roman, comme dans *La Sphinge* et dans *Charmides,* la mère détient tous les pouvoirs (l'érotisme, l'argent, le courage, l'indépendance, l'affection de son fils comme le désir de son « double »). On en vient à se demander si la peur profonde de Wilde n'était pas celle de se savoir désagrégé par un amour excessif pour une mère dont il n'hésite pas à déclarer dans *De profundis*[13] qu'elle « prend rang intellectuellement auprès d'Elizabeth Barret Browning et historiquement auprès de Madame Roland ». Thème de l'inceste, jugé à la fois trop secret dans le domaine des sentiments, trop passif dans celui du caractère, trop banal dans celui de l'Art, masqué par une quête homosexuelle active et scandaleuse.

La femme, l'amour, la mort, cette trilogie fatale se retrouve dans *Salomé*[14] comme déjà dans le conte de *L'Anniversaire de l'infante*[15] (1889), où l'on voit deux couples et deux générations : le roi d'Espagne, fou de douleur, pleure sa reine morte et tente en vain de la réveiller par ses baisers. Sa fille, la cruelle infante, se moque d'un nain amoureux. Avant d'avoir connue l'infante, le nain ignorait sa propre difformité. Ce n'est qu'à travers son amour bafoué pour la belle qui veut le faire danser, à travers sa présence fascinante qui l'attire dans une pièce tendue de miroirs, qu'il prend conscience de sa hideur. La danse se termine par la mort du nain tout comme la danse de Salomé culmine dans celle de Jokanaan. Les deux récits ont en commun non seulement la mort des héros (l'ermite et le nain) mais leur exclusion du monde sexuel. De même qu'Hérodias, au moment de la danse de mort, exige qu'un page l'évente, de même l'infante, tandis que se meurt le nain, agite un grand éventail. La réplique finale de l'infante : « À l'avenir, veillez à ce que mes compagnons de jeu n'aient pas de cœur » est à la fois digne de Lady Wilde et des belles dames sans merci chères aux derniers romantiques, et l'on se demande à quel point le conte ne transpose pas sur le plan romanesque, dans une inversion des rôles qui masque les relations véritables, l'amour d'Oscar pour Isola sa petite sœur morte (devenue la reine morte du conte) – amour désormais livré, tremblant et honteux, à la cruelle Lady Wilde (devenue l'infante du récit).

Que ce soit la Lady Windermere du *Crime de Lord Arthur Savile*[16], chez qui le héros rencontre son destin d'assassin sous la forme du chiromancien qui l'enferme dans le cercle damné de ses prédictions – cette Lady Windermere dont les propos : « Les lions ne valent que pour une saison ; dès que leur crinière est coupée, ils demeurent les êtres les plus ternes qui soient » sont bien d'une femme « castratrice » ; ou Salomé qui fait couper la tête de Jokanaan avec l'approbation d'Hérodias ; ou l'infante qui cause la mort du nain ; ou encore la sphinge dont l'obsession paralyse toute vie sexuelle ; que ce soit Minerve-Athénée qui exige la vie de Charmides ou Artémis qui blesse la nymphe qui ose l'aimer, c'est toujours une femme qui, directement ou indirectement, transmet la mort. Toute l'œuvre de Wilde serait à relire dans ce sens ; on verrait comment les personnages féminins des drames *(Vera, La Duchesse de Padoue, Une tragédie florentine, Salomé)* sont toutes criminelles en fait ou en pensée, que leur sadisme est lié à leur sexualité et que ce lien fascine leurs victimes. Même dans les comédies, les armes féminines, pour bénignes qu'elles apparaissent (un mot écrit sur papier rose, un gant, un éventail) ont un pouvoir équivalant à un arrêt de mort. En face de cette puissance empoisonnée, le héros masculin ne peut que se précipiter dans le désastre, la fuite ou la mise en scène. Peut-être n'est-ce point un hasard si, dans la pièce de Wilde, Salomé meurt écrasée entre des boucliers bombés comme des masques qui dissimulent, défendent et attaquent, opposant leur surface aveugle devenue meurtrière.

Dans un renversement destiné à venger toutes ces morts masculines, Wilde va nous présenter, dans un essai d'*Intentions* (*Pen Pencil Poison,* traduit sous le titre *Plume Pinceaux Poison*), le cas de Wainwright l'empoisonneur. Ici, l'agression du masque va jusqu'à l'assassinat : au visage de l'esthète se superpose celui du criminel. De Quincey avait déjà consacré son talent dans l'admirable *De l'assassinat considéré comme un des beaux-arts*[17] au récit des méfaits de Williams, ce matelot qui avait égorgé deux familles, et la fascination du vert que Wilde attribue à Wainwright descend sans doute de la « sève verte inhumaine » qui, à la place du sang normal, coulait dans les veines de Williams. Mais tout le texte de De Quincey laisse percer une angoisse qui lui est propre : l'attention du lecteur se porte moins sur le criminel que sur les hasards qui devront se vérifier pour que, contre toute attente, en un suspens qui nous laisse haletants, une victime au moins échappe au massacre. Et puis, si Williams est assassin par un « besoin féroce de répandre le sang », il reste qu'il s'agit là d'un « homme nécessiteux », animé du « désir du butin » auquel un esthète ne saurait s'identifier.

Avec Wainwright, au contraire, quittant le domaine du crime dans ce qu'il a d'intéressé, nous passons dans le domaine intellectualisé de la perversité. C'est toute la différence entre la banalité vulgaire du crime et la logique hautaine du mal que Wilde tient à nous faire entendre : « Le crime en Angleterre est bien rarement le fruit du vice et se trouve presque toujours engendré par la faim », écrit-il. Non, rien de tel dans l'affaire Wainwright dont les mouvements atteignent à la grandeur de l'absurde, un absurde plus démoniaque que celui de la gratuité gidienne. Le choix de l'arme est révélateur. Le vulgaire rasoir du « héros » de De Quincey ne saurait se confondre avec l'arme secrète de Wainwright qui exige des connaissances scientifiques grâce auxquelles son poison demeure impossible à déceler – ce poison (noix vomique ou strychnine) qui évoque la Rome impériale et la Renaissance. Certains traits de l'affaire Wainwright préfigurent curieusement l'affaire Wilde : une fois reconnu faussaire et empoisonneur, Wainwright perd toute « dextérité nécessaire » ; deux autres tentatives de meurtre « échouent piteusement », ce qui fait songer à la stérilité créatrice de Wilde après son procès. Mais surtout Wainwright sert le choix intime de Wilde : celui d'une culpabilité antérieure, d'un mal fatal, car l'artiste nous est présenté assassin dès sa naissance, ayant coûté la vie à sa mère. De l'assassinat passif et inconscient, Wainwright passe à l'assassinat actif et concerté, comme si Wilde avait voulu prouver que la grandeur de l'esthète criminel est d'avoir épousé son destin au point de s'en rendre maître.

Ainsi la « grandeur » de Wainwright réside dans un renversement cher à Wilde : le passif devient actif ; le subi devient agression. Le drame premier est masqué. La culpabilité initiale, insupportable, se projette au-dehors comme si l'homme en était l'origine et non le théâtre. Assassin de sa mère malgré lui, Wainwright devient assassin par goût. Criminel inconscient dès l'enfance, il se fera meurtrier conscient dans un monde adulte. De plus, tous ses meurtres viseront des êtres de la famille : sa belle-mère, sa belle-sœur, le père d'une « bien-aimée », l'oncle qui l'avait élevé à la place de sa mère. Dans ce monde tragique, l'amour ne cesse d'être accompagné par le crime. Aimer, être aimé, tuer ne font qu'un. « Nous ne faisons qu'un avec ce qui nous menace, comme nous ne faisons qu'un avec ce que nous avons tué », lit-on dans le poème *Panthea*. L'identification à Wainwright, meurtrier en série, sert peut-être un fantasme personnel de Wilde : intimement dominé par sa famille, Oscar ne veut pas reconnaître la passivité de sa soumission. Il l'inverse dans les crimes de *Plume Pinceaux Poison* comme dans le « chacun tue l'être qu'il aime » de *La Ballade de la geôle de Reading*.

Pendant un laps de temps court, fécond et fatidique (1891-1892), Wilde écrit également sa pièce *Salomé* en français, pièce qu'il rêvait de faire jouer par Sarah Bernhardt, refusée à Londres parce qu'elle mettait en scène des personnages de la Bible. Comme toujours chez Wilde, le thème était en gestation depuis longtemps. Un travail souterrain s'était accentué en lui après qu'il eut fait la découverte de Gustave Moreau. Fin 1886, en effet, eut lieu à Londres une exposition Moreau chez Goupil et lorsqu'on sait à quel point Wilde avait aimé, dès son voyage de noces, le roman *À rebours*[18], où Huysmans chante la beauté cruelle de la *Salomé* de Moreau, on imagine combien son imaginaire avait œuvré. C'est surtout le tableau *L'Apparition* qui frappa Huysmans (et Wilde) – ce tableau où, dans un changement fascinant de situations, la tête du prophète s'élève, rayonnante, devant une Salomé prise d'épouvante[19].

Lors d'un de ses voyages à Paris, Wilde alla rendre visite à Jean Lorrain, demandant à voir un buste de femme dont il avait entendu parler. Devant cette sculpture il s'exclama : « C'est la tête de Salomé, Salomé qui s'est fait décapiter de désespoir ! C'est la vengeance de Jean Baptiste ! » Mais il devait aller plus loin. Non seulement sa première version de sa pièce avait pour titre *La Décapitation de Salomé*, mais, après le meurtre du prophète, Salomé devait, bannie par Hérode, errer dans les déserts, se nourrir d'insectes et de baies sauvages dans une identification totale à sa victime. Ensuite survient une fin spectaculaire bien difficile à représenter : Salomé finit par tomber dans un lac gelé dont les eaux glacées se referment sur elle et la décapitent. Des voyageurs retrouveront sa tête, couronnée d'une auréole d'or, sur le plateau d'argent formé par la surface pétrifiée du lac. Comment, devant cette punition atroce, ne pas songer à cette *Apparition* où Salomé est saisie de remords à la vue de la tête coupée, hérissée de rayons ? Comme Verlaine avait tort, ayant rencontré Wilde en 1891, de murmurer au café d'Harcourt : « Celui-ci est un vrai païen. Il possède l'insouciance qui est la moitié du bonheur, car elle ignore le repentir. » En fait, c'est la Salomé sensuelle et punie qui a hanté Oscar Wilde parmi toutes celles dont il avait contemplé ou lu les représentations (Rubens, Léonard, Regnault, Mallarmé, Flaubert) – la Salomé coupable et vaincue de Moreau. Dans la version finale de Wilde, la mort de Salomé n'est pas moins saisissante : sur l'ordre d'Hérode, elle est étouffée par les boucliers des soldats. Des boucliers qui incarnent, on l'a vu, de façon meurtrière l'agression du masque. En revanche, le rôle de la femme d'Hérode est occulté. Ce n'est pas elle qui demande la tête. La seule coupable est Salomé. Mais la mère est la première coupable puisque c'est pour donner la tête à sa mère que Salomé a fait sacrifier sa victime. Drame clos, familial, avec ses haines dissimulées, ses meurtres transférés, où le prophète et la danseuse, le saint et la voluptueuse sont tous deux assassinés. L'amour et le désir ne cessent de fomenter leurs meurtres.

La réflexion d'un Yeats sur un Oscar Wilde profondément marqué par la famille et surtout par sa mère paraît confirmée par les vues que l'écrivain exprime dans *Intentions* sur « le principe scientifique de l'hérédité » : « C'est Némésis sans masque [...] Terrible fantôme qui, dans la vie extérieure et pratique, a frustré notre énergie de spontanéité et notre action de libre choix, mais qui, dans la vie subjective, domaine de l'âme, vient à nous avec des présents plein les mains : tempéraments étranges et subtiles susceptibilités, frénétiques ardeurs et glaciales indifférences, pensées multiples et complexes qui se contredisent, passions en guerre contre elles-mêmes. Si bien que ce n'est pas notre propre vie que nous vivons, mais la vie des morts. », dit Gilbert dans *La Critique et l'Art*. Ne faut-il pas voir dans cette hantise du don reçu le revers de la médaille, à savoir que, si tant de Victoriens, depuis Butler jusqu'à Yeats, eurent à combattre leurs aînés et trouvèrent à se former en s'opposant à eux, Wilde, au contraire des personnalités également remarquables et contrastées de ses parents formant cette famille que Yeats décrit comme « sale, désordonnée, hardie, imaginative et cultivée » – Wilde, loin de s'affirmer dans la révolte, choisit en sourdine de perpétuer l'attitude de ses parents, de les imiter, s'identifiant à eux, tardant ainsi à se faire (s'il y parvint jamais) une idée de sa propre identité ?

Le poids de l'hérédité n'en fut que plus grand si elle lui vint « les mains chargées de présents ». Présents qui l'ont d'autant plus ligoté dans la reconnaissance et le désir d'être digne de ce qu'il avait reçu. Le refus de fuir son procès pourrait donc avoir comme origine les paroles de Lady Wilde : « Si tu pars, je ne te parlerai jamais plus. » Il exprimerait une identification à la mère, une soumission plus qu'un défi. Wilde n'a rien d'un révolutionnaire : il est plus mené que meneur. La passivité, le goût de la défaite gisent sous les mots d'esprit à la fois brillants et profonds de ce grand écrivain. Mais, dira-t-on, si Wilde s'identifia à Lady Wilde – une mère libérale, indulgente, cynique et courageuse –, comment le goût de la soumission a-t-il pu être sa tentation secrète ? Telle identification, qui s'exprime par des ressemblances de surface, exige en profondeur, par son mouvement même, la reddition. Si en surface Oscar adopte les attitudes théâtrales, l'obsession d'être original, s'il a hérité des contradictions violentes de Speranza, le désir de lui ressembler s'accompagne d'une inversion de la sexualité. Ce qui apparaît comme la marque d'un fort tempérament chez Lady Wilde, apparaît comme féminisation chez le fils. Il ne faut pas sous-estimer non plus le drame qu'exprime le poème *Requiescat* : la sœur d'Oscar a dix ans lorsqu'elle meurt. Peut-être avait-il espéré reporter sur Isola un peu de l'amour qui le dévorait, mais sa disparition brutale le laisse seul, seul en face de sa mère, avec un transfert d'affection désormais impossible, ce dont il ressent inconsciemment la fatale importance.

    D'être agi par des forces supérieures que les uns appellent passions, les autres le destin ou l'hérédité et que, dans sa lucidité voisine de la modestie, Wilde nomme le plus souvent les « humeurs », camoufle un drame initial : celui de ne pas être sûr de son identité. Doute que Wilde éprouve dans le domaine de l'art – serait-il un créateur innovateur, ou bien un conformiste produit de son hérédité et de son époque ? – doute qui l'assaille jusque dans le domaine de l'être. Hésitant et contradictoire, Wilde l'est plus qu'un autre. Les ambiguïtés abondent dans son être et dans ses dires : alors que certaines œuvres célèbrent la grandeur et l'horreur de la faute (*Salomé, Dorian Gray*), d'autres s'appliquent à vider la culpabilité de son contenu *(Intentions,* les comédies). *Le Portrait de Dorian Gray* est un étrange roman pour être l'œuvre d'un disciple de Pater : s'il affirme sans cesse la nécessité pour les sens de ne se laisser entraver par rien, il s'achève néanmoins sur une réunion catastrophique entre l'âme et le corps.

En principe, le dandy Dorian Gray rejoint les paradoxes d'*Intentions*. Mais quoi de plus contraire aux propos merveilleusement brillants des dialogues de Wilde que le remords dans lequel Dorian s'immole, enfin sûr de son impunité, tous les témoins gênants de son crime écartés, simplement parce que la vue de sa propre ignominie, révélée par le portrait, lui est insupportable ? L'art se révèle ici complice de la conscience morale. De même, Hyde et Jekyll coïncident dans la mort. Dorian Gray a tâté de l'acte gratuit que prônera Gide, mais il reste hanté par « l'image de sa faute échappée du noir cachot du temps, terrifiante et de rouge vêtue » dans une obsession du péché qui l'apparente aux héros de Stevenson, de Poe, de Hawthorne plus qu'à ceux de Pater. Wilde aurait voulu faire fi de l'ancienne antinomie manichéenne où l'homme se consume, déchiré entre la chair et l'esprit. Mais, dans la fusion qu'il oppose à l'ancienne dissociation, subsiste le danger d'une interaction entre mal et bien, entre chair et esprit, qui interdit à la chair de s'égayer loin des yeux de l'âme.

Tant de contradictions ne font que développer à l'extrême la lucidité à l'égard d'un moi ondoyant. Chez Oscar, aucune confiance en un moi « être solide, tenace qui ne se développe que de lui-même » pour reprendre les mots de Goethe, mais au contraire une ironique et totale conscience de l'absence d'un noyau central. D'où l'accent mis sur les gènes, les influences, la mode, les humeurs, sur l'indépendance de l'art où ne cesse de primer, cachée, l'importance du moi. Contradictions et lucidité donnent parfois à l'œuvre ce ton plus grinçant qu'humoristique perçu par Gide. Dans son *Journal* où, en octobre 1927, il se déclare insatisfait d'une conférence de Maurois sur Wilde parce que « la figure *in the carpet* lui échappe », Gide continue sa réflexion en montrant combien le jugement reste superficiel qui accuse Wilde d'aimer l'artifice ou l'esthétisme pour eux-mêmes. « Car […]cet esthétisme d'emprunt n'était pour lui qu'un revêtement ingénieux pour cacher en révélant à demi ce qu'il ne pouvait laisser voir au grand jour […] Éclairées sous ce jour et, pour ainsi dire, par en dessous, les pièces de Wilde laissent apparaître, à côté des mots de parade scintillants comme des bijoux faux, quantité de phrases bizarrement révélatrices et d'un intérêt psychologique puissant. C'est pour ces dernières que Wilde écrivit toute la pièce, n'en doutez point[20]. »

L'objectif, pour Wilde, reste essentiellement individuel. Il est l'envers d'un subjectif masqué. « N'employez jamais je », avait dit Wilde à Gide après sa lecture des *Nourritures terrestres,* ce que Gide commente : « Le Je est du visage même et l'art de Wilde tenait du masque, tenait au masque. Mais jamais il n'a voulu dire par là : soyez "objectif". » De fait, les pièces de Wilde auxquelles Gide fait allusion, dans lesquelles on pourrait relever toute une série de répliques où l'image paternelle exécrée est bafouée, annulée, alors qu'une série de femmes mènent le jeu, tirent les ficelles et actionnent les hommes comme des marionnettes, se rattachent étroitement aux secrets wildiens. Elles mettent en action l'existence d'un secret qui tient au passé et qu'il s'agit de tenir caché. Aussi ne saurait-on négliger les affinités entre Henry James et Oscar Wilde : femmes fortes et pères absents, goût des intrigues, secrets souvent liés à l'épreuve du mariage – nombreux sont les thèmes qui en sourdine relient les deux auteurs malgré les apparences contraires. Car la rivalité les a rapprochés dans une attention forcenée plus aiguë que serait celle de l'affection ou de l'amour.

Lorsque James et Wilde se tournent vers le théâtre, c'est parfois avec les mêmes thèmes, mais certes pas avec le même succès. *Guy Domville* est sifflé en 1895 tandis que triomphe *An Ideal Husband*. Cette même année est celle du procès dont James écrira qu'il fut « un tremblement de terre ». Or James commence à songer à *L'Image dans le tapis* en octobre 1895 et ce récit renvoie, me semble-t-il, de façon troublante à Wilde. On sait que l'écrivain Vereker a un secret indissolublement lié à son talent, à son œuvre : c'est une figure cachée qui échappe aux femmes, dans la quête de laquelle seuls les hommes communiquent. Or *Intentions* est publié depuis 1891. Étant donné l'intérêt de James pour son rival au théâtre, il serait étonnant qu'il ne l'ait point lu ; il devait connaître tout au moins les titres de ces essais dont celui de *Plume Pinceaux Poison*. Justement, dans *L'Image dans le tapis* une plaisanterie rappelle singulièrement ce triple P : un disciple demande à Vereker si son secret ne consiste pas en un jeu de style, en un effet de langage : « Peut-être une prédilection pour la lettre P ! (Je risquai hardiment ce propos sacrilège.) Papa, pipe, pipeau, quelque chose dans ce genre ?[21] »

De plus le mot *intention* revient à plusieurs reprises dans le récit de James. Le secret de l'écrivain est une *intention* : « Il y a dans mon œuvre une idée sans laquelle je ne me serais pas soucié le moins du monde du métier d'écrivain. Une intention précieuse entre toutes. » Enfin, il me semble que le lecteur qui confronte *L'Image dans le tapis* avec *Le Portrait de Mr W.H.* de Wilde sera frappé par leurs affinités avec cette quête entre hommes d'un secret disparu[22]. Dans les deux cas, le secret est lié à la personnalité de Shakespeare comme à ses mœurs puisqu'il s'agit, dans le récit wildien, de retrouver pour qui furent composés les sonnets, et que, dans le récit jamesien, le narrateur reproche au disciple décidé à percer le mystère de Vereker, de ressembler « à un de ces maniaques qui embrassent une théorie d'échappé de Charenton sur le sens occulte de l'œuvre de Shakespeare ». Tout le sujet de *L'Image dans le tapis* concerne l'impossibilité d'apprendre le secret du talent, secret qui disparaît aux mains du détenteur dans la mort. Or l'image que James choisit pour exprimer la frustration est justement celle d'une prison (où Wilde est en ce moment confiné) puisque le narrateur avoue, sans doute à cause d'une identification dont les raisons profondes et secrètes sont soigneusement tenues cachées : « J'étais emprisonné pour la vie dans mon idée fixe. Mes geôliers étaient partis en emportant la clef. » Quand James écrit *L'Image dans le tapis,* nul doute que son échec cuisant rendu plus douloureux par le succès de Wilde dans ces mêmes jours exactement de janvier 1895 lui soit encore présent à l'esprit. En même temps, on se demande si l'affaire Wilde ne le hante pas sur un autre plan – celui des mœurs –, plan d'un secret que James, lui, n'a jamais révélé ?

Le fond tragique de l'œuvre wildienne, un autre écrivain le saisira grâce à la générosité et l'acuité de son intuition : Hugo von Hofmannsthal. Le poète, d'une main sûre, est allé droit au but. Son étude s'intitule *Sebastian Melmoth*[23], du pseudonyme choisi par Wilde pour finir solitairement sa vie dans un dernier rapprochement avec sa mère (on l'a dit, Melmoth est le nom du héros errant décrit par Maturin, oncle de Francesca Elgee, Lady Wilde). Melmoth, écrit Hofmannsthal, « était le masque derrière lequel Oscar Wilde cacha son visage ravagé par la prison et l'approche de la mort, comme pour vivre ses dernières années dans l'ombre. Le destin de cet homme aura été de porter successivement trois masques : Oscar Wilde, C. 33, Sebastian Melmoth. Le son du premier suggère splendeur, orgueil, charme » – (mais nous savons par l'autobiographie de Yeats qu'il suggère aussi volonté, effort, usure) –, « le second est effrayant, un de ces masques imprimés au fer rouge sur l'épaule d'un criminel » – (d'autant plus effrayant qu'il frappa Wilde de stérilité ; la prison n'a pas fécondé Wilde dont les secrets semblent avoir perdu, à être connus, la puissance et le mystère propres au latent). « Le troisième est le nom d'un fantôme. » On se demande si ce troisième masque n'est pas celui qui révèle et trahit le mieux Oscar Wilde. Car si, pour reprendre une formule de Hofmannsthal, Wilde « marcha vers la catastrophe du même pas qu'Œdipe aveugle et clairvoyant », cette lente descente vers la mort était comme un rendez-vous qu'il se serait fixé.

C'est ainsi que Wilde rencontre Douglas après avoir écrit *Le Portrait de Dorian Gray* et qu'il raconte, dans *Intentions*, des anecdotes frappantes où, la vie imitant l'art, ce qui arrive est de l'imaginaire réalisé. De même Wainwright, né assassin, devient ce qu'il fut. D'où les propos désabusés, tragiques, tenus à la fin de sa vie à Laurence Housman, dont ceux qui connaissent uniquement l'aspect bachique de Wilde refuseraient de le croire l'auteur : « La mission de l'artiste est de vivre une vie complète et le succès n'en est qu'un aspect, l'échec en est la vraie fin. La mort n'est plus que la justification de l'échec ; l'abandon définitif de ces forces et de ces appétits qui sont un tel embarras au cours d'une vie. Les plus beaux vers, les plus belles scènes de théâtre ont toujours trait à la mort, car le plus grand message de l'artiste est de vous faire comprendre la beauté de l'échec[24]. »

Romantique, profondément marqué par un idéal qu'il s'est fixé (dont les lois sont aux mains de Lady Wilde), « clairvoyant et aveugle » tel Œdipe avec qui il partage plus d'une affinité, Wilde, dont l'œuvre et la vie trahissent si fort l'empreinte maternelle, s'est appliqué à voiler son drame sous un humour ravageur et une vie étincelante. Mais, n'a-t-il pas écrit : « Derrière tout ce qui est exquis, on trouve du tragique » ? Son masque douloureux et ultime de Melmoth errant se laissant dériver vers la mort, délivré et passif, trahit le soulagement de ne plus avoir à traîner des « forces » et des « appétits ». Peut-être que seule l'autodestruction pouvait encore donner à ce remarquable acteur une sensation de grandeur et de nouveauté. Un rôle à sa taille. La mort allait lui permettre ce que la vie lui avait refusé : ôter, enfin, le masque.

Oscar Wilde et Némésis

La poignante lettre de Wilde à Douglas, dite *De profundis*[25], dévoile combien on s'est joué de Wilde. Texte étrange, composé en prison en 1897, adressé à l'amant, mais écrit en fait d'Oscar à Oscar : autoanalyse à faire frémir puisque la lucidité de son constat ne fait que confirmer sa funeste passion au lieu de l'en délivrer. (C'est une des graves erreurs de Gide de n'avoir pas compris ce document déchirant, pas plus qu'il n'avait compris la grandeur de l'œuvre proustienne.) Plus qu'une prise de conscience, il s'agit d'un règlement de comptes à travers l'alibi d'un autre. Toute la lettre dévoile un transfert, une projection de Wilde sur un double nécessaire. Douglas devient l'image du destin, la Némésis depuis toujours célébrée dans essais et poèmes. La notion de transfert revient d'ailleurs plusieurs fois de façon révélatrice dans les reproches d'Oscar : « Votre seul objectif, votre seule philosophie, si vous méritez que l'on vous prête une philosophie, c'est que tous vos actes soient portés au compte de quelqu'un d'autre. Je ne veux pas dire seulement dans un sens pécuniaire – qui est l'application pratique de votre philosophie à la vie quotidienne – mais dans le sens le plus étendu, le plus plein que puisse prendre le transfert des responsabilités. »

D'autres remarques sonnent étrangement dans la bouche d'Oscar : « Le fait que votre père vous détestait et que vous détestiez votre père était un sujet dénué d'intérêt pour le public anglais. De tels sentiments sont fort communs dans la vie familiale anglaise et doivent rester confinés dans le lieu qu'ils caractérisent : le *home*. Hors du cercle familial ils sont tout à fait déplacés. Les transférer est un scandale. La vie de famille ne doit pas être traitée comme un drapeau rouge que l'on déploie dans les rues... » La projection sur Douglas de problèmes personnels qui remontent jusqu'aux origines, jusqu'aux relations parentales, trahit ce que Wilde a de plus dissimulé : le sérieux angoissé avec lequel il constate les conséquences d'une éducation, les suites si fatalement déterminantes des rôles joués par le père et la mère. Ici, le mot de rôle prend toute son acuité que Wilde ne cessera de vouloir noyer à travers les autres significations du mot : rôle de l'acteur, rôle de l'initiateur, rôles « joués », alors qu'il est intimement persuadé de l'importance de certaines situations et devoirs : « Votre mère aussi, écrit-il encore à Douglas, doit parfois regretter d'avoir essayé de passer ses graves responsabilités à quelqu'un qui avait déjà un fardeau assez lourd à porter. Elle assumait auprès de vous le double devoir maternel et paternel. S'en est-elle réellement acquittée ? »

Ainsi, plusieurs des fragments les plus importants de cette lettre concernent-ils les rapports entre mère et fils, et même ceux de Wilde avec la mère de Douglas, alors que les deux hommes n'étaient jamais parvenus à une entente véritable avec leur propre mère. Par moments, curieusement, c'est un rôle maternel qu'Oscar joue auprès de Douglas, le préservant et l'entretenant : « Vous rendre dépendant de moi pour vos plus petites comme pour vos plus grosses dépenses vous prêtait à vos yeux tout le charme de l'enfance et, en exigeant que je paie chacun de vos plaisirs, vous pensiez avoir trouvé le secret de l'éternelle jeunesse » écrit-il. Par ailleurs, quand on sait à quel point Lady Wilde et Oscar se ressemblaient dans leur souci d'étonner, dans leur amour du vêtement, du fard, des bijoux et des « mots », jusque dans leur passion du sommeil, la pesanteur de leurs silhouettes, la parenté de leurs réflexions désabusées sur le mariage et leur commune horreur de la « vertu », on ne peut que s'étonner de voir Oscar reprocher à Douglas de ressembler à son père : « Je suppose que, par une étrange loi de l'antipathie des semblables, vous vous détestiez l'un l'autre, non parce qu'en bien des points vous étiez fort différents, mais parce qu'en certains autres vous étiez fort semblables... » Le lien que tisse la haine entre Douglas et son père, le marquis de Queensbury, Oscar le connaît, mais sur un autre plan, vis-à-vis de l'autre figure parentale, car il n'a jamais su briser le cordon ombilical qui le liait à Lady Wilde.

Ce n'est pas cette phrase laconique de *De profundis* qui va nous éclairer sur ses sentiments véritables: « Trois mois passèrent encore et ma mère mourut. Mieux que personne vous savez que je l'aimais et l'honorais profondément. Sa mort me fut si terrible que, moi, jadis prince du langage, je n'eus pas de mots pour exprimer ma douleur et ma honte. » S'il est vrai que Lady Wilde a salué en 1867 la mort de sa petite fille Isola âgée de neuf ans par ces simples mots : « Peut-être en est-il mieux ainsi », phrase où le manque total d'espoir transmué en cynisme en dit long sur son désenchantement intérieur, le fils avait de qui tenir un laconisme désabusé.

Hérédité, imbrication contrastée des deux familles Wilde et Queensbury, prémonition de la chute : tout cela tisse sa toile dans cette lettre-document bouleversante, essentielle à la compréhension de Wilde, pour ce que l'on a nommé sa déchéance, et qu'il serait plus juste de nommer son martyre.

Parmi les plus belles pages, et les plus importantes de toute sa correspondance, se trouvent celles écrites sur le refus opposé par Oscar Wilde à la haine. Aimer, affirme-t-il, détruit moins une vie que le venin de la haine qui rend esclave celui qui se laisse piéger par son poison destructeur. N'est-ce pas la haine de lord Alfred Douglas pour son père qui l'a poussé à utiliser Wilde comme père adoptif célèbre puis à le sacrifier au père de chair, brutal et borné ? Oscar a trop vu les ravages que cause le ressentiment et, à présent, après deux ans de courageuse acceptation et de souffrances en prison, sa hantise est de ne pas haïr celui qui a causé sa chute. Ce serait se renier, se haïr soi-même. Et Oscar a toujours voulu vivre avec amour. La lettre *De profundis* apparaît alors comme un rite propitiatoire où tout serait (enfin) dit, pour être, plus tard, pardonné : « Cependant, écrit-il, pour mon propre bien, il ne me restait d'autre ressource que de vous aimer, si je m'étais laissé aller à vous haïr, je savais qu'à travers le désert aride de l'existence que j'avais à franchir et que je franchis encore à présent, le moindre roc perdrait son ombre, le moindre palmier se flétrirait, le moindre puits serait empoisonné. » Ce qui hante aussi Oscar, c'est de ne plus ressembler du tout à Douglas auquel, en même temps, il a peur d'avoir déjà trop ressemblé par ce qu'il appelle, dans une lettre à son ami Ross, ses « heures néroniennes, riches, dévergondées, cyniques, matérialistes ». Aussi refoule-t-il le spectre du ressentiment avec une violence intacte que la prison n'a pas réussi à châtrer et préfère-t-il encore rester la victime de son désir.

Son modèle devient alors le Christ. Il s'en explique dans des phrases superbes où il évoque sa propre résignation devant ses épreuves. « Quand on entre en contact avec l'âme, on devient simple comme un enfant, ce que le Christ a dit qu'on devait devenir. Il est tragique que si peu de gens "possèdent leur âme" avant de mourir. "Rien, dit Emerson, n'est plus rare pour un homme qu'un acte qui soit de lui." C'est absolument vrai. La plupart des gens sont autres qu'eux-mêmes. Leurs pensées sont les opinions d'un autre, leur existence une parodie, leurs passions une citation. Le Christ ne fut pas seulement le suprême individualiste, mais il fut le premier individualiste de l'histoire. »

Ce qui a frappé Wilde, au sortir de sa prison, c'est combien Narcisse manquait d'imagination, combien le dandy étouffe à l'abri de son masque. Quel martyre supplémentaire ce dut être pour lui de traîner jusqu'au bout les vestiges d'un personnage auquel il ne croyait plus ! Car tout est limité chez Narcisse ; tout est calculé chez le dandy, mais tout est incommensurable chez Celui qui a su devenir tous : le Christ, l'« homme des douleurs », le paria suprême. De cet Artiste unique, Wilde écrira dans sa grande lettre à Douglas qu'Il était doté d'une « imagination intense et véhémente » et qu'Il réalisa dans le domaine des relations humaines « cette sympathie imaginative qui, dans le domaine de l'art, est le secret unique de la création ». Devant cette multiplicité du Christ, Wilde découvre la stérilité de l'expérience du miroir qui fut la sienne avec Douglas. Ne pas être autre que soi-même, jouer son nouveau rôle jusqu'à la fin telle devint son obsession, mais il est désormais changé, double et dédoublé ; il est trop tard ; il est hanté par un passé dont il voit les paillettes, et par un présent dont il mesure les déchirures.

Wilde et Gide

C'est chez la princesse Ouroussoff, boulevard Haussmann, que Gide, encore adolescent, rencontra Wilde pour la première fois – prélude à bien d'autres retrouvailles qui durèrent jusqu'à sa mort. Les témoignages et portraits de l'époque (les années 1890-1891 pour être précis) ne manquent pas, tous marqués d'une certaine férocité – portraits de Jules Renard, André Rouveyre ou Jacques-Émile Blanche. Gide, d'après eux, a l'air maigre et frileux avec un faciès de Chinois et un regard oblique. C'est l'année où il court les cafés avec Pierre Louÿs, et les salons. Wilde, qui vient de publier *Le Portrait de Dorian Gray*, fait sensation et le jeune André est ébloui. Riche, grand, beau, célèbre, sulfureux, un des plus brillants « causeurs » de son temps, Wilde qui a trente-sept ans, vampirise Gide au point que ce dernier écrit à Valéry : « Depuis Wilde je n'existe que très peu. » Et c'est sans doute ce sentiment que Gide ne lui pardonnera pas. Relation complexe car des pages manquent, paraît-il, à son *Journal*, qui concernent Wilde pendant l'hiver de cette année-là : « Wilde ne m'a fait, je crois, que du mal », écrira-t-il en 1892.

Paradoxal et taquin, immoraliste ayant risqué sa vie, Oscar était un être extrême, alors qu'André était déjà bien décidé à se réserver pour son œuvre. Celui qui voulait devenir le Grand Initiateur des mœurs et des lettres, mais qui n'était encore qu'un huguenot hésitant, se trouvait devant un être qui connaissait déjà, et acceptait, sa nature. L'influence, le choc furent grands et *Les Nourritures terrestres* doivent sans doute beaucoup au paganisme d'Oscar. Mais à l'époque André préférait « faire l'amitié » à faire l'amour, malgré les agaceries de Pierre Louÿs, qui lui envoyait des télégrammes de fausses déclarations – agaceries ambiguës où Oscar vient à point pour embobeliner André. D'autant que Louÿs s'amusait énormément avec les mauvais compagnons de Wilde : « J'ai passé la nuit et l'aube dans tous les bouges des Halles avec Robert Sherard, l'ami de Wilde, et tous les jeunes macs du quartier... », écrivait-il en 1892 à Gide, sans doute exaspéré, mais titillé. Fascination triangulaire (Louÿs, Gide, Wilde) prélude à une autre (Wilde, Douglas, Gide). Car tout ce qui devait envoûter

Gide mais l'irriter chez Oscar, il l'avait déjà trouvé chez Pierre Louÿs : les canulars, les bons mots, les beuveries, la séduction, et de tout cela, déjà, avec Pierre, il n'avait cessé de se venger. Louÿs écrit dans son journal intime : « Depuis un an je n'ai pas passé un quart d'heure avec lui sans qu'il m'ait dit une chose blessante. » Il me semble que c'est un peu le reflet de Louÿs en Wilde qui dut toucher tout de suite André le frileux, mais aussi l'exaspérer à l'idée d'être séduit, lui qui se voulait le séducteur mais qui se sent « de cire sous les doigts » de Pierre. Il y a une continuité, comme on le verra, entre ces relations et celles de Gide avec Oscar, une continuité où court un fil tressé par la crainte, l'orgueil – l'orgueil d'être *le premier* – et l'avarice de cœur cachée sous les fleurs des mots.

Ensuite, après ces rencontres dans les salons et les cafés parisiens, eurent lieu les rencontres orientales. Gide était à Alger lorsqu'il vit sur le registre de l'hôtel les deux noms célèbres et maudits de Wilde et de Douglas – on se souvient que son premier réflexe fut celui de la peur (peur de revoir celui qui l'avait trop fasciné par ses facettes multiples) et qu'il courut vers la gare avec l'idée de s'enfuir. Ce fut la peur d'avoir l'air peureux qui le ramena à sa chambre. André avoue sa « stupeur » devant le franc cynisme de Wilde. Peu à peu, il découvre l'irritant « enfant gâté » qu'était Douglas et tombe sous son charme. Le futur Grand Initiateur n'est encore qu'un tremblant initié qui s'essouffle dans les ruelles et les bouges, suivant un « guide ignoble » qui mène le trio vers les voluptés.

De temps à autre, dans ses souvenirs et *Si le grain ne meurt*, il se venge de sa propre faiblesse grâce a son arme favorite, l'analyse : « Wilde semblait, près de Douglas, doux, flottant et de volonté molle. » Il note sévèrement, pour se dédouaner : « Le grand plaisir du débauché, c'est d'entraîner à la débauche. » N'empêche qu'il reste bien volontiers avec Wilde tandis que

Douglas va mener ses petites affaires sensuelles à Blida. Il note les mots d'Oscar, sincères et bouleversants, tels que : « J'ai été aussi loin que possible dans mon sens. » On se demande ce qu'il a compris à ce grand romantique, à cet homme tragique, excessif. Bref, ces rencontres mettent face à face deux Narcisse totalement différents, l'un tenté par l'échec, qui sait d'instinct que la mise à mort l'attend en Angleterre, l'autre ménageant la morale et l'amoral, songeant au mariage qui va le lier à la vertueuse Madeleine Rondeaux : « À quelque temps de là, nous nous fiançâmes », conclut, imperturbable, André Gide, après ces périlleux voyages.

Enfin, il y eut les dernières rencontres, au temps de la disgrâce d'Oscar. Gide raconte lui-même comment il s'assit à une table, à Paris, avec Wilde, mais de dos, précautionneusement, pour ne pas être vu des passants. Ce jour-là Oscar lui dit ce mot terrible : qu'il fallait savoir pardonner à celui « qui avait été frappé ». Ou encore la rencontre à Berneval, où Wilde s'était réfugié sous le nom de Melmoth et où Gide surgit à l'improviste, tout frétillant de curiosité mais pétri de morale, pour lui rappeler que, dès Alger, il lui avait prédit sa perte. D'avoir été le jeune homme ébloui, le jeune initié, il semble qu'il ne l'ait jamais pardonné. Il signa la pétition pour Wilde, mais ne « pouvant se joindre au maigre cortège qui suivit sa dépouille », il écrivit un texte à la mémoire d'Oscar pour préciser qu'il n'était « pas un grand écrivain ». Il avait été sensible à Wilde en Bacchus, en Apollon, en brillant causeur, en cynique. Il détesta l'homme traqué, l'homme qui alla jusqu'au bout de lui-même. Son article *In Memoriam*[26], écrit après la mort d'Oscar, porte la marque de sa profonde incompréhension : « À peine peut-on considérer le *De profundis* comme un livre. C'est, coupé d'assez vaines et spécieuses théories, le sanglot d'un blessé qui se débat », devait écrire Gide en 1905 au sujet de ce texte si émouvant sur l'ambiguïté du joug de la passion. Ou encore, dans le même article, il décoche cette flèche au Wilde d'après le drame : « Comme une créature empoisonnée, c'est bien ainsi que je revois l'énorme Wilde ; non plus l'éclatant triomphateur que la société, sur le point de le sacrifier, cajolait, hélas ! mais rougi, énorme, fatigué ; mais errant comme Peter Schlemil à la recherche de son ombre, épais et lamentable... » À vrai dire, Gide s'est trompé sur Wilde autant que sur Proust – à vrai dire il n'y eut jamais de véritable *rencontre* entre André et Oscar : le premier croyait au mal, le second au malheur. Ces deux talents n'obéissaient pas à la même Némésis. Tout les séparait, et déjà leurs mères : l'extravagante, généreuse, géniale et pathétique Lady Wilde était aux antipodes de la sévère Madame Gide. Oui, tout les séparait malgré la littérature et les jeunes garçons.

C'est sans doute Frederic Prokosch qui a le mieux saisi cette distance avec son livre de mémoires *Voix dans la nuit* écrit en 1983. Après avoir posé à Gide bien des questions sur Dostoïevski, Staline et Proust (qui, d'après Gide, avait « la réputation d'un papillon mondain fané »), il l'interroge sur Wilde. Gide de répondre : « Pauvre vieux Wilde, que dire ? Il était bouffi, tremblotant [...] il mendiait positivement la pitié [...] Les Anglais sont bien gentils mais hélas ! leur gentillesse est fort sélective. Il se peut que les vers de Wilde soient mauvais, et j'ai trouvé *Salomé* indigeste, mais faire toute cette histoire au sujet d'une banalité comme la sodomie ! » Et Gide répéta en fin de sa conversation avec Prokosch : « Mais les Anglais... quelle histoire pour une bagatelle comme la sodomie ! » – prenant, curieusement, après la mort d'Oscar, le ton badin qu'il lui avait tant reproché lorsqu'il était vivant. Une « banalité » ! Une « bagatelle » ? Alors, pourquoi *Corydon* ?

Virginia Woolf

Il y avait dans La Promenade au phare[1], *une nostalgie parentale que j'avais interprétée à ma façon. Elle m'évoquait ma recherche d'un père trop souvent absent. C'est étrange à dire : je ne pense pas pouvoir dépasser tout à fait la mort de mon père, cet homme si remarquable que j'admirais jusqu'à la folie de l'effacement de mon identité de jeune fille – malgré quoi, ou à cause de quoi, il m'est impossible de « faire son deuil » si par là on veut dire abolir le désir que notre relation eût été différente, admettre qu'il est trop tard. C'est qu'il est trop loin, qu'il a été trop indifférent – en apparence tout au moins –, malgré les dernières années où j'étais proche de lui, physiquement, à cause de sa vieillesse. Mais c'est sa jeunesse dont j'aurais voulu être proche. C'est elle qui me manquera toujours : c'est sa liberté dont j'aurais voulu être le témoin. Entre cette passion adolescente restée sur sa faim (qui explique sans doute mon choix de bien des textes sur le retour à l'enfance, sur la quête et l'inceste) et le morcellement de l'être dû à l'obsession de l'autre – toujours ce coolie-pousse de la rue du consulat, à Shanghai –, il a fallu pourtant se construire.*

NOCES D'ENCRE

J'aimais Les Vagues[2] *à cause du flux et du reflux de la vie, de l'emmêlement des êtres, des identités poreuses les unes aux autres et, enfin,* Une chambre à soi[3] *dont j'ai si longtemps su à quel point il est difficile de l'obtenir. De là m'est venu à Chartres le goût d'avoir des étages. Je monte, je descends ; aucune chambre n'a de destination précise ; quel luxe insensé, pouvoir écrire, ou dormir, ici ou là ! Le jardin même est une chambre, une volière à ciel ouvert avec des métamorphoses continuelles. Quant à la chambre là-haut, où la cathédrale entre par la fenêtre, elle a perdu toute dimension précise. S'étirent les instants de vie. Suis-je dans les années 1980, 1990 ou 2000 ? L'espace est infini. Il me semble comme Orlando enjamber des années et des vies totalement différentes – presque des siècles.*

L'ombre du doute[4]

Virginia Woolf a 38 ans quand, au printemps 1920, après avoir achevé deux romans (*The Voyage Out* et *Night and Day*) et un recueil de nouvelles (*Monday or Tuesday*), elle commence *Jacob's Room* (*La Chambre de Jacob*)[5] : par rapport aux œuvres précédentes, ce roman est le signe d'une rupture, d'un renouvellement complet. Les critiques en furent immédiatement conscients, depuis son mari Leonard Woolf, lecteur avisé et attentif, qui affirme que c'est le livre le meilleur qu'elle ait encore écrit, jusqu'à T. S. Eliot qui assure à Virginia qu'elle a enfin trouvé sa véritable voie. Elle-même sentait le besoin d'un langage neuf, qui tranchât sur sa forme précédente : il ne s'agit plus d'écrire une histoire; ce qu'elle cherche maintenant – et rien n'est plus poignant que de suivre ses tâtonnements et sa quête dans son *Journal*[6] – c'est une « formule nouvelle » dont le thème est « invisible » : « Pas d'échafaudage, écrit-elle en janvier 1920, à peine une brique visible. Tout crépusculaire, sauf le cœur, la passion, l'humour, brillant comme un feu dans le brouillard ». Et de fait *La Chambre de Jacob* est comme voilé de brume tant la mort à peine indiquée du héros, autour duquel tout convergeait dans le récit, jette, par son absurde et atroce gratuité, un éclairage de désespoir et de dérision sur les tentatives d'approche faites par tant de personnages. Non seulement nous n'aurons qu'une image approximative, souvent contradictoire de Jacob, mais d'avoir voulu le capter, le cerner, n'aboutit qu'à sa disparition.

C'est bien là le thème woolfien essentiel : rien ne peut être saisi dans sa perfection et sa totalité. Les êtres « ont leurs heures » ou « leurs moments de vision » mais, en fait, on ne peut être sûr de rien, car tout est entamé dès la naissance par une insécurité foncière que renforce, paradoxalement, la nécessité de re-créer, de fixer, par l'acte d'écrire. Comment cette insécurité s'est-elle installée au cœur de l'être fragile de Virginia Woolf, voilà ce que, désormais, nous pouvons mieux comprendre grâce à la biographie capitale que lui a consacrée son neveu, Quentin Bell[7], ouvrage qui éclaire d'un jour absolument nouveau la part du vécu si riche dans ces romans. Car quand Virginia Woolf commence *La Chambre de Jacob*, non seulement elle cerne déjà parfaitement les exigences de son esthétique, mais encore les événements cruciaux de sa vie sont derrière elle. Quels sont ces événements ? Pour commencer : les parents de Virginia, mariés auparavant chacun de leur côté, formaient avec leurs enfants de lits différents une constellation familiale d'une extrême complexité. La vision fragmentaire, kaléidoscopique des choses commence avec cette multiplication de tempéraments différents, de noms différents, au sein du bloc familial. De sa première femme (la fille de Thackeray) le père de Virginia, Leslie Stephen, avait eu une fille devenue folle, élevée à part, mais dans la même maison, que les enfants appelaient la « Dame du Lac ». De son côté, d'un premier mariage, la mère avait eu trois enfants dont un fils devait jouer un rôle des plus ambigu auprès de la petite Virginia malgré les quatorze ans qui les séparaient. Comment ne pas rattacher la terreur qu'inspire toujours à la femme, sur le plan romanesque, l'intrusion de l'homme dans son univers fluide, à la cour incestueuse de ce demi-frère, si l'on songe que peu de temps avant sa mort, en 1941, Virginia Woolf mentionne encore ces faits dans une lettre à son amie Ethel Smyth ? Quentin Bell fait aussi ressortir comment l'image du père, cet « éminent Victorien », prestigieuse aux yeux du monde extérieur, est, en fait, dans le quotidien, faible et oppressante, puérile et démunie : tyrannique, comédien, le grand homme se livre sans cesse à un chantage sentimental et s'asservit ses filles, ce qui contribue à faire du monde masculin un pouvoir qui sape et qui mine sans que l'on puisse se tourner vers lui pour trouver réconfort et appui.

L'expérience de la mort, Virginia la fait très tôt : elle n'a que treize ans quand sa mère meurt, la livrant aux autres, à ces autres qui vont mourir à leur tour : Stella Duckworth, sa demi-sœur, deux ans plus tard ; le père en 1904 ; et surtout Thoby, le frère véritable, le frère bien-aimé, mort d'une typhoïde contractée au cours d'un voyage en Grèce en 1906. Ainsi, avant d'avoir vingt-cinq ans, Virginia Stephen a-t-elle dû se familiariser avec la mort, la maladie, la folie, l'absurdité d'une disparition fortuite et, très tôt, dès dix ans, avec l'inquiétante irruption de la sexualité.

Un autre sentiment achève de l'entamer, c'est l'ambivalence de l'amour excessif pour sa sœur Vanessa, plus belle, plus heureuse, plus insérée dans la vie, lien profond mais qui porte en lui, comme le ver dans le fruit, la nécessité obsessionnelle de se comparer, de se situer toujours par rapport à autrui. Tel est le bilan de sa vie en ces années vingt auquel il faut ajouter des crises de dépression allant jusqu'à des tentatives de suicide. Si, en 1912, Virginia n'avait pas épousé Leonard Woolf, elle n'eût peut-être pas trouvé la force de vivre et d'écrire, cette force dont la nature est elle-même ambiguë ; car si l'écriture la soutient et la nourrit, elle l'épuise aussi, et lui pose des questions auxquelles il n'est guère de réponse : la lucidité, l'intelligence sont des armes qu'il est tentant de retourner contre soi-même. Et puis Leonard, premier lecteur de ses textes, n'est-il pas de ce fait, une sorte de censeur ? Son appui est ainsi à double tranchant.

La voici, donc, en 1920, qui commence *La Chambre de Jacob* comme un défi jeté aux forces de décomposition, d'autant plus grandes dans son cas qu'elle se tourne volontiers – par recul devant les hommes – vers des amitiés féminines et que l'essence de la femme est de se dissoudre dans le moment, d'épouser le rythme même de la vie, de se fondre dans le don. L'écriture reste le haut lieu, le seul, qu'il faut atteindre : « Je travaille à "Jacob" tous les matins maintenant, considérant le labeur quotidien comme une barrière qu'il faut sauter... » écrit-elle dans son *Journal* le 5 août 1920 « Pourquoi la vie est-elle donc si tragique ? – se demande-t-elle quelque temps plus tard – je n'aime pas ce clapotement du temps autour de moi. »

Oui, tout est fuyant, éphémère, depuis les vagues jusqu'aux phalènes, et même les hauts lieux, l'Acropole, le phare, paraissent inaccessibles : « Quant à monter à l'Acropole, qui peut dire que personne y soit jamais parvenu ? » Tout l'atteint, tout l'émiette, tout l'effrite : le reflet dans le miroir, les heures, les années, les autres, la folie, et c'est contre tout cela qu'elle écrit, contre le pouvoir de l'homme qui lui est nié, contre la dissolution inhérente à la nature féminine. Mais l'acte de communier avec les choses et leur conscience multiple qui vous sollicitent, paradoxalement, achève de désagréger. Le créateur est plus vulnérable parce que sa vision est plus profonde; voilà ce qui est dit de façon insistante dans *La Chambre de Jacob* : « Les choses pouvaient-elles étendre la main et vous saisir? La lame pouvait-elle couper? Ne pouvait-on avoir aucune sécurité ? » L'incommunicabilité opaque entre les êtres rend vaine toute tentative : on ne peut rien se dire, rien se confier et le soupçon projette sa sournoise obscurité.

La fragmentation de l'être est d'ailleurs nettement liée au sexe : « Il semble, lit-on dans *La Chambre de Jacob*, que les hommes et les femmes soient également sujets à l'erreur : qu'une opinion de nos semblables perspicace, impartiale, et vraiment justifiée, soit entièrement impossible. Ou nous sommes hommes, ou nous sommes femmes... » On voit combien cette alternative douloureuse (que Virginia Woolf a essayé de conjurer à travers le personnage androgyne d'Orlando, dans le roman qui porte ce nom[8]) est ressentie comme une limitation, comme une tare : l'« influence du sexe » projette un doute fondamental qui s'étend à toute la personnalité. Il faut encore ici renvoyer le lecteur à la biographie de Quentin Bell, car les relations entre les personnages, celle par exemple qui unit Mr et Mrs Ramsay dans *La Promenade au phare*[9] s'éclairent singulièrement si l'on songe au couple parental de Virginia Woolf, et toute la conception que la romancière a de l'homme et de la femme s'explique à la lumière d'une féminité blessée dans son narcissisme. *La Chambre de Jacob* n'utilise pas la matière autobiographique de façon aussi directe que *La Promenade au phare* : pas de figure paternelle à vaincre ou à convaincre, pas d'image maternelle inspirant une nostalgie profonde, mais n'est-il pas symptomatique que l'écrivain ait choisi comme figure centrale un jeune homme baignant dans une culture « au parfum d'hellénisme », immergé dans le culte de Cambridge et surtout celui de la Grèce, les deux lieux de prédilection de son frère Thoby, où il devait vivre, dont il devait mourir ? Le lien avec l'univers viril, c'était pour Virginia, ce frère radieux dont l'amitié profonde et constante conjurait celle, tellement ambiguë, du demi-frère George Duckworth. Thoby devait symboliser l'univers de la réussite intellectuelle masculine d'où elle s'était sentie cruellement exclue.

D'autres mondes devaient paralyser Virginia Woolf, celui, par exemple, des « femmes du monde » et des salons, car le roman *Mrs Dalloway*[10] est né aussi de cela : de son recul, de sa méfiance d'un univers hypocrite et hostile, de son inquiétude devant des femmes telles que Lady Ottoline Morrell. « Tout avait été complètement détruit, tout était dévoilé, tout avait fait explosion dès l'instant qu'elle avait pénétré chez Mrs Dalloway », pense Mabel, dans une nouvelle dont Mrs Dalloway était déjà un des personnages, *La Robe neuve*[11]. Mais cette peur du monde qui peut grandir jusqu'à la démence, comme dans le cas de Septimus

Smith qui finira par se tuer, est au cœur de Mrs Dalloway elle-même (dont on sait que, dans une première version, elle devait se suicider). En fait, un même monstre dévore ces deux caractères si opposés que tout sépare, une même incertitude les ronge : Mrs Dalloway, comme les héros de James, sait que l'on ne « peut savoir le tout de rien ». « Jamais, maintenant, elle ne dirait de quelqu'un : "il est ceci, il est cela" » et cette défiance chez Clarissa Dalloway rejoint l'émiettement de Septimus, si bien que l'un est comme le double de l'autre. Tous deux sont habités par le démon personnel de Virginia Woolf : le doute, ce doute qui a pris racine en elle dès l'enfance. « À tout moment, se dit Mrs Dalloway, le monstre, cette horreur, pouvait bouger. Depuis sa maladie, surtout, cela l'irritait, la blessait dans ses nerfs, lui faisait mal, et toute la joie qui vient de la beauté, de l'amitié semblait chanceler, branler et ployer comme si, vraiment, il y avait un monstre qui rongeait les racines. »

Si l'angoisse de Virginia Woolf s'exprime surtout par des images d'agression (comme celle des becs d'oiseaux) ou de dissolution (miroirs fracassés, phalènes consumées), une figure douce et puissante permet le regroupement des forces éclatées ou dispersées : celle de Mrs Ramsay dans *La Promenade au phare*. Livre autobiographique entre tous, comme le montre dans sa préface Monique Nathan, et dans lequel Virginia Woolf a voulu inclure toutes les voix, celles des « choses habituelles », de la vie et de la mort. C'est là un des aspects les plus admirables de cette œuvre, que la description de ces « choses habituelles » – une paire de souliers, une casquette de chasse, l'« appel strident d'un scarabée » ou le « grincement d'une roue », la chaleur du thé ou la confection d'un bas, ce bas couleur de bruyère dont Auerbach a si admirablement parlé dans *Mimésis*[12], consacrant à Virginia Woolf un des essais les plus perspicaces que l'on puisse lire, à partir d'une analyse dont la méthode critique est singulièrement bien adaptée à la conception de la création chez la romancière. Et peut-être la métaphore la plus émouvante est-elle celle qui identifie le rayon du phare avec le souvenir de la mère morte : « Il glissait doucement dans un mouvement de caresse, s'attardait en secret, regardait longuement, puis revenait avec la même tendresse... »

S'il n'y a pas de héros masculin dans ce monde victorien, du moins y a-t-il cette lumière intermittente du phare dans laquelle la mère survit, mêlée à la clarté de la lune, à la durée et à la nuit, dans un enveloppement que Virginia Woolf a toujours recherché, malgré sa quête de l'obstacle, du mot qui fixe, de la formule qui condense, demeurant hantée par ce qui échappe et la fuit plus que tout : « la vie très profonde et à moitié mystique d'une femme » comme elle l'écrit dans son *Journal*.

Masculin/féminin

Les trente-deux nouvelles de Virginia Woolf, groupées sous le titre de l'une d'elles, *La Mort de la phalène*[13], sont empreintes d'une tension tragique : celle qui émane d'une lutte sans issue entre les éléments masculins et féminins lorsque, au sein d'un même être, ils se tournent l'un contre l'autre. L'existence décrite ici est un « champ de bataille », comme pour cette femme de *Moments d'être* qui constate que « l'ennemi est dans la place » et prend goût à cet adversaire mystérieux. Ce sont des nouvelles, oui, mais autant d'« essais » sur elle-même. Car ce dilemme, Virginia Woolf l'a bien connu, partagée comme elle le fut entre les moments d'être qui supposent une fusion mystique avec la vie et les moments de vision, qui nécessitent l'observation et le recul de l'introspection. Si la technique de Virginia Woolf peut paraître « féminine » par son impressionnisme, le but qu'elle poursuit est surtout le désir de lutter contre la désintégration. Le moi masculin, celui qui vise à l'immortalité, à la « saturation », à la contemplation trop souvent refusée aux femmes submergées, qui fige le transitoire en instant immortel, exige de Virginia Woolf un dédoublement continuel[14]. Femme, elle adhère au présent. Écrivain, il lui faut songer à ce qui restera.

Aussi un des « ennemis dans la place », contre lequel la femme se débat, est-il l'introspection à la fois nécessaire et haïe. Les dernières pages du *Journal* sont pleines de ce combat. 26 janvier 1941 : « Je commence à détester l'introspection… » ; 8 mars 1941 : « Non, je n'ai aucune arrière-pensée d'introspection. Je retiens seulement la phrase de Henry James : observez perpétuellement… Je tiens à saisir le meilleur de ce temps. Et je ne sombrerai qu'avec tous mes étendards déployés. Ceci, je crois, confine à l'introspection mais y échappe de justesse… » Cependant l'écriture exige ce retour, ce mur solide qui renvoie au moi, sinon que reste-t-il du moment ? « Je voulais noter ici tant de choses du plus profond intérêt – un dialogue de l'âme avec l'âme – et je les ai laissées échapper. Pourquoi ? Parce que j'ai nourri les poissons rouges, contemplé le nouveau bassin, joué aux boules. Il ne m'en reste plus rien maintenant. J'ai même oublié de quoi il s'agissait. Bonheur[15]. »

Pour conjurer l'évanescence, il y a les murs, la commode en bois solide contemplée au milieu de la nuit angoissante, les objets massifs, rassurants, le moi retrouvé : « Peut-être que les murs, si je me heurte violemment contre eux, finiront de nouveau par me contenir. » Le moi est alors sauvé de la folie, mais, d'autres fois, le trop connu étouffe : « En fait, tout ce qui vient menacer les proportions normales des choses me rend inquiète. Je connais trop bien cette chambre, cette vue. Je n'arrive plus à les centrer parce que je ne peux pas passer au travers[16]. » On le voit : le grand problème de Virginia Woolf est celui de la distance à maintenir entre elle et le monde. Pour que le réel n'entame en elle ni l'écrivain ni la femme, il faut qu'il soit dominé, asservi (or, la plupart du temps, il domine et meurtrit). Le réel ne devrait gêner en rien l'essor de l'esprit semblable au vol de la chouette à l'approche de la nuit : « Alors s'avance la terreur, l'exultation : pouvoir s'évader sans se faire remarquer, sans être balayé, supprimé et s'enfuir sur la croupe du vent fou. » L'évasion doit être survol et non fuite, un survol qui permet « de tout embrasser, de tout rassembler » (*Nuit d'été*). « Mais cet envol suppose l'abolition du moi, de cette chose risible, à part, nettement définie [...] jugée et comparée. » Ici encore Virginia Woolf balance entre le retour sur elle-même et l'évasion hors de l'individuel, comme elle ne cesse d'osciller entre l'amour de la vie et l'attrait de la mort ; la fascination de la ville et l'indépendance de la solitude ; le subir féminin et l'observer masculin. Seule une harcelante recherche liée à l'écriture semble l'avoir maintenue au-dessus du gouffre.

Pour cette lutteuse, l'obstacle de l'écriture fut un sursis, une preuve – illusoire peut-être, mais indispensable – de l'être. On n'en finirait pas de relever dans son *Journal* les marques d'une exigence de victoires remportées sur elle-même. Il lui faut écrire contre : contre la dispersion, contre la maladie, contre la montre, le vieillissement et la mort, contre la mélancolie et l'insécurité, contre les vagues de la cyclothymie, contre les blessures d'amour-propre et l'évaporation qui guettent le féminin, contre l'épuisante alternance qui est son mode de vie, contre les contradictions qui la déchirent. Dès que Virginia Woolf s'arrête, il lui semble « s'enfoncer », mais « s'enfoncer » est pour elle synonyme de découverte ultime : « Je suis persuadée que si je plonge plus encore, j'atteindrai la vérité. Je veux m'obliger à regarder en face la certitude qu'il n'y a rien, rien pour aucun de nous. Travailler, lire, écrire, ne sont que des déguisements ; de même les relations avec les gens. Oui, même avoir des enfants ne serviraient de rien[17]. » Finalement, de l'obstacle qu'opposait l'écriture, ressort la nécessité d'une totale transparence. Telle est la conclusion, dramatique pour un écrivain, à laquelle aboutit le Bernard des *Vagues* dans son soliloque. L'écrivain, désormais, cherche un langage qui se nie, des mots d'une seule syllabe semblables à des cris qui sauraient exprimer la vie condensée. Moments où l'existence culmine en une miraculeuse combinaison de vie, de pensée et de sensations, moments qui « ont quelque chose d'inutile, de soudain, de violent ; quelque chose qui vaut une vie ; rouge, bleu, pourpre ; un jet, un éclaboussement… purs de toute tache et de tout asservissement, de toute souillure humaine, de tout amour-propre ».

La vie échappe autant à ceux qui veulent la multiplier qu'à ceux qui veulent la fixer, au féminin qui vit par l'action ou l'amour (« Les amants ne lui manquaient pas, mais la vie, qui, après tout, n'est pas sans importance, lui échappait[18] ») qu'au masculin adonné à l'élaboration de l'art. « Ce sont les gens sans mots qui sont heureux. Tous les écrivains sont malheureux. La peinture de l'univers reflété dans les livres est, de ce fait, trop sombre. La peinture du monde est inexacte. Ce n'est qu'une peinture d'écrivain[19]. » Le Bernard des *Vagues*, plongeant au fond des problèmes que pose l'écriture, pour plus de véracité, abandonne le moi qui fait écran. Plus rien, désormais, ne le sépare des autres. « Mais comment décrire un monde d'où le Moi est absent ? […] Était-ce une sorte de mort, cette fuite, ce confus mélange avec Suzanne, Jinny, Neville et Rhoda et Louis ? » Bernard ne sait plus qui il est : « Nous n'avons pas qu'une seule vie et j'ignore parfois si je suis homme ou femme. » Solitude, silence, sont les seules certitudes, étant du domaine de l'impersonnel au-delà du sexe. La mort reste la seule partenaire. *Les Vagues* se terminent bien par un hymne à la vie, par la « chevauchée » contre la mort d'un

Bernard « invaincu », « incapable de demander grâce », mais souvenons-nous de la phalène : malgré sa « superbe protestation », elle est bien obligée de se rendre. Les « sympathies » ont beau être du côté de la vie, « on ne peut rien contre la mort », lit-on dans *La Mort de la phalène*.

Il y a pire : ce sont les morts partielles, mesquines, sans gloire, qui diminuent l'être de son vivant. Elles sont dues au regard d'autrui qui rejette dans le désert. Au « point de vue masculin » qui fige et dénature. À la cruauté masochiste de la lucidité personnelle. Presque toutes les nouvelles de ce recueil comportent une parcelle de ces morts humiliantes. Ici, le monde féminin cherche anxieusement à se préserver des conventions, du quotidien qui le cernent « dans une aire carrée », l'obligent, bon gré, mal gré « à réintégrer la boîte » (*Nuit d'été*). Contrairement à l'habitude qui veut que le réalisme soit l'apanage des femmes, le réel fait irruption sous les traits agressifs de l'homme. Le monde masculin, imperméable, se suffit à lui-même et par là ampute le féminin. Écoutons Virginia Woolf décrire des hommes rencontrés dans un train : « renfermés, organisés, admirables, sardoniques, laconiques, objectifs, très bien pourvus ». Dans *La Promenade au phare,* la seule présence de Mr Ramsay paralyse Lily Briscoe, l'empêche de peindre. Même éloigné, muet, indifférent, il draine vers lui toutes les forces ambiantes, transforme subtilement l'atmosphère. Toute l'œuvre, particulièrement ces récits qui sont autant de fulgurants aperçus d'un combat féminin contre l'agresseur, recèle cette hantise d'être usurpée, aspirée, happée, écartelée, annihilée et la nécessité absolue où est la femme d'opposer aux attaques de l'homme et du réel des armes égales : s'abstraire ; se concentrer.

« Vous ne vivez vraiment, comme moi, que dans les idées », disait Desmond Mac Carthy à Virginia Woolf[20]. Mais elle n'est jamais plus elle-même, que lorsqu'elle décrit les rêveries secrètes de Mrs Dalloway, les vagabondages féminins à travers la ville, les souffrances imaginaires de la malheureuse Mrs Brown[21], la séduction intense et sans objet qu'exerce le « monde » sur les femmes. « Ce que j'aime, c'est briller et courir de droite et de gauche, propulsée par ce que j'appelle la réalité[22] », avoue-t-elle. Nombre de ces nouvelles ont pour sujet l'harmonie qui doit exister entre la femme et la beauté, harmonie si souvent refusée. Ainsi cette naine d'*Une aventure londonienne,* radieuse tant qu'elle est assise, achetant des chaussures, montrant ses jolis pieds, acariâtre dès qu'elle se lève et dissipe l'illusion, suscitant un climat qui évoque « les bossus, les tordus, les difformes ». La laideur est morale, contagieuse. Dans *La Robe neuve*, le pathétique effort de Mabel pour atteindre à la beauté avorte dans le choix désastreux d'une toilette surannée. Tout son être en est menacé, ravalé au rang de la mouche prisonnière au milieu d'une soucoupe, les ailes collées par le lait (Virginia Woolf multiplie les images d'insectes réduits à l'impuissance). *La Dame au miroir*, petit chef-d'œuvre de cruauté, commence par la sereine description d'un univers préservé : Isabelle est entourée de luxe, de fleurs, de lettres, mais cet ordre trompeur est brusquement bouleversé. D'abord par une apparition masculine : le monde reflété jusque-là dans le grand miroir, brusquement fracturé, devient « méconnaissable, irrationnel et totalement flou. C'est qu'une vaste forme noire a fait irruption – l'homme avait apporté le courrier ». Puis, Isabelle se rapproche du miroir, mais le reflet se meut en regard : « Instantanément le miroir l'inonda d'une lumière qui parut la fixer, c'était comme un acide destiné à ronger le superflu afin de ne laisser demeurer que la vérité. »

Dans ce monde délicatement féroce, la mort peut devenir un instrument de vengeance, une façon d'atteindre l'univers des hommes si heureusement repliés sur eux-mêmes qu'ils ignorent les amours qui rongent leurs compagnes. La mort devient l'ironie suprême, une façon de fausser compagnie dans l'espoir d'infliger l'incertitude tant de fois ressentie : par la révélation d'un réel plus dramatique que celui perçu dans les clubs, les bureaux, les trains. Dans l'inquiétant *Le Legs,* une femme se tue. Au mari, la femme ne laisse rien de spécial : son journal. Mais ce journal renferme les initiales de l'amant qu'elle a voulu rejoindre dans la mort. « Ainsi le mari avait reçu son legs. Elle lui avait dit la vérité. Elle avait quitté le trottoir pour rejoindre son amant. Elle avait quitté le trottoir pour lui échapper. » Dans la triste fin des amours entre *Lappin et Lapinova,* l'homme triomphe grâce à son réalisme. Sa simple entrée dans une pièce a la brutalité d'une effraction. « Elle était dans sa chaise, toute recroquevillée, les mains vides et ballantes, les yeux pleins de reflets, comme des yeux de verre à la lueur du feu. Puis il y eut la détonation d'un fusil... Elle sursauta comme si le coup l'avait atteinte. Ce n'était qu'Ernest qui tournait la clé dans la serrure. »

Revient souvent cette image de la censure masculine. Elle va parfois jusqu'à l'assassinat, comme dans la noire fantaisie de *La Partie de chasse* où le châtelain fait voler en tous sens un fouet frappant ses sœurs et ses chiens. Tout meurtrit cet univers féminin qui se consume à la recherche d'une intégrité perdue, trop tôt menacée, où plane sans nul doute, l'ombre paralysante du père. Leslie Stephen a pour toujours marqué sa fille, comme en témoigne cette note du *Journal :* « Anniversaire de Père. Il aurait eu quatre-vingt-seize ans... mais Dieu merci, il ne les a pas eus. Sa vie aurait absorbé toute la mienne. Que serait-il arrivé ? Je n'aurais rien écrit, pas un, seul livre. Inconcevable. »

Virginia Woolf dévoile avec force à quel point une personnalité féminine peut se trouver démunie. Elle ne dénonce pas seulement les faiblesses d'un destin qui désagrège, entame, éparpille, mais s'attaque aux tares soigneusement cachées :

égocentrisme, amertume, jalousie, besoin de se comparer, horreur d'être jugée, besoin d'être préférée, rancune, impuissance – conséquences d'un narcissisme atteint dans l'œuf. Peu d'hommes, peut-être aucune femme, n'ont su montrer ainsi à vif la plaie initiale. Pas de héros dans ce monde victorien fracassé. L'image idéale reste maternelle et le baiser le plus émouvant donné par une femme aux cheveux gris (*Kew Gardens*). Heurtée dès l'enfance par une autorité paternelle trop forte, Virginia Woolf en éprouve une soif immense d'égalité entre les êtres et les sexes, un souci extrême de justice, de mesure, de respect d'autrui, une intense horreur de toutes les pressions : « De plus en plus, j'en viens à exécrer toute domination d'un être par un autre, tout abus de la volonté[23]. »

Or, il n'y a rien à faire : la femme se sent condamnée aux petitesses du beau sexe, réduite à la forme, au moule, à la fonction, à l'apparence. Diminuée avant même d'exister. Et diminuée par l'homme. Virginia Woolf sent peser sur elle le joug de cette vanité obligatoire : « Je me montrerai superficielle en apparence. J'achèterai des vêtements élégants et je franchirai de nouveaux seuils », note-t-elle avec une certaine mélancolie, tandis qu'elle compose *Les Vagues*. Femme, mais écrivain, « champ de bataille » où des forces contradictoires ne cessent de s'opposer et de s'alterner, elle a connu ce va-et-vient continuel entre deux natures, si bien décrit dans sa fable *Orlando*. Déjà, comme Virginia Woolf elle-même, Orlando avait désiré s'unir à une nature maternelle qui efface les ambiguïtés du masculin-féminin, et jeté cet appel à la mort qui, seule, redonne l'intégrité : « J'ai poursuivi la vie – et vois, la mort est meilleure. »

Du côté d'Orlando

Alors, si la solution sensuelle et affective se trouvait du côté des femmes ? Car les héroïnes de Virginia Woolf sont souvent amoureuses d'autres femmes. Il n'est que de donner la parole à Mrs Dalloway pour comprendre à quel point la fille des austères Stephen cherchait à se blottir dans un monde de douceur et d'enveloppement féminin et combien même cet univers, qui est celui de son propre sexe, lui paraît lointain et refusé : « Elle savait ce qui lui manquait. Ce n'était ni la beauté ni l'esprit ; c'était quelque chose de central et de rayonnant, quelque chose qui montait et bouillonnait, qui échauffait le froid contact de l'homme et de la femme, ou des femmes entre elles. » Ce « quelque chose », Vanessa le possédait.

Mais personne sans doute ne devait lui faire éprouver cette « force rayonnante des femmes entre elles » mieux que Vita Sackville-West. Poétesse, romancière, celle-ci appartenait à la prestigieuse famille des Sackville qui possédait le château de Knole depuis que la reine Elizabeth l'avait donné, au XVIe siècle, à son cousin Lord Thomas Sackville. Virginia avait fait la connaissance de Vita en 1922 ; elle avait alors quarante ans et Vita trente. Les deux femmes furent immédiatement attirées l'une vers l'autre, et il est révélateur que ce soit la plus jeune qui ait éprouvé pour l'aînée les sentiments d'une mère. Virginia, dont on sait qu'elle avait déjà traversé la folie à plusieurs reprises, avoue trouver en Vita cette « protection maternelle qu'elle recherche par-dessus toute chose ». Mais Vita, elle, a déjà vécu des amours tumultueuses avec son amie d'enfance Violet Keppel (devenue Violet Trefusis), et son mari, Harold Nicolson, est le confident résigné de ces équipées. Elle n'hésite pas à lui révéler dans une lettre les liens qui l'unissent à Virginia. Celle-ci lui inspire « un sentiment de tendresse » et de « protection », compliqué par « une peur atroce d'éveiller en elle un attachement physique, à cause de son penchant à la folie ». « Je n'ai pas envie de jouer avec ce feu, poursuit-elle. J'ai bien trop d'affection réelle et de respect pour Virginia. Et puis elle n'a jamais vécu avec personne sauf Leonard, ce qui fut un échec terrible, et elle y renonça très vite. Si bien que tout ce domaine lui demeure inconnu[24]. »

La vérité est que Vita a trouvé en son époux un complice parfait. Harold, qui a, lui aussi, des amours homosexuelles, n'a rien d'un juge ou d'un censeur. Elle peut lui confier les moindres nuances de ses attachements. Chacun organise sa vie en dehors de l'autre, mais leurs affinités leur permettent de conserver une solidarité à toute épreuve (en apparence ?). Pour Virginia, en revanche, l'existence est marquée du sceau de l'absolu : Leonard est le seul homme vraiment présent, même si elle n'est parvenue avec lui à aucune entente sensuelle. C'est précisément ce manque dans leur relation qui rend la présence de Leonard tellement indispensable : ne doit-il pas le compenser, masquer les vides, conjurer l'enfance, remplacer les morts ? Avoir à la fois le jugement d'un père, en mémoire de Leslie Stephen ; l'amitié douce et chaste d'un frère, comme le bien-aimé Thoby qui est mort ; la douceur d'une mère disparue trop tôt, quand Virginia n'avait que quatorze ans ; les soins d'une infirmière, car Virginia est gravement malade ; et l'ascétisme nécessaire pour effacer le souvenir ambigu que laissent les gestes équivoques osés par les deux demi-frères Duckworth ? Son rôle auprès de Virginia est donc capital. À cause de cela même Leonard demeure un autre, irréductible, presque un antagoniste, un homme en un mot, doté de cette altérité blessante pour une femme vulnérable. S'il est spirituellement le même, il est physiquement l'Autre – jamais le double et le complice. Il lit chaque mot de Virginia, qu'il juge. Aussi tout sentiment faisant irruption dans la vie de Virginia ne pouvait-il que se heurter à cette présence à la fois nécessaire et peut-être redoutée.

À cause de la folie qui rôdait, il fallait que Virginia se méfie des tentations trop fortes. *Orlando*, c'est aussi cela : une œuvre qui a sans doute sauvé provisoirement Virginia d'événements graves, en lui permettant, à travers l'imaginaire, de vivre l'androgynie qui la fascinait.

C'est en 1927 que Virginia Woolf entreprend d'écrire ce roman. Elle en parle ainsi dans une lettre à Vita : « Hier matin, j'étais au désespoir. Je ne pouvais m'extorquer un seul mot. Finalement, j'ai trempé ma plume dans l'encre et écrit presque machinalement sur une feuille blanche : *Orlando, une biographie*. À peine l'avais-je fait que tout mon corps fut inondé de joie et que mon cerveau fourmilla d'idées. Mais supposez qu'Orlando apparaisse sous les traits de Vita, que tout tourne autour de vous, de la démarche de votre esprit – ne parlons pas de votre cœur, vous n'en avez pas – que quelqu'un dise en octobre prochain : "Voici que Virginia Woolf a écrit un livre sur Vita" – y verriez-vous quelque mal ? » Une fois ce doute apaisé, le roman se développe en elle avec aisance et allégresse, comme on peut le voir d'après les notes de son *Journal* en octobre et novembre : « J'écris *Orlando* un peu comme un pastiche, très clair et très simple : mais l'équilibre entre la fantaisie et la réalité doit être prudent. L'histoire est basée sur Vita, Violet Trefusis, Lord Lascelles, Knole, etc. » Pourtant, il ne faut pas s'y tromper : bientôt le pastiche cède à la création.

En fait, le sujet du livre – l'androgynie – lui tient tellement à cœur qu'il lui faut sans doute trouver un artifice pour oser l'aborder. Peu à peu, le sujet l'emporte : « Soit dit en passant (note-t-elle le 20 décembre 1927), comme *Orlando* est étrange ! Je ne l'ai pas fabriqué, il a sa propre force, sa propre volonté ; comme s'il bousculait tout le reste pour imposer sa propre existence. » Ainsi le livre conçu « comme une escapade » est-il devenu tout à fait autre chose. À peine est-il terminé, en mars 1928, Virginia Woolf éprouve vis-à-vis de lui une sorte de recul, comme toujours lorsqu'elle a terminé une œuvre qui lui importe. Si vraiment *Orlando* n'avait été qu'une fable, la tentation du suicide n'eût pas resurgi après son achèvement avec une telle violence. Or elle traverse une véritable crise de dépression, en proie à ce démon de la comparaison dont son héros avait lui-même tellement souffert : « J'ai pris un volume de Proust après dîner et puis je l'ai remis en place. Ce fut un moment terrible et cela m'a donné des idées de suicide. Il semble qu'il n'y ait plus rien à entreprendre. »

Cela ne l'empêche pas de mettre aussitôt au point un de ses essais les plus brillants et les plus significatifs, *Une chambre à soi*, où sont fustigées avec humour mais aussi avec amertume les barrières entre les sexes, si soigneusement maintenues par le joug mâle et l'éducation victorienne[25]. Tout se passe comme si, après la fable et le merveilleux, il ne restait plus à Virginia que la vérité triste et nue, celle de tant de femmes et la sienne à n'en pas douter. *Une chambre à soi* est l'écho douloureux qui répond aux métamorphoses d'*Orlando*, dont toutes les femmes ne sont pas capables. Car Orlando est d'abord homme, puis femme. Qu'Orlando commence par être homme permet de décrire son amour pour Sacha (projection de Violet dans le roman) mais, une fois devenu femme, Orlando n'en continuera pas moins à aimer les femmes à la manière d'un homme : « Comme Orlando n'avait jamais aimé que des femmes et que la nature humaine se fait toujours tirer l'oreille avant de s'adapter aux conventions nouvelles, quoique femme à son tour, ce fut une femme encore qu'elle aima. »

Aussi Virginia Woolf oscille-t-elle (douloureusement) entre les deux sexes, entre l'analyse et la perte de soi, alors que la bisexualité est facile pour Vita. Le problème de Virginia est autre : il se confond avec la sexualité, puisqu'il concerne l'identité de son être, mais ne se limite pas à elle, car le corps l'a toujours rejetée vers l'esprit, et le seul apaisement véritable, elle le trouvera dans l'écriture. Ce mouvement qui la porte à s'attendrir sur le féminin, à tendre vers le masculin et à révérer l'écriture qui, seule, transcende les sexes, se retrouve dans la réflexion d'Orlando : « Refuser, puis céder, quel délice ! Poursuivre et conquérir, quelle noblesse ! Comprendre et raisonner, quelle grandeur ! » C'est pourquoi deux voix se font entendre dans *Orlando* : celle de Virginia s'identifiant à Vita la femme bisexuelle, dans un élan qui tient de l'amour et de l'espoir. Et celle de Virginia revenue à elle-même, retrouvant la nudité impitoyable du silence, la folie qui la guette, l'horreur du temps, la nécessité de la solitude, la menaçante intrusion de l'homme, l'ultime trahison des objets.

Orlando serait plus libre s'il connaissait (comme Vita) des sincérités successives. Mais alors il ne serait pas ce que Virginia exige qu'il soit : un être complexe, complet, en qui les sexes et les temps se confondent. Toutes ces possibilités multiplient les conflits au point qu'« Orlando distribuait impartialement ses blâmes aux deux sexes parce qu'elle n'appartenait à aucun ; et, en effet, elle paraissait vivre, pour l'instant, dans une oscillation perpétuelle ; elle était homme ; elle était femme ; elle connaissait les secrets, partageait les faiblesses des deux camps ». Morcelée par une objectivité que sa mémoire renforce, Orlando se demande : « Dois-je maintenant respecter l'opinion de l'autre sexe, si monstrueuse que je la trouve ? » Aussi, loin de cumuler les sexes (comme Vita), Orlando est déchirée par leur affrontement (comme Virginia). Ce que John Cowper Powys disait de Dorothy Richardson s'applique ici à Virginia Woolf : « Tout génie humain authentique est, à quelque degré, bisexuel, et c'est seulement parce qu'elle est la première à *tourner consciemment les deux éléments l'un contre l'autre* dans une fureur d'interprétation psychologique réciproque qu'elle a accompli quelque chose de si surprenant, de si important et de si neuf[26]. »

En outre, Virginia Woolf suggère que l'écrivain connaît les mêmes vicissitudes que l'être combattu entre ses deux natures, quand elle sous-entend que l'écriture épouse le destin même de l'androgyne. Le biographe d'Orlando est incapable de suivre le mouvement de ses vies contradictoires. Il ne peut livrer qu'une vérité amoindrie – travestie – car ses facultés sont paralysées par la multiplicité de ce qu'il doit décrire. Finalement son travail n'est que dérision : « Une biographie est considérée, comme complète lorsqu'elle rend compte simplement de cinq ou six Moi, alors qu'un être humain peut en avoir cinq ou six mille. » C'est bien là une constatation de Virginia, pour qui toute réalité est insaisissable et peut-être surtout celle qu'elle aurait voulu, plus que toute autre, pouvoir capter – la réalité féminine.

N'est-il pas étonnant que ce livre, qui embrasse la durée de trois siècles et de trois règnes, débouche comme tant d'œuvres de son auteur sur un quotidien meurtrier ? Car la dernière partie d'*Orlando* ramène les hantises de Virginia et non celles de Vita. Comme dans les nouvelles de *La Mort de la phalène*, on y voit l'importance du détail et du fragmentaire comme points de départ d'une vision. La porosité des choses, qui leur permet de s'enrichir avec le temps, rejette finalement Orlando : les pièces du château où elle s'attarde ont bien acquis une infinité d'« états d'âme », mais leur autonomie, leur suffisance (qui contraste avec les souffrances de l'androgyne) ne l'aident en rien. Il/Elle se sent au contraire dépossédé/ée, car la maison appartient maintenant à l'histoire, elle est passée « hors du pouvoir des vivants ». L'indifférence solide de la demeure fait apparaître par contraste

combien le temps humain est angoissant. Chaque fois que
« s'ouvre le gouffre du temps », un danger inconnu semble menacer Orlando (qui incarne bien alors Virginia) et l'horreur liée à
la durée évoque à son tour la présence destructrice de l'homme.

Les objets refusent, la durée inquiète et, de plus, l'homme
apparaît. Ici, son pouvoir qui délite est personnifié par le charron
Joe Stubbs. Cette crainte de la virilité propre à Virginia Woolf –
mais étrange chez l'androgyne – se concentre comme toujours
sur un détail physiologique dont le choix est révélateur d'une
répugnance : « Elle vit avec un relief dégoûtant que le pouce de
Joe, à sa main droite, n'avait pas d'ongle : à la place il y avait un
bourrelet rose de chair. » C'est une fois encore un rêve aquatique
et fluide qui sauve, par la plongée dans l'inconscience, loin du
réel qui blesse : « Le rêve d'un étang où les formes baignaient
dans une nuit si profonde qu'on pouvait à peine les reconnaître. »
Déjà, au cours du récit, Orlando n'avait-elle pas montré un
intense soulagement à l'idée, non d'un mariage humain, mais de
noces avec la nature – elle, la « sœur de la lande » ?

L'androgynie apparaît alors comme un des visages de cette
nostalgie perceptible dans toute l'œuvre : pouvoir abolir les souffrances liées à l'individuel pour retrouver un paradis maternel
perdu, à travers une réintégration, un enveloppement total. Mais
plutôt que la multiplication des sexes, c'est leur annulation que
Virginia Woolf décrit. Et pourtant. Pourtant c'est à travers cette
quête d'unité que la vie tente de détruire, que se forge l'écriture.
Virginia Woolf n'a-t-elle pas écrit dans *Moments of Being* (*Instants
de vie*)[27] : « Et ainsi je persiste à croire que l'aptitude à recevoir
des chocs est ce qui fait de moi un écrivain. J'avancerais en guise
d'explication qu'un choc dans mon cas est aussitôt suivi du désir
de l'expliquer. Je sens que j'ai reçu un coup ; mais ce n'est pas,
comme je le croyais quand j'étais enfant, un simple coup d'un
ennemi caché derrière la ouate de la vie quotidienne ; c'est le

témoignage d'une chose réelle au-delà des apparences, et je la rends réelle en la traduisant par des mots. C'est seulement en la traduisant par des mots que je lui donne son entière réalité. Cette entière réalité signifie qu'elle a perdu son pouvoir de me blesser ; elle me donne – peut-être parce qu'ainsi j'efface la souffrance – l'immense plaisir de rassembler les morceaux. »

« L'immense plaisir de rassembler les morceaux » : quelle meilleure définition des *Noces d'encre* ?

Notes

Jules Barbey d'Aurevilly

1. Lecture d'*Une histoire sans nom*, inédit, 1996.
2. *Une histoire sans nom*, présentation Jacques Petit, in *Œuvres romanesques complètes*, t. II, La Pléiade, 1964 ; suivi d'*Une page d'histoire, Le Cachet d'Onyx* et *Léa*, « Folio », Gallimard, 2003.
3. *Le Syndrome « Lasthénie de Ferjol »*. Ceux qui seraient tentés de croire que Barbey d'Aurevilly exagère l'horreur de son récit seront peut-être surpris d'apprendre que le professeur Jean Bernard, avec une équipe de médecins, dont Nicole Alby que nous citerons ici, ont donné, d'après le récit de Barbey, le nom de syndrome de Lasthénie de Ferjol à une forme d'anémie provoquée par des hémorragies volontaires. Une enquête a révélé des traits communs chez ces patientes : « Pâles, dociles, énigmatiques, ces malades racontent d'une voix indifférente une histoire clinique confuse. Elles excellent à créer l'imbroglio diagnostic. Elles sont bien informées du fait de leur profession (elles sont souvent infirmières ou paramédicales) ou de leurs longues hospitalisations. Elles disent : "C'est à vous de trouver, docteur", ou toute autre formule,

renvoyant le médecin à son savoir ; en fait, à son malaise. Ces malades sont souvent hospitalisées dans un service d'hématologie spécialisée après une longue histoire pathologique dont l'anémie n'est parfois qu'un des symptômes. Tout comme Lasthénie, elles veulent cacher la cause de leur mal, mettre l'autre au défi de le cerner. Si elles trouvent une certaine satisfaction dans leur souffrance, elles n'en trouvent pas moins dans l'ignorance où l'autre reste quant à son origine. Comme Lasthénie, elles sont silencieuses et butées. Il est difficile d'obtenir l'aveu de ces saignements qu'elles-mêmes provoquent. Avouer serait déjà accepter de vouloir guérir. C'est en cela que réside, me semble-t-il, le point commun le plus frappant entre ces malades et Lasthénie : elles se punissent de n'être pas aimées, se vengent sur elles-mêmes par des automutilations. C'est une mort lente qu'elles choisissent par vengeance et autopunition à travers ceux qui sont supposés savoir les guérir. » Enceinte, Lasthénie ne perd plus son sang. Il faut donc que Barbey imagine une circonstance où il puisse couler en secret. Le sang secret du cœur, tel est le thème, sans doute le plus enfoui, de ce récit saisissant qui confirme chez l'écrivain la hantise de noces avec le côté féminin de lui-même.

4. *Le Cachet d'onyx*, in *Œuvres romanesques, op. cit.*, t. I ; avec *Une histoire sans nom, op. cit.*

5. *Premier mémorandum*, in *Œuvres romanesques, op. cit.*, t. II.

6. Voir dans l'édition de La Pléiade la préface de Jacques Petit.

7. *Troisième mémorandum* in *Œuvres romanesques, op. cit.*, t. II.

8. *Du dandysme et de George Brummel*, in *Œuvres romanesques, op. cit.*, t. II.

Aphra Behn

1. Hugh Honour, *L'Image du Noir dans l'art occidental*, t. I, Gallimard, 1989, p. 88.

2. Ma préface (revue) à *La Belle Infidèle* (Picquier, 1990).

3. Maureen Duffy, *The Passionate Shepherdess: The Life of Aphra Behn 1640-1689*, Jonathan Cape, 1977, Phoenix Press, 2000.

4. Edith Sitwell, *Les Excentriques anglais*, « Le Promeneur », Gallimard, 1988, 1995.
5. *La Belle Infidèle*, récits traduits par Bernard Dhuicq, *op. cit.*
6. Cf. Hugh Honour, *L'Image du Noir dans l'art occidental*, *op. cit.*
7. *Ibid.*
8. Gauguin, *Oviri, écrits d'un sauvage*, « Idées », Gallimard, 1974.

Thomas Bernhard

1. Article paru dans *La Quinzaine littéraire* en juin 1974 à l'occasion de la sortie de *La Plâtrière*.
2. Thomas Bernhard (1931-1989) est né aux Pays-Bas de parents autrichiens.
3. *Gel*, trad. Josée Turck-Meyer et Boris Simon, Gallimard, 1967.
4. *Perturbation*, trad. Guy Fritz-Estrangin, Gallimard, 1971.
5. *La Plâtrière*, trad. Louise Servicen, Gallimard, 1974.

Karen Blixen

1. Frederic Prokosch, *Voix dans la nuit* (chap. « Fantômes »), trad. Léo Dillé, Fayard, 1984 ; 10/18, 1987 ; Phébus, 2004.
2. Ma préface aux *Contes d'hiver* et *Nouveaux contes d'hiver* (« Biblos », Gallimard, 1993).
3. *Sept contes gothiques*, trad. France Gleizal et Colette-Marie Huet, Stock, 2004.
4. *La Ferme africaine*, nouv. trad. Alain Gnaedig, Gallimard, 2005.
5. *Contes d'hiver, Nouveaux contes d'hiver, Le Dîner de Babette*, trad. Marthe Metzger, *op. cit.*
6. Frederic Prokosch, *op.cit.*

Emily Brontë

1. Ma préface à *Hurlevent des Monts* (GF Flammarion, 1984, 1999 ; « Bouquins », Robert Laffont, 2004).
2. *Hurlevent des Monts*, trad. Pierre Leyris, *op. cit.* (Après la traduction de Delebecque sous le titre *Les Hauts de Hurlevent.*)
3. Charlotte et Patrick Branwell Brontë, choix de textes (*Juvenilia*) établi et présenté par Raymond Bellour, Pauvert, 1972.
4. René Crevel, *Les Sœurs Brontë, filles du vent*, Les Quatre Chemins, 1930.
5. *Poèmes*, trad. Pierre Leyris, Gallimard, 1963 , 1983.
6. Article publié en 1918, repris dans *Dramatis Personae* (1925).
7. Georges Bataille, *La Littérature et le mal*, Éditions de Minuit, 1957 ; Folio essais, 1990.
8. John Cowper Powys, *Emily Brontë*, cf. dossier de *Hurlevent des Monts*, *op. cit.*

Charlotte Brontë

1. Ma préface à *Jane Eyre* (GF Flammarion, 1990 ; « Bouquins », Robert Laffont, 2004).
2. *Jane Eyre*, trad. Marion Gilbert et Madeleine Duvivier, *op. cit.*
3. *Juvenilia*, *op. cit.*
4. Cf. la biographie de Margot Peters, *Charlotte Brontë : une âme tourmentée*, trad. Guy Le Clech, préface Chantal Chawaf, Stock, 1979. Voir également Muriel Spark, *The Brontë Letters*, Londres, Macmillan, 1966 (les citations des lettres sont dans ma traduction).

Astolphe de Custine

1. Ma préface à *Aloys* (Fontaine, 1983).
2. *Lettres à Varnhagen*, « Ressources », Slatkine, 1979.
3. Cf. la préface de Pierre Nora aux *Lettres de Russie*, Gallimard, 1975.

4. Cf. l'essai d'Yves Florenne, « René du côté de chez Proust » in *Ouvertures*, PUF, 1981.

Jean-Henri Fabre

1. Extrait de ma préface aux *Champignons* de Jean-Henri Fabre (Citadelles, 1991).
2. *Souvenirs entomologiques. Études sur l'instinct et les mœurs des insectes*, Delagrave, 10 vol., 1951 ; réédition aux éditions Laffont, « Bouquins », 2 vol., 1989. Un index permet de retrouver tous les noms des insectes cités, ainsi que les thèmes.
3. Pour la vie de Fabre, voir la remarquable préface à l'édition « Bouquins » par Yves Delange, et les récits personnels de Fabre dans le volume X des *Souvenirs*. Ainsi que le texte de Jean Rostand extrait d'*Hommes de vérité* (Grasset) mis en préface des *Promenades Entomologiques*, Maspero, 1980.
4. Jules Michelet, *L'Insecte*, Hachette, 1876.
5. *Souvenirs entomologiques*, 1e série (« La larve et la nymphe »), *op. cit.*
6. Paul Valéry, *L'Homme et la coquille*, Gallimard, 1982.
7. *Souvenirs entomologiques*, 5e série, chap. XIII, *op. cit.*
8. *Souvenirs entomologiques*, 3e série (« Les anthrax »), *op. cit.*
9. *Ibid.*
10. Marcel Proust, *Du côté de chez Swann*, La Pléiade, t. I, 1984.
11 *Souvenirs entomologiques*, 2e série, *op. cit.*
12. Jacques Lacarrière, *Le Pays sous l'écorce*, Seuil, 1981.

Thomas Hardy

1. Ces textes sont extraits et revus de (1) ma postface à *L'Homme démasqué* (Balland, 1980) ; (2) ma préface au *Trompette-Major* (POL, Hachette, 1993) ; (3) ma préface à *À la lumière des étoiles* (GF Flammarion, 1987).
2. Florence Emily Hardy, *The Early Life of Thomas Hardy*, *The Later*

Years of Thomas Hardy, The Macmillan Company, 1962. (Volumes considérés comme composant l'autobiographie de Hardy.)

3. *L'Homme démasqué*, trad. et postface Diane de Margerie, « L'instant romanesque », Balland, 1980. Nouvelle parution revue à paraître en 2007 aux Éditions du Rocher.

4. *Tess d'Urberville*, trad. Madeleine Rolland, Hachette, 1901 ; Le Livre de Poche, 1974 ; Plon, 1979.

5. *Le Retour au pays natal*, trad. Ève Paul-Marguerite, Flammarion, 1923 ; préface Jean-Jacques Mayoux, Nouvelles Éditions latines, 1947 ; Éditions du Rocher, 1992.

6. André Gide, *Journal* (22 août 1930), La Pléiade, 1954.

7. *Life's Little Ironies* : *Les Petites Ironies de la vie*, Hachette, 1979 ; « L'Imaginaire », Gallimard, 2001. *La femme imaginative* : ma trad.

8. Terme de Charles Du Bos. Lire l'éclairante étude de Christine Jordis sur « Le désespoir de Thomas Hardy » in *Le Paysage et l'amour dans le roman anglais*, Seuil, 1999.

9. *Le Trompette-Major*, trad. Yannick Bernard-Derosne, Hachette, 1982 ; préface Diane de Margerie, POL, Hachette, 1993.

10. John Cowper Powys, texte sur Hardy paru en français dans la revue *Granit*, 1973, *op. cit.*

11. In *Approximations*, 1925.

12. *À la lumière des étoiles*, trad. Marie Cresciani, Le Portulan, 1947 ; préface Diane de Margerie, GF Flammarion, 1987.

13. *Remèdes désespérés*, trad. Robert Davreu, Laffont, 1983.

14. *Late Lyrics and Earlier* (1922), ma traduction.

15. *La Bien-Aimée*, trad. Ève Paul-Marguerite, 1909 ; édition revue et complétée, préface Diane de Margerie, Hachette, 1979.

Hermann Hesse

1. Article sur *Demian* paru dans *La Quinzaine littéraire* en 1972.

2. *Demian*, trad. Denise Riboni, préface Marcel Schneider, Stock, 1974, 2004.

3. *Rosshalde*, trad. Paule Hofer-Bury, Calmann-Lévy, 2005.

4. *Le Voyage en Orient*, trad. Jean Lambert, préface André Gide, Calmann-Lévy, 1994.
5. *Le Jeu des perles de verre*, trad. Jacques Martin, Calmann-Lévy, 1994.
6. *Peter Camenzind*, trad. Fernand Delmas, Calmann-Lévy, 2004.
7. Voir l'étude sur Segantini dans *Psychanalyse et Culture* de Karl Abraham, Payot, 1969.
8. Cité dans l'excellent livre de Mark Boulby, *Hermann Hesse, his Mind and Art*, New York, 1967. À consulter aussi les textes d'Ernst Robert Curtius dans *Essais sur la littérature européenne*, Grasset, 1954 et de Maurice Blanchot dans *Le Livre à venir*, Gallimard, 1959.

Henry James

Ces textes sur Henry James comportent l'essentiel des textes critiques publiés au cours d'années de travail sur cet auteur. Les notes sont celles écrites au moment de la parution des œuvres. Les références font mention de traductions nouvellement parues dont celle, intégrale, des *Nouvelles*, par Jean Pavans, commencée aux éditions de La Différence en 1990 et dont la fin est prévue pour 2008-2009.

1. Ces textes sont extraits et revus de : (1) ma préface à *Lettres à sa famille* (Gallimard, 1995) ; (2) ma préface à *Mémoires d'un jeune garçon* (Rivages, 1989) ; (3) « Henry James et la symétrie » paru aux Lettres nouvelles, 1969 ; (4) ma préface à *Portrait de femme* (Stock, 1969) ; (5) l'article « Henry James revisited » paru dans *La Quinzaine littéraire* en mars 1969 après la réédition de plusieurs ouvrages de Henry James ; (6) « Henry James et le personnage de l'imposteur » in *L'Art de la fiction, Henry James* (Klincksieck, 1978) ; (7) ma préface à Henry James, *George Sand* (Mercure de France, 2004).

2. *A Small Boy and Others* (premier volume de son autobiographie) : *Mémoires d'un jeune garçon*, trad. Christine Bouvart, *op. cit.*

3. *Lettres à sa famille*, trad. Diane de Margerie et Anne Rolland, édition de Leon Edel, *op. cit.* Choix fait avec Leon Edel à partir de 4 tomes des *Letters* et des *Selected Letters* (Leon Edel ed., Harvard University Press, USA, 1987).

4. Alice James, *Journal*, trad. Marie Tadié, introduction Leon Edel, Éditions des Femmes, 1983.

5. Cf. Leon Edel, *The Life of Henry James, a Biography*, Penguin Books, Londres, 1977: Leon Edel, *Henry James : une vie*, trad. André Müller, Paris, Seuil, 1990.

6. Alice James, *Journal, op. cit.*

7. *Daisy Miller*, trad. Jean Pavans, La Différence, 1992. Édition bilingue, dossier de Julie Wolkenstein, GF Flammarion, 2001.

8. *De Grey*, in *Nouvelles complètes*, tome I, La Pléiade, 2003.

9. *The Sacred Fount* : *La Source sacrée*, trad. et préface Jean Pavans, La Différence, 1984 ; 10/18, 1991 ; « Folio », Gallimard, 2005.

10. *La Bête dans la jungle*, trad. Marc Chardourne, 1929 ; trad. Jean Pavans, avec *L'Image dans le tapis*, dossier de Julie Wolkenstein, GF Flammarion, 2004.

11. *L'Autel des morts*, avec *Dans la cage*, trad. Diane de Margerie et François Xavier Jaujard, Stock, 1974, 1982.

12. *Lettres de Henry James et Edith Wharton (1900-1915)*, trad. Claude Demanuelli, Seuil, 2000.

13. *Notes of a Son and Brother* : *Carnet de famille*, trad. Christine Bouvart, suivi par *Les Années de maturité*, Rivages, 1996.

14. *Lettres à sa famille, op. cit.*, lettre 23.

15. Edith Wharton, *The Letters of Edith Wharton*, éd. de R. W. B. Lewis et Nancy Lewis, Charles Scribner's, N. Y., 1988.

16. *Selected Letters, op. cit.*, lettre du 21 mars 1914.

17. *Mémoires d'un jeune garçon, op. cit.*

18. *Les Ambassadeurs*, trad. Georges Belmont, 1950 ; avec *Daisy Miller* et *Les Ailes de la colombe*, « Bouquins », Laffont, 1983, 1990.

19. *Lettres à sa famille, op. cit.*

20. *Carnets*, présentés par F. O. Mathiessen et Kenneth B. Murdoch, trad. Louise Servicen, Denoël, 1954, 1984.

21. *Le Tour d'écrou*, trad. Monique Nemer, Stock, 1999 ; trad. Jean Pavans, dossier Julie Wolkenstein, GF Flammarion, 1999, 2006.

22. *What Maisie Knew* : *Ce que savait Maisie*, trad. Marguerite Yourcenar, préface André Maurois, Calmann-Lévy, 1968 ; 10/18, 1993.

23. *Les Amis des amis*, trad. Marie Canavaggia in *L'Image dans le tapis (et autres nouvelles)*, Pierre Horay, 1956 ; 10/18, 1963, 1983.

24. *The Spoils of Poynton* : *Les Dépouilles de Poynton*, trad. Simone David, Calmann-Lévy, 1968 ; 10/18, 1993.

25. *Washington Square* : *L'Héritière*, trad. Camille Dutourd, Denoël, 1955 ; *Washington Square,* trad. Claude Bonnafont, Liana Levi, 2002.

26. *L'Élève*, trad. Pierre Leyris, Mermod, 1958 ; avec d'autres nouvelles dont *La Bête dans la jungle*, 10/18, 1963, 1983.

27. *Après Freud*, Julliard, 1965.

28. *La Source sacrée*, *op. cit.*

29. *Portrait de femme*, trad. Philippe Neel, Stock, 1933 ; préface Diane de Margerie, Stock, 1969 ; avec *Le Regard aux aguets*, Stock, 1977, 1993.

30. Voir l'étude que James fait du *Portrait* dans les *Carnets*, *op. cit.*, p. 37.

31. Préface à *Portrait of a Lady*, Bodley Head, 1968.

32. *L'Image dans le tapis (et autres nouvelles)*, *op. cit.*

33. Leon Edel, *Henry James*, *op. cit.*

34. *Carnets*, *op. cit.*

35. *Les Papiers de Jeffrey Aspern*, trad. M. Le Corbier, préface Edmond Jaloux, Stock, 1976 ; trad. Jean Pavans, édition bilingue, dossier de Julie Wolkenstein, GF Flammarion, 2004.

36. in *Les Deux Visages,* trad. Diane de Margerie et François Xavier Jaujard, Les Lettres nouvelles, Maurice Nadeau, 1977 ; GF Flammarion, 1985.

37. *Watch and Ward* : *Le Regard aux aguets*, trad. Claire Malroux, préface Diane de Margerie, avec *Portrait de femme*, Stock, 1977, 1993.

38. Voir Henry James, *George Sand*, trad. Jean Pavans, préface Diane de Margerie, Mercure de France, 2004.

39. George Sand, *Indiana*, préface Béatrice Didier, « Folio », Gallimard, 1984.

40. George Sand, *Elle et Lui*, « Points », Seuil, 2004.

41. George Sand, *Lettres d'un voyageur*, La Pléiade, t. II, 1971.

42. George Sand, *Histoire de ma vie*, 2 tomes, La Pléiade, 1971.
43. Edith Wharton, *A Backward Glance* : *Les Chemins parcourus*, trad. Jean Pavans, Flammarion, 1995 ; 10/18, 2001.

Marcel Jouhandeau

1. Article sur les *Lettres d'une mère à son fils* paru dans *La Quinzaine littéraire* en décembre 1971.
2. *Lettres d'une mère à son fils*, Gallimard, 1971.
3. Cf. José Cabanis, *Jouhandeau*, Gallimard, 1959.
4. *Trois crimes rituels*, Gallimard, 1962.
5. Ces citations proviennent du *Livre de mon père et de ma mère*, *Mémorial*, I, 1948. Les œuvres de Jouhandeau sont publiées par Gallimard.

Pär Lagerkvist

1. Ce texte reprend ma préface aux *Œuvres* (Stock, 1981).
2. *Œuvres*, avant-propos Lucien Maury, trad. Marguerite Gay et Gerd de Montort, préface Diane de Margerie, contenant *Le Bourreau*, *Les Contes cruels*, *Le Sourire éternel*, *Le Nain*, *Barabbas* (qui lui valut le prix Nobel de littérature), *op. cit.*
3. Marguerite Yourcenar, préface aux *Œuvres* de Selma Lagerlöf, t. I, Stock, 1976.
4. Pour la vie de Lagerkvist, voir la préface de Régis Boyer aux *Âmes masquées*, Oswald, 1974 ; reprise in GF Flammarion, 1986.
5. *L'Exil de la terre* (1925) et les autres œuvres mentionnées dans ce texte sont publiées chez Stock.
6. *Âmes masquées*, *op. cit.*
7. C'est moi qui souligne.
8. Voir la lettre de Gide (d'octobre 1950) à Lucien Maury citée avec l'avant-propos de *Barrabas*, in *Œuvres*, *op. cit.*, p. 317.
9. *Jean le Sauveur*, in *Contes cruels*, *op. cit.*
10. *Le Monde expérimental*, in *Contes cruels*, *op. cit.*

11. *Le Sourire éternel*, in *Contes cruels, op. cit.*
12. *Ibid.*

Suzanne Lilar

1. Ce texte réunit deux articles parus dans *La Quinzaine littéraire*, l'un en novembre 1976 pour la publication d'*Une enfance gantoise*, l'autre en 1983 lors de la réédition de *La Confession anonyme*.
2. *Journal de l'analogiste*, Julliard, 1954 ; rééd. 1969, 1979.
3. *Une enfance gantoise*, Grasset, 1976.
4. *La Confession anonyme*, publié en 1960 (Julliard) sans nom d'auteur ; réédité avec une postface inédite de l'auteur, Éditions Antoine, Bruxelles, 1980 ; Gallimard, 1983.
5. Cf. *Les Cahiers Suzanne Lilar* (Gallimard, 1986) le texte de Jacques de Decker sur *La Confession anonyme*, ainsi que ceux d'Élisabeth Badinter, d'Hector Bianciotti et d'André Delvaux, entre autres ; suivis de textes inédits importants de Suzanne Lilar, dont *Les Moments merveilleux*.

Malcolm Lowry

1. Article paru dans *Preuves* en février 1969.
2. *Choix de lettres*, trad. Suzanne Kim, Denoël, 1968, 1982.
3. *Au-dessous du volcan*, trad. Stephen Spriel, Clarisse Francillon et l'auteur, préface Malcolm Lowry, postface Max-Pol Fouchet, Corrêa, 1950 ; « Folio », Gallimard, 1973.
4. Lettre à Derek Pethick, in *Choix de lettres, op. cit.*
5. Postface à *Au-dessous du volcan, op. cit.*
6. Lettre à Jonathan Cape, in *Choix de lettres, op. cit.*
7. Lettre à A. Erskine, in *Choix de lettres, op. cit.*
8. *Ultramarine*, trad. Clarisse Francillon et Jean-Roger Carroy, postface Jean-Roger Carroy, Denoël, 1965 ; rééd. in *Ultramarine - Sombre comme la tombe où repose mon ami - En route vers l'île de Gabriola*, présentation Serge Fauchereau, Denoël, 2005.

9. Lettre à D. Markson, in *Choix de lettres, op. cit.*
10. *Écoute notre voix ô Seigneur*, trad. Clarisse Francillon, Julliard, 1962 ; 10/18, 2005.
11. Lettre à Mrs Bonner, in *Choix de lettres, op. cit.*
12. Voir Clarisse Francillon, *Souvenirs sur Malcolm Lowry*, Les Lettres nouvelles, novembre 1957 et août 1960.
13. *Ibid.*
14. *Éléphant et Colisée*, in *Écoute notre voix ô Seigneur, op. cit.*
15. Conrad Knickerbocker, *Lowry à vingt ans*, Les Lettres nouvelles, mars-avril 1967.
16. *Souvenirs sur Malcolm Lowry, op. cit.*
17. *Écoute notre voix ô Seigneur, op. cit.*
18. Lettre à A. Erskine, *op. cit.*
19. *Souvenirs sur Malcolm Lowry, op. cit.*
20. *Écoute notre voix ô Seigneur, op. cit.*
21. Conrad Knickerbocker, *Lowry à vingt ans, op. cit.*
22. *Lunar Caustic*, trad. Clarisse Francillon, Julliard, 1963 ; autre version trad. sous le titre *Caustique Lunaire* par Clarisse Francillon, préface Maurice Nadeau, 10/18, 2004.
23. *Ultramarine, op. cit.*
24. *Écoute notre voix ô Seigneur, op. cit.*
25. *Ibid.*
26. Lettre à Jonathan Cape, *op. cit.*

Katherine Mansfield

1. Ce texte reprend un article paru dans *Le Monde* en février 1973 et ma préface aux *Nouvelles* (Stock, 1992).
2. *Journal (1904-1922)*, trad. Marthe Duproix, Anne Marcel et André Bay, préface Marcel Arland, Stock, 1973 ; « Folio », Gallimard, 1996.
3. *Sur la baie*, in *Œuvres romanesques (1910-1922)* : *La Garden Party. Le Nid de colombes. Quelque chose d'enfantin. Pension allemande*, trad. J.G. Delamain, Marthe Duproix, Marguerite Faguer, Madeleine

Guéritte, Charles Mauron et André Bay, préface André Maurois, Stock, 1973.

4. Cf. Lettres à John Middleton Murry in *Lettres*, trad. Madeleine T. Guéritte, « La Cosmopolite », Stock, 1985.

5. *Pension allemande* in *Œuvres romanesques, op. cit.*

6. Rééd. in *Les Nouvelles*, « La Cosmopolite », Stock, 2006.

7. Cf. Lettres à John Middleton Murry, *op. cit.*

8. Virginia Woolf, *Journal d'un écrivain*, trad. Germaine Beaumont, Éditions du Rocher, 1958 ; Christian Bourgois, 1984 ; 10/18, 2000.

9. Anthony Alpers, *The Life of Katherine Mansfield*, Jonathan Cape, Londres, 1980.

Charlotte Perkins Gilman

1. Postface à ma traduction de *La Séquestrée* (Phébus, 2002).

2. *The Yellow Wallpaper* : *La Séquestrée, op. cit*

3. Cité dans Ann J. Lane, *To Herland and Beyond (The Life of Charlotte Perkins Gilman)*, University Press of Virginia, 1997.

4. *Herland*, publié en feuilleton in *The Forerunner* en 1915.

5. *The Yellow Wallpaper and Other Stories* ; *An Unnatural Mother*, World's Classics, Oxford University Press, 1995, 2006.

6. Cité dans *The Charlotte Perkins Gilman Reader*, Pantheon Books, N.Y., 1980.

7. *The Living of Charlotte Perkins, an Autobiography*, University of Wisconsin Press, Madison, 1991.

8. Henry James, *Carnets*, trad. Louise Servicen, Denoël, 1984.

9. Ann J. Lane, *To Herland and Beyond, op. cit.*

10. Cf. Diane de Margerie, *Edith Wharton, Lecture d'une vie*, Flammarion, 2000.

11. Jean Strouse, *Alice James, une biographie*, trad. Marie Tadié, Édition des Femmes, 1985.

12. Cité par Ann J. Lane, *op. cit.*

13. *The Charlotte Perkins Gilman Reader, op. cit.*, « Unpunished ».

John Cowper Powys

Pour les repères biographiques, voir la revue *Granit (John Cowper Powys)* dirigée par François Xavier Jaujard, Michel Gresset, Diane de Margerie (1973). Lire aussi la belle étude de Christine Jordis, in *Le Paysage et l'amour dans le roman anglais*, Seuil, 1999.

1. *Wolf Solent*, trad. Suzanne Nétillard, Gallimard, 1967.
2. Ces textes sont revus et revisés, extraits de : (1) la revue *Granit, op. cit.*, 1973 ; (2) *La Nouvelle Revue française*, 1972 ; (3) ma préface à *Givre et Sang* (Seuil, 1973) ; (4) ma préface à *Morwyn* (Henri Veyrier, 1978) ; (5) ma préface à *L'Apologie des sens* (Pauvert, 1975).
3. *Wood and Stone*, trad. et présentation Patrick Reumaux, Phébus, 1991.
4. Dans sa correspondance Powys applique souvent le mot léonin au pasteur, son père.
5. On le retrouvera dans *Givre et Sang*, avec Rook et Lexie Ashover ; dans *Wolf Solent* avec Jason, et Darnley Otter, inspiré par la relation entre J. C. Powys et son jeune frère Llewelyn.
6. *Rodmoor* : *Hurlemort*, trad. Patrick Reumaux, Seuil, 1992.
7. Philippa Powys : cf. quelques lettres, trad. Diane de Margerie in *Granit, op. cit.* Voir les admirables poèmes *Driftwood* (1930) in *Powys : scènes de chasse en famille*, traduit et présenté par Patrick Reumaux, Librairie Élisabeth Brunet, Rouen, 2003.
8. *Les Sables de la mer*, trad. Marie Canavaggia, préface Jean Wahl, Plon, 1958 ; Le Livre de Poche, 1972 ; Christian Bourgois, 1990.
9. *Autobiographie*, trad. Marie Canavaggia, Gallimard, 1965, 1987.
10. *Les Sables de la mer, op. cit.*
11. *Givre et Sang*, trad. Diane de Margerie et François Xavier Jaujard, *op. cit.* ; « Points », Seuil, 1982.
12. *Wolf Solent, op. cit.*
13. *Autobiographie, op. cit.*
14. *Camp retranché*, trad. Marie Canavaggia, Grasset, 1967 ; préface Bernard Géniès, « Les cahiers rouges », Grasset, 1988.

15. *Autobiographie, op. cit.*
16. *Camp retranché, op. cit.*
17. *Confessions of Two Brothers* : *Confessions de deux frères*, trad. Christiane Poussier, Granit, 1992.
18. *Psychoanalysis and Morality*, 1923.
19. « The Unconscious », article in *The Occult Observer*, 1949.
20. In *Dostoïevski*, Londres, 1946 ; trad. Guillaume Villeneuve, préface Marc-Édouard Nabe, Bartillat, 2001.
21. Gaston Bachelard, *L'Eau et les Rêves*, Corti, 1942 ; Le Livre de Poche, 1993.
22. *Les Enchantements de Glastonbury*, 4 vol., trad. Jean Queval, Gallimard, 1975-1976 ; « Biblos », Gallimard, 1991.
23. Cf. *Lettre à Nicholas Ross*, Londres, Bertram Rota, 1971.
24. Voir la dualité des titres de J. C. Powys depuis *Wood and Stone* (« Bois et pierre ») jusqu'à son dernier récit (1960) *All or Nothing* (*Tout ou rien*). *Wolf Solent* devait se nommer *The Quick and the Dead* (« Les vivants et les morts »).
25. *Morwyn*, trad. Claire Malroux, *op. cit.*
26. *La Fosse aux chiens*, trad. Daniel Mauroc, Seuil, 1976.
27. In *Defence of Sensuality* : *L'Apologie des sens, op. cit* ; Le Livre de Poche, 1977.
28. *Ma philosophie à ce jour*, trad. Didier Coupaye, Michel Gresset et Claude Lévy, in *Granit, op. cit.*
29. Jean Wahl, « Un défenseur de la vie sensuelle, John Cowper Powys », *Revue de métaphysique et de morale*, avril 1939 ; repris dans *Poésie, Pensée, Perception*, Calmann-Lévy, 1948.
30. Cf. John Cowper Powys, *Dorothy Richardson*, trad. Pierre Leyris ; en préface à Dorothy Richardson, *Toits pointus*, trad. Marcelle Sibon, Mercure de France, 1965, 1991.
31. *The Art of Happiness* (Simon and Schuster, 1935) : *L'Art du bonheur*, trad. Marie-Odile Masek, L'Âge d'homme, 1995.
32. Un des essais de J. C. Powys s'intitule *In Spite of.*

Kathleen Raine

1. *Adieu, prairies heureuses*, trad. Diane de Margerie et François Xavier Jaujard, Stock, 1978. (Prix du Meilleur Livre étranger 1979.)
2. Ma préface à *La Gueule du lion* (Mercure de France, 1987).
3. *La Gueule du lion*, trad. Pierre Leyris, *op. cit.*
4. *Le Premier Jour*, trad. François Xavier Jaujard, Granit, 1980.

Victor Segalen

1. *Peintures*, « L'Imaginaire », Gallimard, 1996. Et in *Œuvres complètes* (2 vol.), édition de Henry Bouillier, « Bouquins », Robert Laffont, 1995.
2. Article sur *René Leys* paru en décembre 1971 dans *La Quinzaine littéraire*.
3. *René Leys*, édition de Sophie Labatut, « L'Imaginaire », Gallimard, 1978 et « Folio », Gallimard, 2000 ; in *Œuvres complètes, op. cit.*
4. *Stèles*, édition de Henry Bouillier, Mercure de France, 1982 ; in *Œuvres complètes, op. cit.*
5. *Équipée*, « L'Imaginaire », Gallimard, 1983 ; in *Œuvres complètes, op. cit.*
6. Voir notamment Henry Bouillier, *Victor Segalen*, Mercure de France, 1986 ; ainsi que la *Correspondance* (2 vol.) de Victor Segalen présentée par lui, Fayard, 2004 (prix Sévigné) ; et sa préface aux *Œuvres complètes, op. cit.*

A. C. Swinburne

1. Ma préface à *Lesbia Brandon* (« L'Imaginaire », Gallimard, 1987).
2. *Lesbia Brandon*, roman inachevé recueilli et commenté par Randolph Hughes, Londres, Falcon Press, 1952 ; trad. Lola Tranec-Du Bled, *op. cit.*
3. *Love's Cross Currents* : *Les Contrefeux de l'amour*, trad. Odile de Lalain, préface Dominique Aury, La Différence, 1976, 2003.

4. Guy de Maupassant, *Chroniques*, t. III, 10/18, 1980.
5. Sur Swinburne, cf. *Le Journal des Goncourt*, édition de l'Imprimerie nationale de Monaco, 1956, t. X (p. 240, 243), t. XIII (p. 28), t. XVI (p. 90), t. XVIII (p. 54, 107), t. XX (p. 32), t. XXI (p. 32).
6. Mario Praz, *La Chair, la Mort et le Diable*, Denoël, 1977.
7. Gaston Bachelard, « Le complexe de Swinburne », *L'Eau et les Rêves*, Corti, 1942 ; Le Livre de Poche, 1993.

Edith Wharton

1. Ces textes sont revus et revisés, extraits de mes préfaces à : (1) *Libre et Légère* (Flammarion, 2003) ; (2) *Fièvre romaine* (GF Flammarion, 1988, 1994) ; (3) *Vieux New York* (GF Flammarion, 1993) ; (4) *Le Temps de l'innocence* (GF Flammarion, 1993).
2. *Libre et Légère*, suivi d'*Expiation*, trad. Jean Pavans, *op. cit.* ; J'ai Lu, 2006.
3. Cf. Diane de Margerie, *Edith Wharton, lecture d'une vie*, Flammarion, 2000.
4. Paul Bourget, *Outre-Mer (Notes sur l'Amérique)*, 2 vol., Lemerre, 1895.
5. *A Backward Glance* et *Life and I* : *Les Chemins parcourus*, suivis de *La Vie et moi*, trad. et postface Jean Pavans, Flammarion, 1995 ; 10/18, 2001.
6. *Expiation*, nouvelle, à la suite de *Libre et Légère*, *op. cit.*
7. *Le Temps de l'innocence*, trad. revue par Edith Wharton, *op. cit.*
8. *Ethan Frome*, trad. Pierre Leyris, Mercure de France, 1969 ; « L'Imaginaire », Gallimard, 1984.
9. *Fièvre romaine*, nouvelles, trad. Diane de Margerie, NRF, 1981 ; repris trad. Claire Malroux, Diane de Margerie, Anne Rolland, François Xavier Jaujard, *op. cit.*
10. C'est moi qui souligne.
11. *La Vie et moi*, à la suite des *Chemins parcourus*, *op. cit.*
12. *Grain de grenade* in *Fièvre romaine*, *op. cit.*
13. Extrait (ma traduction) de la préface à *The Ghost Stories of Edith*

Wharton, Scribner Book Company, 1937, 1997 ; *Le Triomphe de la nuit*, nouvelles, trad. Florence Levy-Paolini, Terrain Vague, 1989.

14. *D'après Holbein*, in *Fièvre romaine, op. cit.*

15. *Les Lettres*, in *Le Fils et autres nouvelles*, trad. Anne Rolland, Mercure de France, 1991.

16. *La Vieille Fille*, in *Vieux New York*, trad. Claire Malroux, *op. cit.*

17. Ma traduction, ainsi que les prochaines citations.

18. *La Vie et moi, op. cit.*

19. *Vieux New York, op. cit.*

20. Cynthia Griffin Wolff, *A Feast of Words*, New York, Oxford University Press, 1977.

21. *Été*, trad. Louis et Dominique Gillet, 10/18, 1985.

22. *La Récompense d'une mère*, trad. Louis Gillet, préface Diane de Margerie, GF Flammarion, 1983 ; préface Viviane Forrester, GF Flammarion, 1986.

23. Ma traduction, in *Edith Wharton, lecture d'une vie, op. cit.*

Oscar Wilde

1. Ces textes sont revus et revisés, extraits, de ma préface à *Intentions* (Stock, 1971, 1997) et de ma préface aux *Lettres d'Oscar Wilde* (Gallimard, 1966, 1994).

2. *Intentions*, trad. Philippe Neel, *op. cit.* ; trad. et présentation Dominique Jean in *Œuvres*, préface Pascal Aquien, La Pléiade, 1996.

3. *Le Portrait de Dorian Gray*, trad. et présentation Jean Gattégno in *Œuvres, op. cit.* ; « Folio », Gallimard, 1992.

4. *Le Portrait de Mr W.H*, trad. Leo Lack, Pauvert, 1973 ; trad. et présentation Jean Gattégno in *Œuvres, op. cit.* ; trad. Pascal Aquien, GF Flammarion, 1999.

5. André Gide, *Journal*, La Pléiade, 1954, 1996 ; *In Memoriam (Oscar Wilde)*, Mercure de France, 1947, 2002.

6. Cf. ma préface aux *Nouvelles fantastiques* d'Oscar Wilde, trad. Jules Castier, Stock, 2001.

7. Richard Ellmann, *Oscar Wilde*, trad. Marie Tadié et Philippe Delamare, Gallimard, 1994.

8. Voir l'autobiographie de W.B. Yeats, *Le Frémissement du voile (1887-1891)*, trad. Pierre Leyris, Mercure de France, 1970.

9. Pour les poèmes d'Oscar Wilde, on pourra consulter le tome II des *Œuvres*, trad. Jacques de Langlade, Stock, 1977 ; ainsi que l'édition de La Pléiade, *op. cit.*, avec les excellentes présentations de Bernard Delvaille (trad. B. Delvaille, H. Davray, A. Savine) ; et *La Ballade de la geôle de Reading* précédé de *Poèmes*, trad. Paul Bensimon et Bernard Delvaille, « Folio », Gallimard, 2005 ; et aussi Pascal Aquien, *Oscar Wilde*, Aden, 2005..

10. Robert Merle, *Oscar Wilde*, Hachette, 1948 ; réédition remaniée aux Éditions de Fallois, 1995. Et *Oscar Wilde ou la « destinée » de l'homosexuel*, Gallimard, 1955 ; éd. renouvelée en 1983.

11. *Teleny or The Reverse of the Medal*, Olympia Press, 1958.

12. *A History of Pornography*, H. Montgomery Hyde, N.Y., 1966.

13. *De profundis* in *Lettres*, trad. Henriette de Boissard, présentation R. H. Davis, *op. cit.* ; *De profundis*, trad. Leo Lack, Stock, 2005.

14. Voir la remarquable présentation de *Salomé* par Pascal Aquien, GF Flammarion, 1993.

15. *L'Anniversaire de l'infante*, trad. François Dupuigrenet Desroussilles, in *Œuvres*, La Pléiade, *op. cit.* ; « Folio junior », Gallimard, 2002.

16. *Le Crime de Lord Arthur Savile*, in *Nouvelles Fantastiques*, trad. Jules Castier, *op. cit.* ; et in *Œuvres*, La Pléiade, *op. cit.*

17. Thomas De Quincey, *De l'assassinat considéré comme un des beaux-arts*, trad. et préface Pierre Leyris, « L'Étrangère », Gallimard, 1995 ; « L'Imaginaire », Gallimard, 2002.

18. *À rebours* d'Huysmans est le livre de chevet de Dorian Gray.

19. Voir Diane de Margerie, *Autour de Gustave Moreau*, Pirot, 1998. Pour le séjour de Wilde à Paris : Richard Ellmann, *Oscar Wilde, op. cit.*

20. André Gide, *Journal* (1er octobre 1927), *op. cit.*

21. Henry James, *L'Image dans le tapis*, trad. Marie Canavaggia, in *L'Élève et autres nouvelles*, 10/18, 1958, 1996. Sur James et Wilde,

cf. Leon Edel, *Henry James*, t. IV, New York, Lippincott, 1969. L'allusion à la lettre P est, dans l'original : « Papa, potatoes, prunes ».
22. *Le Portrait de Mr W.H*, op. cit.
23. Hugo von Hofmannsthal, *Sebastian Melmoth*, cité in Philippe Jullian, *Oscar Wilde*, Perrin, 1967 ; Bartillat, 2000.
24. *L'Écho de Paris*, 1923.
25. *De profundis*, op. cit.
26. André Gide, *In Memoriam (Oscar Wilde)*, op. cit.

Virginia Woolf

1. *To the Lighthouse* : *La Promenade au phare*, trad. Maurice Lanoire, préface Monique Nathan, in *Œuvre romanesque*, t. I, Stock, 1973 ; Le Livre de Poche, 2000.
2. *Waves* : *Les Vagues*, trad. Marguerite Yourcenar, in *Œuvre romanesque*, t. II, Stock, 1973 ; Le Livre de Poche, 2002.
3. *A Room of One's Own* : *Une chambre à soi*, traduit par Clara Malraux, Denoël-Gonthier, 1965 ; 10/18, 2001.
4. Ces textes sont revus et extraits de : (1) ma préface à *La Chambre de Jacob* (in *Œuvre romanesque*, t. I, *op. cit.*) ; (2) des *Lettres nouvelles* (novembre-décembre 1968) ; (3) ma préface à *Orlando* (in *Œuvre romanesque*, t. II, *op. cit.*)
5. *La Chambre de Jacob*, trad. Jean Talva, *Œuvre romanesque*, t. I, *op. cit.* ; « La Cosmopolite », Stock, 2001.
6. *Journal d'un écrivain*, trad. Germaine Beaumont, Éditions du Rocher, 1958 ; Christian Bourgois, 1984 : 10/18, 2000.
7. Quentin Bell, *Virginia Woolf*, t. I, *1882-1912*, Stock, 1973 ; et t. II, *1912-1941*, Stock, 1974.
8. *Orlando*, trad. Charles Mauron, préface Diane de Margerie, in *Œuvre romanesque*, t. II, *op. cit.* ; Le Livre de Poche, 2001.
9. *La Promenade au phare*, op. cit.
10. *Mrs Dalloway*, trad. S. David, préface André Maurois, in *Œuvre romanesque*, t. I, *op. cit.* ; Le Livre de Poche, 2006.
11. *La Robe neuve* in *Romans et nouvelles*, Le Livre de Poche,

1993.

12. Erich Auerbach, *Mimésis : La Représentation de la réalité dans la littérature occidentale*, Gallimard, 1977.

13. *The Death of the Moth* : *La Mort de la phalène*, trad. Hélène Bokanowski, préface Sylvère Lotringer, Seuil, 1968 ; « Points », Seuil, 2004.

14. Cf. dans *L'Art du roman* l'essai « Les femmes et le roman », trad. Rose Celli, Seuil, 1963.

15. *La Mort de la phalène, op. cit.*

16. *Ibid.*

17. *Journal d'un écrivain, op. cit.*

18. *Orlando, op. cit.*

19. *Journal d'un écrivain, op. cit.*

20. *Ibid.*

21. Cf. « Les femmes et le roman », *op. cit.*

22. *Journal d'un écrivain, op. cit.*

23. *Ibid.*

24. Lettre du 17 août 1926, in Nigel Nicolson, *Portrait d'un mariage*, trad. Viviane Forrester, Stock, 1992.

25. *Une chambre à soi, op. cit.* Voir aussi la traduction de T*rois Guinées* par Viviane Forrester avec sa belle préface (Éditions des Femmes, 1977), et son essai « Virginia Woolf » (*La Quinzaine littéraire*, 1973).

26. John Cowper Powys, *Dorothy Richardson*, trad. Pierre Leyris ; Dorothy Richardson, *Toits pointus*, trad. Marcelle Sibon, Mercure de France, 1965, 1991.

27. *Instants de vie*, trad. Colette-Marie Huet, préface Viviane Forrester, in *Œuvre romanesque*, t. III, Stock, 1979 ; Stock, 2006.

Index des noms de personnes

Adams, Henry : 170.
Aiken, Conrad : 251-253, 256.
Alpers, Anthony : 275.
Arland, Marcel : 267.
Arnim, Elizabeth, comtesse von : 266.
Aspern, Jeffrey : 195.
Auerbach, Erich : 452.
Aurevilly, Jules Barbey d' : 10, 13-24.
Austen, Jane : 206.

Bachelard, Gaston : 235, 320, 369.
Bachofen, Johann Jakob : 144.
Baker, Ida : 266.
Balzac, Honoré de : 91, 369, 371.
Barker, Gus : 156.
Barret Browning, Elizabeth : 423.
Bartram, May : 198, 200.
Bashkirtseff, Marie : 267.

Bataille, Georges : 63.
Baudelaire, Charles : 142, 363, 366, 370, 416.
Beauchamp, Kathleen : 265-266. *Voir aussi* Mansfield, Katherine.
Beauchamp, Leslie Heron : 266-267.
Beckett, Samuel : 37.
Beecher Stowe, Harriet : 279.
Beerbohm, Max : 364.
Behn, Aphra : 25-33.
Bell, Currer : 57, 71. *Voir aussi* Brontë, Charlotte.
Bell, Ellis : 66, 71. *Voir aussi* Brontë, Emily :
Bell, Quentin : 448, 451.
Bellour, Raymond : 56.
Benstock, Shari : 289.
Berenson, Bernard : 376.
Bergman, Ingmar : 36, 224.
Bernard, Claude : 100.

Bernhard, Thomas : 10, 35-40.
Bernhardt, Sarah : 160, 427.
Berry, Walter : 376, 391.
Bettelheim, Bruno : 332.
Bianciotti, Hector : 35.
Blake, William : 26, 28, 244, 341, 351.
Blanche, Jacques-Émile : 441.
Bleuler, Eugen : 144.
Blixen, Bror : 43-44.
Blixen, Hans : 43.
Blixen, Karen : 41-51.
Bonner, Margerie : 251.
Bosch, Jérôme : 221, 224, 243.
Bourget, Paul : 376-378, 400.
Bousquet, Joë : 53.
Boyer, Régis : 229.
Brabant, Geneviève de : 106.
Brawne, Fanny : 270.
Brett, Dorothy : 270.
Brontë, Anne : 56.
Brontë, Branwell : 55-59, 64, 70-73, 76, 78, 80-83.
Brontë, Charlotte : 10, 53-83, 153, 206, 376. *Voir aussi* Bell, Currer.
Brontë, Emily : 10, 53-83, 153, 206, 376. *Voir aussi* Bell, Ellis.
Browning, Robert ; 378.
Browning, Tod : 26.
Bruegel, Pieter : 243.
Burne-Jones, Edward : 367.
Butler, Samuel : 429.
Byron, Lord : 20-21, 23.

Cape, Jonathan : 250, 255, 257-258.
Carco, Francis : 268.
Carroll, Lewis : 330.
Carroy, Jean-Roger : 252.

Channing, Grace : 294-295, 298.
Chateaubriand, François-René de : 87, 92.
Chopin, Frédéric : 203, 208.
Colette : 110
Conrad, Joseph : 252.
Constant, Benjamin : 91.
Crevel, René : 56.
Custine, Astolphe de : 85-94.
Custine, Delphine de : 91-92. *Voir aussi* Sabran, Delphine de.

Dante : 37, 303.
Darwin, Charles : 98, 224, 280, 294, 378.
Dash, comtesse : 19.
Daudet, Léon : 420.
Delacroix, Eugène : 203, 346.
Delvaux, André : 245.
De Quincey, Thomas : 32, 259, 299, 425-426.
Dickens, Charles : 206, 364.
Didier, Béatrice : 204.
Dinesen, Karen (Isak) : 41, 43-44, 49-50. *Voir aussi* Blixen, Karen.
Dinesen, Thomas : 43.
Donne, John : 60.
Doré, Gustave : 330.
Dostoïevski, Fedor : 224, 255, 340, 444.
Douglas, Alfred : 413, 415-416, 435-442.
Dreyer, Carl Theodor : 224.
Dryden, John : 30.
Du Bos, Charles : 131.
Duckworth, George : 451, 462.
Duckworth, Stella : 449, 462.
Duffy, Maureen : 27.

INDEX DES PERSONNES

Dufour, Léon : 98.
Dugdale, Florence : 138.
Dumas, Alexandre : 203, 210.
Duras, Claire de : 88-89, 91-93.
Duruy, Victor : 98.
Dyer, Annie : 265.

Edel, Leon : 151, 167, 172-173, 190, 197.
Elgee, Jane Francesca : 417, 434. *Voir aussi* Lady Wilde ; Speranza.
Eliot, George : 119, 206.
Eliot, T. S. : 447.
Ellmann, Richard : 416.
Emerson, Ralph Waldo : 253, 439.
Ésope : 126.
Euripide : 124.

Fabre, Jean-Henri : 95-115.
Fenimore Woolson, Constance : 173, 205, 211.
Finch Hatton, Denys : 43-44.
Fini, Leonor : 151.
Flaubert, Gustave : 366, 428.
Fleischmann, Peter : 37.
Forrester, Viviane : 486, 489 (notes).
Fouchet, Max-Pol : 250.
Francillon, Clarisse : 257.
Frederic, George : 377.
Freud, Sigmund : 144, 146-147, 194, 252, 288-289, 331.
Fromentin, Eugène : 203.
Fullerton, Morton : 169, 376, 390-392, 409.
Füssli, Heinrich : 29, 73, 130.

Gandhi : 245.
Gauguin, Paul : 25, 29.

Gautier, Théophile : 202-203.
Giacometti, Alberto : 394.
Gide, André : 122, 177, 232-233, 415-416, 431-432, 436, 440-444.
Gifford, Emma Lavinia : 120.
Gilman, Charlotte : 10. *Voir aussi* Perkins Gilman, Charlotte.
Gilman, Georges Houghton : 295-296.
Goethe, Johann Wolfgang von : 378, 431.
Gogol, Nicolas : 253.
Goncourt, Edmond de : 21, 366, 369.
Goncourt, Jules de : 366, 369.
Gosse, Edmund : 113, 369.
Gracq, Julien : 244.
Grandville, Jean-Jacques : 104
Grieg, Nordahl : 251.
Griffin Wolff, Cynthia : 398

Hadewijch : 242.
Hardy, Florence : 119, 138-139.
Hardy, Thomas : 31, 48, 113, 117-139, 224, 228.
Hawthorne, Nathaniel : 184, 206, 236, 385, 431.
Heger, Constantin : 78-80, 83.
Heine, Heinrich : 267.
Hellens, Franz : 122.
Hesse, Hermann : 141-150.
Hitchcock, Alfred : 9, 112.
Hoffmann, E. T. A. : 174.
Hofmannsthal, Hugo von : 10, 434-435.
Hopkins Winner, Viola : 375.
Housman, Laurence : 435.
Howells, W. D. : 289.

Howells, Winifred : 289.
Hughes, Randolph : 371.
Hughes, Willie : 415.
Hugo, Victor : 363, 365.
Huxley, Leonard : 378.
Huysmans, Joris-Karl : 419, 427.

Ibsen, Henrik : 229, 267.

James, Alice : 153, 155, 159-163, 168, 205, 211, 279, 287, 290-291.
James, Bob : 153, 155, 157, 160, 163.
James, Henry : 10, 88, 104, 107, 124, 151-211, 279, 287, 289-291, 353, 373, 376-377, 382, 387, 394, 396, 402-404, 432, 452.
James, Henry, Sr : 157-158.
James, Wilky : 153, 155, 157, 160.
James, William Sr : 153, 155-156, 158-168, 170, 173, 194, 208, 211.
Jaujard, François Xavier : 151, 345.
Jones, Edith : 375-377, 379-382. *Voir aussi* Wharton, Edith.
Jones, Lucretia : 377, 381, 390-391, 396.
Jordis, Christine : 474, 482 (notes).
Jouhandeau, Marcel : 213-219.
Jouhandeau, Marie : 215-216, 219.
Jouve, Pierre Jean : 228.
Jung, Carl Gustav : 144.

Kant, Emmanuel : 259.
Kawabata, Yasunari : 338.
Keats, John : 253, 256, 270.
Keppel, Violet : 461. *Voir aussi* Trefusis, Violet.
Kim, Suzanne : 249.
Knickerbocker, Conrad : 256, 259-260.
Khnopff, Fernand : 420.
Kropotkine, Pierre : 38.
Kyria, Pierre : 35.

La Fontaine, Jean de : 104, 107-108.
La Grange, Édouard de : 90.
Las Cases, Emmanuel de : 126.
Lacarrière, Jacques : 112.
Lagerkvist, Pär : 221-237.
Lane, Ann : 281, 288, 293.
Larbaud, Valéry : 125, 130.
Latouche, Henri de : 91.
Lawrence, D. H. : 258, 268, 270, 337.
Lawrence, Frieda : 268.
Leiris, Michel : 228.
Lely, Peter : 27.
Lepri, Stanislao : 151.
Lilar, Suzanne : 239-245.
Lloyd, Constance : 419. *Voir aussi* Wilde, Constance.
Loring, Katharine : 155, 160-161.
Lorrain, Jean : 428.
Louÿs, Pierre : 441-442.
Lowry, Malcolm : 247-261, 339.
Luther, Martha : 282, 295.

Maeterlinck, Maurice : 99, 113.
Mallarmé, Stéphane : 98, 428.
Manceron, Henri : 355.
Mann, Thomas : 143, 398.
Mansfield, Katherine : 263-276.
Marquez, Fernando : 256.
Marvell, Andrew : 64.
Maturin, Charles Robert : 417, 434.

INDEX DES PERSONNES

Maupassant, Guy de : 174, 197, 363, 365-366.
Maurois, André : 432.
Maury, Lucien : 232.
Maxwell, Gavin : 347.
Melmoth, Sebastian : 417, 434-435, 443. *Voir aussi* Wilde, Oscar.
Melville, Herman : 48, 148, 252.
Méril, Louise du : 21.
Merle, Robert : 422.
Merlin : 333.
Michelet, Jules : 103, 105, 107, 111, 113, 124, 228.
Mill, Stuart : 98, 294.
Milton, John : 14, 73, 351.
Mistral, Frédéric : 97-98.
Mitchell, Silas Weir, Dr : 287-290.
Moore, Leslie (L. M.) : 266, 269.
Morante, Elsa : 247.
Moravia, Alberto : 247.
Moreau, Gustave : 413, 420, 427-428.
Morris, William : 367.
Moule, Horace : 129, 131.
Murry, John Middleton : 266-271, 275.
Musil, Robert : 398.
Musset, Alfred de : 203, 206, 208, 211.

Nash, John : 299.
Nathan, Monique : 452.
Nicolson, Harold : 461.
Nussey, Ellen : 59.

Ofterdingen, Henri d' : 38.
Ouroussoff, princesse : 440.

Painter, George : 170.
Peake, Mervyn : 330.
Perkins, Frederic : 280-281.
Perkins, Mary : 281.
Perkins Gilman, Charlotte : 277-298.
Pethick, Derek : 249.
Poe, Edgar Allan : 39, 253, 322, 327, 386-387, 431.
Pontalis, Jean-Bertrand : 181.
Powys, John Cowper : 9, 48, 64, 130, 148, 153, 158, 167, 228, 299-343, 465.
Powys, Llewelyn : 322.
Powys, Philippa : 305.
Praz, Mario : 369.
Prokosch, Frederic : 42, 44, 48, 444.
Proust, Marcel : 94, 96, 106, 110-111, 113-114, 153-157, 161, 170, 339, 376, 398, 444, 464.

Queensbury, marquis de : 438.

Raine, Kathleen : 345-351.
Réaumur, René Antoine Ferchault : 99.
Regnault, Henri : 428.
Rémy, Pierre Jean : 360.
Renan, Ernest : 160, 378.
Renard, Jules : 441.
Requien, Esprit : 98.
Richardson, Dorothy : 465.
Rolland, Romain : 99.
Rondeaux, Madeleine : 443.
Ross, Robert : 439.
Rossetti, Dante Gabriel : 367, 369.
Rostand, Edmond : 99.
Rostand, Jean : 113, 141.

Rouveyre, André : 441.
Roy, Maurice : 359.
Rubens, Pierre Paul : 428.

Sabran, Delphine de : 87. *Voir aussi* Custine, Delphine de.
Sackville-West, Vita : 461-466.
Sade, marquis de : 330, 367.
Sainte-Barbe, Edward de : 90.
Sand, George : 202-211, 280, 378.
Schneider, Marcel : 44, 49.
Schreiner, Olive : 29.
Schwob, Marcel : 420.
Scott, Walter : 206, 378.
Segalen, Victor : 29, 353-360.
Segantini, Giovanni : 147.
Severn, Joseph : 256.
Shakespeare, William : 122, 327-328, 364, 415, 433-434.
Shaw, Bernard : 418.
Shelley, Percy : 132, 253, 370.
Sherard, Robert : 441.
Shikibu, Murasaki : 25.
Sitwell, Edith : 27.
Smyth, Ethel : 448.
Socrate : 245, 330.
Sophocle : 122.
Sparks, Tryphena : 120, 136-137.
Spencer, Herbert : 280, 378.
Speranza : 417-419, 430. *Voir aussi* Elgee, Jane Francesca ; Wilde, Lady.
Staline, Joseph : 444.
Stekel, Wilhem : 144.
Sterdhal : 91.
Stephen, Leslie : 119, 448, 459, 462.
Stephen, Thoby : 449, 451, 462.
Stephen, Vanessa : 449, 461.
Stephen, Virginia : 448-449. *Voir aussi* Woolf, Virginia.
Stetson, Charles Walter : 293-294.
Stevenson, Robert Louis : 172, 174, 181, 386-387, 395, 431.
Strindberg, August : 37, 224, 229.
Swedenborg, Emmanuel : 157, 170, 229.
Swift, Jonathan : 330.
Swinburne, Algernon Charles : 72, 361-371.
Symons, Arthur : 60.

Taine, Hippolyte : 378.
Taliessin : 330, 333.
Tanizaki, Junichirô : 338.
Taylor, Charles Fayette : 290.
Tchekhov, Anton : 267-268.
Temple, Minny : 162-163, 172, 182.
Tennyson, lord Alfred : 392.
Thackeray, William Makepeace : 206, 448.
Tolkien, John R. R. : 330.
Torquemada, Tomás de : 330.
Trefusis, Violet : 461, 463. *Voir aussi* Keppel, Violet.
Trowell, Arnold : 266.

Valéry, Paul : 107, 114, 125, 130, 441.
Vallon, Armance du : 19.
Varnhagen, Rachel : 88.
Verlaine, Paul : 428.
Verne, Jules : 330.
Villard, Marie : 97.
Vinci, Léonard de : 234, 428.
Virgile : 97, 107.

INDEX DES PERSONNES

Wagener, François : 35.
Wahl, Jean : 336.
Walsh, Catherine (Kate) : 158.
Walsh, Mary : 158.
Watts, Duncan : 370.
Wharton, Edith : 10, 164, 169-170, 200, 206-207, 210-211, 279-282, 287, 289, 373-411.
Wharton, Teddy : 390.
Whitman, Walt : 399.
Wilde, Constance : 419. *Voir aussi* Lloyd, Constance.
Wilde, Lady : 90, 414, 418-421, 424, 430, 434-435, 438, 444. *Voir aussi* Elgee, Jane Francesca ; Speranza.
Wilde, Oscar : 90, 147-148, 154, 267, 369, 413-444.
Wilde, Isola : 418, 424, 430, 438.
Wilde, William : 418.
Wilde, Willie : 418-419.
Woolf, Léonard : 447, 449, 462.
Woolf, Virginia : 10, 28, 119, 267, 270, 398, 445-468. *Voir aussi* Stephen, Virginia.

Yeats, William Butler : 420, 429, 434.
Yelenski, Constantin : 151.

Zola, Émile : 211.

Remerciements

Je tiens à remercier les éditeurs chez qui plusieurs de ces textes ont paru sous leur forme première, et en particulier les éditions Balland, Citadelles, Flammarion, Fontaine, Gallimard, Hachette, Klincksieck, Mercure de France, Pauvert, Phébus, Picquier, Seuil, Stock, Henri Veyrier ; ainsi que *La Quinzaine littéraire*, *Preuves* et *Le Monde*.

Merci aussi à Lily Guillard pour ses minutieuses recherches bibliographiques.

Table

Avant-propos 9
Jules Barbey d'Aurevilly 13
   Le syndrome de Lasthénie 15
Aphra Behn 25
   L'esclave noir 27
Thomas Bernhard 35
   Noces tragiques 37
Karen Blixen 41
   Malgré tout 43
Emily et Charlotte Brontë 53
   Emily Brontë. Le défi de l'amour 55
   Charlotte Brontë. L'amour du défi 69
Astolphe de Custine 85
   Custine vu par Custine 87

Jean-Henri Fabre 95
   Insectes, héros de roman 97

Thomas Hardy 117
   Les apparences 119
   L'« inespoir » 124
   Le deuil 131

Hermann Hesse 141
   Le signe de Caïn 143

Henry James 151
   Henry James et la constellation familiale 153
   Le rideau de la vie privée 164
   Une étrange symétrie 170
   L'attrait du mal 182
   « Canaille d'écrivain ! » 191
   De l'imposteur 196
   « Une vaste affaire nommée la vie » 202

Marcel Jouhandeau 213
   Le couteau et l'hostie 215

Pär Lagerkvist 221
   « Crucifiez-le ! » 223

Suzanne Lilar 239
   L'extase lucide 241

Malcolm Lowry 247
   Le feu infernal 249

Katherine Mansfield 263
   Tragique transparence 265
   Katherine Mansfield et moi 272

Charlotte Perkins Gilman 277
   Écrire ou ramper 279

TABLE

John Cowper Powys 299
    Du meurtre à la création 301
    L'eau de l'« inconscient » maternel 313
    « Ce qui est mort, vit » 322
    Échec au sadisme 330
    Le Moi pluriel 337

Kathleen Raine 345
    Ensemble mais séparés 347

Victor Segalen 353
    René Leys : oui ou non ? 355

Algernon Charles Swinburne 361
    La connaissance et le fouet 363

Edith Wharton 373
    Précoce ou perverse ? 375
    Sans « effusion de sang » 382
    Naissance dans les décombres 396
    Innocente, vraiment ? 402

Oscar Wilde 413
    Oscar et Lady Wilde 415
    Oscar Wilde et Némésis 436
    Wilde et Gide 440

Virginia Woolf 445
    L'ombre du doute 447
    Masculin/féminin 453
    Du côté d'Orlando 460

Notes 469
Index 491
Remerciements 499

Extrait du catalogue
Littérature française

Nathalie Bauer
Le feu, la vie

Malcolm de Chazal
Comment devenir un génie ?

Laurence Cinq-Fraix
Family pride

Boubacar Boris Diop
Kaveena

Anne-Sophie Jacouty
Du côté où se lève le soleil

Louise L. Lambrichs
Nous ne verrons jamais Vukovar

Annick Perez
You're beautiful

Gisèle Pineau
Mes quatre femmes

Houda Rouane
Pieds-blancs

Extrait du catalogue
Littérature étrangère

Peter Ackroyd
Le complot de Dominus
Roman, traduit de l'anglais par Bernard Turle.

Peter Ackroyd
Chaucer
Roman, traduit de l'anglais par Bernard Turle.

Peter Ackroyd
William et Cie
Roman, traduit de l'anglais par Bernard Turle.

Peter Ackroyd
Shakespeare, la biographie
Traduit de l'anglais par Bernard Turle.

Giovanni Arpino
Parfum de femme
Roman, traduit de l'italien par Nathalie Bauer.

Pat Barker
Sourde angoisse
Roman, traduit de l'anglais par Marie-Odile Fortier-Masek.

David Czuchlewski
Anna et la lumière
Roman, traduit de l'anglais (États-Unis) par Bernard Turle.

Mylène Dressler
Le témoin du mensonge
Roman, traduit de l'anglais par Bernard Turle.

Mylène Dressler
Petits ouragans en famille
Roman, traduit de l'anglais (États-Unis) par Bernard Turle.

Mylène Dressler
L'arbre à méduses
Roman, traduit de l'anglais (États-Unis) par Bernard Turle.

Michelle de Kretser
L'Affaire Hamilton
Roman, traduit de l'anglais par Françoise Adelstain.

Taslima Nasreen
Vent en rafales
Récit, traduit du bengali par Philippe Daron.

Taslima Nasreen
Rumeurs de haine
Récit, traduit du bengali par Philippe Benoît.

Joyce Carol Oates
Délicieuses pourritures
Roman, traduit de l'anglais (États-Unis) par Claude Seban.

Joyce Carol Oates
La foi d'un écrivain
Essai, traduit de l'anglais(États-Unis) par Claude Seban.

Joyce Carol Oates
Les Chutes (Prix Femina étranger 2005)
Roman, traduit de l'anglais (États-Unis) par Claude Seban.

Joyce Carol Oates
Viol, une histoire d'amour
Roman, traduit de l'anglais (États-Unis) par Claude Seban.

Joyce Carol Oates
Vous ne me connaissez pas
Nouvelles, traduites de l'anglais (États-Unis) par Claude Seban.

Carolyn Parkhurst
Le silence de Lorelei
Roman, traduit de l'anglais (États-Unis) par Bernard Turle.

Carolyn Parkhurst
Un million de dollars, et après ?
Roman, traduit de l'anglais (États-Unis) par Françoise Adelstain.

Anita Rau Badami
Memsahib
Roman, traduit de l'anglais par Françoise Adelstain.

Cet ouvrage a été achevé d'imprimer
en janvier 2007 dans les ateliers de
Normandie Roto Impression s.a.s.
61250 Lonrai

N° d'imprimeur : 06-3361
Dépôt légal : février 2007
ISBN : 978-2-84876-081-0
Imprimé en France